KB217156

증산도문화사상연구 6

마고와 여신

후천선仙과 수부首婦

증산도문화사상연구 6
마고와 여신

발행일 2023년 1월 11일 초판 1쇄
저 자 박성혜, 칭기스 아하냐노프, 김화경, 조민환, 이유라, 넬리 루스, 난디타 크리슈나,
         로밀라 수다카르, 후지오 나오타카
발행처 상생출판
발행인 안경전
주 소 대전 중구 선화서로 29번길 36(선화동)
전 화 070-8644-3156
F A X 0303-0799-1735
홈페이지 www.sangsaengbooks.co.kr
출판등록 2005년 3월 11일(제175호)
ISBN 979-11-91329-44-5
       979-11-91329-16-2(세트)

본 책자는 상생문화연구소가 개최한 2022년 봄, 증산도 문화사상 국제학술대회에서 발표된
논문을 편집하여 간행하였습니다.

증산도문화사상연구 6

마고와 여신

후천선仙과 수부首婦

박성혜, 칭기스 아하냐노프,

김화경, 조민환,

이유라, 넬리 루스,

난디타 크리슈나,

로밀라 수다카르,

후지오 나오타카

상생출판

간 행 사

만추지절晚秋之節.

2022년 가을이 깊어가고 있습니다. 지구의 가을은 우리 인간에게는 추수와 풍요의 계절이지만, 우주 1년의 시간대에서 볼 때 가을은 성숙과 심판의 계절입니다. 지구 1년의 가을이든, 우주 1년의 가을이든 참 열매와 쭉정이는 분명하게 구별됩니다. 특히 인간농사 짓는 우주의 가을은 개벽의 대환란을 거치면서 환경재난과 전쟁, 질병이 한꺼번에 닥치게 됩니다. 증산 상제님께서는 지금이 바로 가을운수가 시작되는 때, 후천 개벽의 때라고 하셨습니다.

이미 지구환경은 급속한 산업화와 문명화로 인해 자정능력을 잃어버린 지 오래되었습니다. 이대로 간다면 21세기가 저물기 전에 지구 온난화로 인해 모든 생명체가 사라지는 대멸종기를 맞이한다는 절망적인 과학적 데이터가 주어졌습니다. 러시아와 우크라이나의 전쟁은 금방 끝날 것이라는 예측을 벗어나 핵전쟁의 가능성이 회자되면서 극단으로 달려가고 있습니다. 2019년 말에 중국 우한에서 발생하여 전 세계를 병란病亂의 공포로 몰아넣던 코로나 팬데믹은 끝날 기미가 보이지 않습니다. 아니 오히려 더 위험한 전염병이 나타날 것이라고 경고합니다.

환경재난, 전쟁, 질병 그 하나하나가 인간의 생사를 가르는 무서운 사건들입니다. 그런데 이 셋이 한꺼번에 이 땅에 닥치는 대 변국이 바로 개벽입니다. 그것이 즉 천天개벽, 지地개벽, 인人개벽이라는 세벌개벽입니다. 그러나 개벽은 결코 종말이 아닙니다. 개벽은 병든 천지가 병을 치유하고, 문명과 인간이 상극의 질서에서 벗어나 상생으로 나아가 새 세상을 열기위해 맞이하는 피할 수 없는 허들입니다.

증산 상제님께서는 뭇 생명이 생사의 기로에선 가을개벽기에 이 땅에 오셨습니다. 인존상제로서 9년간의 천지공사를 통해 새로운 세상의 이정표를 정하시고, 개벽기 천지와 인간과 신명의 병을 치유하는 의통醫統을 전해주었습니다. 상제님의 강세와 가르침으로 개벽을 넘어 후천선경을 건설하여 영원한 화평을 누리는 선仙의 길이 인류에게 활짝 열리게 되었습니다.

일찍이 2만5천 년 전 마고시대 이래, 삼신일체상제의 조화법을 받아내려 질병과 죽음을 넘어 빛과 선仙으로 나라를 열었던 황금시절의 수행문화가 가을개벽기 대병란大病亂을 맞은 오늘 증산 상제님의 가르침으로 다시 세상에 널리 퍼지고 있습니다. 이는 과학과 문명의 시대가 지향하는 지금까지의 삶의 방식과는 전혀 다른 새로운 물결이며, 새로운 차원입니다. 산업혁명을 대체하는 영성혁명의 시대, 선仙문화 시대가 빠르게 전개되고 있습니다.

상생문화연구소가 학술대회의 주제로 삼고 있는 선仙은 곧 상제님이 열어주신 선도仙道이며, 우리가 깨치고 실천해야 할 선仙으로서 후천선後天仙입니다. 한류韓流의 참모습을 전하는 유일한 방송인 STB상생방송에서는 매일 수행과 선을 주제로 생방송을 진행하고 있습니다. 인류 9천년 정통수행법을 이어 전 인류에게 전하고 새생명의 길을 열어주는 치유와 깨달음의 매우 중요한 시간이 아닐 수 없습니다. 상생문화연구소가 개최하는 학술대회는 국내외 저명 학자들이 참여하는 신선문화와 수행 중심의 유일한 학술토론장으로 정착하였습니다.

세월은 빨라서 어느덧 2022년 증산도 후천 선문화 학술대회가 개최된 봄의 푸릇함은 단풍든 낙엽으로 변해가고, 수줍은 꽃몽우리는 튼실한 열매를 맺었습니다. 결실의 계절에 맞게 지난 봄 학술대회의 발표문을 주제

별로 묶어 단행본으로 출간하여 세상에 내놓게 되었습니다. 되돌아보면 5월 17일부터 4일간 진행된 봄 학술대회의 큰 주제는 '수부首婦'였습니다. 상제님의 반려자로서 도통맥을 전수받은 태모 고 수부님의 신성과 위격을 올바르게 조명하고, 인류 여신문화의 시원을 고찰하는 것은 앞으로 다가올 선仙 문화를 이해하기 위해 거쳐야할 중요한 담론입니다.

　이번에 책으로 출간되는 것은『증산도 수부관』,『마고와 여신』, 두 권입니다. 무병장수 '선仙문화'를 이해하기 위해 반드시 돌아봐야 할 주제가 바로 '수부首婦'입니다. '수부首婦'는 아버지 하느님이신 증산상제님의 무극대도 종통宗統을 이어받아 후천 선仙문화를 활짝 열어주신 어머니 하느님입니다.

　　상제님 도권道權 계승의 뿌리는 수부도수首婦度數에 있나니 수부는 선
　　천 세상에 맺히고 쌓인 여자의 원寃과 한恨을 풀어 정음정양正陰正陽의
　　새 천지를 여시기 위해 세우신 뭇 여성의 머리요 인간과 신명의 어머
　　니시니라.(『도전』 6:2)

　아직 대중들에게 생소한 '수부'사상이지만 증산도 진리를 이해하기 위해서, 가을개벽기 인류 여성문화, 여신문화를 새롭게 열기 위해서는 누구나 그 의미를 되새겨야 할 것입니다. 수부에 관련된 연구서나 논문이 부족한 시점에서 이번 책자의 출간은 증산 상제님의 반려자이자 뭇 생명의 어머니이신 수부님의 말씀과 행적, 나아가 증산도 수부관首婦觀을 깊이 조명하는 계기가 될 것입니다.

　수부와 마고는 여신, 선, 수행 등과 관련해서 볼 때 동일 범주에 속하는 개념이라고 할 수 있습니다. 인류문명의 기원을 거슬러 올라가면 만나게 되는 최초의 신은 동서양을 막론하고 마고麻姑입니다. 한국인과 인류의 시

원역사가 발원한 2만 5천 년 전 '마고신'은 여(성)신이라는 한계를 넘어 인류 수행문화와 선문화의 근원이며 무병장수문화의 바탕이었습니다. 특히 이번에 출간하는 『마고와 여신』은 동양의 여신관에 한정되었던 '마고'를 동서 여신문화의 공통 분모로 조명했다는 면에서 그 가치가 매우 높다고 할 수 있을 것입니다.

'수부·태모·마고·지모신'은 오늘날 인류가 온갖 대립과 갈등을 넘어 마침내 뭇 생명이 조화와 화합과 통일을 이루는 후천개벽시대, 그리고 후천의 선仙문화 원류를 제대로 깨우치게 하는 핵심주제입니다. 새 시대의 문명 질서로 이끄는 가을개벽의 대병란이 지구촌을 휘몰아치는 가운데 인류는 도대체 어디로, 무엇을 향해 가는지도 모른 채 그저 내달리고 있습니다. 『증산도 수부관』, 『마고와 여신』이 두 권의 새 책이 디지털 문명, 자본과 물질문명의 폭주에 지쳐가는 많은 사람들이 역사와 문명을 돌아보고, 평화와 화합의 참된 의미를 찾는데 작은 도움이 되기를 바랍니다.

수행과 진리 전수에 밤낮이 없으신 상생문화연구소 안경전 이사장님의 아낌없는 지원과 세심한 배려는 학술대회와 책자 출간의 동력인動力因이며 목적인目的因이었습니다. 보은報恩의 뜻을 새기겠습니다. 상생문화연구소 주최 학술대회에서 소중한 발표를 해주시고, 또 책자 출간을 허락하신 교수님들께 이 자리를 빌어 심심한 감사의 말씀드립니다. 연구소의 크고 작은 일에 언제나 큰 힘이 되시는 원정근 박사님, 태모 고 수부님 평전을 집필하여 수부관 연구에 주춧돌을 놓은 노종상 박사님, 어렵고 힘든 편집작업을 거쳐 훌륭한 책의 형태를 만들어주시는 강경업 편집실장님께 감사의 인사드립니다.

2022. 11. 23.

상생문화연구소 연구실장 유 철

추 천 사

정재서(영산대 석좌교수)

신화는 우리의 원형을 보여준다. 신과 영웅, 신성한 동물, 괴물, 이방인 등 신화적 존재의 이야기는 판타지나 동화에 그치는 것이 아니라 태고에 실재했던 우리의 삶과 정신 활동을 상징적으로 표현하고 있는 것이다. 이로 볼 때 여신에 대한 신화는 여성의 원형을 담고 있다는 중요한 의미를 지닌다. 오늘날의 연구에 의하면 여신은 남신보다 일찍 신화에 출현했으며 창조와 생산 등 남신과 구분되는 고유하고 근원적인 신성과 직능을 지녔던 것으로 생각되고 있다. 여성의 원형이라는 점에서 주목해야 할 것은 오늘의 여성이 상실한 과거의 본성을 여신으로부터 찾아볼 수 있다는 것이다. 왜냐하면 신화시대부터 현대에 이르기까지 인류사회는 많은 변화가 있었고 그 과정에서 여성은 능력과 지위상으로 큰 변화를 맞이했기 때문이다. 여와와 서왕모 등 태초 여신들의 활동을 통해 상고시대의 여성들은 독립적이고 진취적이었던 것으로 추리할 수 있다. 가부장 사회에 진입하면서 여성들은 종속적이고 소극적인 존재로 변하게 된 것인데 여성의 원형적 실상을 알기 위해 여신 연구는 중요한 의미를 지닌다 할 것이다.

여성에 대한 통념적 인식에 큰 변화가 오고 이에 상응하여 여성의 활동 범위가 넓어졌으며 여성의 지위 역시 제고되고 있는 이즈음 "마고와 여신"을 주제로 한 여신 탐구의 학술대회는 시의적절하다고 할 수 있다. 특히 종래의 그리스 로마 신화 중심 연구에서 벗어나 한국, 중국, 일본, 인도 등 동양권의 여신들을 중심으로 의미와 특성을 탐구했다는 것은 동양 신화학, 동양 여성학의 자생성을 위해서도 의미 깊은 일이 아닐 수 없다. 이번

학술대회의 결과물을 통하여 마고, 여와 등을 비롯한 동양 여신의 보편적 의미와 고유한 특성을 추출하고 그것이 동양 여성 나아가 세계 여성의 원형을 정립하는 데 도움을 주어 양성평등을 수립하는 학문적 기반이 되기를 기대한다.

증산 사상은 일찍이 남녀가 평등하고 조화롭게 살아가는 세상을 선각적으로 제시한 바 있으며 이러한 미래에 대한 탁월한 비전이 "마고와 여신"이라는 의의 깊은 학술행사를 성공적으로 수행하게 한 동력이라 할 것이다. 주최 측의 뛰어난 기획과 이에 상응한, 학자 제위의 훌륭한 연구 역량에 경의를 표하며 추천사를 맺는다.

목 차

✑

෨

෨

한국의 마고여신

– 「부도지符都誌」의 마고를 중심으로

박성혜

필자 약력

박성혜

서울대학교 국어국문학과 박사

경기대학교 강사

현 한밭대학교 강사

논문

의례를 통한 단군신화의 와해

근대계몽기 단군 이야기의 양상과 의미 연구

자식생존형 곰신화에 나타난 타자에 대한 인식

1 머리말

　한국 신화에서 마고할미는 다양한 모습으로 형상화된다. 땅을 창조하는 경우도 있고, 인간들에게 옷을 만들어 달라고 하는 경우도 있으며, 산신으로 변형되기도 하고, 부정적으로 형상화된 경우도 있다.[1] 이와 같은 마고할미의 다면적인 형상은 마고할미 신화가 매우 오랫동안 한국에서 전승되면서 변형되어 온 신화임을 방증한다.

　마고할미의 다양한 형상을 담은 여러 자료들 중 「부도지符都誌」는 그중에서도 독특한 형상을 보여주고 있어서 주목된다. 따라서 이 글에서는 「부도지」에 형상화된 마고할미를 구체적으로 살펴볼 것이다.

　본격적인 분석에 앞서, 「부도지」가 세상에 알려지기까지의 과정을 간략히 살펴보고자 한다. 「부도지」의 서문과 김시습(1435~1493)이 썼다고 하는 「징심록추기」에 따르면, 「부도지」는 『징심록』의 일부로 신라 눌지왕 대의 박제상朴堤上(363~419)이 삽량주(현재 양산) 간으로 있으면서 열람할 수 있던 자료와 가문의 비서祕書를 정리한 『징심록』의 일부이다. 그리고 이 책은 박제상의 후손인 영해박씨 가문에서 전하다가 단종 손위 이후 김시습과 금강산을 거쳐 함경도 문천의 운림산의 삼신궤三神匱 밑바닥에 몇 백년 동안 감춰져 있다가 박금에게까지 전해졌다고 한다. 그리고 1953년 박금이 해방 후 월남하면서 이를 위에 두고 내려오게 되자, 그가 『징심록』을 번역하고 연구하던 과거의 기억을 되살려 원문을 기록한 것이라고 한다. 1986년 가나출판사본의 〈부도지 번역에 부쳐〉에 따르면 박금은 울산의 피난소에서 1953년에 「부도지」를 재생, 프린트본으로 출간하였으며, 이때 제명을

---

1) 조현설, 『마고할미 신화 연구』, 민속원, 2013에는 마고할미의 다양한 형상이 정리되어 있으며, 관련된 각편도 부록으로도 제시되어 있다.

'요정 징심록연의要正 澄心錄演義'로 했다고 한다. 그리고 이 한자본을 김은 수가 번역하고 주해하였다.

이와 같은 「부도지」의 설명에 따르면, 이는 박제상이 쓴 것이다. 그러나 「부도지」에서 주장하는 텍스트의 생성 시기를 그대로 신빙하기에는 여타 위서偽書와 같이 텍스트 본문의 내용에서 추론할 수 있는 시기적 배경과 차이가 있는 것이 사실이다.

그렇다고 해서 이 텍스트가 위서이기 때문에 가치가 없다고 주장할 수는 없다. 이 텍스트는 마고할미 신화, 단군 신화와 같이 한국에서 면면히 전승되어 왔던 신화를 기반으로 형성된 것이기 때문이다. 신화는 본질적으로 구비전승된다는 특성상 처음에 형성된 신화의 형태를 '순수하게' '그대로' 유지하면서 전승되는 것은 쉽지 않다.

그렇다면 신화의 가장 시원의 모습을 '있는 그대로' 유지하지 못했기 때문에 이 신화는 가치가 없는 것인가? 그렇지 않다. 신화가 전승되는 과정에서 사람들의 기억에 따라 변화되고, 그 당시에 강제되는 이데올로기에 따라 내용이 변화하는 것은 신화의 전승에서 지극히 자연스러운 일이기 때문이다. 신화는 이를 향유하는 사람들의 시대적, 공간적 배경 안에서 자신들이 기억하기에 '가장 적절한 방식'으로 변화된다. 신화의 서사 구조, 모티프, 신화적 인물의 이름 등이 다양하게 변하는 것은 나무의 나이테와 같이 신화에 흔적을 남기는데, 이러한 변화는 신화를 더욱 풍성하게 만든다. 이는 이 신화를 향유하는 사람들의 풍성한 신화적 상상력을 반영한다는 점에서 매우 귀중한 자산이다.

이 글은 이와 같은 시각 아래 『부도지』에 형상화된 마고의 형상화를 살펴보고, 그 신화적 상상력의 특수성을 밝혀보고자 한다. 구체적으로 마고와 관련된 내용이 서술된 「부도지」의 1장부터 9장까지의 내용을 중심으로, 이를 다른 마고할미 신화와 비교해보면서 「부도지」에 형상화된 마고

의 특징을 살펴볼 것이다. 이 과정에서 『부도지』에 담긴 신화적 상상력이
지닌 가치가 자연스럽게 드러나길 기대한다.

2 마고와 땅 창조

1장과 2장은 마고성과 마고에 대해 설명하고 있으며, 3장은 마고가 땅을 만드는 과정이 소개된다. 먼저 마고에 대한 소개를 살펴보자.

선천시대에 마고대성은 실달성實達城 위에 허달성虛達城과 나란히 있었다. 처음에는 햇볕만이 따뜻하게 내려 쪼일 뿐 눈에 보이는 물체라고는 없었다. 오직 8려몸의 음音만이 하늘에서 들려오니 실달성과 허달성이 모두 이 음에서 나왔으며, 마고대성과 마고 또한 이 음에서 나왔다. 이것이 짐세다.
짐세 이전에 율려가 몇 번 부활하여 별들이 출현하였다. 짐세가 몇 번 종말을 맞이할 때 마고가 궁희와 소희를 낳아 두 딸에게 오음칠조五音七調의 음절을 맡아보게 하였다.
先天之時에 大城이 在於實達之上하야 與虛達之城으로 竝列하니 火日暖照하고 無有具象하야 唯有八呂之音이 自天聞來하니 實達與虛達이 皆出於此音之中하고 大城與麻姑이 亦生於斯하니 是爲朕世라.
朕世以前則律呂幾復하야 星辰已現이러라. 朕世幾終에 麻姑이 生二姬하야 使執五音七調之節하다. (2장)[2]

위 인용문은 별과 마고의 출현을 설명한다. 인용문에 따르면 짐세 '이전'에 율려가 다시 반복되어 별들이 출현한다. 이후 8려의 음에서 실달과 허달, 대성과 마고가 태어난다. 이 내용을 종합해보면 짐세 '이전'에 이미

----

2) 『부도지』, 김은수 번역·주해, 가나출판사, 1986, pp.22~23.

별들과 햇빛이 있었고, 이후 짐세가 되어 팔려의 음에서 실달, 허달, 대성, 마고가 생긴다. 여기에서 짐세 이전에 있었던 '율려律呂'는 한국과 중국의 음악에서 본래 6율과 6려를 합해서 부르는 용어로, 12음을 양성陽聲과 음성陰聲으로 구분하여 양성은 양율, 음성은 음려라고 부르는 것이다.[3] 그리고 8려의 음 역시 율려의 일부에 해당한다. 따라서 별들과 실달, 허달, 대성, 마고가 출현할 수 있었던 계기로서 율려나 팔려의 음은 그 안에 음양의 사고가 내포된 악樂 용어이다.

그리고 2장의 내용에 따르면 짐세가 끝날 때 마고가 두 희, 즉 궁희穹姬와 소희巢姬를 태어나게 하는데 이들은 오음칠조를 맡게 된다. 오음칠조에서 칠조는 음악의 일곱 가지 곡조로 궁宮, 상商, 각角, 미徵, 우羽 오성, 즉 오음에 각각 7조가 있다. 여기에서도 역시 악樂 용어가 사용되고 있는 것을 볼 수 있다. 여기에서 악 용어가 사용되는 것은 그 안에 내포된 우주자연의 조화를 형상화한 것으로 볼 수 있다. 유학의 예악에서 예에 상응하는 악은 예와 함께 도덕적 교화의 중요한 수단으로, 우주자연의 조화를 상징하며, 천天을 본받아 만든 것인데, 천이 변화의 상징이므로 변화의 이치를 아는 것이 악의 근본으로 제시[4]되기 때문이다.

후천의 운이 열렸다. 율려가 다시 부활하여, 곧 음상을 이루니, 성과 음이 섞인 것이었다. 마고가 실달대성을 끌어당겨 천수天水의 지역에 떨어뜨리니 실달대성의 기운이 상승하여 수운水雲의 위를 덮고, 실달의 몸체가 평평하게 열려 물 가운데에 땅이 생겼다. 육해가 병렬하고, 산천이 넓게 뻗었다. 이에 천수의 지역이 변하여 육지가 되고, 또

3) 장사훈, 『국악대사전』, 세광음악출판사, 1984, p.777.
4) 한평수, 「고대 유가의 예악사상: 악의 문제를 중심으로」, 『철학논구』16, 서울대학교 철학과, 1988, pp.32~34.

여러 차례 변하여, 수역과 지계가 다 함께 상하가 바뀌며 돌므로, 비로소 역수가 시작되었다. 그러므로 기. 화. 수. 토가 서로 섞여 빛이 낮과 밤, 그리고 사계절을 구분하고 풀과 짐승을 살지게 길러내니, 모든 땅에 일이 많아졌다.

後天運開에 律呂再復하야 乃成響象하니 聲與音錯이라. 麻姑ㅣ引實達大城하야 降於天水之域하니 大城之氣ㅣ上昇하야 布冪於水雲之上하고 實達之体ㅣ平開하야 闢地於凝水之中하니 陸海竝列하고 山川이 廣坼이라. 於是에 水域이 變成地界而雙重하야 替動上下而幹旋하니 曆數始焉이라. 以故로 氣火水土ㅣ 相得混和하야 光分晝夜四時하고 潤生草木禽獸하니 全地多事라. (3장)5

위 인용문은 후천시대에 마고가 실달대성을 끌어당겨 천수의 지역에 내려놓으면서 땅이 생기는 과정을 서술한다. 실달대성이 천수의 지역에 떨어지자 대성의 기운이 상승하여 물구름 위에 퍼지고, 실달의 형체가 평평하게 열리면서 땅이 생기게 된다. 그리고 육지와 바다가 병렬하고 산천이 넓게 그 경계를 뻗어나갔다. 더불어 역수, 즉 시간이 시작되고 풀과 짐승이 자라기 시작했다. 3장의 내용을 염두한다면 마고는 별들이 이미 있던 즉 하늘이 이미 존재하는 상황에서, 자신과 함께 팔려의 음에서 나온 실달과 허달 중 실달을 가지고 땅을 만든다. 요컨대 자신과 그 본질이 같은 실달로 땅을 만드는 것이다.

마고의 땅 창조는 한국의 창세신화인 〈창세가〉와 비교했을 때 천지를 분리하지 않고, 땅을 직접적으로 창조하지 않는다는 점에서 독특하다. 김쌍돌이본 〈창세가〉는 미륵님이 '하늘과 땅이 서로 붙어' 있는 상황에서 이

----

5) 『부도지』, 김은수 번역·주해, 가나출판사, 1986, pp.25~26.

들을 떨어뜨린 이후 직접 각각 두 개인 해와 달을 하나씩 떼어 별로 만들어 해와 달이 각각 하나가 되는 질서를 만든다.[6] 그런데 마고의 경우 이미 존재하던 하늘과 땅을 분리시키는 것이 아니라, 자신과 그 본질이 같은 실달을 물에 떨어뜨려서 물과 실달의 작용으로 인해 실달의 형체가 평평해져서 땅이 생기게 한다. 그리고 해와 달을 직접적으로 조정하지 않는다. 별들과 햇빛은 마고가 출현하기 전부터 이미 있었기 때문이다. 대신 마고의 땅 창조는 자연스럽게 땅이 생기는 과정에서 역수, 즉 시간의 순환을 만들어낸다. 그런데 이 역시 실달이 땅이 되듯이, 수역과 지계가 바뀌어 돌며 자연스럽게 일어나는 현상이다.

마고가 땅과 관련해서 직접적인 행위를 하는 것은 마고성의 보수과정에서 확인된다.

마고성은 지상에서 가장 높은 성이다.
麻姑城은 地上最高大城이니 (1장)[7]

이에 마고가 궁희와 소희와 더불어 대성을 보수하여 천수天水를 부어서 성내를 청소하고, 대성을 허달성의 위로 옮겨버렸다. 이때 청소를 한 물이 동과 서에 크게 넘쳐 운해주의 땅을 크게 부수고, 월식주의 사람들을 많이 죽게 하였다. 이로부터 지계의 중심이 변하여 역수가 차이가 생기니 처음으로 삭과 판의 현상이 있었다.

於是에 麻姑與二姬로 修補大城하고 注入天水하야 淸掃城內하고 移大城於虛達之上이러라. 是時에 淸掃之水ㅣ 大漲於東西하야 大破雲海之地하고 多

6) 함흥지역의 서사 무가로, 원문은 손진태, 『조선신가유편』(1930)에 수록되어 있으며, 김헌선, 『한국의 창세신화』, 길벗, 1994에서도 확인할 수 있다.
7) 『부도지』, 앞의 책, p.15.

滅月息之人이라. 自此로 地界之重이 變化하야 曆數生差하니 始有朔昄之象
이라. (9장)[8]

위 인용문은 마고성에 대한 설명이다. 1장에서는 마고성이 지상에서 가
장 높은 곳에 있는 성이라고 언급하고, 9장에서 마고는 이 성을 보수한다.
마고가 성을 보수하게 된 계기는 5장부터 서술된다. 이 내용을 간단하게
정리해보면, 마고성에서 인류가 번성하며 조화롭게 살다가 포도葡萄를 과
하게 먹게 되자 이를 금지하게 된다. 이러한 금지가 '금지하지 아니하되
스스로 금지하는' 자재율을 파기하는 것이다 보니 마고가 성문을 닫아버
린다. 이렇게 되자 성 안의 사람들이 누렸던 조화가 깨지게 되고 이 상황
을 보고 처음으로 포도를 먹은 사람과 그 가족, 그를 따라 포도를 먹었던
많은 사람들이 성 밖으로 나가게 된다. 이들 중 잘못을 뉘우친 사람들이
성곽의 밑을 파헤치자 성이 파손되면서 성 안의 지유地乳가 마르게 된다.
마고는 이렇게 파손된 성을 두 딸과 보수하고, 천수를 부어서 성을 청소하
고, 허달성과 나란히 있던 마고성을 허달성의 위로 옮긴다.
　사실 한국의 마고 전승에서 마고할미가 성을 쌓았다는 각편은 적지 않
고, 실제로 그 성의 이름이 마고성인 경우도 있다. 일례로 경북 문경의 고
모산성의 경우, 할머니가 치마폭으로 성을 쌓았기 때문에 이를 마고성이
라고 한다는 전설이 있다.[9] 이렇듯 마고 할미가 성을 쌓았다고 하는 설화
가 적지 않은 것은 마고할미가 한반도의 신석기 거석숭배문화와 밀접한
관련이 있는 여신이었기 때문인데, 마고할미는 성을 쌓는 것 외에도 바위
의 제작자나 여산신의 모습으로 형상화된다.[10] 또한 마고는 바위를 세우거

----

8) 위의 책, p.36.
9) 조희웅 외, 『영남구전자료집』1, 박이정, 2003, pp.115~117.
10) 조현설, 앞의 책, pp.78~89.

나 튕기기도 하고, 자신의 손바닥 자국을 남기거나 흙을 날라서 지형을 만
드는 것으로 형상화되면서 대모신으로서의 관념을 드러낸다.[11]

　그런데 「부도지」에 형상화된 마고성은 일반적인 마고할미의 설화에서
확인되는 마고성과는 차이가 있다. 먼저 「부도지」의 마고성은 마고가 '쌓
은' 성이 아니다. 2장에서 본 바와 같이 팔려의 음에서 마고와 대성이 생성
되는데, 대성이 바로 마고성에 해당한다. 다만 마고가 마고성을 보수하고
청소하는 모습으로 형상화되는 모습에서 성을 직접 쌓지는 않더라도 보
수할 수 있는 능력을 보여준다.

　「부도지」의 마고성이 기존의 설화에서 확인되는 마고성과 차이가 나는
원인은 마고성이 성서의 〈창세기〉를 의식하며 낙원으로 형상화되고, 고대
한민족의 발상지인 파밀고원의 낙원 마고성으로 설정[12]되기 때문이라고
생각한다. 사실 자국의 신화를 바탕으로 민족의 발상지나 기원을 유대, 바
빌론, 앗시리아, 히타이트 등 성서의 무대나 문명의 발상지로 여겨지는 동
서 경계지역을 거론하는 것은 근대 일본에서도 있었던 현상이다.[13] 일본인
들의 경우 이 작업을 기기신화를 가지고 한 것이라면 「부도지」는 마고할
미 신화를 바탕으로 진행되었다는 점에서 다를 뿐 마고성을 파미르고원
으로 추정하는 것은 근대 일본에서 자국의 기원을 서구에서 찾던 작업과
다르지 않다. 오구마 에이지는 일본에서 있었던 이러한 담론의 생성 원인
으로 서양과의 비교 속에서 오는 열등감이나 절망감을 언급하는데,[14] 이는
「부도지」의 경우에도 일정부분 시사하는 바가 있다.

11) 강진옥, 「「마고할미」 설화에 나타난 여성신 관념」, 『한국민속학』25, 한국민속학회, 1993,
pp.10~14.
12) 『부도지』, 앞의 책, p.35.
13) 오구마 에이지 저, 『일본 단일민족신화의 기원』, 소명출판, 2003, pp.229~246.
14) 위의 책, p.230.

3 마고와 인류창조

「부도지」의 마고가 여타 마고할미 신화와 다른 큰 특징 중 하나는 마고가 인류의 시원에 자리하고 있다는 사실이다. 구체적으로 마고가 낳은 궁희와 소희로부터 네 천인과 네 천녀가 태어나는데, 이들은 인간의 시조를 낳는다. 그리고 인간들은 마고성에서 계속해서 번성하며 지내다가 흩어지게 되고, 마고로부터 이어지는 계보에서 환인과 단군이 출현한다.

> "마고성은 지상에서 가장 높은 성이다. 천부를 받들어 선천을 계승하였다. 성 중의 사방에 네 명의 천인이 있어 관을 쌓아놓고 음을 만드니, 첫째는 황궁씨요, 둘째는 백소씨요, 셋째는 청궁씨요, 넷째는 흑소씨였다. 두 궁씨의 어머니는 궁희씨요, 두 소씨의 어머니는 소희씨였다. 궁희와 소희는 모두 마고의 딸이다. 마고는 짐세에 태어나 희노의 감정이 없으므로 선천을 남자로, 후천을 여자로 하여 배우자 없이 궁희와 소희를 낳았다. 궁희와 소희 역시 선천과 후천의 정을 받아 결혼하지 아니하고 두 천인과 두 천녀를 낳았다. 합하여 네 천인과 네 천녀였다."[15]

1장의 내용에 따르면 마고는 먼저 궁희와 소희라는 딸을 낳는다. 그런데 이 과정을 살펴보면 '선천을 남자로, 후천을 여자로 하여 배우자가 없

---

15) 麻姑城은 地上最高大城이니 奉守天符하야 繼承先天이라. 城中四方에 有四位天人이 堤管調音하니 長曰 黃穹氏오 次曰 白巢氏오 三曰靑穹씨오 四曰 黑巢氏也라. 兩穹氏之母曰穹姬오 兩巢氏之母曰巢姬니 二姬는 皆麻姑之女也라. 麻姑生於朕世하야 無喜怒之情하니 先天爲男하고 後天爲女하야 無配而生二姬하고 二姬ㅣ亦受其精하야 無配而生二天人二天女하니 合四天人四天女也라. (『부도지』 1장), p.15.

이 두 희를 낳았다'고 서술된다. 여기에서 '배우자가 없이' 궁희와 소희를 낳은 것과 이들이 특별한 능력을 지닌 존재로 형상화된 것이 주목된다.

배우자가 없는 출산과 그 자녀가 비범한 존재로 형상화되는 것은『삼국사기』의 선도산 성모의 전승과 매우 유사하다.

> "옛날 황실의 딸이 남편 없이 아이를 임신하여 사람들에게 의심을 받자 바다에 배를 띄워 진한辰韓으로 가서 아들을 낳으니, 〔그 아이가〕 해동海東의 시조 왕이 되었다. 황실의 딸은 지상의 신선이 되어 오래도록 선도산仙桃山에 있었는데, 이것이 그의 상像이다."라고 하였다. 신은 또 송의 사신 왕양王襄이 동신성모東神聖母에게 제사 지내는 글을 보았는데, "현인賢人을 잉태하여 나라를 처음 세웠다."라는 구절이 있었다. 이에 동신東神이 곧바로 선도산의 신성神聖임을 알았으나, 그의 아들이 어느 때 왕 노릇을 한 것인지는 알지 못한다.[16]

『삼국사기』의 전승에 따르면 제실의 녀로 형상화된 선도산 성모는 '불부내잉不夫乃孕', 즉 남편이 없이 아이를 임신한다. 이는 선도산 성모가 자연적 생산성을 구현한 존재임을 드러낸다.[17] 여기에서 '불부내잉'의 모티프는 성모가 국가성립 이전의 자연적인 상태에서 숭앙되었을 풍요와 다산의 생산 신격이자 근원적 존재이기 때문에 결혼이나 그와 관련된 부수적인 서술의 필요성이 없었던 것을 보여준다.[18] 「부도지」의 마고 역시 배우자가 없이 궁희와 소희를 낳고, 2장에서 살펴본 바와 같이 땅을 만들고 마고성을 보수한다. 이러한 형상화는 「부도지」의 마고 역시 국가 권력이 성립되

---

16) 『삼국사기』, 신라본기 제 12 경순왕(한국사데이터베이스 db.history.go.kr)
17) 강진옥, 앞의 논문, p.30.
18) 위의 논문, p.31.

기 이전 상태의, 창조신적인 면모를 내포한 것으로 평가할 수 있다.

　그리고 『삼국사기』의 기록을 보면, 제실녀가 진한으로 가서 낳은 아들은 해동의 시조왕이 되며, 동신성모는 현인을 잉태하여 나라를 처음 세운다. 개국을 한 시조의 정당성이 배우자 없이 임신을 한 제실녀나 동신성모로부터 비롯된다. 제실녀의 아들이 시조이듯, 마고로부터 태어난 궁희와 소희는 창세의 근원인 오음칠조를 담당하고, 무너진 성을 보수할 수 있는 능력을 가지고 있다. 나아가 궁희와 소희로부터 태어난 네 천인과 네 천녀의 결연을 통해 인류가 태어난다. 즉, 궁희와 소희 역시 비범한 존재로 형상화된다.

　마고의 근원적인 생산력과 대모신으로서의 이미지는 지유地乳에서도 확인할 수 있다. 지유, 즉 땅의 젖은 마고성 안에서만 흐르는 식량으로, 지유를 마시면 혈기가 청명해지고 마시지 못하면 배가 고파 어지러워 쓰러지게 된다. 6장에서 지유를 먹지 않고 포도를 먹었기 때문에 사람들에게 이가 생기고 침이 뱀의 독처럼 되었다고 서술하는 것을 보아 지유는 마고성에 거주하는 사람들의 식량이자, 그들의 조화로운 상태를 유지하게 하는 중요한 자원으로 형상화된다.

　이렇듯 근원적인 생산력을 가진 대모신인 마고는 궁희와 소희로부터 태어난 네 천인과 네 천녀에게 인류를 창조하라고 명령한다.

　　이 때에, 본음本音을 맡아서 관섭管攝하는 자가 비록 여덟 사람이었으나 향상을 수증修證하는 자가 있지 않았기 때문에, 만물이 잠깐 사이에 태어났다가, 잠깐 사이에 없어지며 조절이 되지 못하였다. 마고가 곧 네 천인과 네 천녀에게 명하여 겨드랑이를 열어 출산을 하게 하니, 이에 네 천인이 네 천녀와 결혼하여 각각 삼남 삼녀를 낳았다. 이가 지상에 처음으로 나타난 인간의 시조였다. 그 남녀가 서로 결혼하여, 몇 대를 지내는 사이에, 족속이 불어나, 각각 3000 사람이 되었다. 이로부터 12 사람의 시조는 각각 성문을 지키고, 그 나머지 자손은 향상을 나눠서 관리하고 수증하니, 비로소 역수가 조절되었다.

是時에 管攝本音者l雖有八人이나 未有修證響象者故로 萬物이 閃生閃滅하야 不得調節이라. 麻姑l 乃命四天人四天女하야 辟脇生産하니 於是에 四天人이 交聚四天女하야 各生三男三女하니 是爲地界初生之人祖也라. 其男女l又復交聚하야 數代之間에 族屬이 各增三千人이라. 自此로 十二人祖는 各守城門하고 其餘子孫은 分管響象而修證하니 曆數始得調節이라.(4장)[19]

마고는 궁희와 소희의 자녀들인 네 천인과 네 천녀에게 '명령하여' 그들이 결혼을 하고 각각 삼남 삼녀를 낳도록 한다. 그리고 이들이 낳은 삼남 삼녀가 서로 결혼하여 각 족속이 삼천 명에 이르게 된다. 마고는 자신이 인류를 낳지는 않지만 자신이 낳은 궁희와 소희, 이들로부터 출생한 네 천인과 네 천녀가 자손을 낳도록 명령하면서 인류를 창조한다. 이때 네 천녀의 협, 즉 옆구리가 열리는 것은 파충류의 출산과 유사해 보인다. 이는 『삼국사기』와 『삼국유사』에 수록된 알영의 출생을 떠올리게 하는데, 『삼국사기』의 경우 용의 오른쪽 옆구리에서 태어난 여자아이가 알영이 되었다고 서술하고 있으며,[20] 『삼국유사』에서는 계룡의 왼쪽 옆구리에서 출생한 여자아이가 알영이라고 서술한다.[21] 이렇듯 마고의 인류 창조의 과정에는 한국의 마고 신화나 시조 신화에서 확인되는 다양한 모티프들이 확인된다.

---

19) 『부도지』, 앞의 책, p.27.
20) 『삼국사기』, 「신라본기제1」, 시조 혁거세 거서간(한국사데이터베이스 db.history.go.kr)
21) 『삼국유사』, 「기이제1」, 신라 시조 혁거세왕(한국사데이터베이스 db.history.go.kr)

4 마고의 최고신적 속성

「부도지」의 마고 형상화의 특징 중 하나는 마고가 건국 신화의 서사 밖에 위치하면서도 건국주의 계보의 가장 상위에 있다는 것이다. 이는 「부도지」 10장에 서술된 황궁-유인-환인의 계보와 연이어 서술되는 11, 12장의 환인-환웅-임검의 계보를 통해 확인할 수 있다.

이러한 계보의 서술 이후 임검, 즉 단군이 세운 부도符都가 어떠했고, 그 후손들의 삶이 어떠했는지를 서술하는 내용이 있기 때문에 이는 일종의 건국 신화로 볼 수 있다. 그런데 건국 신화의 경우 국가 권력 정당성을 드러내는 과정에서 부계와 모계 중 부계의 혈통을 강조하고 이로부터 국가 시조의 신성성을 강조한다. 이는 『삼국유사』에 수록된 단군 신화에서 명확히 보인다. 단군은 하늘에서 내려오는 환웅, 환웅이 가지고 있었던, 아버지 환인으로부터 물려받은 천부삼인을 통해 그 정당성을 추인받지, 단군의 모계인 웅녀로부터 혈통의 신성성을 보장받는 것이 아니다. 사실 웅녀 역시 곰을 토템으로 하는 집단의 시조신격이었지만, 단군 신화라는 건국 신화 안에서는 그저 건국의 실현자를 태어나게 하는 배우자로서의 기능에 그친다.[22]

이처럼 시조신화가 건국신화에 수용되는 과정에서 보여주는 모계의 약화와 부계의 강화는 신화의 전승 과정에서 포착되는 일반적인 현상이다. 그리고 이 과정에서 여성 신격이나 시조 신격은 집단의 기원의 자리에서 국가 시조의 '어머니' 자리로 전환된다. 웅녀가 그러했고, 유화가 그러했다. 그리고 앞서 살펴본 선도산 성모의 여러 전승 중 성모의 정체가 '제실의 녀'로 제시된 것 역시 그러한 흔적이다. 그리고 마고할미 신화 역시 이

----
22) 강진옥, 위의 논문, p.31; 조현설, 「세 신화 세 현실」, 『겨레어문학』33, 겨레어문학회, 2004.

러한 과정을 거쳐 다양한 각편으로 전승되고 있다.

　그런데 「부도지」에 형상화된 마고는 건국 신화의 서사 밖에서 땅의 창조, 인류의 창조, 건국주 혈통의 시원이라는 지위가 흔들리지 않는다. 이를 두고 「부도지」의 마고 신화가 생성 당시의 관념을 원형 그대로 보존하였기 때문이라고 생각해볼 수도 있을 것이다. 그러나 「부도지」 서사의 전개 과정을 살펴보면, 모계의 혈통이 강조되는 계보 안에서 부계 중심의 관념이 포착된다. 앞서 3장의 논의에서 살펴본 네 천인과 네 천녀가 각각 삼남 삼녀씩 총 24명의 남자와 여자를 출산한 사례의 경우, 12명의 인간의 시조가 있었다고 서술한다. 여기에서 12명의 인간의 시조는 모두 남성을 가리키고, 황궁-유인-환인-환웅-임검으로 이어지는 계보 역시 남성이다. 이를 통해 이미 남성을 중심으로 한 계보의 관념이 있었음에도 불구하고, 마고의 서사와 지위가 유지되고 있었다고 보는 것이 더 적절하다.

　그렇다면 어떻게 이와 같은 전승이 가능했을까? 「부도지」에서 마고가 자신의 서사를 유지하고 기존의 관념들을 잃어버리지 않은 채 서술될 수 있었던 이유로 마고성의 갖는 의미를 고려해볼 수 있다. 앞서 2장에서 「부도지」에 서술된 마고성의 독특한 점을 설명했듯, 마고성은 초기 인류가 살아가던 낙원으로 서술된다. 이 낙원에 대한 서술이 건국의 신성성을 강조하는 서사만큼이나 중요했기 때문에, 낙원의 창조한 마고의 지위도 유지되었을 수 있었을 것이다. 특히 땅의 창조, 인류창조와 같은 내용은 건국 신화의 틀 밖에서 건국을 한 집단의 기원을 설명해주기 때문에 건국 신화의 구조 안에 포획되어 그 흔적만 남았던 시조 신격의 전례를 답습하지 않을 수 있었다. 즉, 건국신화는 건국주의 혈통과 건국의 정당성을 설명하는 과정에서 부계 혈통을 강조하면서 시조 신격이 약화되는 것이 일반적인데, 「부도지」의 경우 마고를 통한 자연의 생성 과정과 인류의 출현 과정이 뒤이어 제시되는 나라의 운영 원리이자 모태로 인식되어 건국 신화의 바깥에 배치되었기 때문에 마고할미 신화가 가지고 있었던 대모신으로서의 신격이 유지되었던 것이다. 그리고 이와 같은 배치 속에서 마고는 최고신의 지위를 유지한다. 이는 단군에게 투항한 마고할미의 형상을 담은 설화가 있었다는 점에서 더욱 돋보인다.

평양시 강동군의 남쪽 구빈마을에서는 다음과 같은 전설이 전해진다고 한다.

> 단군이 거느리는 박달족이 마고할미가 족장인 인근 마고성의 마고족을 공격했다. 싸움에서 진 마고할미는 도망친 후 박달족과 단군의 동태를 살폈는데 단군이 자신의 부족에게 너무도 잘해주는 것을 보게 된다. 마고는 단군에게 마음으로 복종하지 않을 수 없게 되었다. 단군은 투항한 마고할미와 그 아래 아홉 장수를 귀한 손님으로 맞아 극진히 대접했다. 아홉 손님을 맞아 대접한 곳이 구빈九賓 마을이고, 마고가 항복하기 위해 마고성으로 돌아오면서 넘은 고개를 왕림枉臨 고개라고 한다.[23]

인용문은 박달족과 마고족의 갈등 속에서 마고할미가 단군에게 마음으로 복종하였다는 내용을 담고 있다. 이 전설은 평양에서 단군과 마고의 전승이 섞이는 과정에서 마고의 지위가 단군의 아래로 배치된 사례를 보여준다. 이처럼 건국 신화가 전승되는 과정에서 확인되는 일반적인 특성과 평양의 마고할미 전승을 고려하면 마고의 최고신적인 지위는 「부도지」의 특성임을 알 수 있다.

---

23) 조현설, 『우리 신화의 수수께끼』, 한겨레출판, 2006, p.84. 이 설화는 평양시 강동군 남쪽 구빈마을에 전승되고 있는 전설로 남북교류가 빈번해지면서 북한을 다녀온 풍수학자 최창조 교수가 전해준 전설이라고 한다.

5 맺음말

지금까지 「부도지」에 형상화된 마고를 땅의 창조, 인류창조, 최고신의 지위라는 세 가지의 특성을 통해 살펴보았다. 이를 통해 「부도지」에 형상화된 마고 신화는 국가 권력이 생겨나기 이전 자연신이자 대모신으로서의 속성, 선도성모의 모티프를 유지하여 그 신성성을 보여주는 부분도 있고, 성서와 비교하며 마고할미의 서사를 구축하기도 하고, 건국신화에 포섭되지 않고 최고신적인 속성을 유지하는 등 다채로운 면모가 담긴 신화라는 것을 확인할 수 있었다. 이는 기존에 전승되던 한국의 마고할미 신화를 적극적으로 수용, 변용한 사례로서 기존의 마고 할미의 유형과는 다른 또 다른 전승 사례로 볼 수 있다.

≡ 참고문헌 ≡

• 『부도지』, 김은수 번역·주해, 가나출판사, 1986.
• 『삼국유사』(한국사데이터베이스 db.history.go.kr)
• 『삼국사기』(한국사데이터베이스 db.history.go.kr)

• 오구마 에이지 저, 『일본 단일민족신화의 기원』, 조현설 역, 소명출판, 2003.
• 조현설, 『우리 신화의 수수께끼』, 한겨레출판, 2006,
• 조희웅 외, 『영남구전자료집』1, 박이정, 2003,
• 장사훈, 『국악대사전』, 세광음악출판사, 1984, 777쪽.

• 강진옥, 「「마고할미」설화에 나타난 여성신 관념」, 『한국민속학』25, 한국민속
학회, 1993.
• 조현설, 「세 신화 세 현실」, 『겨레어문학』33, 겨레어문학회, 2004.
• 한평수, 「고대 유가의 예악사상: 악의 문제를 중심으로」, 『철학논구』16, 서울
대학교 철학과, 1988.

시베리아의 마고문화

칭기스 아하냐노프

번역: 전원철(상생문화연구소)

필자 약력

칭기스 아하야노프

러시아 울란우데 출생

동시베리아 문화예술대학 졸업 (박물관학 및 역사학)

부리야트 주립대학교 역사학 박사

울란우데 역사박물관 소장

브리야트공화국 바이칼 관광정보센터 소장

현 대전 상생문화연구소 객원연구원

현 브리야트 주립대학교 겸임교수

저서 및 논문

『Archaeological monuments of Baikal for inspection from the water』
(바이칼호의 고고학적 기념비)

『Merkit fortress on the territory of Buryatia - myths and reality』 (부리야티아 메르킷요새: 신화와 현실)

『Cultural, Archaeological and Genetic Ties of the Ancient Peoples of the Baikal Region with the Population of Korean Peninsula』 (고대 바이칼 지역인과 한반도인의 문화적, 고고학적, 유전학전 연관성)

『The Shamanist Tradition of Siberia and Samsin Culture』 (시베리아의 샤머니즘 전통과 삼신문화)『Connection between the Peoples of Siberia and Korean People based on the Hwandangogi』 (환단고기를통해 본시베리아 민족들과한민족의 관련) 외 다수

특이사항

종교집단 텡게리의 샤머니즘 연구가

바이칼과 시베리아 고대 민족의 역사 고고학 전문가

바이칼 지역의 근세와 현대 제 영성운동 연구가

1 머리말

  최근의 사건들에 비추어 볼 때 마고 여신의 문화와 기초에 대한 연구는 특히 바이칼 호수 주변 지역, 알타이 지역 및 야쿠티아 지역에 거주하는 사람들은 물론 한국인을 포함한 아시아 사람들에게 과학적, 문화적 중요성이 크다. 나는 시베리아에서 여신 마고 숭배의 표현에 내 보고서를 바치고자 한다. 그녀의 행동과 시베리아에서 그녀를 위한 숭배의 여러 측면이 제시될 것이다. 첫 번째 문제는 그녀에 대한 숭배의 기원 지역이다. 지금은 야쿠티아의 거대한 빌류이 저수지를 둘러싸고 있는 빌류이 지역으로 추정된다. 첫째, 고고학적 유적이다. 둘째, 지역 자체 – 안경전 선생에 따르면 이곳은 마고 여신의 성지가 있는 지역이다. 지금까지 이 장소는 접근이 매우 어렵고 신비로 가득 차 있다.

  둘째–곧 어머니 여신 숭배–는 시베리아 사람들 사이에 퍼져 있다. 이러한 숭배는 여신 마고에게 바치는 예배와 의식에 대한 설명과 놀라울 정도로 유사하다. 1) 알타이인, 2) 부랴트인, 3) 시베리아에 사는 러시아인을 고려해보라.

  결과적으로 우리는 결론을 내릴 것이다. 마고 여신의 최초의 땅과 성은 야쿠티아에 있었다는 가설이 있다. 사하공화국(야쿠티아)은 러시아 연방의 구성 기관이다. 이 공화국은 러시아연방에서 영토면에서 가장 크며 또한 세계 국가들 중에서 가장 큰 행정-영토 단위이다. 영토면에서 야쿠티아는 세계에서 8번째로 큰 아르헨티나의 크기를 능가한다. 그러나 공화국의 인구는 백만 명 미만이다. 야쿠티아 영토의 총 면적은 3,103.2천 평방킬로미터이다. 또한 기후면에서 세계에서 가장 가혹한 곳 중 하나이다. 북반구의 한랭 극점이 여기에 있다.

그림 1. 러시아 지도 상의 사하 공화국(야쿠티아)

2 야쿠티아 지역의 일반 정보

가혹한 기후

기후는 긴 겨울과 짧은 여름이 특징인 급격한 대륙성 기후이다. 겨울은 10월부터 시작하여 야쿠티아에서 이듬해 4월까지 지속된다. 가장 추운 달 1월과 가장 따뜻한 달 7월의 온도차는 무려 70~75도이다. 최저 기온의 절대값에 의해 동부산맥, 분지, 움푹 들어간 곳은 영하 70도까지 내려간다. 이곳은 세상에서 가장 추운 곳이다.

야쿠트족은 러시아 연방 내 사하공화국의 투르크어를 사용하는 토착민이다. 기존의 역사적 전통은 야쿠트문화의 남쪽 기원을 쿠리칸Kurykan 유산과 연결시키며, 그 발전은 예니세이 키르기즈(역자주: 예니세이 Kyrgyz) 문화와 밀접한 관련이 있다. 지역 문화 단지는 소 사육을 기반으로 한다. 국경 내에서는 우선 키르기즈인과 야쿠트인의 사회경제적, 물질적 문화의 주요 직업과 주요 요소가 정착 및 주거, 음식 및 가정 용품, 의류 및 차량의 스타일에 반영되어 형성되었다. 하나의 공통된 경제 및 문화 생활 양식은 민속, 의식, 종교적 신념 및 숭배에 표현된 바와 같이 이들 민족의 영적 문화의 공통성을 생성했다. 종교적 신념과 의식 중에는 텡게르Tenir, 어머니 움마이Umai 및 땅과 물에 대한 숭배도 있다. 마고 여신의 성城은 극북의 서리가 내린 땅인 야쿠티아에 위치한다는 설이 있다. 빌류이Vilyui 지역은 신비한 지역이다.

빌류이 저수지는 레나Lena 강의 지류인 빌류이 강 유역을 따라 러시아 빌류이 수력 발전소에 의해 형성된 저수지이다. 지리적으로 이르쿠츠크 지역과의 공화국 국경 근처의 야쿠티아에 위치하며 예니세이Yenisei 강의 오른쪽 지류인 니즈나야 퉁구스카(Nizhnyaya Tunguska) 강에서 동쪽으로 약

80km 떨어져 있다. 표면적은 2,360km²이다. 집수 면적은 141,150km²이다. 저수지는 빌류이 강을 따라 빌류이 수력발전소를 위한 댐이 건설될 때 1965-67년에 형성되었다. 저수지를 만드는 동안 230만 헥타르의 농경지가 침수되었고 50채의 건물이 이전되었다.

그림 2. 마고성의 추정 위치를 나타내는 지도

3 빌류이저수지 근처 죽음의 계곡

죽음의 계곡에 있는 빌류이 가마솥의 미스터리

이 변칙적인 구역은 야쿠티아의 빌류이 강 계곡에 위치하고 있다. 야쿠트족은 이곳을 "죽음의 계곡"을 의미하는 "엘류유 체르케체흐Elyuyu Cherkechekh"라고 부른다. 직경 8~10미터의 큰 금속 반구가 있다. 원주민들은 가마솥을 가마솥이라고 부르고 사람들이 접근하는 것을 금지한다. 추운 겨울에 그 안에서 밤을 보내기로 결정한 늦은 사냥꾼이 한 번 이상 매우 아픈 뒤 사망했기 때문이다.

누가 이 황무지에 그 기이한 반구를 남겼을까? 아마도 고대 문명이나 외계인? 사람과 동물에게 해로운 영향을 미치는 이유는 무엇일까? 과학은 아직 이러한 질문에 대한 답을 찾지 못했다.

'죽음의 계곡'에 대한 최초의 정보는 박물학자이자 교사이자 연구원인

그림 3. 빌류이 강의 전망

리차드 마악Richard Maak이 학계에 보고했다. 그는 1853년부터 1855년까지 야쿠티아에 머물면서 빌류이, 올레크마Olekma 및 초나Chona 강 유역에서 과학 연구를 수행하고 지형, 지질학을 연구했으며 이 지역에 사는 사람들과도 알게 되었다. 마악은 1853년의 그의 메모에서 "큰 가마솥이 익사"를 의미하는 알기 티미르비트Algy Timirbit 강 유역에 실제로 거대한 구리 가마솥이 있다고 언급했다.

그림 4. 목격자의 기억에 따른 빌류이 지역 그림

그 크기는 지면에서 가장자리만 보이고 그 안에 여러 나무가 자라고 있기 때문에 그 크기는 알 수 없다. 이 발견은 과학 세계에 큰 관심을 불러일으키지 않았다. 어떤 종류의 보일러 때문에 아무도 도달하기 어려운 타이가 지역에 원정대를 준비하지는 않을 것이다.

정확히 같은 물체가 20세기 중반 빌류이 수력발전 댐 건설 중에 발견되었다. 수력 건설업자가 전환 수로를 깔고 빌류이 수로를 배수했을 때 볼록한 금속 "대머리"가 발견되었다. 소환된 당국은 서둘러 발견물을 조사한 결과 말도 안 되는 일이며 주목받을 가치도 없다는 결론을 내리고 작업을 계속하라고 지시했다. 이 반응은 충분히 이해할 만한다. 경영진은 무엇보다 먼저 계획을 요청했고 사소한 일 때문에 아무도 그 작업 일정을 방해하지 않을 것이다. 분명히, "가마솥"은 이제 강 바닥의 미사 층 아래에 놓여 있다.

그리고 1970년대에만 야쿠트 UFO 연구자들은 지역 주민이 준 증거를 수집하고 문서화했다. 예를 들어, 그들은 마치 악마 와트 우수무 통 두우라이Wat Usumu Tong Duurai가 지시하는 것처럼 100년에 한 번씩 열리는 반구에서 불기둥과 불덩이가 터져 나온다고 주장한다.

또한 '죽음의 계곡'에는 사슴도 몰아넣을 수 있는 납작한 붉은 철제 아치-원형돔-이 있으며 그 뒤에는 많은 금속 방으로 이어지는 나선형 통로가 있다.

그곳은 밖보다 훨씬 더 따뜻하지만, 이 방에서 하룻밤을 보내기로 한 부주의한 여행자들은 필연적으로 병에 걸려 많은 사람들이 사망했다. 특히 흥미로운 것은 뉴르군 보오투르Nyurgun Bootur('영광스러운 영웅')강과 아타라닥Ataradak('매우 큰 삼각형 철 감옥') 사이의 지역에 "매우 얇고 검은색" 철제 옷을 입은 외눈박이 사람들이 누워 있는 얼어붙은 금속 구멍이 있다는 오래된 에벤키Evenki 사냥꾼의 증언이다.

그림 5. 빌류이 계곡의 모든 곳에 보이는 부드러운 원

연구원들은 야쿠트 서사시 올롱호Olonkho를 비롯한 전설과 주민들의 증언을 비교하여 '죽음의 계곡'의 역사를 재현했다. 고대에는 이 지역에 소수의 유목민 퉁구스Tungus인들이 거주했다. 어느 날, 꿰뚫을 수 없는 어둠이 계곡을 뒤덮고 귀청이 나가는 듯한 포효가 주위를 뒤흔들었다.

전례 없는 강도의 허리케인 폭풍이 발생하고 강력한 타격이 땅을 뒤흔들었다. 번개가 하늘을 사방으로 쪼개었다. 모든 것이 진정되고 어둠이 걷혔을 때, 여러 날의 여행의 거리에서 볼 수 있는 뜨거운 수직 구조가 뜨거운 태양 속에 빛나고 있었다. 오랫동안 귀에 거슬리는 불쾌한 소리를 내더니 (아마도 지하에 가라앉은 것처럼) 완전히 사라질 때까지 소리가 점차 줄어들었다. 호기심으로 이 영토를 가로 질러 여행하려고 한 사람은 집으로 돌아 가지 않았다.

시간이 지남에 따라 재로 비옥한 토양은 초목 덮개를 복원했다. 견실한 어린 풀들은 야생 동물을 끌어들였고 유목민 사냥꾼들도 동물을 찾아 나섰다. 그들은 수많은 측면 지지대에 쉬고 있는 높은 돔형 "철 집"을 보았다. 그러나 그곳은 높고 매끄러우며 창문도 문도 없었기 때문에 들어갈 수 없었다.

시간이 지남에 따라 "집"은 마침내 영구 동토층으로 꺼져 들어갔고 입구의 아치 만 표면에 남아있었다. 그러나 어느 날 작은 지진이 있었고 가느다란 불 같은 토네이도 회오리바람이 하늘을 꿰뚫었다. 그 꼭대기에 눈부신 불덩어리가 나타났다.

'연속 4번의 천둥'을 동반한 이 공은 불길의 자취를 남기고 완만한 궤도를 따라 땅으로 돌진해 수평선 뒤에 숨어 폭발했다. 유목민들은 걱정했지만 거주 가능한 장소를 버리지 않았다. 왜냐하면 이 "악마"는 해를 끼치지 않고 이웃의 호전적인 부족한테 폭발했기 때문이다.

수십 년 후, 역사는 반복되었다. 불덩이가 같은 방향으로 날아가 다시 이웃만을 파괴했다. 이 "악마"가 그대로 그들의 수호자임을 알고 그에 대한 전설이 만들어지기 시작했고 그는 "뉴르군 보오투르Nyurgun Bootur"라는 별명을 얻었다.

그림 6. 빌류이강 근처 늪의 신비한 원

그러나 어느 날, 귀청이 터질 듯한 포효와 함께 거대한 불덩이가 환풍구에서 터져 나와 즉시 폭발했다. 강한 지진이 있었다. 일부 언덕은 깊이가 100미터가 넘는 균열을 잘라내었다. 폭발 후 오랫동안 "불바다"가 튀었고 그 위로 원반 모양의 "회전하는 섬"이 치솟았다. 폭발의 결과는 반경이 1,000킬로미터 이상으로 퍼졌다. 변두리를 따라 살아남은 유목민 부족은 재앙을 피하기 위해 다른 방향으로 도망쳤지만 죽음에서 그들을 구하지는 못했다. 그들은 모두 이상한 유전병으로 사망했다.

보일러에서 가져온 기념품

야쿠티아공화국 국립도서관의 기록보관소에는 어떤 의원의 편지가 있다. 블라디보스토크의 코레츠키Koretsky가 보존된다. 다음은 그 일부이다.

... 그런 "가마솥" 7개를 보았다. 그들 모두는 나에게 완전히 신비롭게 보이다. 첫째, 크기는 직경이 6-9미터이다. 둘째, 그들은 이해할 수 없는 금속으로 만들어졌다. 사실 예리한 끌조차도 "보일러"를 긁을 수 없다(두 번 이상 시도했다). 금속은 부서지지 않으며 위조도 불가능하다. 망치는 확실히 강철에 눈에 띄는 움푹 들어간 곳을 남길 것이다. 그러나 이 금속은 상아와 유사한 미지의 물질로 된 또 다른 층으로 덮여 있다.

나는 "가마솥" 주변의 식물이 변칙적이며 다른 곳에서 자라는 것과 전혀 다르다는 점에 주목했다. 더 싱그럽다. 잎이 큰 우엉, 매우 긴 덩굴, 이상한 풀은 인간의 키보다 1.5배에서 2배 더 크다. "가마솥" 중 하나에서 우리는 전체 그룹(6명)과 함께 밤을 보냈다. 그 후로 중병에 걸린 사람은 아무도 없었다. 내 친구 중 한 명이 석 달 만에 머리카락이 완전히 빠진 것을 빼고는. 그리고 (그 위에서 잠을 잔) 내 머리 왼쪽에는 각각 성냥 머리만한 세 개의 작은 상처가 있었다. 나는 평생 그들을 치료했지만 오늘날까지 사라지지 않았다.

이상한 "가마솥"에서 적어도 한 조각을 깨뜨리려는 우리의 모든 시도는 실패했다. 내가 가까스로 옮긴 것은 돌뿐이었다. 그러나 그것은 단순한 것이 아니었다. 지름 6센티미터의 완벽한 반쪽짜리 공이었다. 검은색이었고 가공의 흔적은 눈에 띄지 않았지만 광택이 나는 것처럼 매우 매끄러웠다. 나는 그 가마솥 중 하나 속에 있는 흙속에서 그것을 주웠다. 나는 이 기념품을 가지고 1933년에 나의 부모님이 살았던 연해주(Primorsky Krai)의 추구예프스키Chuguevsky 지역에 있는 사마르카Samarka 마을로 갔다. 그것은 할머니가 집을 재건하기로 결정할 때까지 한가로이 누워 있었다. 창문에 유리를 끼워야 했고, 마을 전체에 유리 절단기가 없었다. 나는 이 돌덩이의 반쪽을 모서리로 긁으려고 했고 놀라운 아름다움과 쉽게 잘리는 것으로 판명되었다.

그림 7. 목격자들에 따르면 외딴 타이가의 건물들

20세기 말에서 21세기 초에 여러 원정대가 '죽음의 계곡'를 방문했다. 그들은 여러 개의 완벽하게 둥근 저수지를 기록했지만 연구원들이 사용할 수 있는 도구는 땅속의 금속 구조의 존재를 명백히 확인할 수 없었다. 더욱 세련된 장비를 갖고 이 지역에 대한 더욱 철저한 연구가 필요하다.

현재 신비한 "가마솥"의 기원에 대한 여러 설이 있다. 회의론자들은 그들이 완전히 지구에서 기원한 것이며 발사 중 추락한 우주 로켓의 파편 또는 분리 가능한 단계라고 믿는다. 로켓의 사용된 부품은 실제로 이 영역에 떨어진다. 그러나 "보일러"는 현재 인류가 우주선을 발사하기 수세기 전에 생긴 것이다.

UFO 연구자들은 외계인 기지가 자동으로 지구를 탐험하고 대격변으로부터 보호하는 '죽음의 계곡'에 있다고 제안한다. 그러나 아마도 이 이상한 구조는 추락한 외계 선박을 위한 탈출대일 것이다. 이 "가마솥"이 행성 규모의 핵 전쟁의 결과로 사망한 고대 지구 문명 장치의 유적이라는 의견이 있다. 이것들이 알려지지 않은 자연 지질 형성이나 소련의 버려진 핵 실험실이라는 설도 있다.

그림 8. '죽음의 계곡'의 위치(빨간 점)

　냉전이 급속히 확산되던 지난 세기의 50년대 중반, 서방 언론은 북서부 야쿠티아에서 30메가톤 용량의 열핵 장약인 '슈퍼폭탄'이 소련의 핵실험장에서 실험됐다고 보도했다. 그러나 당시 소련이 실제로 보유하고 있던 전략탄두의 최대 생산량은 훨씬 적었다. 예를 들어, 1955년 11월 22일에 테스트된 RDS-37 열핵 폭탄은 부르주아 언론에서 그러한 "추측"을 읽고 "저들은 우리의 것을 알고 있다고 말한다." "두려움은 큰 눈을 가진다." 하고 미소지었다.

　그러나 소수의 신참자들만이 진실을 알고 있었다. 강력한 폭발이 실제로 야쿠티아에서 기록되었다. 지진 관측소에서 폭발을 "감지"했다는 사실 외에도 끔찍한 포효 소리를 듣고 거대한 불기둥이 하늘로 돌진하는 것을 본 많은 목격자의 증언이 있었다. 또한 사건에 대한 더욱 철저한 연구를 통해 20세기의 30년대 초반에 야쿠티아에서 유사한 폭발이 관찰된 것으로 나타났다. 그리고 53분의 1의 폭발이 여전히 핵무기 실험과 같은 "어처구니없는" 해석으로 어떻게든 설명될 수 있다면, 30년대에는 아무도 감히 이에 관해 말할 수 없었다.

　그렇다면, 당시 가장 강력한 인간 무기가 이것을 할 수 없었다면 야쿠티아에서 무슨 폭발이 일어났을까? 이 질문에 답하기 위해 같은 장소에서 발생하는 또 다른 현상인 야쿠트보일러에 대해 생각해 보겠다. 사람들이 접한 가장 신비한 현상 중 하나이다. 그것들은 그 기원에 관한 끝없는 논쟁이 있는 신비한 유물이다. 그것들은 무엇일까?

　땅속으로 자라난 커다란 돔 모양의 구조물은 매우 규칙적이며 모양이 반구형이다. 돔이 만들어지는 재료의 외형은 금속 구리와 유사하며 이것이 야쿠트인들이 이러한 유물을 "큰 거꾸로 된 구리 가마솥"이라고 부르는 이유이다. 그러나 그것은 분명히 일종의 금속이 아니며, 적어도 인간이 사용하던 형태의 금속은 아니다. 보일러에서 "조각을 골라내"려는 모든 시도는 실패했다.

돔의 표면은 연마된 것처럼 매우 매끄럽다. 일부 돔에는 아치 형태의 개구부가 있다는 것도 매우 흥미롭다. 나는 그것이 매우 입구 또는 출구를 연상시킨다는 데 동의한다. 또한 아치형 통로를 통해 돔으로 침투 한 야쿠트인들은 돔 내부가 금속 벽으로 분리되어 일종의 방... 또는 오두막, 구획(?)을 형성했다고 말했다.

그러나 가장 놀라운 이야기는 이러한 금속 방에서 "철 옷을 입은 외눈박이 죽은 사람들"을 발견했다고 주장하는 일부 사냥꾼의 이야기일 것이다 ... 그건 그렇고, 야쿠트인들 중 돔이 위치한 지역은 야쿠트어로 "죽음의 계곡"을 의미하는 "엘류유 체르케체흐"라고 불린다. 현지 사냥꾼들은 그 돔에서 밤을 보내야 했다면 나중에 "매우 아팠다"고 말하며, 그곳에서 여러번 밤을 보내면 완전히 죽을 수 있다고 한다. 마지막으로 그림을 명확히 하기 위해 동일한 덫 사냥꾼의 이야기에 따르면 '죽음의 계곡'의 식물은 "약간 다르다", 크게 변했음을 언급할 가치가 있다.

세상에는 탐험되지 않은 구석이 너무 많다. 그들은 전 세계의 과학자와 연구원들이 수년 동안 풀기 위해 노력해온 비밀을 유지한다. 그들은 이야기와 전설에 싸여 있다. 가장 유명한 이야기 중 하나는 야쿠트가마솥 이야기이다. 그들은 그들에 대해 많이 이야기하지만 동시에 아무것도 모른다. 다른 시간에 "죽음의 계곡"을 방문한 연구원들은 너무 빨리 죽거나 자신의 연구 결과에 대해 논의하기를 단호하게 거부했다. 사람도 없고 길도 없다. 거기에 도착하는 유일한 방법은 도보 또는 헬리콥터이다.

야쿠트보일러에 대한 전설은 고대부터 연구원들에게 흥미가 있었다. 전 세계 사람들이 고대 전설이 증언하는 것을 직접 보기 위해 이곳에 왔다. 한때 야쿠츠크시 출신의 세 명의 젊은이가 이 전설에 관심을 갖게 되었다. 보일러 탐험은 빌류이 강둑에 펼쳐진 작은 정착지에서 시작되었다. 그곳에서 그들은 민속학에 관심이 있는 연구원으로 가장하여 지역 주민들의 이야기를 "수집"했다. 지역 주민들은 보일러의 정확한 위치를 밝힐 수 없었지만 즐거운 마음으로 학생들과 다양한 이야기를 나누며 점점 더 많은 정보를 얻었다.

그래서 계절에 관계없이 항상 따뜻한 철제 참호, 영구 동토층에서 튀어나온 미지의 금속으로 만들어진 매끄러운 아치, 그 구멍 속의 주민들, 즉 쇠옷을 입은 검은 외눈박이 사람들에 대한 이야기를 들었다. 온갖 어려움을 겪으면서도 반드시 '죽음의 계곡'을 찾고자 하는 열망을 더욱 굳어졌을 뿐이었다. 사람들은 많은 무모한 "구도자"가 쇠 동굴의 내부에서 죽었다고 주장하면서 용감한 젊은이들을 설득하려 했지만 어떤 말로도 열광적인 그룹을 설득할 수 없었다.

곧 학생들은 계속 길을 갔고 한 달 동안 아무도 그들에 대해 알지도 듣지도 못했다. 그리고 그들이 야쿠츠크로 돌아왔을 때, 그들은 절대적으로 놀라운 이야기를 했다. 많은 사람들은 세 사람이 모두 정신을 잃었다고 생각하기까지 했다.

그들은 결국 "죽음의 계곡"을 찾을 수 있었다고 말했다. "얕은 강의 오른쪽 지류를 따라 뻗어 있다. 마법의 계곡에서 하룻밤을 보낸 첫날, 우리 셋은 모두 몸이 좋지 않았다. 우선 어지러움, 오한, 허약감이 걱정이었다. 다리가 솜털처럼 되어 더 이상 움직일 힘이 없었다. 피로가 쌓인다고 생각한 학생들은 야영을 하고 물을 비축하기 위해 강으로 가기로 했다. 그리고 그곳에서 아주 뜻밖에도 놀라운 물체가 우리의 눈을 사로잡았다."

물체가 아니라 직경이 약 10미터인 거대한 구조물로 묘사된 야쿠트 가마솥을 연상시킨다. 그 순간 무엇을 느꼈는지 두려움인지 기쁨인지 말하기는 어렵지만, 특이한 구조를 유심히 살펴보기 위해 더 가까이 다가가 보기로 했다. 금속으로 밝혀졌지만 어떤 금속인지는 알 수 없었다. 보일러에서 조각을 분리하려는 시도도 실패했다. 도끼도, 날카로운 드라이버도, 망치도 보일러의 은빛 표면에 흠집조차 남기지 않았다. 나중에 추가 연구에 적합한 보일러 재료의 작은 조각을 얻기 위해 반복적으로 시도했지만 극도로 단단한 금속은 굴복하지 않았다.

학생들은 보일러 주변에 풍부한 식물을 발견했다. 이 지역에서는 일반적이지 않은 거대한 우엉을 포함한다. 또한 이곳에는 사람 키의 몇 배나 되는 특이한 풀들이 자라고 있다. 연구원들을 놀라게 한 어둠과 춥고 습한 날씨로 인해 학생들은 전개 장소를 변경해야 했다. 텐트는 가마솥 가까이에 설치했는데, 가마솥에서 이상한 열이 뿜어져 나왔다. 그러나 지역 "노인"이 말한 구조물을 찾는 데는 실패했다. 건강이 점점 나빠지자 학생들은 수색을 중단하고 도시로 돌아갔다.

그러나 이 현상에 대한 관심은 사그라들지 않았다. 학생들은 점점 더 빠져들었고 전설 속에서 새로운 정보, 적어도 변칙 영역과 관련된 일부 문서를 직간접적으로 찾았다. 문헌 보관소에서 그들은 러시아 연구원 코레츠키Koretsky가 친구에게 쓴 흥미로운 편지를 발견했다. 편지에는 그가 아주 어린 나이에 이 지역에 있었고 아직도 이곳을 잊을 수 없다고 적혀 있다.

학생들은 잊을 수 없었다. 그들은 다시 길을 가려고 했다. 그러나 건강에 문제가 생기기 시작하자 그들은 겁에 질려 그 병을 보일러와 연관시켰다. 실제로 이 둘 사이에 관계가 있었는지 여부는 아무도 대답할 수 없다. 건강 문제는 보일러에 가까이 왔지만 멀리 떨어진 다른 사람들도 경험했다. 그들은 즉시 회복되었고 어떤 불편함도 느끼지 않았다. 따라서 확실하게 말하기는 어렵다. 아마도 보일러 근처에서 보낸 시간과 각 개인의 신체적 형태도 역할을 할 것이다.

이 지역에 대한 다른 설과 범례는 무엇일까? 사실, 많이 있다. 일부 목격자들은 어느 날 밤 이 지역에서 UFO를 보았다고 말했다. 배가 가라앉고 일종의 수직 구조물이 땅에 쳐박혔다. 한때 지하도시는 이렇게 만들어졌다고 한다. 바깥쪽에는 지하도시로 내려가는 입구, 즉 입구만 보였다. 인근 마을의 노인들은 고대에 무당이 악의 세력을 막기 위해 모든 출입구를 닫았다고 말한다. 그러나 불행히도 그들은 그것을 제대로 하지 못했다. 미래에 때때로 가느다란 철인들이 보일러에서 보이게 되었다.

한때 이 장소를 방문한 수많은 어부들은 특이한 발광 공에 겁을 먹었다. 점점 더 큰 구체가 어부들을 뒤쫓아 마치 그들의 땅에서 쫓아내는 것처럼 그들을 놀라게 했다. 어부들은 공포에 질려 달아났지만 홀로그램이나 보일러를 보호하는 유령 같은 에너지 묶음을 반복해서 회상했다.

보일러와 전설적인 퉁구스카 운석 사이에는 직접적인 관계가 있다고 믿어진다. 그것은 왜 땅을 치지 않았을까? 사라진 이유는? 아마도 사람들은 외계 문명의 보호 구조로서 지구를 보호하는 보일러 덕분에 여전히 지구에 살고 있다. 그런 다음 보일러는 우주 방어 수단이다. 부서지는 운석을 만나기 위해 돌진하고 흔적도 남기지 않은 것은 그들의 에너지였다.

이 구조가 예전 문명의 것인지 외계인의 것인지는 아직 명확하지 않지만, 그들은 외계인의 쪽으로 더 많은 것을 배운다. 또한 외계인이 바로 거기에 위치한 특이한 모양의 피라미드에 관련되어 있다고 믿는다. 건물 중 일부는 폭발했고 일부는 물에 잠겼다. 보일러는 물 아래로 갔다. 10년마다 그것들을 찾는 것이 점점 더 어려워지고 있다.

4 부랴티아의 마고여신 숭배의 고고학 유물

부랴티아

내가 국적별로 속한 시베리아의 또 다른 민족 그룹인 부랴트족의 신들의 판테온을 고려할 때, 우리는 텡게리Tengeri의 모든 신들의 조상인 천신을 숭배하는 형태로 마고 여신 숭배의 잔재를 본다.

그림 10. 러시아 지도 상 부랴트 공화국

부랴트 "게사르서사시Gesariad"에 나오는 텡게르Tenger 신의 조상인 만잔 구르메Manzan Gurme의 이미지는 부랴트인들 사이에서 매우 유명하다. "게사르서사시"는 게세르 칸Geser Khan("하늘의 아들", "선택된 왕")에 대해 중앙 및 동아시아 사람들이 소중히 여기는 구전 및 서면 전설의 서사시이다. 저자의 평가에 따르면 만잔 구르메의 캐릭터는 전문가들에 의해 전통적으로 한국 민속 전통에 귀속된 한국 문학 텍스트의 여주인공인 마고 여신과 매우 흡사하다.

그림 11. 예술가 Alexandra Nikitichna Sakharovskaya의 부랴트 서사시 "게세르"의 리노컷 일러스트 복제 – "하늘에서 내려온 게세르와 33명의 영웅"

이와 관련하여 부랴트 서사시와 신화에서 천상의 신들의 조상인 만잔 구르메의 이미지가 게세르서사시의 신성한 텡게르 만신전에서 특별한 장소는 차지한다는 점에 유의해야 한다. 그녀의 모성 이미지의 우주적 본성은 "많은 신을 받아들이고 천 개의 신을 키웠다"라는 안정적인 구두 공식으로 강조된다.[1]

만잔 구르메는 여신 마고와 마찬가지로 구세대 천계를 대표하는 아홉

---

1) Abai Geser [The King Gesar]. Ulan-Ude, 1960. 314 p. [In Russ.] Page 16.

신의 어머니로 간주된다.[2] 그녀는 모계 기원의 신이기 때문에 부계 시대의 산물인 우라니아 판테온Uranian pantheon의 "명부"에 정식으로 포함되지 않는다. 그럼에도 불구하고 그녀는 해의 왕국에서 가장 중요한 역할을 맡았다. 모든 신들은 만잔 구르메에 복종한다. 그녀의 명령은 명령, 법률에 해당하며 더 높은 권한을 갖는다.[3]

여기에서 우리는 만잔 구르메 숭배와 마고 여신 숭배 사이의 문화적 유사성을 볼 수 있다. 서쪽 55명의 수장인 칸 후르마스타Khan Khurmasta(텍스트에서 Khan Khirmas)는 변함없이 그녀의 조언을 듣고 그녀의 명령에 엄격하게 따른다. 만잔 구르메는 게세르와 그의 영웅들의 적극적인 수호 여신이다. 왜냐하면 그들은 서쪽 천상의 아들들인 그들이 인류를 보호하기 위해 그녀의 후원 아래 지구에 내려왔기 때문이다. 어느 쪽도 아니다.

칸 후르마스타Khan Hormust는 그의 지위에 따라 망가다이Mangadai 괴물과의 어려운 투쟁에서 그의 아들 게세르에게 가능한 모든 지원을 제공할 의무가 있는 텡게르들Tengris의 천상의 수장이다. 그러나 그는 별로 도움이 되지 않았다. 그는 불교 신인 부르칸으로서 명목상 천상의 판테온에 존재했다. 그러나 게세르는 천상의 조상이자 좋은 천재인 만잔 구르메를 많이 돕는다. 신의 뜻에 따라 정해진 지상 임무를 완수하기 위해 서사시의 영웅을 후원하고 돕는다.

만잔 구르메는 종종 혼자 행동하지 않으며 그녀의 조수는 Zasa Mergen, 곧 게세르의 천상의 형제와 알마 메르겐Alma Mergen, 곧 게세르의 충실한 아내이자 싸우는 동반자 등 그의 세 하늘 자매, 곧 세 마법사이다.

황혜숙은 그녀를 "위대한 여신"이라고 부르며 그녀에 대한 숭배를 다음

---

2) Abai Geser Bogdo khan [The King Gesar Bogdo Khan]. Ulan-Ude, 1995. 521 p. [in Russ.]. Page 25.
3) Ulanov A. I. K harakteristike geroicheskogo eposa burjat [On Characteristics of Buryats' the Heroic Epos]. Ulan-Ude, 1957. 172 p. [In Russ.]. page 11.

과 같이 설명한다. "고풍스러운 여성 중심의 동아시아 문화 모체인 마고주의는 마고를 창조주, 시조, 정부로 숭배하는 데서 파생되어 나왔다."[4] 구세주 마구는 어떻게 마고할미라는 이름으로 한국 민속신앙에 전해졌을까?[5]

만잔 구르메의 힘은 또 다른 중요한 상황에서 제공된다. 그녀는 마법 아이템, 멋진 보석 및 그녀만 알고 있는 다양한 비밀의 소유자이다. 예를 들어, 게세르의 힘을 회복시키는 사과, 양모 청소용 막대, 게세르의 큰 아내 투멘 야르갈랑Tumen Yargalan이 선물한 은나전 부적 등. 특히 흥미로운 것은 만잔 미식가의 소위 "15가지 마법의 보물"로, 서사시에서 특정 플롯 형성 역할을 한다. 이 보물은 만잔 구르메의 기적적인 능력과 마법의 힘에 대한 부랴트인들의 아이디어가 명확하게 반영된 고대 기원의 두 가지 별 신화와 관련이 있다.

게세르 서사시에 설명되어 있듯이 영웅은 구멘 세센 칸Gumen Sesen Khan의 지하 세계를 정화해야 한다. 만잔 구르메가 그녀의 비밀 상자에 보관한 "15가지 마법의 보물"은 이 작업에 대처하는 데 도움이 될 수 있다. 게세르는 만잔 구르메에게 하늘로 올라가 7명의 대장장이의 두개골로 만든 7개의 두개골 도자기 그릇에 70가지 종류의 음식과 우수한 품질의 우유 보드카(arza 및 khorzo)를 제공한다. 그녀는 음식을 맛보고 술에 취해 잠이 든다.

한편 게세르는 필요한 상자를 열고 거기에서 "15개의 마법 보물"을 가져와서 돌아간다. 깨어난 만잔 구르메는 도둑맞은 것을 알게 된다. 영웅이 허락 없이 보물을 가져간 것에 화가 난 그녀는 7개의 조개 그릇을 던졌다. 그리고 게세르에 대한 그녀의 강력한 주문은 하늘과 땅의 중간에서 영웅

---

4) Hwang, Hye Sook. 2004. An Investigation of Gynocentric Unity in Mago, the East Asian Great Goddess, and Elsewhere Presented at the Conference of Pacific and Southwest Women's Studies, Scripps College, Claremont CA.
5) Б. Л. Рифтин "Ma-гу" // Мифы народов мира: энциклопедия, — М.: Советская энциклопедия, 1992, Т. 2, С. 87-88, ISBN 5-85270-072-X

을 따라잡고 그를 지옥으로 보낸다.

한편 만잔 구르메는 자신의 증손자가 너무 가혹한 처벌을 받고 있는 것을 보고 게세르의 뒤를 따라 가슴에서 젖을 뿌린다. 흩날리는 젖은 은하수(Tengeriin Oyodol)가 되어 게세르가 지하 세계로 날아가지 않도록 한다. 마고 여신 숭배의 두 번째 측면은 움마이 여신 숭배와 유사하다.

그림 12. 보가티르(bogatyr, '영웅') 게세르에게 지시하는 만잔 구르메(여신 마고)

만잔 구르메의 도구에 대해 말하자면 여신이 종종 언급하는 "오래된 어머니 책"에 대해 몇 마디 말할 필요가 있다. 아마도 권위 있는 한국 연구자들은 마고 여신 숭배와 유사점을 찾을 수 있을 것이다.

프롤로그부터 시작되는 서사시의 플롯 과정에서, 이 신성한 책은 서사시의 주인공의 운명과 행위를 결정하는 핵심 역할을 맡을 권리를 신들의 조상에게 부여한다. 신성한 책의 도움으로 만잔 구르메는 전 우주를 자신의 시야에 두고, 신과 인간에게 알려지지 않은 비밀의 매듭을 풀고, 미래 사건의 과정을 결정하고, 게세르가 영웅적인 길에서 모든 장애물을 극복하도록 돕는다. "본질적으로 그녀는 우주에 존재하는 모든 것의 머리이다."[6] 결론적으로 나는 마고할머니 여신과 함께 만잔 할머니와 관련된 또 하나의 측면에 대해 간략히 언급하고자 한다. 특히 만잔 구르메의 이미지의 태양 측면에 대해.

서사시 텍스트에 따르면, 그녀는 그녀의 빛나는 좋은 시작을 결정하는 태양 광선에서 태어났다. 서쪽의 55개 텡그리들인 만잔 구르메의 천상의 자손이 씨족 별명인 sagaan("백색")을 가지고 있는 것은 우연이 아니다. 부랴트Buryat의 신성한 전통에서 이러한 색상 정의는 태양 숭배와 관련이 있음을 나타낸다. 그러한 의미가 흰색의 의미이기 때문이다.

태양 배경은 또한 만잔 구르메의 자리인 여덟 번째 하늘의 숫자 상징에 포함된다. 이 수비학적 소명은 부랴트족의 초기 신화로 거슬러 올라간다. 이 신화에서 여성-어머니로서의 태양은 8개의 다리가 있는 동물의 형상을 한 생물체로 표현되었고, 이후에 8개의 울타리 또는 8개의 광선 형태인 "다리"(신성한 샤머니즘 ongons)로 묘사되었다.[7] 샤머니즘 기원에서 숫자 8의 상징은 태양의 여성 모성 원리의 특성에서도 추적된다.

부랴티아Buryatia의 셀렝긴스키Selenginsky 지역에는 여전히 여성 신에 대한 숭배가 있다.

만잔 구르메의 속성에는 반음계 별명인 altan - '황금' 및 shara - '노란색'으로 표현되는 태양 기호가 없다는 점에 유의해야 한다.

이제 마지막으로 많은 특별한 경우에 "황금"이라고 불리는 "고대 어머니의 책"도 태양 의미론적 채색을 수행한다.

---

6) Kuzmina E. N. Zhenskie obrazy v geroicheskom epose burjatskogo naroda [Female Images in the Buryats' Heroic Epic]. Novosibirsk, 1980. 160 p. [In Russ.]. page 57.
7) Manzhigeev I. A. Burjatskie shamanisticheskie i doshamanisticheskie terminy [Buryatian Shamanic and Pre-Shamanistic Terms. The experience of Atheistic Interpretation]. Moscow, 1978. 127 p. [In Russ.]. page 60/

그림 13. 어머니 여신이 새겨진 돌. 부랴티아의 신新 이교도 신앙

그림 14. 연꽃 왕좌에 앉은 할머니 만잔 구르메(마고 여신)

5 알타이의 마고여신 숭배의 고고학 유물

그림 15. 지도상의 알타이 지역

알타이 민족의 신화에는 마고 여신 숭배에 대한 막연한 기억의 거대한 층이 있다. 알타이인들의 신화는 그들의 신화적 견해, 신념 및 숭배의 집합이다.

그들의 신화에는 우주의 세 세계(하늘, 땅, 지하)와 알타이 신화의 수많은 인물이 거주하는 많은 구체, 층 또는 계층에 대한 사고가 있었다. 천구에는 사람과 관련하여 빛과 자비로운 신과 영이 거주하고 있다. 육-쿠르부스탄Yuch-Kurbustan, 울겐Ulgen, 부르한Burkhan, 쿠다이Kudai는 다양한 종교 및 신화 전통 세계의 최고 천신, 반역자 및 창조자로 간주되었다.

지구영역에는 인간과 수많은 지상신들과 불, 바람, 물, 산, 숲, 샘, 가신 등 주변 자연의 주령들이 거주하고 있다. 인간에게 적대적인 영혼은 지하세계에 살고 있다. 지하세계의 지배자는 쿠다이Kudai(신)의 형제인 에를릭Erlik이다. 투르크족과 몽골족의 가장 오래된 여성 신인 움마이Ymai가 특별한 장소를 차지한다. 그녀는 텡게리Tengri 다음으로 2위를 차지한다. 그녀는 현대 알타이인, 바쉬키르인, 부랴트인, 카자흐인, 키르기즈인, 몽골인, 타타르인, 카카세인 등에게 알려져 있다. 신에 대한 가장 오래된 언급은 고대 투르크 문자에 있다.

움마이는 매우 존경받는 지상의 여성 신이자 자비로운(bayana, 바야나) 정신이며 그녀는 어린이와 출산 중인 여성의 후원자이다. 출산 전 분만실 여성과 아기를 지키던 움마이는 유르트 왼쪽 입구에 있어 깨끗하다고 여겨졌다. 여성 성의 의인화는 어머니의 자궁, 자궁, 심지어는 탯줄을 의미하는 움마이라는 이름에 반영되었다.

움마이를 기리기 위해 유르트 앞 모서리에 다른 이미지와 함께 파란색 천으로 만든 인형을 걸어 아이가 아플 때 죽을 먹였다.

신생아와 자장가 또래의 아이들은 그녀의 특별한 보호 아래 놓였다. 그들의 불안정함은 그녀의 보호로 돌보아졌고 그녀는 최대 6세까지의 아이들이 스스로 일어설 때까지 보호한다고 믿어진다. 아이들의 생명과 건강은 그녀가 악의 세력과 영들로부터 아이들을 보호하기 때문에 그녀에게 달려 있다.

알타이인들이 움마이의 표현으로 숭배하고 [문자 그대로 학카시아어로 '큰 돌 노파'인] 울룩 후르투야흐 타스Ulug Khurtuyakh tas'라고 불리는 이미지가 보존되었다. 그것은 학카시아의 안하코프 아알Ankhakov aal 근처에 있는 석상으로 기원전 3천년 후반에서 기원전 2천년 초반의 오쿠네프Okunev 문화의 기념물이다. 높이는 3.02미터, 무게는 2.6톤에 이른다.

그림 16. 울룩 후르투야흐 타스에게 "먹을 것을 주는" 의식을 수행하는 하카스 노부인

석상은 1954년에 학카시아 공화국 지역민속 박물관의 기금 아래로 들어왔다. 이 석상은 학카시아 지역 지식 박물관의 고고학자 알베르트 니콜아예비치 립스키Albert Nikolaevich Lipsky팀에 의해 이전되었다. 동상을 박물관으로 옮긴 이유는 기물 파손 행위로부터 예술 작품을 보호하려는 시도였다. 1722년부터 과학에 알려진 울룩 후르투야흐 타스의 동상은 여성 숭배의 대상이자 어머니의 수호신으로서 지역 주민들 사이에서 특별한 존경을 받고 있었다. 다음은 립스키가 그것이 박물관으로 옮겨진 후 울룩 후르투야흐 타스 숭배 의식을 설명하는 것이다.

"... 아바칸Abakan 박물관의 안뜰에는 고대 조각품 컬렉션이 있다. 울룩 후르투야흐 타스는 1954년 중 아바칸Middle Abakan의 안하코프 울루스Ankhakov ulus에서 내가 꺼낸 돌 노파이다. 이것은 신중하게 만들어진 사암 오벨리스크이다. 돌로 된 것이 아닌 머리의 얼굴 조각과 임산부의 잘 생긴 배에 얼굴이 새겨져 있다 ... 그래서 젊은 학카스 여성이 그 앞에 서 있었다. 이 동상 앞에서 아라카(우유주)가 담긴 그릇을 들고 돌 노파의 입에 아라카를 끼얹고 있다. 동상의 입에는 사워 크림이 풍부하게 묻어 있다. 땅에는 음식이 든 자작 나무 껍질 상자가 있었고... 아라카와 아비르트카abyrtkha(빵 음료) 한 잔을 석상 입에 대고 울룩 후르투야흐 타스에게 절을 하면서 무언가를 속삭였다 ... 그 여인이 기도를 마치자, 나는 그녀와 그녀의 동반자들에게 박물관에 가자고 했다. 여기에서 나의 끈질긴 문의 끝에 그 노파는 그녀의 며느리인 젊은 여성이 결혼한 지 10년이 되었지만 자녀가 없다고 했고 울룩 후르투야흐 타스가 아바칸으로 끌려갔다는 소식을 들었다. 우리 며느리에게 아이를 낳게 해 달라고 부탁하러 왔다..."

현재 석상은 안카코프 마을 근처 지붕이 있는 정각에 다시 배치되었다. 아바칸 악 도부락Abakan-Ak-Dovurak 고속도로의 113km 지점에 있다. 야외 박물관도 있다.

그림 17. 안카코프 박물관의 동상(현재 상태)

석상 울룩 후르투야흐 타스는 1722년 러시아 독일계 민족지학자 메세르쉬미트Daniel Gottlieb Messerschmidt에 의해 처음 기술되었다.

"… 후르투야흐는 회색 사암으로 조각되어 땅에 비스듬히 박혀있다. 뒤에서 머리카락으로 엮은 두꺼운 머리띠를 볼 수 있다. 이교도 타타르인들은 그녀에게 큰 경의를 표하고 그녀 주위를 세 바퀴 돌았고 의식이 끝난 후 그녀에게 음식으로 제물을 바쳤다. 그들의 조상들로부터 그들은 이 후르투야흐 석상이 한때 유명한 수호자였으며 전능한 신이 그녀를 돌로 바꾸었다고 들었다…".

카타노프N. F. Katanov는 울룩 후르투야흐 타스의 위치를 언급한다.

"... 아스키즈Askiz 마을에서 우스찌-에스Ust-Es 마을까지, 나와 내 아
내는 ... 1899년 7월 9일에 ... 길 오른쪽에서 ... 아파코프 울루스들
Apakov uluses과 카라블레코프Karablekov 사이에 북동쪽을 향해 키가 큰
돌 노파가 서 있다. 그것은 원주민에 의해 "울룩 후르투야흐 타스"라
고 불리며 일찍이 1772년 9월 5일만큼 팔라스P S. Pallas에 의해 관찰
되었다. ..."

그림 18. V.I. 수리코프가 스케치한 "돌여인"

6 맺는 말

따라서 마고 여신 숭배는 슬라브, 발트, 우랄, 알타이, 야쿠트, 부랴트 문화에 많은 반영이 있다. 지역적으로는 어머니 여신 숭배는 다른 이름으로 시베리아, 야쿠티아 및 알타이 지역의 소수 민족들 사이에서 더 잘 보존되고 있다. 돌, 뿔 또는 동물 뼈로 만들어진 시베리아에서 발견된 고대 여성의 이미지는 옷을 입은 여성을 보여준다. 종종 따뜻한 모피 옷을 입고 있다. 이는 또한 마고가 야쿠티아의 빌류이 지역 출신이라는 사실을 뒷받침한다.

그에 대한 존경은 또한 다산에 대한 광범위한 숭배 및 씨족과 부족의 시작으로서 모성에 대한 믿음과 관련이 있다.

가장 완전한 숭배는 알타이 사람들 사이에서 보존되었다. 여신 움마이의 이름조차도 여전히 존경받고 있으며 힘과 자녀를 요구하는 곳이 있다. 시베리아와 알타이 지역의 무당들은 움마이를 숭배하며 마고 여신을 숭배할 때 하는 말과 매우 유사한 말을 한다.

≡ 참고문헌 ≡

- 아바이 게세르 [왕 Gesar]. 울란우데, 1960. 314 p. [러시아어] 16쪽.
- 아바이 게세르 복도 칸(Abai Geser Bogdo Khan). 울란우데, 1995. 521쪽. [러시아어]. 25쪽.
- Ulanov A. I. K harakteristike geroicheskogo eposa burjat [부랴트의 영웅적 서사시 특성에 관하여]. 울란우데, 1957. 172 p. [러시아어]. 11쪽.
- 황혜숙. 2004. 동아시아의 위대한 여신인 마고의 여성 중심적 통일성에 대한 조사, 캘리포니아 클레어몬트 스크립스 칼리지, 태평양 및 남서부 여성 연구 회의에서 발표됨.
- Kuzmina E. N. Zhenskie obrazy v geroicheskom epose burjatskogo naroda [부랴트 영웅 서사시의 여성 이미지]. 노보시비르스크, 1980. 160쪽. [러시아어]. 57쪽.
- Manzhigeev I. A. Burjatskie shamanisticheskie i doshamanisticheskie terminy [부랴티안 샤머니즘 및 사전 샤머니즘 용어. 무신론적 해석의 경험]. 모스크바, 1978. 127 쪽. [러시아어]. 60쪽.
- Tushemilov P. M. 아바이 게세르. 울란우데, 2000. 256 p. [러시아어].

MAGOIST CULTURE IN SIBERIA

Chingis Akhanyanov, Ph.D

Researcher Professor, Buryat State University, Ulan-Ude, Russia

FOREWORD

In light of recent events, the study on the culture and foundations of Goddess Mago is of great scientific and cultural importance, especially for the peoples of Asia including Koreans, not to mention those living in the regions around Lake Baikal, the Altai region and Yakutia.

I would like to devote my report to the manifestations of the cult of the Goddess Mago in Siberia. Several aspects of the manifestation of her deeds and the cults for her in Siberia will be presented. The first issue is the region of origin of the cult for her. It is now presumed to be the Vilyuisky district, encompassing the huge Vilyuisky reservoir in Yakutia (Sakha).

First, archaeological remains. Secondly, the area itself - according to Ahn Gyeon-jeon, this is the area where the Sacred buildings of the Goddess Mago are located. Until now, these places remain very inaccessible and full of mysteries.

The second - the cults of veneration of Mother Goddess are among the Siberian peoples. These cults are strikingly similar to the description of worship and rituals dedicated to the Goddess Mago. Consider 1) Altaians, 2) Buryats, 3) Russians living in Siberia. As the result, we will draw a conclusion. There is a hypothesis that the first land and castles of Goddess Mago were located in Yakutia. The Republic of Sakha (Yakutia) is a constituent entity of the Russian Federation. This republic is the largest in terms of territory in the Russian Federation and it is also the largest administrative-territorial unit among those in countries of the world. In terms of territory, Yakutia surpasses the size of Argentina - the eighth largest country in the world. However, the population of the republic is less than one million persons. The total area of the territory of Yakutia is 3,103.2 thousand square kilometers. It is also one of the harshest places in the world in terms of climate: the cold pole of the Northern Hemisphere is located here.

Figure 1. Republic of Sakha (Yakutia) on the map of Russia

HARSH CLIMATE

The climate is sharply continental, characterized by long winters and short summers. Winter months starts from October and lasts till April the next year in Yakutia. The temperature difference between the coldest month (January) and the warmest month (July) is 70 to 75 degrees. By the absolute value of the minimum temperature, the temperature goes down up to -70 ° C in the eastern mountain ranges, basins and depressions. This is the coldest place in the world.

The Yakuts are the Turkic-speaking indigenous population of the Republic of Sakha (Yakutia) within the Russian Federation.

The existing historical tradition connects the origin of the southern origins of the Yakut culture with the Kurykan heritage, the development of which was in close contact with the culture of the Yenisei Kyrgyz. The local cultural complex is based on cattle breeding. Within its borders, first of all, the main occupations and leading elements of the socio-economic, and material culture of the Kyrgyz and Yakuts were formed as it is reflected in the style of settlements and dwellings, food and household utensils, clothing and vehicles. A single, common economic and cultural life style also produced the commonality of the spiritual culture of these peoples as expressed in their folklore, rituals, religious beliefs and cults. Among the religious beliefs and rituals, there are also cults: Tenir, mother Umai and Earth - water.

It has been suggested that the Castle of Goddess Mago is located in the Far North in severely frosty land, Yakutia. The Vilyui region is a mysterious area.

Figure 2. Map indicating the alleged location of Mago Castle.

The Vilyui reservoir is a reservoir formed by the Vilyui hydroelectric power station in Russia along on the banks of the Vilyui River, a tributary of the Lena River. Geographically located in Yakutia near the republican border with the Irkutsk region, approximately 80 km east of the Nizhnyaya (Lower) Tunguska River, the righthand side tributary of the Yenisei River. The surface area is 2,360 km². The catchment area is 141,150 km². The reservoir was formed in 1965-67 when dams for the Vilyui hydroelectric power station was constructed along the Vilyui River. During the creation of the reservoir, 2.3 thousand hectares of agricultural land were flooded and 50 buildings were moved.

THE MYSTERY OF THE VILYUY CALDRONS IN THE DEATH VALLEY

This anomalous zone is located in Yakutia, in the valley of the Vilyui River. The Yakuts call this place "Elyuyu Cherkechekh", meaning "Death Valley". There are large metal hemispheres with a diameter of 8 to10 meters. The natives call them cauldrons and forbid people from approaching them, because more than once the late hunters, who decided to spend the night inside them in the icy winter season, became

Figure 3. View of the Vilyui River.

very sick and died afterwards.

Who left those outlandish hemispheres in this wilderness? Perhaps, ancient civilizations or aliens? Why do they have a detrimental effect on people and animals? Science has not yet found answers to these questions.

The first information about the Death Valley was reported to the scientific world by naturalist, teacher and researcher Richard Maak. He stayed in Yakutia from 1853 to 1855, conducted scientific research in the basins of the Vilyui, Olekma and Chona rivers, studied the terrain, geology, and also got acquainted with the peoples living in this region.

In his notes dated 1853, Maak mentioned that on the banks of the river Algy Timirbit, which means "the big cauldron drowned", there really is a giant copper cauldron.

Its magnitude is unknown, since only the edge is visible above the ground, and several trees grow in it. This find did not arouse much interest in the world of science: no one was going to equip an expedition to a hard-to-reach taiga region because of some kind of boiler.

Exactly the same object was discovered in the middle of the 20th century during the construction of the Vilyui hydroelectric dam. When the hydro-builders laid a diversion channel and drained the Vilyuy channel, a convex metal "bald spot" was discovered.

The summoned authorities, having hastily examined the find, came to the conclusion that it was a nonsense, not worthy of attention, and ordered the work to be continued. This reaction is quite understandable: the management was first of all asked for a plan, and no one was going to disrupt the work schedule for nothing but a trifle. Obviously, the "cauldron" now rests under a layer of silt on the river bottom.

And only in the 1970s, Yakut ufologists collected and documented the evidence of local residents. For example, they claim that once every 100 years, pillars and balls of fire burst out of the opened hemispheres, as if directed by the demon Wat Usumu Tong Duurai.

Figure 4. Picture of the Vilyui zone according to the recollections of witnesses.

In addition, in the Death Valley there is a flattened reddish iron arch, into which you can even drive a deer, and behind it, there is a spiral passage leading to many metal rooms.

It is much warmer there than outside, but careless travelers who decided to spend the night in these rooms inevitably fell ill, and many of them died.

Particularly interesting are the testimonies of an old Evenki hunter that in the area between the rivers Nyurgun Bootur ("glorious hero") and Ataradak ("very large triangular iron prison") there is a metal hole in which lie frozen "very thin, black one-eyed people clad in iron robes.

Figure 5. Smooth circles everywhere in the Vilyui valley.

Comparing the testimonies of the inhabitants with the legends, including the Yakut epic Olonkho, the researchers recreated the history of the Death Valley. In ancient times, this area was inhabited by a few nomadic Tungus. One day, an impenetrable darkness enveloped the valley, and a deafening roar shook the surroundings.

A hurricane of unprecedented strength arose, powerful blows shook the earth. Lightning split the sky in all directions. When everything calmed down and the darkness cleared, a tall vertical structure was shining in the sun in the middle of the scorched earth, visible from a distance of many days of travel. For a long time, it emitted unpleasant, ear-piercing sounds and the sound gradually decreased until it completely disappeared (as if, perhaps, it sank underground). Whoever, out of curiosity, tried to travel across this territory, did not return home.

Over time, the soil, fertilized with ashes, restored the vegetation cover. Solid young growth attracted wild animals and nomadic hunters also reached out for the animals. They saw a high domed "iron house" resting on numerous side supports. But it was not possible to enter it because it was tall and smooth, and had neither windows nor doors.

Over time, the "house" finally plunged into permafrost, and only the entrance arch remained on the surface. But one day there was a small earthquake, and a thin fiery tornado pierced the sky. A dazzling fireball appeared at its top.

This ball, accompanied by "four thunders in a row", leaving behind a fiery trail, rushed to the ground along a gentle trajectory and, hiding behind the horizon, exploded. The nomads were worried, but they did not abandon their habitable places, since this "demon", without harming them, exploded over the neighboring warlike tribe.

A few decades later, history repeated itself: The fireball flew in the same direction and again destroyed only its neighbors. Seeing that this "demon", as it was, was their protector, legends began to be made about him, and he was nicknamed "Nyurgun Bootur".

Figure 6. Mysterious circle in a swamp near the Vilyuy River

But one day, with a deafening roar, a giant fireball burst out of the vent and ... immediately exploded. There was a strong earthquake.

Some hills cut cracks more than 100 meters deep. After the explosion, for a long time, the "fire sea" splashed, over which a disk-shaped "rotating island" soared. The consequences of the explosion spread over a radius of more than a thousand kilometers. The nomadic tribes who survived along the outskirts fled in different directions, away from the disastrous place, but this did not save them from death. They all died from some strange, hereditary disease.

SOUVENIR FROM THE BOILER

In the archives of the National Library of the Republic of Yakutia, there is a letter from a certain M.P. Koretsky from Vladivostok is preserved. Here is a snippet from it:

... I saw seven such "cauldrons". All of them seem to me completely mysterious: firstly, the size is from six to nine meters in diameter. Secondly, they are made of an incomprehensible metal.

The fact is that even a sharpened chisel cannot scrape the "boilers" (they tried it more than once). The metal does not break off and it is not forgeable. A hammer would certainly leave noticeable dents on steel. However, this metal is covered with another layer of an unknown material, similar to emery.

I noted that the vegetation around the "cauldrons" is anomalous, and it is not like what growselsewhere at all. It is more lush. Large-leaved burdocks, very long vines, strange grasses are one and a half to two times taller than human growth. In one of the "cauldrons" we spent the night with the whole group (6 people). No one was seriously ill afterwards.

Unless one of my friends completely lost all his hair after three months. And on the left side of my head (I slept on it) there were three small sores the size of a match head each. I treated them all my life, but they have not gone away until today.

All our attempts to break off at least a piece from the strange "cauldrons" were unsuccessful. The only thing I managed to carry away was a stone. But it was not a simple one: half a perfect ball with a diameter of six centimeters. It was black in color, had no visible traces of processing, but was very smooth, as if polished. I picked it up from the ground inside one of those cauldrons.

I brought this souvenir with me to the village of Samarka in the Chuguevsky district of Primorsky Krai, where my parents lived in 1933. He lay idle until his grandmother decided to rebuild the house. It was necessary to insert glass into the windows, and there was no glass cutter in the whole village. I tried to scratch the halves of this stone ball with an edge and it turned out that it cuts with amazing beauty and ease.

Figure 7. Buildings in the remote taiga according to eyewitnesses.

At the end of the 20th to the beginning of the 21st century, several expeditions visited the Death Valley. They recorded several perfectly round reservoirs, but the instruments available to the researchers did not give unequivocal confirmation of the existence of metal structures in the ground. A more thorough study of the area with more advanced equipment is needed.

Currently, there are several versions of the origin of the mysterious "cauldrons". Skeptics believe that they are of a completely terrestrial origin and are fragments or detachable stages of space rockets that crashed during launch. The used parts of the rockets are indeed dropped over this territory. However, the "boilers" arose many centuries before the launch of spacecraft by the current mankind.

Ufologists suggest that an alien base is located in the Death Valley, which automatically explores the Earth and protects it from cataclysms.

But perhaps the strange structures are escape pods for crashed alien ships. There is an opinion that "cauldrons" are the remains of the apparatus of an ancient earthly civilization that died as a result of a nuclear war on a planetary scale. There are also versions that these are unknown natural geological formations or an abandoned nuclear laboratory of the USSR.

Figure 8. Death Valley is located in the marked area

In the mid-50s of the last century, when the Cold War was rapidly gaining momentum, the Western media reported that a "superbomb" - a thermonuclear charge with a capacity of 30 megatons - had been tested at a Soviet nuclear test site located in northwestern Yakutia. However, the maximum yield of strategic munitions that the Soviet Union actually possessed at that time was much less. For example, the RDS-37 thermonuclear bomb tested on November 22, 1955 had a power of "only" 1.6 Mt. Representatives of the high Soviet nomenklatura, reading such "speculations" in the bourgeois press, only grinned - "They say they know ours" and "Fear has big eyes."

Yet, only a few initiates knew the truth - a powerful explosion was indeed recorded in Yakutia. In addition to the fact that the explosion was "detected" by seismic stations, there were many eyewitness accounts who heard a terrible roar and saw a huge pillar of fire rushing into the sky. In addition, with a more thorough study of the incident, it turned out that similar explosions were observed in Yakutia earlier during the 30s of the twentieth century. And if the explosion in the fifty-third could still somehow be explained by "far-fetched" interpretations, such as nuclear weapon tests, no one dared to say this during the thirties.

If so, then, what exploded in Yakutia, if the most powerful human weapon at that time was not capable of doing this? To answer this question, let's think about another phenomenon that comes from the same place, that Yakut boilers. It is one of the most mysterious phenomena that people have encountered. They are mysterious artifacts, about the origin of which there are endless disputes. What are they at all?

Large, dome-shaped formations that have grown into the ground, are exceptionally regular, hemispherical in shape. The material of which the domes are made outwardly resembles metallic copper and this is why the Yakuts call these artifacts "large inverted copper cauldrons". Yet, it is clearly not a kind of metal, at least not a kind of metal in the form that human beings used to use. All attempts to "pick out a piece" from the boilers were unsuccessful.

The surface of the domes is extremely smooth, as if polished. It is also very interesting that some domes have openings in the form of an arch. I agree that it is very reminiscent of the entrances, or exits, if you will. Moreover, the Yakuts, who penetrated through the arched passages into the domes, said that inside the domes they were separated by metal walls, forming some kind of rooms ... or cabins, compartments?

However, the most incredible stories may be thosee stories of some hunters who claimed that they found "dead one-eyed people in iron clothes" in these metal rooms ... By the way, among the Yakuts, the area in which the domes are located is called "Elyuyu Cherkechekh", which means "Valley of Death" in Yakut language. Local hunters say that if they had to spend a night in those domes, then later, they became "very sick", and that if you spend the night several times, there, you can die altogether. To finally clarify the picture, it is worth mentioning that, according to the stories of the same trappers, the vegetation in the Death Valley is "somewhat different", greatly changed.

There are so many unexplored corners in the world. They keep secrets that scientists and researchers from all over the world have been trying to unravel for many years. They are shrouded in stories and legends. One of the most famous such stories is the story of the Yakut cauldrons. They talk a lot about them, but at the same time, they know nothing. Researchers who visited the "Valley of Death" at different times either died too quickly or flatly refused to discuss their findings. There are no people, no roads. The only way to get there is on foot or by helicopter.

The legend about the Yakut boilers has been of interest to researchers since ancient times. People from all over the world came here in an attempt to see firsthand what the ancient legends testify to. Once, three young people became interested in this legend - students from the city of Yakutsk.

The expedition to the boilers began with a small settlement, spread out on the banks of the Vilyui. There, posing as researchers interested in folklore, they "collected" the stories of local residents. None of the locals could name the exact location of the boilers, but, with pleasure, they shared various stories with the students, acquiring more and more new details.

So, having heard stories about the iron dungeon, which is always warm, regardless of the season, a smooth arch made of an unknown metal, protruding from the permafrost, about the inhabitants of the caves, i.e. the black one-eyed people dressed in iron clothes, etc., the students only strengthened their desire to find the "Valley of Death" by all means, in spite of all difficulties. People tried to dissuade the brave young people, arguing that many such reckless "seekers" perished in the bowels of the iron cave, but no words could persuade the group of enthusiasts.

Soon, the students continued on their way and, for a month, no one knew or heard anything about them. And when they returned to Yakutsk, they told an absolutely incredible story. Many people, then, even thought that all the three had lost their minds.

The guys said that, after all, they managed to find the "Valley of Death". "It extends along the right tributary of a shallow river. On the very first day when we spent a night in the magical valley, all the three of us felt unwell. First of all, I was worried about dizziness, chills and weakness. My legs became like cotton wool, I had no strength to move on. Assuming that fatigue was affecting them, the students set up camp and decided to go to the river in order to stock up on water. And there, quite unexpectedly, an amazing object caught our eyes."

Not even an object, but some gigantic structure, about 10 meters in diameter, reminiscent of the described Yakut cauldron. It is difficult to say what they experienced at that moment, fear or joy, but they decided to come closer to carefully examine the unusual structure. It turned out to be metallic, but it was not possible to establish what kind of metal it was. Attempts to break off a piece from the boiler also failed. Neither an axe, nor a sharp screwdriver, nor a hammer left even a scratch on the silvery surface of the boiler. Later, repeated attempts were made to obtain at least a small piece of the boiler material suitable for further research, but the extremely solid metal did not succumb.

The students noticed the abundance of vegetation around the boilers. Including giant burdocks, not typical for the area. Also, unusual grasses grew here, many times higher than human height. The darkness, which caught the researchers by surprise, and the cold, damp weather forced the students to change their place of deployment. The tents were set up close to the cauldron, from which unusual heat emanated. But to find the premises, which were told by the local "old-timers", failed. Due to increasingly deteriorating health, the students stopped the search and returned to their city.

However, interest in this phenomenon did not fade away. Students became more and more carried away and looked for new information in the legends, at least some documentation related to the anomalous zone, directly or indirectly.

Once in the archive they found an interesting letter that the Russian researcher Koretsky wrote to his friend. The letter said that he had been in these areas at a very young age and still cannot forget this place.

The students could not forget. They were about to hit the road again. But, when they started having some health problems, they got scared, linking the ailments to the boilers.

Whether there was actually a relationship between these two, no one can answer. Health problems were also experienced by other people who came close to the boilers, but, at a distance from them. They immediately recovered and did not feel any discomfort. Therefore, it is difficult to say for sure. Perhaps the time spent near the boilers and the physical form of each individual person also plays a role.

What other versions and legends exist about this area? In fact, there are many. Some eyewitnesses told how one night they saw a UFO in these areas. The ship sank, and some kind of vertical structure screwed into the ground. They say that this is how the underground city was once built. Outside, only the entrances, the so-called descents to the underground city, were visible. Old-timers of nearby villages say that in ancient times, shamans closed all entrances to immure the evil force. But, unfortunately, they did it badly. In the future, from time to time, thin iron people were to be seen in the boilers.

Numerous fishermen who once visited these places were frightened by unusual luminous balls. More and less large spheres pursued the fishermen and frightened them, as if chasing them away from their lands. The fishermen fled in horror, but then they repeatedly recalled these bundles of energy, either holograms or ghosts protecting the boilers.

It is even believed that there is a direct relationship between the boilers and the legendary Tunguska meteorite. Why didn't he hit the ground? Why did it disappear? Maybe people still live on earth only thanks to the boilers, which, as a protective structure of extraterrestrial civilizations, protect the earth. Then the boilers are means of anti-space defense. It was their energy that rushed to meet the crushing meteorite and left no trace of it.

It is still not clear whether these structures belong to former civilizations or to aliens, but in the direction of aliens, nevertheless, they learn more.

It is also believed that aliens are involved in the pyramids, of an unusual shape, which are located right there. Some of the buildings exploded and some went under water. The boilers went under the water. Every decade it becomes more and more difficult to find them.

BURYATIA

Considering the pantheon of deities of another ethnic group of Siberia, the Buryats, to which I belong by nationality, we see the remnants of the cult of the Goddess Mago in the form of veneration of the fore-

Figure 10. Buryatia on the map of Russia

mother of all the gods of Tengeri – the celestials.

The image of Manzan Gurme, the foremother of the Tengrist gods in the Buryat "Gesariad", is very popular among the Buryats. "Gesariad" is an epic of oral and written legends cherished by the peoples of Central and East Asia about Geser Khan ("Son of Heaven", "chosen king"). The character of Manzan Gurme, according to the author's assessment, has a striking resemblance to the heroine of Korean literary texts, the Goddess Mago, traditionally attributed by specialists to the Korean folklore tradition.

Figure 11. Reproduction of a linocut-illustration for the Buryat epic "Geser" by the artist Alexandra Nikitichna Sakharovskaya - "Geser and 33 heroes descend from the sky"

In this regard, it should be noted that in the divine Tengrist pantheon of the Geseriada, a special place is occupied by the image of Manzan Gurme, the ancestor of the heavenly gods in the Buryat epic and mythology. The cosmic nature of her maternal image is emphasized in a stable verbal formula: "Who accepted many gods, raised a thousand gods."[1]

Manzan Gourmet, like the Goddess Mago, is considered the mother of nine deities, representing the older generation of celestials[2]. She, being a deity of matriarchal origin, is not formally included in the «nomenclature» of the Uranian pantheon, which is a product of the era of the paternal family. Nevertheless, she is assigned a primary role in the world of celestials. All gods obey to Manzan Gurme. Her orders are tantamount to a command, laws and even have a higher power[3].

Here we can see cultural similarities between the reverence of Manzan Gurme with the cult of the Goddess Mago. The head of the western fifty-five celestials himself, Khan Khurmasta (Khan Khirmas in the text) invariably listens to her advice and acts strictly on her orders.

Manzan Gurme is an active guardian goddess of Geser and his heroes, since they, the sons of the western celestials, descended to earth under her auspices to protect the human race. It is neither. Khan Hormust is the head of the celestials of the Tengris, who, according to his status, is obliged to provide all possible assistance to his son Geser in his difficult struggle against the Mangadai monsters. But he didn't help much. He, as a Buddhist deity-burkhan, was nominally present in the heavenly pantheon. But Geser helps a lot Manzan Gurme - the progenitor of the celestials and a good genius - patronizes and assists the hero of the epics in the fulfillment of his earthly mission, destined by the will of the gods.

----

1) Abai Geser [The King Gesar]. Ulan-Ude, 1960. 314 p. [In Russ.] Page 16.
2) Abai Geser Bogdo khan [The King Gesar Bogdo Khan]. Ulan-Ude, 1995. 521 p. [in Russ.]. Page 25.
3) Ulanov A. I. K harakteristike geroicheskogo eposa burjat [On Characteristics of Buryats' the Heroic Epos]. Ulan-Ude, 1957. 172 p. [In Russ.]. page 11.

It should be emphasized that Manzan Gourme often does not act alone, her assistants are Zasa Mergen - Geser's heavenly brother and his three heavenly sisters - sorceresses, as well as Alma Mergen - Geser's faithful wife and fighting companion.

Hwang[4] calls her the "Great Goddess", describing her veneration as follows: "Magoism, the archaic female-centric cultural matrix of East Asia, is derived from the worship of Mago as the creator, progenitor, and mistress." How the savior goddess Magu passed into Korean folk beliefs under the name of Mago halmi?[5]

The power of Manzan Gourmet is provided by another important circumstance: She is the owner of magical items, wonderful jewels and various secrets known only to her. For example, an apple that restores strength to Geser; a rod for cleaning wool, a silver mother-of-pearl talisman presented by Tumen Yargalan, Geser's elder wife, and more. Of particular interest are the so-called "fifteen magical treasures" of Manzan Gourmet, which play a certain plot-forming role in the epic. These treasures are associated with two astral myths of ancient origin, in which the ideas of the Buryats about the miraculous abilities and magical power of Manzan Gurme are clearly reflected.

As it is narrated in the Gesariad, the hero needs to cleanse the underworld of Gumen Sesen Khan. The "fifteen magical treasures" that Manzan Gurmet kept in her secret chests could help to cope with this task. Geser rises to heaven to Manzan Gourmet and treats her with seventy types of food and excellent quality milk vodka (arza and khorzo) in seven shell-porcelain bowls made from the skulls of seven blacksmiths. She, having tasted the food and got drunken from the drink, falls asleep.

----

4) Hwang, Hye Sook. 2004. An Investigation of Gynocentric Unity in Mago, the East Asian Great Goddess, and Elsewhere Presented at the Conference of Pacific and Southwest Women's Studies, Scripps College, Claremont CA.
5) Б. Л. Рифтин «Ма-гу» // Мифы народов мира: энциклопедия, — М.: Советская энциклопедия, 1992, Т. 2, С. 87-88, ISBN 5-85270-072-X

Geser, meanwhile, opens the necessary chests, takes "fifteen magical treasures" from there and sets off on his way back.

Waking up, Manzan Gourmet discovers the loss. Angry that the hero took her treasures without permission, she throws seven shell-porcelain bowls, which, flying up into the sky, turn into the constellation of the Seven Elders (Doloon Ubgad) or Ursa Major. And her formidable spell against Geser overtakes the hero halfway between heaven and earth and sends him to hell.

Meanwhile, Manzan Gourmet, seeing that she is subjecting her great-grandson to too severe a punishment, sprinkles milk from her breast after Geser. Milk, scattering with splashes, becomes the Milky Way (Tengeriin Oyodol), and keeps Geser from flying into the underworld.

The second aspect of worshiping the Goddess Mago is similar with worshipping Goddess Umai.

Figure 12. Manzan Gurme (Goddess Mago) instructs the bogatyr ('hero') Geser.

Speaking about the paraphernalia of Manzan Gourmet, it is necessary to say a few words about the "old mother book", to which the goddess often refers. Perhaps authoritative Korean researchers will be able to find parallels with the cult of Goddess Mago.

In the course of the epic's plot, starting from the prologue, this sacred book gives the right to the foremother of the gods to take on a key role in determining the fate and deeds of the epic's main character. With the help of the holy book, Manzan Gourmet keeps the whole universe in her field of vision, unravels the knots of secrets unknown to gods and mortals, determines the course of future events and helps Geser overcome all obstacles on his heroic path. "Essentially, she is the head of everything that exists in the universe"[6].

In conclusion, I would like to briefly dwell on one more aspect related to Grandmother Manzan with the goddess Mago Halmoni. Specifically, on the solar aspect of Manzan Gourmet's image.

According to the epic text, she is born from the rays of the sun, which determines her luminous good beginning. It is no coincidence that the celestial offspring of Manzan Gurme, the western fifty-five tengris, has a clan epithet sagaan - "white". This color definition in the Buryat sacred tradition indicates a connection with the cult of the sun, since such is the semantics of white. The solar background is also contained by the numerical symbolism of the eighth heaven - the seat of Manzan Gourme. This numerological epithet goes back to the early myths of the Buryats, in which the sun as a woman-mother was represented as a zoomorphic creature with eight legs, and subsequently depicted in the form of eight fences or eight rays - "legs" (on sacred shamanic ongons)[7].

In shamanic invocations, the symbolism of the number eight is also

6) Kuzmina E. N. Zhenskie obrazy v geroicheskom epose burjatskogo naroda [Female Images in the Buryats' Heroic Epic]. Novosibirsk, 1980. 160 p. [In Russ.]. page 57.
7) Manzhigeev I. A. Burjatskie shamanisticheskie i doshamanisticheskie terminy [Buryatian Shamanic and Pre-Shamanistic Terms. The experience of Atheistic Interpretation]. Moscow, 1978. 127 p. [In Russ.]. page 60/

traced in the characteristic of the female maternal principle of the sun. In the Selenginsky district of Buryatia, there is still worship of the Female Deity.

Figure 13. Stone with the inscription Mother Goddess. Neo-pagan beliefs in Buryatia.

Figure 14. Grandmother Manzan Gurme (Goddess Mago) on a lotus throne.

It should be noted that the attributes of Manzan Gourme are not devoid of solar signs, expressed in the chromatic epithets altan – 'golden' and shara – 'yellow'.

Now, finally, the "Ancient Mother's Book", which in a number of special cases is called "golden", also carries a solar semantic coloring.

Figure 15. Altai on the map.

The mythology of the Altai peoples contains a huge layer of vague memories of the cult of Goddess Mago. The mythology of the Altaians is a set of their mythological views, beliefs and cults. In their mythology, there was an idea of both the three worlds of the Universe (heavenly, earthly and underground), as well as its many spheres, layers or tiers, in which numerous characters of Altai mythology dwell. The heavenly sphere is inhabited by light and benevolent deities and spirits in relation to man. Yuch-Kurbustan, Ulgen, Burkhan, Kudai were considered the supreme celestials, demiurges and creators of the world of various religious and mythological traditions.

The earthly sphere is inhabited by man and numerous earthly deities and master spirits of the surrounding nature such as spirits of fire, wind, water, mountains, forests, springs, and household spirits. Spirits hostile to man live in the underworld. The ruler of the underworld is Erlik, brother of Kudai (god).

A special place is occupied by Umai (Ymai) - the most ancient female deity of the Turkic and Mongolian peoples. She occupiesthe second place after Tengri. She is known among the modern Altaians, Bashkirs, Buryats, Kazakhs, Kirghiz, Mongols, Tatars, Khakasses and others. The most ancient references to the deity are made in the ancient Turkic script.

Umai is a highly revered earthly female deity, a benevolent (bayana) spirit and she is the patroness of children and women in childbirth. Before childbirth, guarding the woman in labor and the baby, Umai was located at the entrance on the left side of the yurt, which was considered clean. The personification of the femininity was reflected in the very name Umai, which meant the womb of the mother, the uterus and even the cut off umbilical cord.

In honor of Umai, in the front corner of the yurt, along with other images, they hung a doll made of blue cloth, which was fed gruel if the child fell ill.

The newborn and children of lullaby age were plced under her special protection. The unsteadiness of them were taken care of by her protection, and she is belived to protect the children up to six years old, until they get on their own feet. The life and health of the children dependon her, as she protects them from evil forces and spirits.

An image has been preserved, which the Altaians worship as a manifestation of Umai and is called –'Ulug Khurtuyakh tas (literally 'Big stone old woman' in Khakassian)'. It is a stone statue near the Ankhakov aal in Khakassia, and it is a monument of the Okunev culture of the late third to early second millennium BCE. Its height is 3.02 meters and weightamounts to 2.6 tons.

Figure 16. A Khakass old lady performs the ritual of "feeding" Ulug Khurtuyakh tas.

The Stone Statue ended up in the funds of the Khakassian Republican Museum of Local Lore in 1954. The removal of the statue was organized by Albert Nikolaevich Lipsky, archaeologist of the Khakassia Museum of Local Lore. The reason for moving the statue to the museum was an attempt to protect the work of art from acts of vandalism. The statue of Khurtuyakh tas, known to science since 1722, enjoys special reverence among local residents as an object of women's cult and the patroness of motherhood. Here is how A. N. Lipsky describes the rite of worship of Khurtuyakh tas after she was transferred to the museum:

"... In the courtyard of the Abakan Museum, in the collection of ancient sculptures, there is a sculpture of Khurtuyakh tas - a stone old woman, taken out by me in 1954 from the Ankhakov ulus in the Middle Abakan. This is a sandstone obelisk, carefully crafted, containing a sculpture of the face of a head not made of stone, and a well-shaped belly of a pregnant woman, with a face carved on it ... so, a young Khakass woman stood in front of this statue, holding a bowl with araka - milk vodka at the mouth of a stone old women. The mouth of the statue is richly smeared with sour cream. On the ground there were birch bark box with food, with araka and abyrtkha - a bread drink ... A young woman, putting a cup of vodka to the mouth of the statue, whispered something, bowing to Khurtuyakh tas ... When the young woman finished praying, I asked her and her companions to go to the museum. Here, after my persistent inquiries, the old woman said that the young woman, her daughter-in-law, has been married for the tenth year, but she has no children, and we heard that Khurtuyakh tas was taken to Abakan, and we came here to ask her to give children to our daughter-in-law...".

Currently, the statue is again placed near the village of Ankhakov, in a covered pavilion. It is located on the 113th kilometer point of the Abakan-Ak-Dovurak highway. There is also an open-air museum.

Figure 17. Statue in the Ankhakov Museum (Current state).

The stone statue Ulug Khurtuyakh tas was first described by Russo
-German ethnographer Daniel Gottlieb Messerschmidt in 1722:

"... Kurtuyak was carved out of gray sandstone and dug
obliquely into the ground. Behind the back, you could see hang-
ing thick braids woven from hair. The pagan Tatars rendered
her great homage, circled around her three times, after which
ceremony they made her an offering in the form of food. From
their ancestors they had heard that this Kurtuyak statue was
once a famous matron and the almighty God himself turned
her into a stone ...".

N. F. Katanov mentions the location of Khurtuyakh tas:

"... from the village of Askiz to the village of Ust-Es, I and my wife ... set off on July 9, 1899 ... on the right side of the road ... between the uluses of Apakov and Karablekov stands a tall stone old woman facing northeast. It is called by the natives "Khurtuyakh tas" and observed by P S. Pallas as early as September 5, 1772 ..."

Figure 18. "Stone woman", a sketch by V.I. Surikov.

Thus, the cult of the Goddess Mago has many reflections in the Slavic, Baltic, Ural and Altaic and Yakut and Buryat cultures. Locally, under different names, the cult of the mother goddess is better preserved among the minority peoples of Siberia, Yakutia and the Altai region. Ancient images of a woman found in Siberia made of stone, horn or animal bones show a dressed woman - often in warm fur clothes - which also speaks in favor of the fact that Mago was from the Vilyui region of Yakutia.

Reverence about her is also associated with a wide cult of fertility and belief in motherhood as the beginning of a clan and tribe.

The most complete cult was preserved among the Altai peoples - even the name of the Goddess Umai is still revered and there are places where they ask for strength and children. Shamans of Siberia and Altai region, honoring Umai, pronounce words very similar to the words of worship of the Mago Goddess.

≡ Bibliography ≡

- Abai Geser [The King Gesar]. Ulan-Ude, 1960. 314 p. [In Russ.] p.16.
- Abai Geser Bogdo khan [The King Gesar Bogdo Khan]. Ulan-Ude, 1995. 521 p. [in Russ.]. p.25.
- Ulanov A. I. K harakteristike geroicheskogo eposa burjat [On Characteristics of Buryats' the Heroic Epos]. Ulan-Ude, 1957. 172 p. [In Russ.]. p.11.
- Hwang, Hye Sook. 2004. An Investigation of Gynocentric Unity in Mago, the East Asian Great Goddess, and Elsewhere Presented at the Conference of Pacific and Southwest Women's Studies, Scripps College, Claremont CA.
- Kuzmina E. N. Zhenskie obrazy v geroicheskom epose burjatskogo naroda [Female Images in the Buryats' Heroic Epic]. Novosibirsk, 1980. p.160. [In Russ.]. p. 57.
- Manzhigeev I. A. Burjatskie shamanisticheskie i doshamanisticheskie terminy [Buryatian Shamanic and Pre-Shamanistic Terms. The experience of Atheistic Interpretation]. Moscow, 1978. p.127. [In Russ.]. p. 60.
- Tushemilov P. M. Abai Geser [The King Gesar]. Ulan-Ude, 2000. p.256. [In Russ.].

한국의 여신 문화

— 지모신 신앙을 중심으로 한 고찰 —

김화경

필자 약력

김화경

영남대 명예교수

쓰쿠바 대학교 대학원 박사

쓰쿠바 대학교 대학원 석사

서울대학교 학사

저서

한국의 여신들-페미니즘의 신화적 근원

한국 왕권신화의 계보

한국의 신화 세계의 신화

재미있는 한 일 고대 설화 비교분석

독도의 역사

신화에 그려진 여신들

한국의 설화

1 머리말

가부장제가 성립되기 이전에 모든 것을 여성이 주도하던 사회가 존재했을 것이라는 가설을 제시한 사람은 19세기 스위스의 법제 사학자이면서 문화사학자였던 요한 야콥 바흐오펜Johann Jacob Bachofen이었다.[1] 그의 모권제母權制 사회의 존재 가설은 당시의 사회 여건에서는 생각하기 어려웠던 획기적인 견해였다고 할 수 있다.

그가 이와 같은 가설을 세우는 데 결정적인 역할을 한 것이 바로 그리스 신화였다. 바흐오펜은 "여성 지배의 지식을 얻는 데 전승의 최초 형태인 신화가 특히 중요한 이유는, 모권母權의 흔적이 고대 그리스 세계의 가장 오래된 종족들 사이에서 발견되고 있기 때문이다. 그리고 모권이 현실사회 내에서 한 문화의 중심 역할을 하는 매우 중요한 위치를 차지하고 있던 것이었으므로, 신화에서도 모권이 그에 상응하는 높은 위치를 차지했을 것이라는 사실을 처음부터 예상할 수 있었다는 것이다."[2]라고 했다. 이러한 그의 지적은, 전승의 가장 원초적 형태인 신화에서 모권의 흔적을 발견했다는 것을 말해준다.

그래서 그는 실제로 그리스의 신화에 나오는 '가이아Gaia'나 '아프로디테Aphrodite', '아테나Athena', '데메테르Demeter'와 같은 여신女神을 중심으로 하는 신화로부터 여성들이 지배하던 모권제 사회의 잔영殘影을 찾아냈다. 다시 말해 제우스를 중심으로 한 남신男神들의 신화체계를 가졌던 가부장제

---

1) 그가 주장한 문화 진화의 네 단계는 (1) 모권제 전의 난혼(亂婚)의 단계와 (2) 모권제 단계, (3) 가부장제가 탄생하기 시작하는 단계, (4) 현대 문명이 나온 부권제 단계이었다. 石塚正英,『バッハオーフェン』, 東京: 論創社, 2001, p. 7-8.
2) J. J. Bachofen, 佐藤信行 共譯,『母權論, 序論·リュキア·クレタ』, 東京: 三元社, 1992, p. 11-12.

사회보다 선행하는 여신들의 신화체계를 갖춘 모계사회가 존재했었던 흔적을 그리스 신화에서 발견했다는 것이다.

바흐오펜의 이러한 주장에 대해서는 지금까지 많은 비판이 있었다. 그렇지만 그 뒤에 김버타스Marija Gimbutas의 연구로 BC 4000년경에 반농반목半農半牧을 영위하는 인도 유럽어족Indo-European languages의 조상들이 이 지역 일대에 침입하여, 여신을 받들면서 살고 있던 사회를 정복했다는 사실이 밝혀졌다. 그녀는 그러한 예의 하나가 헤카데Hekade나 아르테미스Artemis와 같은 옛 유럽의 여신들이 고대 그리스와 아나톨리아Anatolia 지역에 존재했다고 보았다.[3] 실제로 이들 여신은 선사시대부터 존재했던 대지모신Great Mother이 후대에 변형된 것이 분명한 것 같다.[4] 그러자 멀린 스톤Merlin Stone은 남신들보다 여신들이 숭배되던, 여러 지역의 예들을 들어 하느님이 여신이었던 시절이 있었다는 주장을 펼치기에 이르렀다.[5]

이와 같은 사실들로 미루어 보아, 바흐오펜의 주장은 어느 의미에서 상당한 타당성을 가졌다고 보아도 좋을 듯하다. 이런 상정은 인류의 역사에서 가장 먼저 성립된 신神의 관념이 대지를 어머니로 생각하는 지모신地母神 사상이었다는 사실을 통해서도 그 타당성이 입증된다.[6] 두루 알다시피 지모신 사상을 대변하는 비너스 상은 후기 구석기시대에 조형화되었을 것으로 추정되고 있어, 이미 이 시대에 지모신이 숭앙의 대상이 되었다는 것을 확인할 수 있다.[7]

여신의 역사가 이처럼 오래되었는데도 불구하고, 장구한 가부장제 사회

3) Marija Gimbutas, 鶴岡眞弓 譯, 『古ヨーロパの神々』, 東京: 言叢社, 1989, p. 150-198.
4) 西村賀子, 『ギリシア神話 神々と英雄に出會う』, 東京: 中央公論社, 2017, p. 55-121.
5) Merlin Stone, 정영목 역, 『하느님이 여자였던 시절』, 서울: 뿌리와이파리, 2008, p. 79-122.
6) Erich Neumann, 박선화 역, 『위대한 어머니 여신』, 서울: 살림출판사, 2009, p. 130-181.
실제로 죠셉 켐벨도 이런 진화설에 입장에서 서양의 신화들은 논한 바 있다.
J. Campbell, 정영목 역, 「신의 가면Ⅲ 서양 신화」, 서울: 까치글방, 1999, p. 18-113.
7) 김화경, 『세계 신화 속의 여성들』, 서울: 도원미디어, 2003, p. 83-171.

를 거치는 동안에 여신 신화들은 많은 부분이 변형되고 왜곡되는 신격의 변화가 초래되었다. 이런 예는 인간 사회에 존재하는 죽음과 불행이 여성들로 인해서 생겨났다고 하는 판도라나 이브 이야기에서 그 흔적을 찾아볼 수 있다. 전자는 판도라가 금단의 항아리를 열었기 때문에 이 세상에 불행이 존재하게 되었다는 것이고, 후자는 이브가 무화과의 열매를 따서 먹었기 때문에 인류가 낙원에서 쫓겨날 수밖에 없었다는 것이다. 이와 같은 이들 신화는 남성들에 의해서 변형된 여신 신화의 전형을 보여주는 예들로, 인간 세상에 비극을 가져오게 한 장본인을 다 같이 여성으로 표현한다는 공통점을 가지고 있다.[8]

그러나 한국에서는 이렇게 죽음과 불행이 여성들로 말미암아 초래되었다고 하는 여신 신화는 지금까지 발견되지 않고 있다. 그렇지만 여신들의 권위가 실추되고 비하된 흔적을 곳곳에서 찾아볼 수 있어, 한국 사회에서도 여신 신화들이 상당히 왜곡되었다는 것을 드러내고 있다. 이를테면 죽어가는 부모를 살려내기 위해서 저승세계로 여행을 하여 그 약을 구해왔다고 하는 '바리공주 신화'에서 그녀가 저승 여행의 주체가 되었고, 또 무당들의 조상인 무조신巫祖神이 되었다고 하는 것[9]은 여신의 권위가 실추되어 그에 얽힌 신화도 바뀌었다는 것을 말해준다고 하겠다.

더욱이 조선 시대에는 지배 이데올로기 정립의 기반이 된 성리학의 영향으로 여성들의 활동이 극도로 제한되었었다. 그때 정착된 여성 경시의 풍조는 그 후에도 계속되어, 얼마 전까지만 해도 바깥과 안의 대립을 남성과 여성으로 대치되었을 뿐만이 아니라, 대외적인 활동은 남성들의 전유물로 생각되어 왔다.[10] 이런 가부장제 사회에서는 여성들의 활동이 극도로 위축

---

8) 松村一男, 『女神の神話學』, 東京: 1999, 靑土社, 1999, p. 31-52.
9) 서대석, 『한국 무가의 연구』, 서울, 문학사상사, 1980, p. 199-254.
10) 秋葉隆, 『朝鮮民俗誌』, 東京: 六三書院, 1963, p. 39-59

될 수밖에 없었고, 또 이에 따라 여신 신화도 자연히 마모되고 변개되지 않을 수 없었다.

이러한 사회적 여건 아래서도, 여신 신화들이 면면히 계승되었다는 것은 그 나름대로 전승의 힘을 지니고 있었기 때문이었다고 할 수 있다. 바꾸어 말하면 남성들이 지배하는 가부장제 사회에서도 여신들은 그 나름의 역할을 다하고 있었으므로, 이에 얽힌 신화들도 사라지지 않고 전승을 계속해 왔다는 것이다.

그래서 본 연구에서는 한국에 남아 있는 여신 신화들을 대상으로 하여, 이 여신들의 원형이었을 것으로 상정되는 지모신 신앙의 성립 과정을 살펴보고, 또 여기에서 창출된 출현 신화를 고찰하기로 한다. 그리고 지모신 숭배가 확장된 산악신앙의 일면을 드러내는 성모 신화를 고찰함으로써, 성모 사상이 신라 고유의 신앙이었다는 사실을 해명하려고 한다. 이러한 연구 목적의 설정은 아직도 한국 사회에 남아 있는 여신들이 어떠한 신화적 사유에서 창출되었는가 하는 문제를 해명하기 위한 수단의 하나라는 것을 밝혀둔다.

2 지모신 신앙의 성립

사냥이 주된 경제 형태였던 구석기시대에도 이미 출산이 생명의 탄생이라는 아날로지로 이런 부富는 여성, 즉 어머니가 만들어내는 것이라는 관념이 널리 퍼져 있었다. 그래서 자연에 대한 의존은 어머니인 자연에의 숭배라는 관념을 낳았고, 자연의 부를 가져다주는 자로서의 대지모신Great Mother에 대한 신앙이 종교의 중심이 되지 않을 수 없었다.

이런 지모신 사상을 반영하는 것이 구석기시대에 만들어진 비너스 상이다. 이것은 프랑스 피레네산맥으로부터 서시베리아의 바이칼 호수에 걸치는 유라시아 대륙의 각지에서 60여 개가 발견되었는데, 그 발견 장소도 동굴 속이나 산꼭대기, 가정의 제단, 초기의 신전 등 상당히 다양한 분포를 보여준다. 종교학계에서는 구석기시대 비너스상의 제조가 대지모신의 숭배와 밀접하게 연계되었을 것으로 보고 있다.[11]

오스트리아의 뷔렌도르프에서 발견된 비너스상

11) 市川茂孝, 『母權と父權の文化史』, 東京: 農山漁村文化協會, 1993, p. 12-15.

그리고 이것은 BC 35,000년 전부터 돌이나 상아象牙를 쪼아서 만들거나 흙으로 구워서 만들었던 것으로 상정된다. 이렇게 만들어진 비너스상의 커다란 유방은 아래로 처져 있고 굵은 허리에 배는 불룩하게 나와 있으며 엉덩이가 매우 잘 발달하여 있다. 이런 모습은 단순한 인간의 어머니가 아니라, 많은 아이를 출산한 뒤에, 젖으로 그 아이들을 길러낸 어머니, 곧 여신女神을 표상했을 것이라고 믿고 있다.[12]

이와 같은 비너스상의 하나로 볼 수 있는 것이 중국 요녕성遼寧省 객좌현 喀左縣 동산취東山嘴 유적에서 출토된 소조塑造 임부상妊婦像이다.

요령성 객좌현 동산취 제단 유적에서 출토된 소조 임부상[13]

'대릉하大凌河 유역의 임부상'으로 통칭되는 이 임부상도 비너스상과 마찬가지로 배가 앞으로 나오고 엉덩이가 뒤로 처져서 하체가 비대한 모습을 보인다. 이형구李亨求는 "이와 같은 표현은 생명력을 느끼는 모성애의 제스처다. 당시 사람들은 대지를 어머니로 생각하고 지모신을 제사지냄으로써 만물이 소생하고 오곡이 풍성하기를 빌었다."[14]라고 하여, 이를 지모

12) S. Giedion, 江上波夫 共譯, 『美術の起源』, 東京: 東京大出版會, 1968, p. 437-454.
13) 이형구, 『한국 고대문화의 비밀』, 서울: 새벽출판사, 2012, p 125에서 옮김.
14) 이형구, 위의 책, p. 126.

신으로 보았다. 그리고 그는 함경북도 청진시 농포동農圃洞 유적과 옹기군 서포항西浦港 유적에서 발굴된 소조 인물상이 이것과 비슷하다고 지적하면서, 이들이 신석기시대의 유물, 즉 농경이 시작되고 난 다음에 나온 것이라는 견해를 밝혔다.[15]

함경북도 농포동 유적 출토 소조 여인상[16]

이처럼 대지를 어머니로 생각하는 지모신 사상은 산업화가 이루어지기 이전까지 한반도에서 널리 존속되었던 것 같다. 이런 추정은 시골에서 아이를 낳으면 땅에다 파는 민속이 남아 있어, 지모신 숭배의 흔적을 엿볼 수 있기 때문이다. 물론 땅뿐만 아니라, 바위나 큰 나무에 아이를 파는 민속도 있었다.[17] 여기에서 '판다'라는 말은 '맡긴다'라는 의미였을 것으로 상정되는데, 이런 민속은 땅이나 나무, 바위 등이 아이가 무사하게 성장할 수 있게 지켜달라는 뜻이었을 것으로 상정된다. 그리고 이런 상정이 허용

---

15) 이형구: 위의 책, p. 126.
16) 이형구, 위의 책, p. 126에서 옮김.
17) 이것은 경상북도 문경시 동곡면 간송2리 출신의 심선옥沈善玉(64세)으로부터 2019년 12월 20일에 조사한 것이다.

된다면, 대지가 지모신地母神으로 숭배되었다는 것을 말해준다고 하겠다.[18] 또 이 민속에서는 음력 정월 초승에 정화수를 떠서 소반 위에 놓고 절을 하면서 땅에 판 아이의 무사 성장을 빌기도 했다.[19] 이렇듯 한국에서는 일찍부터 대지를 어머니로 생각하는 지모신 신앙이 성립되었고, 그런 민속이 근래에까지 남아 있었다는 것을 확인할 수 있다.

---

18) 이러한 민속은 세계 여러 곳에서 발견된다. 볼가강 유역에 사는 아브루치족은 아기를 낳으면 씻은 다음에 강보에 싸서 대지 위에 놓아두는데, 이것은 참다운 어머니인 대지에게 아이를 헌납하는 것이라고 한다. 그리고 아프리카에 사는 모르도바족은 아이를 양자로 삼고자 할 때는 수호의 여신인 대지의 어머니가 존재한다고 생각되는 정원의 조그만 도랑 속에 아이를 놓아두는데, 이것은 이것은 양자가 될 아이가 다시 태어난다고 하는 것을 의미한다고 한다. 이렇게 볼 때, 한국의 아이 팔기 민속도 대지를 어머니로 생각하던 신화적 사유의 발현이라고 생각해도 좋지 않을까 한다.
M. Elide, 이은봉 역, 『종교 형태론』, 서울; 한길사, 1996, p. 333-335.
19) 필자의 고향에서도 이런 풍습을 본 기억이 있다.

3 지모신 신앙과 출현 신화

대지의 여신을 받드는 농경문화 집단이 일찍부터 한반도에 정착했다는 것은 널리 알려진 사실이다.[20] 이렇게 이른 시기에 정착한 농경문화 집단들 사이에서 창출된 것이 대지에서 인간이 나왔다고 하는 출현 신화이었을 것으로 추정하고 있다.

[자료 1]

이 일(주몽이 고구려를 건국하는 일: 인용자 주)에 앞서 부여의 왕 해부루는 늙도록 아들이 없었다. (그리하여 그는) 산천에 기도를 드려서 대를 이을 아들을 구하였다. 왕이 탄 말이 곤연鯤淵에 이르러 큰 돌을 보고 마주 대하여 눈물을 흘렸다. 왕이 괴이하게 생각하여 사람들을 시켜서 그 돌을 옮기게 하였다. (그랬더니 거기에는) 어린아이가 금빛의 개구리 모양을 하고 있었다(한편으로는 개구리를 달팽이라고도 한다.). 왕은 기뻐하여 말하기를 "이것은 바로 하늘이 나에게 아들을 준 것이다"라고 하면서 그를 거두어 길렀다. (왕은) 그 아이의 이름을 금와라 하고, 그가 장성하자 태자로 삼았다.[21]

---

20) 김병모金秉模는 "우리나라에서 4,000년 전에는 밭농사(화전과 같은)가 위주였고, 벼농사[米作]는 그다음 단계이다. 특히 벼 중에는 밭벼[陸稻]가 먼저 단계이고, 논벼[水稻]의 재배 기술은 매우 늦게 도입된다."라고 하였다.
김병모, 『한국인의 발자취』, 서울: 정음사, 1985, p. 31.
21) "先是 扶餘王解夫婁 老無子 祭山川求嗣 其所御馬至鯤淵 見大石相對流淚 王怪之 使人轉其石 有小兒金色蛙形(蛙一作蝸) 王喜曰 此乃天 賚我令胤乎 乃收而養之 名曰金蛙 及其長立爲太子."
김부식, 『삼국사기』, 서울: 경인출판사 영인본, 1982, p. 145.
"甲辰十年 王老無子 一日 祭山川求嗣 所乘馬至鯤淵 見大石 相對俠淚. 王怪之 使人轉其石 有小兒 金色蛙形. 王喜曰 此乃天 賚我令胤乎. 乃收而養之 名曰金蛙 及其長 立爲太子."
안경전 역주, 『환단고기』, 대전: 상생출판, 2021, p. 266.

이 자료는 김부식의 『삼국사기』 권 13 고구려 본기 시조 동명성왕 조에 전하는 것으로, 전반부에서는 금와의 탄생에 얽힌 이야기가 주된 내용을 이루고 있다. 문일환文日煥은 이것을 금와가 바위에서 나왔다는 암출 신화 岩出神話라고 하였다.[22] 그렇지만 이러한 견해는 지나친 논리의 비약이라고 하지 않을 수 없다. 그 까닭은 이 자료의 밑줄을 그은 곳에서 보는 것처럼, 부여 왕 해부루가 사람들을 시켜서 놓여 있던 큰 돌을 옮기게 하고[使人轉 其石], 그 자리에서 금빛 개구리 모양을 한 아이를 얻은 것으로 되어 있어, 바위에서 나온 것이 아니라 바위가 있던 땅에서 나왔다는 것을 명백하게 밝히고 있기 때문이다. 두루 알다시피 큰 돌이 놓여 있던 곳은 땅이 우묵 하게 들어갈 수밖에 없다. 그러므로 위의 신화적 기술은 금와가 땅이 우묵 하게 들어간 곳에서 탄생했다는 것을 나타낸다고 보아야 마땅할 것 같 다.[23]

이처럼 금와와 같이 대지에서 태어난 신화적 인물로는 알영閼英이 있다. 알영은 신라를 세운 박혁거세朴赫居世의 배필이 된 신화적 인물이다. 그녀 의 탄생에는 아래와 같은 이야기가 전해지고 있다.

[자료 2]

이 날(박혁거세가 하늘에서 내려온 날: 인용자 주) 사량리의 알영정 — 혹은 아리영정이라고도 한다. — 가에 계룡鷄龍이 나타나 왼쪽 갈비뼈에서 여 자 아이를 낳았는데, — 혹은 용이 나타나 죽었는데, 그 배를 갈라서 여자 아 이를 얻었다고도 한다. — 자태와 얼굴은 유달리 고왔으나 입술이 닭의 부리와 같았다. 장차 월성의 북쪽 냇가에 가서 목욕을 시켰더니 그

22) 문일환, 『조선 고대 신화의 연구』, 北京: 민족출판사, 1993, p 84.
23) Charles H. Long은 여성과 대지는 모든 형태의 출현과 회귀를 담당하는 강력을 힘을 가 졌다는 점에서 상통하는 것으로 보았다.
Charles H. Long, *ALPHA The Myths of Creation*, George Braziller Inc, New York, 1963. p. 37.

부리가 떨어졌다. 그로 인해서 그 내를 발천이라고 한다.[24]

일연—然의 『삼국유사』 권1 기이紀異 제1 신라 시조 혁거세왕 조에 실린 이 신화에서는 박혁거세의 배필이 된 알영이 '알영정閼英井'이란 우물가에 나타난 계룡의 왼쪽 갈비뼈에서 나온 것으로 되어 있다. 여기에 등장하는 계룡은 용과 닭이 상통한다는 신화적 사유에서 창출된 신성한 동물의 하나이다. 이들의 연계성을 이야기하는 자료로는 전라북도 완주군 운주면에 있는 용계원龍鷄院의 마을 유래담이 있다. 이 유래담에서는 신성수인 용이 닭으로 변해서 견훤甄萱이 전주성全州城을 무사히 공략할 수 있게끔 도와주었다는 것이다.[25]

이러한 이야기가 지금까지 남아 있는 것으로 보아, 당시 신라에도 용과 닭이 서로 통한다는 신화적 사유가 존재했을 것으로 추정할 수 있다. 이러한 추정이 허용된다면, 『삼국유사』 권4 의해義解 제5 귀축제사歸竺諸師 조에 "그 나라에서는 계신鷄神을 받들어 높이 여겼던 까닭으로 그것을 꽂아서 장식한다."[26]라는 기록은 이와 같은 신화적 사유를 말해주는 것이 명확하다고 하겠다. 신라의 이러한 계신 숭배 사상은, 당시 많은 승려가 천축국天

24) "是日沙梁里閼英井(一作娥利英井) 有鷄龍現而在脇誕生童女(一云 龍現死而剖其腹得之) 姿容殊麗 然而唇似鷄觜 將浴於月城北川 其觜撥落 因名其川撥川."
최남선 편, 『신증 삼국유사』, 서울: 삼중당, 1946, p. 45.
25) 김화경, 『한국 왕권 신화의 계보』, 서울, 지식산업사, 2019, p. 119-120.
이 자료는 1981년 9월 전주우석대학(지금 우석대학교)에 근무하던 이주필(李周弼)로부터 조사했다는 것을 밝혀둔다.
26) "其國敬雞神而取尊 故載翎羽而表飾也."
최남선 편, 앞의 책, p. 188.
김철준은 이 기사를 바탕으로 하여 신라에서는 '닭 토템'을 믿는 집단이 있었다고 주장한 바 있다.
김철준: 「신라 상대사회의 Dual organization」상, 『역사학보』1, 서울: 역사학회, 1952, p. 27-28.

쁘國으로 순례를 했기 때문에 그곳에까지 알려졌던 관습의 하나였을 것으로 생각된다. 그리고 이처럼 계신을 숭배했던 사상은 신라 지방에 살면서 건국에 참여했던 김씨 부족의 신앙이 그들의 세력이 팽창됨에 따라 전국적으로 확장되었다고 할 수 있다.[27]

그런데 위의 자료에서는 이런 신성수인 계룡이 알영정으로부터 나왔다고 하였다. '알영정'은 문자 그대로 우물을 의미한다. 한국어에서 '우물'이란 '물'을 의미하는 것이 아니라, 땅이 우묵하게 들어간 것을 나타내는 단어이다.[28] 이런 의미의 '우물'은 원래 인류사회에서 재생rebirth이나, 원기 회복refreshment 등을 표상하는 여성 원리와 결부된 것이었다.[29]

그러므로 우물가에 나타난 계룡에서 나왔다고 하는 알영의 탄생신화는, 우물이란 것이 땅이 우묵하게 들어간 곳을 가리키고 계룡이란 것이 신라 사회에서 추상적으로 만들어진 신성수神聖獸란 점을 고려한다면, 지중출현地中出現을 이야기하는 출현 신화의 변형이라고 보아도 크게 지장은 없을 듯하다.

이한 출현 신화의 대표적인 예가 바로 제주도의 삼성 시조 신화三姓始祖神話이다.

[자료 3]

『고기古記』에 이르기를, 태초에는 사람이 없었는데, 세 신인神人이 땅 — 주산主山의 북쪽 기슭에 움이 있어 모흥毛興이라고 하는데, 이곳이 그 땅이다. — 에서 솟아났다. 맏이를 양을나良乙那, 둘째를 고을나高乙那, 셋째를 부을나夫乙那라고 했는데, 이들 세 사람은 궁벽한 곳에서 사냥을

---

27) 김철준, 『한국 고대사회 연구』, 서울: 지식산업사, 1975, p. 75.
28) 최명옥, 「월성 지방의 음운 현상」, 서울: 서울대 박사학위 논문, 1982, pp. 76-80.
29) G. Jacobs edi, *Dictionary of Mythology, Folklore and Symbols*. The Scarecrow Press Inc, New York, 1962. well 조 참조.

하여 가죽옷을 입고 고기를 먹으면서 살았다.

그러던 어느 날, 자줏빛 흙으로 봉해진 나무 상자[木函]가 동해 바닷가에 떠오는 것을 보고. 그들은 나아가 그것을 열어 보았다. 그 안에는 돌로 만들어진 함[石函]이 있었는데, 붉은 띠를 두르고 자줏빛 옷을 입은 사자使者가 따라와 있었다. 또 돌로 된 함을 여니, 그 속에는 푸른 옷을 입은 처녀 세 사람과 망아지와 송아지, 그리고 오곡의 씨앗이 들어있었다. 이에 사자가 말하기를 "저는 일본국의 사자입니다. 우리 임금님께서 이 세 따님을 낳으시고 말씀하시기를, 서쪽 바다 가운데 있는 큰 산에 신의 아드님 세 분이 강탄하여 바야흐로 나라를 세우려고 하지만 배필이 없다고 하시면서, 신에게 명하여 세 따님을 모시라고 하시기에 왔습니다. 마땅히 배필로 삼아 대업을 이루십시오."라고 하고, 사자는 홀연히 구름을 타고 가버렸다.

세 신인은 나이의 차례에 따라 나누어서 장가를 들고, 물이 좋고 땅이 기름진 곳으로 나아가 집으로 거처할 곳을 정하였다. 양을나가 거처하는 곳을 제1도第一都라 하고, 고을나가 거처하는 곳을 제2도라 하였으며, 부을나가 거처하는 곳을 제3도라고 하였다. 비로소 오곡의 씨앗을 뿌리고 소와 말을 기르게 되니, 날로 백성들이 부유해져 갔다.[30]

이것은 『고려사高麗史』 권57 지志 권11 지리2 탐라현耽羅縣 조에 전해지는

---

30) "古記云 大初無人物 三神人從地聳出 其主山北麓有地穴曰毛興是其也 長曰良乙那 次曰高乙那 三曰夫乙那 三人遊獵荒僻 皮衣肉食 一日 見紫泥封藏木函浮至于東海濱 就而開之 函內又有石函 有一紅帶紫衣使者 隨來 開石函出現青衣處女三 及諸駒犢五穀種 乃曰我是日本國使也 吾王生此三女 云西海中嶽 降神子三人 將欲開國 而無配匹 於是命臣 侍三女以來爾 宜作配 以成大業 使者忽乘雲而去 三人以年次 分娶之 就泉甘土肥處 射失卜地 良乙那 居曰第一都 高乙那所居曰第二都 夫乙那所居曰第三都 始播五穀 且牧駒犢 日就富庶."
정인지 공찬, 『고려사』, 서울: 아세아문화사 영인본, 1972, p. 296.

세 성씨 시조의 탄생담으로 탐라국의 건국신화였을 것으로 추정된다[31] 이러한 이 자료에서는 밑줄 그은 곳에서 보는 것처럼 양을나와 고을나, 부을나 등 세 성씨의 시조가 땅에서 솟아난 것으로 되어 있다. 이처럼 땅에서 용출湧出했다고 하는 신화소는 출현 신화의 전형을 보여준다고 하겠다.

그런데 이와 같은 유형의 출현 신화는 오늘날도 원시 농경민들 사이에서 많이 발견되고 있다. 예를 든다면 아메리카의 푸에블로 인디언Pueblo Indian들이 그들에게 옥수수 씨앗을 가져다준 도모신稻母神 이야티쿠Iyatiku가 땅속에서 나왔다고 하는 것[32]이라든지, 트로브리안드 섬Trobriand Island의 원주민들이 태초에 사람은 지하에 살았었다고 하는 것[33] 등이 이 유형에 속한다고 할 수 있다.

이러한 지중출현地中出現의 신화들은 대지를 어머니로 생각하는 농경문화의 산물이다. 다시 말해 이것은 땅의 우묵한 곳을 대지大地의 자궁으로 상정하고, 여기에서 인간이 나왔다고 하는 신화적 사유를 반영하는 것으로, 농경문화와 밀접한 관련이 있다는 것이다.[34]

이렇게 본다면, 한국에는 일찍부터 대지를 어머니로 생각하는 지모신 숭배 사상이 존재했고, 또 그 대지에서 인간이 나왔다고 하는 신화가 있었다는 것을 확인할 수 있다. 여기에서 무엇보다도 중요한 것은 한국의 고대사회에서 이 출현 신화를 가졌던 집단이 왕권을 장악하고 지배계층으로 군림했었다는 사실이다. 이것은 외국에서 그 예를 찾아보기 어려운 것이어서, 한국문화와 그 신화의 특징을 나타내는 것이라고 해도 아무런 지장이

---

31) 이 자료가 건국신화의 성격을 가진다는 사실은, 필자의 『한국 왕권 신화의 전개』에서 구체적으로 논의한 바 있다.
김화경, 『한국 왕권 신화의 전개』, 서울: 지식산업사, 2019, pp. 267-283.
32) P. Grimal edi, *World Mythology*, Hamlyn, London, 1962, pp. 452-453.
33) B. Malinowski, *Magic, Science and Religion*, Doubledny Anchor Books Com. New York, 1954, p. 111.
34) 大林太良 編著, 『神話への招待』, 東京: 日本放送出版協會, 1978, pp. 127-128.

없을 듯하다. 즉 한국의 고대사회에 있어서 대지를 중시하던 농경문화 집단이 뒤에 들어온 수렵이나 유목문화 집단에 정복되어 동화되지 아니하고, 그들과 협력하여 왕권을 확립하면서 고대국가를 형성했다는 사실을 이들 출현 신화가 말해준다는 것이다.

4 산악신앙과 성모 신화

대지를 어머니로 생각하던 지모신 신앙은 산을 지키는 산신山神마저도 여신이라는 신화적 사유로 확장되었다. 이러한 산신 신화의 대표적인 예가 바로 선도산仙桃山 성모聖母에 얽힌 이야기이다. 이것이 제일 먼저 기록된 것은 김부식의 『삼국사기』 권12 신라본기 제12 경순왕 조 기사의 다음에 이어지는 사론史論이다.

[자료 4]
정화 연간에 우리 조정에서 상서 이자량李資諒을 송나라에 보내 조공하였는데, 신 부식이 문한의 임무를 띠고 보좌하며 갔다가 우신관에 나아가 한 집에 여선상女仙像이 놓인 것을 보았다. 관반학사 왕보王黼가 말하기를, "이는 당신 나라의 신인데 공 등은 아는가?"라고 했다. (그리고) 마침내 이르기를, ㉠ "옛날 황실의 딸이 있었는데, 남편이 없이 아이를 배어서 사람들에게 의심을 받자, 이에 바다를 건너가 진한에 이르러 아들을 낳으니, 해동의 시조 왕이 되었고, 황실의 딸은 지선地仙이 되어 오래도록 선도산에 있었는데, 이것이 그 여신상이다."라고 하였다. ㉡ 신은 또 송의 사신 왕양王襄이 동신 성모에게 제사지내는 글을 보았는데, "현인을 잉태하여 나라를 처음 세웠다"는 구절이 있어 이에 동신이 곧 선도산 성모임을 알았다. ㉢ 그러나 그의 아들이 어느 때 왕 노릇을 한 것인지는 알지 못하였다.[35]

---

35) "政和中 我朝遣尙書李資諒 入宋朝貢, 臣富軾以文翰之任輔行. 詣佑神舘, 見一堂設女仙像. 舘伴學士王黼曰, 此貴國之神, 公等知之乎. 遂言曰 古有帝室之女, 不夫而孕, 爲人所疑, 乃泛海, 抵辰韓生子, 爲海東始主. 帝女爲地仙, 長在仙桃山, 此其像也. 臣又見大宋國信使王襄祭東神聖母文, 有娠賢肇邦之句. 乃知東神則仙桃山神聖者也, 然而不知其子王於何時."

이것은 상서 이자량이 송나라에 사신으로 갈 때, 문한文翰으로 따라갔던 김부식이 자신의 견문과 생각을 적은 것이다. 그는 ⊙에서 송나라의 우신 관에서 여선상을 보고 왕보로부터 그에 얽힌 이야기를 들었으며, ⊙에서 송나라 사신 왕양이 고려에 와서 지은 동신 성모의 제문을 상기하여 동신 이 곧 선도산 성모라는 것을 알았으나, ⓒ에서 성모의 아들이 어느 때 왕 노릇을 한 것인지 알지 못하겠다고 하였다.

이와 같은 선도산의 성모 전승은 중국 황실의 딸이 남편이 없이 아이를 잉태하여 [不夫而孕] 바다를 건너 진한에 와서 낳은 아들이 해동의 시조가 되었다는 것을 말해주고 있다. 다시 말해 성모는 외부 세계에서 들어온 외 래신外來神으로, 남자와 성적인 접촉을 하지 않고 시조라는 성스러운 아이 를 출산한 처녀신, 곧 성처녀聖處女였다는 것이다.

그런데 김부식은 예종睿宗 11년(1116년) 7월에 송나라에 갔다가, 이듬해 8월에 돌아왔다. 이에 비해 동신 제문東神祭文을 지은 왕양은 송나라의 사 신으로 예종 5년(1110년) 6월에 고려에 들어왔다가 같은 해 7월에 돌아갔 다. 그렇다면 김부식이 ⊙의 이야기를 듣고, ⊙에서 6년 전에 지은 왕양의 그 제문을 상기하게 된 것은 어쩌면 자연스러운 일이었을지도 모른다.

하지만 김부식이 이렇게 동신 성모를 선도산 성모로 본 것이 타당하다 고 할 수 있을까? 이 문제에 대해, 조선 전기의 문신인 서거정徐居正은 그의 『필원잡기筆苑雜記』에서 "지금 상고하건대, 신라와 고구려, 백제의 시초에 는 이런 황제의 딸이 있었다는 기록이 없고, 다만 동명왕의 출생에 유화의 일이 있었는데, 아마도 중국에서 잘못 알고 이러한 말이 나온 것이 아닌가 한다."[36]라고 하였다. 이것은 그가 삼국의 초기에 중국 황실의 딸이 남편

김부식, 앞의 책, p. 142.

36) "今考之 新羅高句麗百濟之初 無此帝女事 但東明之出 有柳花事. 恐中國誤認有此說也."
서거정, 김익현 공역, 『필원잡기』1, 서울: 한국고전번역원,https://db.itkc.or.kr 2020. 7. 25 검색,

없이 낳은 아이가 시조가 되었다고 하는 역사적 사실이 존재하지 않으므로, 동명을 낳은 유화의 고사故事가 중국에 잘못 알려져서 그렇게 되지 않았는가 하고 추정했다는 것을 나타낸다.

한편 김상기는 "선도산 여선女仙의 거재지據在地라는 선도산의 명칭을 살펴보면 이는 그 설화가 보여주듯이 도교적인 신선 사상에서 나온 것으로서 신라 시대의 서악西岳의 별칭이 아니었던 듯한바 아마 김부식의 기록서 묻어나와 서악에 부회된 것이 아닐까 한다."[37]라고 하여, 선도산이 신라 시대의 이름이 아니라 김부식의 기록으로 인해 붙여졌을 것이라고 하면서, 김부식이 "송의 선도산 여선을 내세워 가지고 '내지동신 즉선도신성자야[乃知東神 則仙桃神聖者也.]라고 억측한 것이 아닌가."[38]라고 하여, 송나라의 선도산 여선을 신라의 그것으로 잘못 보지 않았을까 하는 추정을 하였다.

그러나 이와 같은 김상기의 견해가 타당하다고 보기는 어려울 것 같다. 그 이유는 위 자료의 ㉠에서 송의 관반학사 왕보가 "옛날 황실의 딸이 남편이 없이 잉태하여 사람들에게 의심을 받자 바다에 배를 띄워 진한으로 가서 아들을 낳으니 해동의 시조 왕이 되었고, 황실의 딸은 지선이 되어 오래도록 선도산에 있었다."라고 하여, 분명하게 선도산의 성모임을 밝히고 있기 때문이다.

여기에서 김부식이 합리적인 사고를 추구하였다는 사실을 상기할 필요가 있다. 그는 위의 자료에서 왕보로부터 들은 ㉠의 이야기를 전하면서도 ㉢에서 성모의 아들이 어느 때에 왕 노릇을 했는지는 알지 못하겠다고 하였다.[39] 이처럼 성모 전승을 역사적인 사실로 받아들이지 않았던 김부식은

37) 김상기, 「국사상에 나타난 건국설화의 검토」 『동방사논총』, 서울: 서울대 출판부, 1974, p. 23.
38) 김상기, 위의 논문, p. 24.
39) 이러한 김부식의 실증적인 태도는 자료4가 실린 사론史論의 바로 앞 단락의 글에 잘 나타나 있다. 여기에서 그는 신라의 세 성씨 시조 신화를 실으면서 이것을 믿을 수는 없지만, 세

동신사에서 받드는 유화의 제사보다는 왕양이 지은 동신 제문을 더 중시하는 유학자였다는 것이다. 그 때문에 그가 그 제문에 있는 "현인을 잉태하여 나라를 처음 세웠다[娠賢肇國]."라는 구절과 우신관에 모셔진 여선인 중국 황실의 딸이 낳은 아이가 해동의 시조 왕이 되었다고 한 왕보의 설명이 같다는 점에 착안하여 동신 성모를 선도 성모로 보았던 것이 아닌가 한다.

이 문제는 어찌 되었든, 김부식이 송나라에 가서 직접 선도산의 여선상을 보았고, 또 그녀에 얽힌 이야기를 들었던 것은 사실이라고 보아도 좋을 것 같다. 그렇다면 이런 이야기가 실제로 신라에 전해지고 있었는가 하는 것이 문제가 된다. 그런데 이와 같은 유형의 이야기가 일연의 『삼국유사』 권1 기이紀異 제1 신라 시조 혁거세왕 조에 다음과 같이 기록되어 있다.

[자료 5]

(1) 설자說者가 이르기를 "이(박혁거세: 인용자 주)는 서술 성모가 낳은 것이다. 그러므로 중국 사람의 선도 성모를 찬미하는 글에 '어진 인물을 배어 나라를 창건했다.'라는 구절이 있으니 이것을 두고 하는 말일 것이다."라고 하였다.

(2) 계룡鷄龍이 상서祥瑞를 나타내어 알영閼英을 낳았으니, 또한 서술성모의 현신이 아니겠는가![40]

이 자료는 (1) 설자가 성모에 관한 전승을 이야기한 단락과 (2) 일연이 계

간에서 사실로 믿기 때문이라고 밝히고 있다. 그러므로 성모 신화에 등장하는 그녀의 아들이 시조가 되었다는 것을 사실로 믿지 않았을 것으로 상정된다. "論曰. 新羅朴氏·昔氏皆自卵生 金氏從天入金樻而降 或云乘金車. 此尤詭怪 不可信 然世俗相傳 爲之實事."
김부식, 앞의 책, p. 142.
40) "說者云 "是西述聖母之所誕也. 故中華人讚仚桃聖母 '有娠賢肇邦'之語是也." 乃至雞龍現瑞産閼英, 又焉知非西述聖母之听(所?)現耶."
최남선 편, 앞의 책, p. 44.

롱을 서술 성모의 현신으로 본 단락으로 구분된다. 여기에서 '설자'란 '해설하는 사람',[41] 곧 서술 성모에 관한 이야기를 들려준 사람을 가리킨다. 그런 그는 서술 성모가 혁거세를 낳았다고 하면서, 이것을 증명하는 자료로 중국 사람이 선도 성모를 찬미하여 '어진 인물을 배어 나라를 창건했다.'라고 하였다는 것이다. 그의 이런 진술이 사실이라면, 서술 성모 신화는 신라 시조 혁거세의 어머니에 얽혀 전해지던 이야기였다고 보아도 크게 무리는 없을 듯하다.[42]

일연은 이런 전승을 근거로 하여, "계룡이 상서를 나타내어 알영을 낳았으니, 또한 서술 성모의 현신이 아니겠는가!"라고 하였다. 이것은 그가 혁거세를 낳았다고 하는 서술 성모가 계룡으로 현신하여 알영까지도 낳았을 것이라고 생각했다는 것을 말해주고 있다.

그러나 이것은 논리가 너무 비약된 것이라고 할 수 있다. 그의 이와 같은 논리의 비약은 『삼국유사』 권5 감통感通 제7 선도성모 수희불사仙桃聖母 隨喜佛事 조의 기록에서도 확인할 수 있다.

[자료 6]

(1) 진평왕 대에 지혜라는 비구니가 있었는데 어진 행실이 많았다. 안
    흥사에 살면서 새로 불전을 수리하려고 하였으나 힘이 모자랐다. 꿈

---

41) 일연, 이재호 역, 『삼국유사』 1, 서울: 1973, 한국자유교육협회, p. 111.
일연, 이민수 역, 『삼국유사』, 서울: 을유문화사, 1983, p. 65.
일연, 리상호 역, 『삼국유사』, 평양: 과학원출판사, 1990, p.89. 이 책에서는 '설명하는 사람'
이라고 번역하였다.
일연, 이범교 역, 『삼국유사의 종합적 해석』상, 서울: 민족사, 2005, p. 172.
42) 손진태도 성모가 신라 시조 박혁거세를 낳았다고 하는 기록은 부회 날조한 것이 아니라,
신라에는 모권의 풍습이 비교적 강하게 남아 있었으므로, 모권 전설이 유전되었을 것이라고
하였다.
손진태, 「조선 고대 산신의 성에 취하여」 『민속학 논고』, 서울: 1984, 대광문화사, 1984, p.
154.

에 모양이 아름답고 구슬로 쪽 머리를 장식한 한 선녀가 와서 위로
하여 말하기를, "나는 바로 선도산 신모이다. 네가 불전을 수리하고
자 하는 것을 기쁘게 생각하여 금 10근을 보시하여 돕고자 하니, 마
땅히 내가 있는 자리 밑에서 금을 꺼내어 주존主尊과 삼상三像을 장식
하고, 벽 위에 53명의 부처와 6류 성중六類聖衆 및 여러 천신天神, 5악
신군五岳神君(신라 시대의 5악은 동쪽 토함산, 남쪽 지리산, 서쪽 계룡산, 북쪽
태백산, 중앙 부악父岳 또는 공산이라고 한다.)을 그리고 해마다 봄과 가
을 두 계절 10일 동안 선남선녀를 다 모아 널리 일체중생을 위하여
점찰법회를 베푸는 것을 변하지 않는 규칙으로 삼도록 하라."고 했
다.(고려조의 굴불지의 용이 황제의 꿈에 나타나 영취산에 약사도량을 항상
열어서 바닷길이 편안할 것을 청하였으니, 그 일이 또한 이와 같다.)

지혜가 곧 놀라 꿈에서 깨어나 여러 사람을 데리고 신을 모시는 사당
[神祠]으로 가 자리 밑의 땅을 파서 황금 160량을 얻어 불전을 수리
하는 일을 했으니, 이는 모두 신모가 이르는 대로 따랐기 때문이다.
그 사적만은 아직도 남아 있으나 불법의 행사는 없어져 버렸다.

(2) ① (선도산) 신모는 본래 중국 황실의 딸이고, 이름은 사소娑蘇였
다. 일찍이 신선의 술법을 배워 해동에 와서 오래 머물고 돌아가지
않았다. 이에 아버지 황제가 솔개의 발에 서신을 묶어 보내어 말하기
를, "솔개를 따라가다가 멈추는 곳에 집을 지으라."라고 했다. 사소
가 서신을 받고 솔개를 날려 보내자 이 선도산으로 날아와 멈추었으
므로, 드디어 여기에 와서 집을 짓고 지선이 되었다. 그래서 산 이름
을 서연산이라고 하였다. ② 신모가 오래도록 이 산에 머무르며 나라
가 평안토록 도우니 신령스럽고 이상한 일들이 매우 많았다. 나라가
세워진 이래로 3사三祀의 하나로 삼았으며 등급으로는 여러 명산대천
제사의 윗자리를 차지하였다. 제54대 경명왕景明王이 매사냥을 좋아

하여 일찍이 이 산에 올라서 매를 놓았으나 잃어버렸다. 신모에게 기도하여 말하기를 "만약 매를 찾으면 마땅히 작호를 봉해 드리겠습니다."라고 했다. (그러자) 얼마 안 되어, 매가 날아와서 책상 위에 앉으므로, 신모를 대왕의 직위에 봉하였다.

(3) ③ 신모가 처음 진한에 와서 신성한 아이를 낳아 동국의 처음 임금이 되었으니, 아마 혁거세와 알영의 두 성인이 태어난 근본이었을 것이다. 그러므로 계룡·계림·백마 등으로 일컬으니 닭은 서쪽에 속해 있기 때문이다. (신모가) ④ 일찍이 여러 하늘의 선녀[天仙]로 하여금 비단을 짜게 하여 붉은 물감으로 물들여 조복을 만들어 그 남편에게 주었다. 이로 인하여 나라 사람들이 그녀의 신비스러운 영험을 알게 되었다.

(4) 또한 국사에서 사신이 말하였다. 김부식이 정화政和 연간(1111-1117)에 일찍이 사신으로 송나라에 들어갔는데 우신관에 가니 한 사당에 여선상女仙像이 모셔져 있었다. 관반학사 왕보가 말하기를 "이 분은 당신 나라의 신인데 공은 아는가?"라고 했다. 이어서 말하기를 ⑤ "옛날에 중국 황실의 딸이 바다를 건너 진한에 닿아서 아들을 낳았는데, 그가 해동의 시조가 되었습니다. (황실의) 딸은 지선地仙이 되어 오래도록 선도산에 있었으니 이것이 그 상입니다."라고 하였다.

⑥ 또한 송나라 사신 왕양이 우리나라에 와서 동신 성모를 제사하였는데 제문에 "어진 이를 낳아 나라를 세웠다"라는 구절이 있었다. 지금 (신모가) 능히 금을 보시하여 부처를 받들고 중생을 위하여 향화香火를 열어 진량津梁을 만들었으니 어찌 장생법長生法만 많이 배워서 몽매함에 얽매일 것인가.[43]

---

43) "真平王朝 有比丘尼名智惠 多賢行. 住安興寺 擬新修佛殿而力未也. 夢一女仙風儀婥約珠翠飾鬘 来慰曰. "我是仙桃山神母也. 喜汝欲修佛殿. 願施金十斤以助之. 冝取金於予座下 糚點主尊

이것은 (1) 선도산 성모가 지혜의 불사를 도와준 것과 (2) 선도산 성모의 출자出自와 호국 및 이적異蹟 (3) 성스러운 아이의 탄생과 건국, (4) 김부식의 『삼국사기』 기록 등의 네 단락으로 구분된다. 일연은 이런 이 자료의 세 번째 단락 밑줄을 그은 ③에서 "신모가 처음 진한에 와서 신성한 아이를 낳아 동국의 처음 임금이 되었으니, 아마 혁거세와 알영의 두 성인이 태어난 근본이었을 것이다."라고 하여, 혁거세와 알영이 다 같이 신모로부터 태어났을 것이라고 하였다. 이런 서술은 앞 자료 3의 단락 (2)에서 알영을 낳은 계룡을 서술 성모의 현신이라고 한 것과 맥락을 같이하는 표현이다.

하지만 위의 자료 단락 (3)은 김부식이 『삼국사기』에서 기록한 선도 성모 이야기, 곧 자료 1을 옮겨 적은 것이다. 특히 ⑤와 ⑥은 김부식의 견문을 그대로 전사하였다. 그러면서 (1)의 ①에서는 서연산에 얽힌 이야기, 중국 황실의 딸인 사소가 신선의 술법을 배워 해동에 왔는데, 황제가 솔개를 보내면서 이 새가 머무는 곳에 정착하라고 했으므로 선도산에 머물며 지선이 되었다는 것을 첨가했다. 이것은 자료 1의 ㉠보다 내용을 한층 더 부연했다고 할 수 있다. 바꾸어 말하면 중국 황실의 딸 이름이 '사소'였고,

---

三像, 壁上繪五十三佛 六類聖衆 及諸天神·五岳神君.(羅時五岳謂, 東吐含山, 南智異山, 西雞龍, 北太伯, 中父岳亦云公山也.) 每春秋二季之十日 叢會善男善女, 廣爲一切校勘 含靈設占察法會以爲恒規.(本朝屈弗池龍 託夢於帝 請於靈鷲山長開藥師道場 平海途, 其事亦同.) 惠乃驚喜, 率徒往神祠座下 堀得黃金一百六十兩, 克成乃功, 皆依神母所諭. 其事唯存 而法事廢矣. 神母本中國帝室之女. 名娑蘇, 早得神仙之術 歸止海東 久而不還. 父皇寄書繫足云. "随鳶所止爲家." 蘇得書放鳶飛到此山而止. 遂来宅爲地仙. 故名西鳶山. 神母久據玆山 鎮祐邦國 靈異甚多, 有國已来 常爲三祀之一, 秩在群望之上. 第五十四景明王好使鷹, 嘗登此放鷹而失之. 禱於神母曰, "若得鷹當封爵." 俄而鷹飛来止机上, 因封爵大王焉. 其始到辰韓也 生聖子爲東國始君, 盖赫居·閼英二聖之所自也. 故稱雞龍·雞林·白馬等雞属西故也. 嘗使諸天仙織羅 緋染作朝衣 贈其夫, 國人因此始知神驗. 又國史史臣曰. 軾政和中 嘗奉使人宋, 詣佑神舘 有一堂 設女仙像. 舘伴學士王黼曰, "此是貴國之神, 公知之乎." 遂言曰, "古有中國帝室之女 泛海抵辰韓, 生子爲海東始祖, 女爲地仙 長在仙桃山, 此其像也. 又大宋國使王襄到我朝 祭東神聖母 女有娠賢肇邦之句." 今能施金奉佛爲含生開香火作津梁, 豈徒學長生而囿於溟濛者哉."
최남선 편, 앞의 책, pp. 216-217.

또 그녀가 정착한 선도산은 황제가 보낸 솔개가 머문 곳이었다는 것이다. 이렇게 『삼국사기』에 없는 내용을 첨가하면서도, 사소가 아이를 배어 사람들로부터 의심을 받자 그것을 피해서 진한으로 왔다는 내용은 옮겨 적지 않았다. 이처럼 첨삭한 내용이 있기는 하지만, 이 기록이 신라에도 사소와 관련된 이야기가 전해지고 있었음을 드러낸다는 데는 변함이 없다고 하겠다.

그러나 이 전승에 대한 일연의 생각을 서술한 단락 (2)의 ④에서는 "일찍이 여러 하늘의 선녀로 하여금 비단을 짜게 하여 붉은 물감으로 물들여 조복을 만들어 그 남편에게 주었다. 이로 인하여 나라 사람들이 그녀의 신비스러운 영험을 알게 되었다."라고 하여, 그녀에게 남편이 존재한 것으로 기술하고 있다. 이것은 다음 단락 (3) 김부식이 남편 없이 아이를 낳았다고 한 것과는 분명하게 상치된다. 물론 일연이 기술한 것처럼 당시에 선도 성모에게 남편이 있었다고 하는 이야기가 전승되었을 수도 있다. 그렇지만 그보다는 일연이 자기 나름대로 김부식의 기록을 윤색했다고 보는 것이 더 타당하지 않을까? 이런 지적은 남편이 없이 아이를 낳았다고 하는 신화적 표현을 받아들이기 어려웠던 일연으로서는 하늘의 선녀들이 조복을 만들어준 남편이 있었다고 표현을 바꾸었을 가능성이 농후하기 때문이다.[44] 이와 같은 추정은 자료 4의 (2)에서 계룡이 알영을 낳은 것을 성모의

---

44) 천혜숙과 윤미란도 이미 이와 비슷한 견해를 제시한 바 있다는 것을 밝혀둔다.
천혜숙은 "'선도성무수희불사' 기사 말미末尾에서 김부식의 '논論'을 인용한 일연은 '성모가 남편 없이 아이를 배어 남에게 의심을 받았다.'는 내용을 빼 버렸다."라고 하였다.
천혜숙, 「서술 성모의 신화적 정체」 『동아시아 고대학』 16, 서울: 동아시아 고대학회, 2007, p. 181.
윤미란은 "남편 없이 상스러운 잉태를 한 것으로 그려진 선도 성모이지만, '신모는 일찍이 제천諸天의 선녀에게 비단을 짜게 해서 붉은색으로 물들여 조복을 만들어 그 남편에게 주었다.'는 이야기가 삽입되어 있다."라는 것을 지적하였다.
윤미란, 「선도 성모의 형성과 그 의미」 『한국학연구』 16, 인천: 인하대 한국학연구소, 2007, p. 98.

현신으로 보기도 하였고, 위의 자료 ③에서 혁거세와 알영을 다 신모가 낳았다고 하는 등 자기의 생각을 덧붙이고 있다는 것과도 맥락을 같이한다. 쉽게 말해 그가 『삼국유사』를 저술하면서 자기 나름대로 자료를 윤색하고 해석했다는 것이다.[45] 그러므로 원래의 선도 성모 신화는 남편이 없이 처녀로 낳은 아이가 나라의 시조가 되었다고 하는 시조모의 성처녀 신화였다고 보는 것이 자연스럽지 않을까 한다.

그런데 선도산 성모 신화와 비슷한 자료가 가락국에도 존재했다는 사실이 『신증동국여지승람』 권 29 고령현 건치 연혁 조에 실린 정견모주政見母主의 신화에서 확인이 된다.

[자료 7]

최치원의 『석이정전』을 살펴보면, ① 가야산신 정견모주는 곧 천신인 이비가에 감응되어, 대가야의 왕 뇌질주일과 금관국의 왕 뇌질청예 두 사람을 낳았다. 즉 뇌질주일은 이진아시왕伊珍阿豉王의 별칭이고, 청예는 수로왕의 별칭이라고 하였다. 그러나 가락국 옛 기록의 '여섯 알의 전설'과 더불어 모두 허황한 것이어서 믿을 수가 없다. 또 『석순응전』에는 ② 대가야국의 월광태자月光太子는 정견正見의 10대손이요, 그의 아버지는 이뇌왕이며, 신라에 혼처를 구하여 이찬夷粲 비지배比枝輩의 딸을 맞이하여 태자를 낳았으니, 이뇌왕은 뇌질주일의 8대손이라 하였다. 그러나 그것도 참고할 것이 못된다.[46]

----

45) 이런 의미에서 이와 같은 일연의 생각을 신화 자료의 일부로 파악하려는 시도는 재고되어야 마땅하다는 것을 지적해둔다.
46) "按崔致遠釋利貞傳云 伽倻山神政見母主 乃爲天神夷毗訶之所感 生大伽倻王惱窒朱日 金官國王惱窒靑裔二人. 則惱窒朱日爲伊珍阿豉王之別稱 靑裔爲首露王之別稱. 然與駕洛國古記六卵之說 俱荒誕不可信. 又釋順應傳 大伽倻國月光太子 乃貞見之十世孫. 父曰異腦王 求婚于新羅. 迎夷粲比枝輩之女 而生太子 則異腦王. 乃惱窒朱日之八世孫也. 然亦不可考."
朝鮮史學會 編, 『新增東國輿地勝覽』 2, 卷29, 京城: 朝鮮史學會, 1930, pp. 27-28.

이것은 최치원崔致遠의 『석이정전釋利貞傳』과 『석순응전釋順應傳』에서 인용된 자료이다. 전자의 밑줄 친 ①에서는 산신인 정견모주가 천신 이비가夷毗訶의 감응으로 인해서 대가야의 뇌질주일惱窒朱日과 금관국의 뇌질청예惱窒靑裔를 낳았다고 하였고, 후자의 ②에서는 이뇌왕異腦王이 뇌질주일의 8대 손이라고 하였다. 이런 내용의 이야기가 15세기에 노사신盧思愼과 양성지梁誠之 등이 편찬한『신증동국여지승람』에 실렸다는 사실은 최치원이 생존했던 9세기 무렵에 이것이 전해지고 있었다는 것을 드러낸다고 할 수 있다. 그러므로 이와 유사한 모티프의 성모 신화 역시 신라 시대에 존재했었다고 보는 것이 자연스러울 것이다.[47]

이러한 정견모주 신화가 성모 신화처럼 처녀가 아이를 낳는다는 것은 현실적으로 가능한 일이 아니다. 그런데도 신화는 왜 이렇게 남성과 성관계를 가진 경험이 없는 처녀가 아이를 낳았다고 하는 모티프를 차용하게 되었을까?[48] 이 문제에 대하여 황패강黃浿江은 천으로 상징된 영적 존재인 원부原夫가 영매靈媒를 통하여 체매體媒(여체女體)에 투입되어 육신의 인물로 태어난다는 것을 의미한다고 보았다.[49]

그러나 신화학에서는 이처럼 복잡하게 설명하지 않는다. 예로부터 출생은 그 사람의 신분을 결정하는 중요한 요인 가운데 하나였다. 보다 구체적으로 말한다면 어떤 계층에서 태어났는가 하는 것이 그 사람의 신분을 결정하는 중요한 요인이었다는 것이다. 이처럼 신분제도가 엄격했던 사회의 지배계층에게는 보통사람들과 구분되는 탄생담이 요구되었다. 그래야

---

47) 이런 의미에서 성모 신화가 후대에 책상 위에서 습합된 것이라고 지적한 미시나 아키히데의 주장은 근거가 없는 탁상공론에 지나지 않는다고 할 수 있다.
三品彰英, 『三國遺事考證(上)』, 東京: 塙書房, 1975, p. 438.
48) 천혜숙은 "서술 성모가 두 성아聖兒를 낳음은 생물학적인 출산이 아니라 인식적·신화적 출산이다."라고 하여, 일연이 서술 성모를 대모신大母神의 존재로 인식했다고 보았다.
천혜숙, 앞의 논문, p. 200.
49) 황패강, 『한국 서사문학 연구』, 서울: 1972, 단국대출판부, 1972, pp. 134-145.

만 백성들 위에 군림하는 왕이나 지배계층이 될 수 있었다. 곧 권력을 장악한 집단의 조상들에게는 무엇인가 예사 사람들과는 다른 탄생의 이야기가 필요했다는 것이다. 그 이유는 그들 조상의 탄생이 보통사람들의 그것과 구별되어야 했기 때문이다. 말하자면 왕이나 지배집단의 우월성과 신성성을 확보하기 위해서는 그 조상들의 탄생부터가 신비롭지 않으면 안 되었다는 것이다. 신비한 탄생담을 가짐으로써 지배집단의 조상은 고난을 극복할 수 있는 자질과 능력을 갖춘 존재로 받아들여졌고, 권력을 장악한 왕은 그 권력의 절대성을 인정받을 수 있게 되었다고 할 수 있다.[50]

어쨌든 이지영李志映은 선도산 성모나 정견모주와 같이 여산신이 건국 시조를 낳았다고 하는 이야기가 이주족移住族인 지배집단들 사이에 전승되는 신화와는 달리 토착 집단에서는 또 다른 유형의 신화가 전승되고 있었을 것이라고 보았다.[51] 실제로 이들 신화는 이 일대에 선주先住하던 집단의 전승이었을 가능성이 짙다. 따라서 선도산 성모 신화가 중국의 영향을 받아서 만들어졌다고 보기보다는 신라 재래在來의 전승이었다고 보는 것이 합리적이지 않을까 한다.

그런데 이와 같은 선도산 성모 신화에서 그녀의 출자出自가 『환단고기桓檀古記』에서는 중국이 아니라, 부여夫餘 황실皇室로 되어 있어 주목을 받는다.

[자료 8]

사로斯盧의 첫 임금은 선도산 성모의 아들이다. 옛적에 부여 황실의 딸 파소婆蘇가 지아비 없이 잉태하여 남의 의심을 사게 되었다. 이에 눈수嫩水에서 도망하여 동옥저東沃沮에 이르렀다가 또 배를 타고 남쪽으로 내려가 진한의 나을촌奈乙村에 이르렀다. 그때 소벌도리蘇伐都利

---

50) 김화경, 앞의 책, 2003, p. 63.
51) 이지영, 『한국 신화의 신격 유래에 관한 연구』, 서울: 태학사, 1995, p. 170.

란 자가 이 소식을 듣고 가서 아이를 집에 데려다 길렀다. 나이 13세가 되자 뛰어나게 총명하고 숙성하여 성덕聖德이 있었다. 이에 진한 6부가 함께 받들어 거세간居世干이 되었다. 서라벌에 도읍을 세워 나라 이름을 진한이라 하였고, 사로라고도 하였다.[52]

윤철중尹徹重은 『환단고기』에 실린 이 자료를 이용하면서, "주된 사료로 인정하는 것이 아니라, 『삼국유사』의 내용을 손상하지 않는 범위에서 종적인 자료로 활용하려는 것"[53]이라고 하였다. 하지만 이것은 전해지고 있던 것을 기록했다는 점에서, 그 전승 자료적 가치를 인정해도 좋지 않을까 한다. 다시 말해 『환단고기』의 편자가 지어낸 것이 아니라, 전승되던 이야기를 옮겨적었다는 점에서 그 나름의 가치를 가진다는 것이다.

어쨌든 위의 자료 8은 부여와 신라의 관계를 시사하고 있어 관심을 끈다. 신화 상으로 볼 때 동부여와 신라는 깊은 관련이 있다. 앞의 자료1과 자료2의 고찰에서 본 것처럼, 동부여의 금와金蛙와 신라의 알영閼英은 다 같이 대지에서 나온 출현 신화로 되어 있어서, 이들 신화를 가졌던 두 집단이 문화적으로 동질성을 가졌을 것으로 상정되기 때문이다.[54] 그리고 동부여와 신라가 다 같이 6을 성수聖數로 하는 농경 문화적 특성을 가진다는 것도 아울러 지적해둔다.[55]

---

52) "斯盧始王 仙桃山聖母之子也. 昔有夫餘帝室之女婆蘇 不夫而孕 爲人所疑 自嫩水 逃至東沃沮 又泛舟而南下 抵至辰韓奈乙村 時有蘇伐都利者 聞之 往收養於家 而及年十三 歧嶷夙成 有聖德 於是 辰韓六部共尊 爲居世干 立都徐羅伐 稱國辰韓 亦曰斯盧.
안경전 역주, 앞의 책, 616-617쪽.
53) 윤철중, 『한국 도래 신화 연구』, 서울: 1997, 백산자료원. p. 44.
54) 윤철중은 부여에서 동옥저를 거쳐 신라에 오는 경로가 박혁거세 집단의 이동 경로와 일치한다고 보았다는 것을 밝혀둔다.
윤철중, 위의 책. 45쪽.
55) 그리스에서 제우스를 주신主神으로 하는 수렵문화 집단이 들어가기 이전에 존재했던 가이아 중심의 여신 신화를 가졌던 집단은 6을 성수로 하는 농경문화를 가졌던 것으로 보고 있다.

　김철준의 연구에 의하면, 알영은 "닭 토템을 가진 토착 또는 선주先住의 김부족金部族 출신"[56]이었고, 또 동부여의 '금와金蛙' 역시 '금'과 어떤 형태로든 관련이 있을 것이라는 시사를 준다. 그래서 이런 추정을 사실로 받아들인다면, 대지를 숭상하던 금와 집단이나 신라의 김 씨 부족은 다 같이 선주先住하던 세력이었고, 또 같은 계통의 농경문화를 가졌다고 볼 수 있다. 따라서 이들 농경문화 집단은 동해안을 따라 남하하여 고대국가의 형성에 중요한 역할을 했다고 보아도 지장이 없지 않을까 한다.

　이제까지 외부에서 들어온 여신이 남편이 없이 잉태하여 낳은 아이가 시조가 되었고, 그녀는 뒤에 선도산의 지선이 되어 성모 또는 신모로 받들던 성모 신앙과 그에 얽힌 신화가 이미 신라 시대에 존재했다는 사실을 알아냈다. 그리고 이러한 성모 전승과 그 숭배는 신라의 영역이었던 한국의 남부지방 일대의 고유 신앙이었을 것으로 상정하였다. 이렇게 상정할 수 있는 근거는 중국에서 사용된 '성모'란 명칭이 시조모를 가리킨 예를 찾을 수 없기 때문이었다.[57] 따라서 성모 신앙이란 시조모인 산신을 숭배한 신라의 고유 신앙이었으며, 이것을 중국의 서왕모 전승과 관련이 있다고 보기는 어렵다는 사실을 확인했다고 할 수 있다[58]

　그런데도 김태식金台植은 "이런 성모류聖母類 신앙들이 실은 서왕모西王母

---

56) 김철준, 앞의 책, 73쪽.
57) 須永敬, 「日韓國境域における聖母信仰史の民俗學的研究」, 横浜: 2002, 神奈川大學 博士學位論文, 未刊行 2002, p. 291.
중국에서도 강원姜源이 발자국에 감응되어 후직后稷을 낳아서 '불부이잉不夫而孕'한 것으로 되어 있으나, '성모聖母'란 호칭을 얻지 못한 것으로 보아, '선도 성모'는 신라 고유의 시조모 숭배 신앙이었다고 보아도 지장이 없을 것 같다.
袁珂, 전인초 공역, 『중국의 신화 전설』, 서울: 민음사. 1992. p. 392 참조.
58) 중국의 서왕모는 지모신의 신격을 지니고 있으나 시조를 낳지는 않았으므로, 신라의 성모신과는 분명하게 구분된다고 볼 수 있다.
森雅子, 『西王母の原像』, 東京: 慶應義塾大學出版會, 2006, pp. 68-71.

신앙의 복사판, 즉 그것의 신라식 버전이라는 사실도 쉽사리 간파된다."[59] 라고 하여, 이것이 서왕모 신앙으로부터 영향을 받은 것으로 보았다. 하지만 이것은 이렇게 간단하게 정리할 성질의 문제가 아니다. 왜냐하면, 중국에는 한국에 있었던 '성모聖母'와 같은 이름으로 숭앙을 받은 산신이 없었기 때문이다. 스나가 다카시須永敬는 이 문제에 대하여, "중국에 있어서 성모 존칭이 사용된 문헌을 본다면, 그 존칭이 빈번하게 사용된 것이 아니라, 어떤 일정한 자격을 가진 여성에 대해서 부여되었던 것이었음을 엿볼 수 있다."[60]라고 하여, 이 존칭이 한국과 일본에서 쓰이는 사례들과는 분명하게 구분된다는 사실을 밝혀냈다.

그리고 그는 한국 측의 성모에 대한 기록과 그 연구 성과를 일별한 다음에, 성모 신앙이 한국 고유의 신앙을 바탕으로 한 것이고, 그것이 불교와 도교의 영향을 받았으며, 북 규슈 일대에 분포된 성모 신앙과의 연관성이 있다는 것을 지적하였다. 그러면서 그는 신라의 선도산 성모 신화와 유사한 내용으로 되어 있는 일본의 자료를 소개한 바 있다.

[자료 9]
진단국진대왕震旦國陳大王[61]의 딸인 오히루메大比留女는 일곱 살 때 임신을 했다. 부왕父王이 갑자기 놀라서 "너는 적은 나이가 아닌데, 누구의 아이인가?" 하고 물으면서 쳐다보니, (딸이) "제가 꿈에 아침 햇빛이 가슴에 비취더니 임신하였습니다."라고 했다. (왕이) 놀라면서 태

---

59) 김태식, 「고대 동아시아 신앙 속의 신라」 『문화사학』(27), 한국문화사학회, 2007. p. 403.
60) 중국에서 여성을 '성모聖母'라고 칭한 경우는 (1) 샤먼과 (2) 열녀烈女, (3) 측천무후則天武后, (4) 황태후皇太后, (5) 성모라는 이름을 가진 성모사聖母祠·묘廟 등이 있는데, (5)의 경우는 그 예가 적고 단편적이어서 앞으로 좀 더 고찰할 필요가 있다고 했다.
須永敬: 앞의 논문, p. 297.
61) '진단국震旦國'이란 인도에서 부르던 중국의 옛 이름이고, '진대왕陳大王'이란 기원전 1,111년에 주周의 왕실로부터 책봉된 나라를 말한다.

어난 아이와 함께 통나무배[62]에 태워 떠내려가 이르는 곳에 살라고
하면서, 큰 바다에 띄어 보냈다. (모자는) 일본의 오스미大隅(지금의 가
고시마현鹿兒島縣의 동부지방)에 도착하여, 태자太子는 하치만신八幡神이
란 이름으로 모셔지고, 이에 따라 배가 도착한 곳을 하치만 갑八幡崎
이라고 명명하였는데, 이는 게이타이 천황継体天皇 때의 일이다. 오히
루메는 치구젠筑前(지금의 후쿠오카현福岡縣의 북서부지방)의 와카스기산
若椙山으로 날아가 들어간 뒤에 가시궁香椎宮[63]의 성모대보살聖母大菩薩
이 되었다. 태자는 오스미에 머물러서 '세이하치만 궁正八幡宮으로 모
셔졌다.[64]

이것은 스나가 다카시가 「한·일의 성모신앙 — 국경國境의 모신母神을 중
심으로」란 논문에서 예로 들은 『잇켄비구필기惟賢比丘筆記』의 오스미쇼하치
만본연기大隅正八幡本緣起이다.[65] 이 자료에서는 오히루메는 자신이 낳은 아

---

62) 원문에는 '빈 배[空船]'로 되어 있으나, 일본에 전승되는 설화에서는 '통나무배[うつぼ船]'
로 불리고 있어, 이렇게 번역했음을 밝혀둔다.
63) '가시궁香椎宮'은 일본 후쿠오카현福岡縣 후쿠오카시福岡市 동구東區 가시香椎에 있는
신사神社를 말한다.
64) "震旦國陳大王娘大比留女 七歲御懷妊. 父王怖外ヲナシ. 汝等未幼少也. 誰人子有憺申ベシト
仰ケレバ. 我夢朝日光胸覆所娠也ト申給ヘバ, 彌驚テ, 御誕生皇子共, 空船乘, 流レ着所ヲ領トシ給
ヘトテ大海浮奉. 日本大隅磯岸着船, 其太子ヲ八幡ト號奉. 依此船着所ヲ八幡崎ト名. 是繼体天王御
宇也. 大比留女天 筑前國若椙山へ飛入給後, 香椎聖母大菩薩ト顯給ヘリ. 皇子大隅國留リテ, 正八
幡宮祝レヘリ."
塙保己一 編纂, 『續群書類從(三輯上)』, 東京: 續群書類從完成會, 1974, 神祇部58, p. 50
65) 그러나 그가 자료로 든 예문은 원래의 자료와 좀 다르므로, 여기에 첨부한다면 아래와 같
다.
"진단국진대왕震旦國陳大王의 딸인 오히루메大比留女가 (아침 햇살이 가슴에 비춰) 불과 일
곱 살의 어린 나이임에도 임신을 하게 되어, 그것을 괴이하게 여긴 왕이 태어난 황자(皇子)와
함께 통나무배에 태워 바다에 내다버렸다. 이 모자는 일본의 오스미大隅(지금의 가고시마현
(鹿兒島縣)의 동부지방)로 떠내려가서 황자는 하치만신八幡神으로 모셔지고 어머니는 치구젠
筑前(지금의 후쿠오카현福岡縣의 북서부지방)으로 날아가 가시궁香椎宮의 성모대보살聖母大
菩薩이 되었다."

이와 함께 표박漂泊한 것으로 되어 있으나, 신라의 선도산 성모 신화에서는 중국의 황녀皇女가 임신을 했기 때문에 이곳에 와서 아이를 낳은 것으로 되어 있다. 이런 차이가 있기는 하지만, 이들 자료가 거의 비슷한 구조로 되어 있다는 것은 분명한 사실이다.

일본에서는 이 자료와 같이 고귀한 혈통의 여성이 그 아이와 함께 통나무배에 태워져, 바다를 표류하다가 어떤 장소에 표착漂着하여 신神이 되었다고 하는 유형의 이야기를 '통나무배 설화'라고 부르고 있다. 이런 유형에 속하는 설화들을 비교 연구한 미시나 아키히데三品彰英는 쓰시마對馬島에 전해지는 천동설화天童說話[66]에 속하는 이야기들 가운데에서 한국의 자료 4와 일본의 자료 9와 같은 유형의 이야기로 다음과 같은 예화例話를 소개하였다.

[자료 10]
옛날에 궁중의 뇨인女院[67]이 불의不義 때문에 통나무배에 넣어져 흘러가다가 쓰쓰나이인豆酘內院의 항구에 표착하였다. 그때 이미 회임懷妊해서, 태어난 것이 '천동天童'인데, 그 탄생지는 나이인內院의 사이야마菜山 하천의 옆이었다.[68]

須永敬: 「한·일의 성모신앙 — 국경의 모신을 중심으로」『국제아세아민속학(2)』, 서울: 국제아세아민속학회, 1998, pp. 629-630.
66) 한국에서 이 유형의 설화를 연구한 노성환은 이것을 '천도신화天道神話'라고 명명하였다. 노성환: 「대마도 천도 신화에 관한 연구」『일어일문학연구』43, 서울: 일어일문학회, 2002, pp. 317-336.
미시나 아키히데의 연구에 의하면 '천동'이란 이름이 '천도'보다 더 오래된 것이라고 한다.
三品彰英, 「對馬の天童傳說」『增補 日鮮神話傳說の研究』, 東京: 平凡社, 1972, p. 361.
67) '뇨인女院'이란 '조정으로부터 (院 또는 몬인門院의 칭호를 받은 여인'을 말한다.
68) 『天道大菩薩咄傳覺書』(豆酘宮僧家本石傳次郎 所藏, 元祿 2年(1689년)의 刊記 있음)
三品彰英, 위의 책, p. 371쪽에서 재인용.

이 자료는 신라 경역의 선도산 성모 신화와 일본의 가고시마현鹿兒島縣의
오스미쇼하치만본연기大隅正八幡本緣起의 오히루히메 신화의 중간에 있는 쓰
시마對馬島 쓰쓰나이인豆酘內院에 전해지는 것이다. 미시나는 이들 세 자료
에 대하여 아래와 같이 언급했다.

"물론 전설의 수록 연대는 반드시 전설의 신고新古를 헤아리기에 충
분하지는 않지만, 김부식이 수록한 소전所傳 및 『삼국유사』 성도성모
수희불사仙桃聖母隨喜佛事 조에 보이는 비슷한 소전 등으로부터 보더라
도, 이 B형의 전설[69]이 고려 시대에 특히 불교 신앙과 습합習合을 계속
하면서 성행되고 있었던 것으로 알려짐과 동시에, 당시 일본과 조선
사이에 승려의 왕래가 성행하고 있었던 것, 그리고 일광 감응 전설이
일본보다도 조선 쪽에 오히려 일반화되었다는 것 등으로부터 보더라
도, 『잇켄비구필기惟賢比丘筆記』와 쓰시마의 그것이 조선의 소전에 관
계가 없지 않았던 것은 분명하다. 그렇다고 해서, '통나무배' 유형의
이야기는 일본 각지에 꽤 많이 분포되어 있는 전설이기 때문에, 일
본·조선의 사이에 깊은 교섭이 있었다고 하더라도, 전체적으로 말한
다면 위와 같이 간단하게 전파를 가지고 설명하는 것은 원래부터 불
가능하여, 보다 본질적으로 논해야만 할 것이지만, 여기에서는 단지
이 유형의 전설이 조선과도 깊은 교섭이 있었던 것을 주목하는 데 그
치기로 한다."[70]

---

69) 미시나 아키히데는 '천동 전설'을 A형과 B형으로 나누었는데, 전자는 물가에서 신동神童
이 탄생하는 유형의 이야기를 가리키고, 후자는 표착漂着하여 신동이 탄생하는 유형을 가리
킨다.
三品彰英, 위의 책, pp. 374-375.
70) 三品彰英, 위의 책, pp. 375-376.

이상과 같은 그의 견해는 일본 오스미大隅의 오히루히메大比留女 전설이나 쓰쓰나이인豆酘內院의 천동 전설이 한국의 선도산 성모 신화와 관계가 있다고 보면서도, 단순히 전파의 문제로 다룰 것이 아니라 보다 본질적으로 고찰할 필요가 있다는 것을 지적한 것이라고 할 수 있다. 하지만 이런 지적은 일본의 전설들이 한국에서 건너갔다는 사실을 부정하기 위한 것이라고 하지 않을 수 없다.

그러므로 일본의 성모 신앙은 신라의 성모 신앙에 그 뿌리를 두고 있으며, 이런 사실을 증명하는 것이 바로 두 나라의 신화 자료라고 할 수 있다.

5 맺음말

이제까지 가부장 제도의 확립으로 변모되었을 것으로 추정되는 한국의 여신 신화들 가운데에서 가장 원초적인 형태라고 할 수 있는 지모신 숭배 사상과 여기에서 파생된 출현 신화, 그리고 산악신앙의 한 형태로 정착된 성모 신화 등을 고찰하였다. 그 과정에서 얻은 성과들을 요약한다면 아래와 같다.

첫째 한국에서도 비너스상의 잔영인 중국 요녕성遙寧省 객좌현喀左縣 동산취東山嘴 유적의 소조塑造 임부상妊婦像과 함경북도 청진시淸津市 농포동農圃洞 유적의 소조 임부상이 출토되었다. 그리고 한국의 고고학계에서는 이들 유적이 신석기시대에 농경이 시작되고 난 다음에 만들어진 것으로 보고 있다. 여기에서 중국의 요녕성은 우리 민족이 살았던 곳이었으므로, 이들 임부상은 한국 민족이 일찍부터 지모신을 숭배 사상을 가졌던 증거로 보았다.

둘째 이러한 지모신 숭배 사상에서 창출된 것이 출현 신화라는 사실을 규명하였다. 이 문제는 한국의 신화학계에서는 그다지 관심을 가지지 않고 있지만, 한국의 신화사에서 매우 중요한 의의가 있는 과제라고 할 수 있다. 왜냐하면, 농경문화와 밀접한 관계가 있는 출현 신화가 한국에서는 왕권 신화로 정착되었기 때문이다. 특히 동부여의 금와왕과 신라의 알영, 탐라국의 세 성씨 시조가 다 같이 출현 신화로 되어 있다는 사실은 한국의 고대사회에서는 농경문화 집단이 뒤에 들어온 수렵·유목문화 집단에 정복되어 동화되지 않고 고대국가의 성립에 일정한 역할을 했다는 것을 말해 준다. 이러한 사례는 외국에서는 찾아볼 수 없는 것이므로, 한국문화 내지는 한국 신화의 한 특성을 드러낸다고 보았다.

셋째 지모신 숭배 사상은 산신 신앙으로 확대되어 산신 신화를 창출하였다. 이들 산신 신화 가운데에서 특히 주목되는 것은 선도산 성모 신화이다. 이 신화는 나라의 시조를 낳은 성모가 남자와의 교접에 의한 것이 아니라, 남편 없이 잉태를 했다[不夫而孕]고 하는 성처녀 신화로, 신라 고유의 산신 신앙이었을 것이라고 상정하였다. 이러한 상정을 하게 된 이유는 신라의 성모 신앙이 중국의 그것과는 근본적으로 다르기 때문이었다. 이와 같은 견해를 밝히는 데는 스나가 다카시須永敬의 연구에 시사를 받았다는 것을 분명히 해둔다. 그는 중국에서 '성모聖母'라고 칭한 경우는 (1) 샤먼과 (2) 열녀烈女, (3) 측천무후則天武后, (4) 황태후皇太后, (5) 성모라는 이름을 가진 성모사聖母祠·묘묘廟 등이 있다는 것을 해명하였다.

넷째 그러면서 선도산 성모의 출자出自가 『환단고기桓檀古記』에는 중국의 아니라 부여로 되어 있다는 점에 주목하였다. '한국의 출현 신화'에서 고찰한 것처럼, '금와金蛙'와 '알영閼英'은 다 같이 땅에서 나왔다는 출현 신화를 가졌으며, 또 6을 성수聖數로 하던 선주先住의 농경문화 집단이었다. 따라서 이들 두 집단은 문화적 계통을 같이하는 집단이었을 가능성이 있으므로, 앞으로 더 면밀하게 검토할 필요가 있다는 것을 지적해둔다.

다섯째 이러한 신라의 성모 신앙은 일본의 북 규슈北九州로 전해져서 이 일대의 성모 신앙의 형성에도 영향을 주었을 것으로 보았다. 특히 선도산 성모 신화와 일본의 진단국진대왕震旦國陳大王의 딸인 오히루메大比留女 신화가 거의 같은 구조로 되어 있다는 것이 이런 사실을 증명하는 중요한 단서가 되었다고 하겠다.

이상과 같은 지모신 숭배에 관한 몇 가지 사실들을 고찰하였으나, 이 이외에도 한국의 여신 문화에는 많은 문제가 있다는 것을 지적하면서, 앞으로 젊은 학자들이 이 방면에 더 많은 관심을 두고 연구하였으면 한다는 것을 밝혀둔다.

≡ 참고문헌 ≡

• 김병모, 『한국인의 발자취』, 서울: 정음사, 1985.

• 김부식, 『삼국사기』, 서울: 경인출판사 영인본, 1982.

• 김상기, 「국사상에 나타난 건국설화의 검토」『동방사논총』, 서울: 서울대 출판부, 1974.

• 김철준, 「신라 상대사회의 Dual organization」상, 『역사학보』1, 서울: 역사학회, 1952.

• ─── , 『한국 고대사회 연구』, 서울: 지식산업사, 1975.

• 김태식, 「고대 동아시아 신앙 속의 신라」『문화사학』(27), 한국문화사학회, 2007.

• 김화경, 『세계 신화 속의 여성들』, 서울: 도원미디어, 2003.

• ─── , 『한국 왕권 신화의 전개』, 서울: 지식산업사, 2019.

• ─── , 『한국 왕권 신화의 계보』, 서울, 지식산업사, 2019.

• 노성환, 「대마도 천도 신화에 관한 연구」『일어일문학연구』43, 서울: 일어일문학회, 2002.

• 문일환, 『조선 고대 신화의 연구』, 北京: 민족출판사, 1993.

• 서대석, 『한국 무가의 연구』, 서울, 문학사상사, 1980.

• 손진태, 「조선 고대 산신의 성에 취하여」『민속학 논고』, 서울: 1984, 대광문화사, 1984.

• 須永敬,「한·일의 성모 신앙 ─ 국경의 모신을 중심으로」『국제아세아민속학(2)』, 서울: 국제아세아민속학회, 1998.

• 안경전 역주, 『환단고기』, 대전: 상생출판, 2021.

• 윤미란, 「선도 성모의 형성과 그 의미」『한국학연구』16, 인천: 인하대 한국학연구소, 2007.

• 윤철중, 『한국 도래 신화 연구』, 서울: 백산자료원. 1997.

• 이지영, 『한국 신화의 신격 유래에 관한 연구』, 서울: 태학사, 1995.

• 이형구, 『한국 고대문화의 비밀』, 서울: 새녘출판사, 2012.

- 일연, 리상호 역, 1990,『삼국유사』, 평양: 과학원출판사, 1990.
- ──, 이민수 역,『삼국유사』, 서울: 을유문화사, 1983.
- ──, 이범교 역,『삼국유사의 종합적 해석』상, 서울: 민족사, 2005.
- ──, 이재호 역,『삼국유사』1, 서울: 1973, 한국자유교육협회, 1973.
- 정인지 공찬,『고려사』, 서울: 1972, 아세아문화사 영인본, 1972.
- 천혜숙,「서술 성모의 신화적 정체」『동아시아 고대학』16, 서울: 동아시아 고대학회, 2007.
- 최남선 편,『신증 삼국유사』, 서울: 삼중당, 1946.
- 최명옥,「월성 지방의 음운 현상」, 서울: 서울대박사학위 논문, 1982.
- 황패강,『한국 서사문학 연구』, 서울: 1972, 단국대출판부, 1972.
- 서거정, 김익현 공역,『필원잡기』1, 서울: 한국고전번역원, https://db.itkc.or.kr 2020. 7. 25 검색.
- 袁珂, 전인초 공역,『중국의 신화 전설』, 서울: 민음사, 1992.
- Erich Neumann, 박선화 역,『위대한 어머니 여신』, 서울, 살림출판사, 2009.
- J. Campbell, 정영목 역,「신의 가면III 서양 신화」, 서울: 까치글방, 1999.
- M. Elide, 이은봉 역,『종교 형태론』, 서울: 한길사, 1996.
- Merlin Stone, 정영목 역,『하느님이 여자였던 시절』, 서울: 뿌리와이파리, 2008.
- 塙保己一 編纂,『續群書類從(三輯上)』, 東京: 續群書類從完成會, 1974.
- 大林太良 編著,『神話への招待』, 東京: 日本放送出版協會, 1978.
- 森雅子,『西王母の原像』, 東京: 慶應義塾大學出版會, 2006.
- 三品彰英,「對馬の天童傳說」『增補 日鮮神話傳說の研究』, 東京: 平凡社, 1972.
- ───,『三國遺事考證(上)』, 東京: 塙書房, 1975.
- 西村賀子,『ギリシア神話 神々と英雄に出會う』, 東京: 中央公論社, 2017.
- 石塚正英,『バッハオーフェン』, 東京: 論創社, 2001.
- 松村一男,『女神の神話學』, 東京: 1999, 靑土社, 1999.
- 須永敬.「日韓國境域における聖母信仰史の民俗學的研究」, 横浜: 2002, 神奈川大學博士學位論文, 未刊行, 2002.
- 市川茂孝,『母權と父權の文化史』, 東京: 農山漁村文化協會, 1993.

- 朝鮮史學會 編, 1930,『新增東國輿地勝覽』2, 卷29, 京城: 朝鮮史學會, 1930.
- 秋葉隆,『朝鮮民俗誌』, 東京: 六三書院, 1963.
- J. J. Bachofen, 佐藤信行 共譯,『母權論, 序論·リュキア·クレタ』, 東京: 三元社, 1992.
- Marija Gimbutas, 鶴岡眞弓 譯,『古ヨーロパの神々』, 東京: 言叢社, 1989.
- S. Giedion, 江上波夫 共譯,『美術の起源』, 東京: 東京大出版會, 1968.
- Grimal P. edi, *World Mythology*, Hamlyn, London, 1962.
- Jacobs G. edi, *Dictionary of Mythology, Folklore and Symbols*. The Scarecrow Press Inc, New York, 1962.
- Long Charles H. , *ALPHA The Myths of Creation*, George Braziller Inc, New York, 1963.
- Malinowski, B, *Magic, Science and Religion*, Doubledny Anchor Books Com. New York, 1954.

음양론 관점에서 본 서왕모西王母 인식 변화 고찰

조민환

필자 약력

조민환

성균관대학교 동아시아학과 교수 겸 유학대학원장

중국산동사범대학 외국인 교수, 춘천교대 교수 역임

풍수명리철학회 회장, 동양예술학회 회장, 도교문화학회 회장, 도가철학회 회장, 서예학회 회장 역임

저서

동양의 광기와 예술

동양 예술미학 산책

노장철학으로 동아시아문화를 읽는다

유학자들이 보는 노장철학

중국철학과 예술정신

* 학술 논문 : 주역의 미학 사상, 노장의 미학사상 등 150편

1 들어가는 말

동아시아 신화를 여성에 초점을 맞추면 복희伏羲(=包犧)와 짝을 이루는 여와女媧를 비롯하여 많은 여신女神이 등장하는데, 이런 여신은 이후 여선女仙으로 변화 과정을 겪는 특징이 있다. 그 대표적인 대상이 바로 서왕모西王母[1]다. 도교 차원에서는 서왕모, 남악위부인南岳魏夫人, 마고麻姑, 하선고何仙姑를 '사대여신'이라고 병칭하고, 그 가운데 서왕모의 지위를 가장 높이 평가한다. 서왕모는 반인반수半人半獸로 여신, 혹은 도道를 체득한 인물 등으로 규정되다가 점차적으로 남성의 사랑을 받는 여선으로 변화하는 과정을 거친다.[2] 서왕모 존숭 현상은 고금에 걸쳐 중국은 물론 한국[3]에서도 많은 관심의 대상이 되었던 이른바 '문화적 흐름'[4]의 한 현상을 엿볼 수 있는 대상에 해당한다. 서왕모에 관한 이같은 문화적 흐름을 이해하는 것은 동아시아 여성과 관련된 신화는 물론 여성관의 변모를 엿볼 수 있는 중요한 의미가 있다.

가부장제 사회의 정착과 더불어 여신과 남신의 관계도 점차 차이에서 차별의 관계로 만들어진다. 이에 여성은 의미를 부여하는 주체보다는 의미를 부여받는 대상으로 변화함에 따라 여신의 탈신성화가 일어나게 된다.[5] 본고는 여신의 탈신성화 경향에 나타난 여신의 남신의 보조자 혹은

---

1) 서왕모(西王母)는 몇가지 명호(名號)가 있다. 구령태묘귀산금모(九靈太妙龜山金母), 태령구광귀태금모(太靈九光龜台金母), 금모원군(金母元君) 등이 그것이다. 금모(金母)는 오행에서 서쪽을 상징하는 '금'과 관련이 있다.
2) 西王母에 관한 전반적인 것은 鄭志明 主編, 『西王母信仰』, 南華管理學院出版, 1997. 참조.
3) 한국에서의 서왕모 수용과 그 요인에 대해서는 정재서, 「한국의 西王母 수용과 그 要因」, 『한국언어문화』 73권, 한국언어문화학회, 2020. 참조.
4) 정재서, 『산해경과 한국문화』, 민음사, 2019, p.268. 참조.
5) 송정화, 『중국여신연구』, 민음사, 2007, p.17~19. 참조.

배우자로 탈바꿈하는[6] 이런 변천 과정에는 음양론 사유가 작동하고 있음을 서왕모 인식 변화에 초점을 맞추어 동아시아 신화와 여성에 대한 일면을 고찰하기로 한다. 음양론은 중국의 철학은 물론 문화와 역사 및 예술을 이해하는 관건인데, 이런 점은 신화와 여성이란 주제에도 그대로 적용되기 때문이다. 아울러 서왕모가 반인반수의 여신으로 규정되다가[7] 이후 주목왕周穆王부터 시작하여 한무제漢武帝 때에 여선으로 변모하는 과정에서 주목할 것은 이른바 절대 미인이면서 예술적 재능을 가진 인물로 묘사된다는 점이다.

본고에서는 이같은 절대미인이면서 예술적 재능을 가진 서왕모에 대한 인식에는 음양론 차원에서 이해된 여인상 및 가부장제 사회에서 남성이 바라는 여인상에 대한 바람이 담겨 있다는 점을 밝히고자 한다.[8]

---

6) 李冗, 『獨異志』(卷下), "昔宇宙初開之時, 只有女媧兄妹二人在昆侖山, 而天下未有人民, 議以爲夫妻, 又自羞恥. 兄即與其妹上昆侖山, 兄曰, 若遣我兄妹二人爲夫妻而煙悉合. 若不, 使煙散. 於是煙即合, 其妹即來就兄, 乃結草爲扇, 以障其面. 今時人取婦執扇, 象其事也." 참조.

7) 서왕모가 한대에 신격화되는 것에 대해서는 유강하, 「西王母의 神格에 대하여 -漢代 文獻과 文物을 통한 西王母의 神格 탐색」『중국어문학지』 25권, 중국어문학회, 2007. 참조.

8) 서왕모에 관한 논의는 많지만 본고와 연계하여 본다면 정재서, 『산해경과 한국문화』(민음사, 2019.), 송정화, 『중국여신연구』(민음사, 2007.), 유강하, 「西王母의 神格에 대하여 -漢代 文獻과 文物을 통한 西王母의 神格 탐색」(『중국어문학지』 25권, 중국어문학회, 2007.) 등이다. 정재서는 산해경이 한국문화에 어떤 영향을 주었는지를 통사적으로 밝히고 있다. 송정화는 중국여신에 대한 다양한 면모를 잘 정리하고 있다. 유강하는 한대에 신격화된 서왕모의 전모를 밝히고 있다. 이상의 논의들은 서왕모의 역사적 변천과 전모를 이해하는데 도움을 준다. 하지만 본고처럼 음양론과 미학의 관점에서 접근하여 서왕모의 인식 변화를 밝힌 것은 아니라는 점에서 본고의 의의가 있다고 본다.

2 유가와 도가의 음양론에 관한 개괄적 이해

먼저 서왕모에 대한 음양론적 이해를 돕기 위해 유가와 도가의 음양론을 개괄적으로 보기로 한다. 왜냐하면 서왕모에 대한 다양한 규정은 음양론과 매우 밀접한 관련을 맺고 있기 때문이다. 유가와 도가는 모두 음과 양을 통해 우주론 및 인간의 다양한 삶에 적용한다. 하지만 음과 양에 대한 인식에서는 차이점을 보인다.

노자는 '부음포양負陰抱陽'이라는 차원에서 출발하되 음과 양이 조화롭게 묘융妙融하는 관점을 제시한다. 만물은 음과 양 두 기운에 의해 형성된다고 하지만 음과 양에 대해 가치론적 차별을 부여하지 않는다.[9] 이같은 노자의 음양론은 장자에게 그대로 적용된다. 장자는 음양론을 보다 다양하게 펼치고 있는데, 우선 음양이 각각 순서를 지켜가면서 변화하는 것은 자연 변화의 본질이라고 한다.[10] 『장자』「칙양」에서는 음양을 천지와 대비하여 천지는 형의 큰 것이고, 음양은 기의 큰 것이란 것을 말한다.[11] 『장자』「천운」에는 황제가 음과 양의 조화를 통해 소리가 길고 짧고, 부드럽고 굳셀 수 있어 변화가 가지런하면서 어느 하나의 고정된 형식으로 연주되지 않는 함지악咸池樂을 음양론을 적용하여 규명하고 있다.[12] 『장자』「선성」에서는 무위자연의 세계가 실현된 지일至一의 세계를 말하는데, 그 구체적인 것으로 옛사람이 혼망混芒한 가운데 담막澹漠함을 얻은 때에는 음양이 조

---

9) 『老子』42장, "道生一, 一生二, 二生三, 三生萬物. 萬物負陰而抱陽."
10) 『莊子』「知北遊」, "天下莫不沈浮, 終身不顧. 陰陽四時運行, 各得其序. 惛然若亡而存, 油然不形而神, 萬物畜而不知. 此之謂本根, 可以觀於天矣."
11) 『莊子』「則陽」, "是故天地者, 形之大者也. 陰陽者, 氣之大者也."
12) 『莊子』「天運」, "吾又奏之以陰陽之和, 燭之以日月之明. 其聲能短能長, 能柔能剛, 變化齊一, 不主故常."

화를 이루어 귀신이 소란을 피우지 않고, 사철은 순조롭게 진행되고, 만물
은 해를 입지 않고, 온갖 생물은 천수를 다하고, 사람을 앎이 있어도 쓸데
가 없었음을 말한다.[13] 이같은 사유 등에서 강조하는 것은 자연 변화의 본
질에 해당하는 음과 양의 조화로움이다.

『장자』「칙양」에서는 소지少知가 사방의 내와 육합의 속에서 만물이 생
한 것은 무엇 때문에 일어났는가 하는 질문에 대해 대공조大公調는 음양이
서로 비추면서 서로 돕고 서로 다스리는 과정에서 사계절이 서로 교대하
면서 서로 낳고 죽인다는 것으로 말한다.[14] 이에 음양의 불화는 자연재해
를 낳고 환난을 야기한다고 한다.[15] 『장자』「외물」에서는 음양이 섞이면
[錯行] 천지가 크게 놀라서 천둥, 번개, 벼락같은 것을 일으켜 큰 홰나무가
불타는 일이 벌어진다고 말한다.[16] 아울러 『장자』「경상초」에서는 남을 해
치는 것에는 음양보다 큰 것은 없기에 천지 사이에서 도망갈 것이 없지만
그렇다고 음양이 해치는 것이 아니라 사람 마음이 해친다는 것을 말한
다.[17] 음양의 기운이 문제가 되면 신체에 병이 생기고[18] 아울러 인간 신체의
균형을 무너트린다고 하여 인간의 건강, 장수 및 사생과 관련된 음양론을
전개하기도 한다.[19] 이처럼 노장에서는 음양을 통해 우주 자연의 변화와

---

13) 『莊子』「繕性」, "古之人, 在混芒之中, 與一世而得澹漠焉. 當是時也, 陰陽和靜, 鬼神不擾, 四時
得節萬物不傷, 群生不夭, 人雖有知, 无所用之, 此之謂至一. 當是時也, 莫之爲而常自然.

14) 『莊子』「則陽」, "少知曰, 四方之內, 六合之裏, 萬物之所生惡起. 大公調曰, 陰陽相照, 相蓋相
治. 四時相代, 相生相殺."

15) 『莊子』「列禦寇」, "爲外刑者, 金與木也. 爲內刑者, 動與過也. 宵人之離外刑者, 金木訊之. 離內
刑者, 陰陽食之. 夫免乎外內之刑者, 唯眞人能之."

16) 『莊子』「外物」, "陰陽錯行, 則天地大絯, 於是乎有雷有霆, 水中有火, 乃焚大槐."

17) 『莊子』「庚桑楚」, "寇莫大於陰陽, 无所逃於天地之間. 非陰陽賊之, 心則使之也."

18) 『莊子』「在宥」, "人大喜邪. 毗於陽. 大怒邪. 毗於陰. 陰陽竝毗, 四時不至, 寒暑之和不成, 其反
傷人之形乎."

19) 『莊子』「大宗師」, "子祀往問之. 曰, 偉哉夫造物者, 將以予爲此拘拘也. 曲僂發背, 上有五管,
頤隱於齊, 肩高於頂, 句贅指天. 陰陽之氣有沴, 其心閒而無事." 및 『莊子』「在宥」, "我爲汝遂於大
明之上矣, 至彼至陽之原也. 爲汝入於窈冥之門矣, 至彼至陰之原也. 天地有官, 陰陽有藏, 慎守汝

원리 및 생사, 자연 변화, 인간의 질병 등을 설명하지만 기본적으로 음과 양을 차별화하지 않는다.

유가도 기본적으로 음양을 통해 우주 자연의 변화와 원리 및 생사, 자연 변화, 인간의 다양한 모습 등을 규명하지만 음과 양을 가치적으로 평가할 때는 노장과 다른 점이 있다. 유가는 천은 음양을 통해 만물을 화생化生하였다는 관점을 견지하는데,[20] 이것은 유가 우주론의 기본에 해당한다. 『중용』에서는 귀鬼와 신神을 각각 음과 양과 연계하여 이해한다.[21] '음양무시陰陽無始'라는 점에서 선후를 나눌 수 없다[22]는 한 것은 장자와 동일하다. 다만 음과 양에 대한 가치론 측면에서는 차별상을 보인다. 유가가 제시한 음양론에는 기본적으로 『주역』「계사전상」에서 말하는 "하늘은 존귀하고 땅은 비천하다. 양으로서 하늘[乾]과 음으로서 땅[坤]의 지위가 정해졌다"[23]라는 차별적 사유가 작동하기 때문이다. 이런 사유는 구체적으로 음양의 관계에 적용한다. 즉 양과 음을 각각 '선과 악'[24]으로 대입하는 것을 비롯하여, '선과 후', '시施와 수受' 등으로 구분 혹은 선후성을 말하는 것[25]으로 나타난다.

身, 物將自壯. 我守其一以處其和, 故我修身千二百歲矣, 吾形未常衰." 참조.
20) 『中庸』1장, "天命之謂性"에 대한 朱熹의 주, "天以陰陽五行化生萬物, 氣以成形, 而理亦賦焉, 猶命令也. 於是人物之生, 因各得其所賦之理, 以爲健順五常之德, 所謂性也."
21) 『中庸』16장. "子曰, 鬼神之爲德, 其盛矣乎. 視之而弗見, 聽之而弗聞, 體物而不可遺."에 대한 주희의 주, "愚謂以二氣言, 則鬼者陰之靈也, 神者陽之靈也. 以一氣言, 則至而伸者爲神, 反而歸者爲鬼, 其實一物而已...鬼神無形與聲, 然物之終始, 莫非陰陽合散之所爲, 是其爲物之體, 而物所不能遺也." 참조.
22) 黎靖德 編, 『朱子語類』권1「理氣上」, "問, 太極解何以先動而後靜, 先用而後體, 先感而後寂. 曰, 在陰陽言, 則用在陽而體在陰, 然動靜無端, 陰陽無始, 不可分先後."
23) 『周易』「繫辭傳上」1장, "天尊地卑, 乾坤定矣."
24) 周敦頤 『太極圖說』에 대한 朱熹의 주, "然形生於陰, 神發於陽, 五常之性, 感物而動, 而陽善陰惡, 又以類分, 而五性之殊, 散爲萬事. 蓋二氣五行, 化生萬物, 其在人者又如此." 朱熹·呂祖謙 編, 『近思錄』권1「道體」(太極圖說) 참조.
25) 『周易』「繫辭傳上」1장, "乾知大始, 坤作成物."에 대한 주희의 주, "陽先陰後, 陽施陰受, 陽之輕淸者未形而, 陰之重濁有跡也."

유가에서는 음과 양을 방위와 연계하여 이해할 때는 양은 동, 음은 서에 적용한다. 이런 점은 제사를 지내는데 예를 표하는 제물과 악기 등과 같이 하나의 기물이라도 다 음양의 이치가 있다고 본다. 이에 양을 상징하는 동과 음을 상징하는 서에 각각 자리매김할 것을 요구한다.

천도는 지극한 가르침이고 성인은 더할 수 없는 덕이다. 묘당의 위에 뇌준罍尊은 동에 있고, 희준犧尊은 서에 있다. 묘당의 아래에 현고縣鼓는 서에 있고 응고應鼓는 동에 있다. 임금은 동에 있고 부인은 방에 있다. 대명大明(=日)은 동에서 나오고 달은 서에서 나온다. 이것은 음양의 분수고 부부의 위치이다.[26]

음과 양을 남성성과 여성성 및 방위와 생사 관념에 적용하면, 양은 남성성, 동쪽, 생生으로 규정한다. 음은 여성성, 서쪽, 사死로 규정한다. 예禮와 악樂을 음양론에 적용할 때는 악은 양, 예는 음이라고 본다.[27] 아울러 악과 예를 각각 '양과 천' 및 '음과 지'와 연계하여 규정한다.[28] 이같은 음양이

---

26) 『禮記』「禮器」, "天道至敎, 聖人至德. 廟堂之上, 罍尊在阼, 犧尊在西. 廟堂之下, 縣鼓在西, 應鼓在東. 君在阼, 夫人在房, 大明生於東, 月生於西, 此陰陽之分, 夫婦之位也." 음과 양을 적용한 보다 구체적인 것은 鄭玄 注, 孔穎達 疏, 『禮記正義』, "此一節明天道用敎以示人, 聖人則放之以爲德, 故君立於阼以象日, 夫人在西房以象月. 天道至敎者, 謂天垂日月以示人, 以至極而爲之敎. 聖人至德者, 聖人法天之至極而爲德. 廟堂之上, 罍尊在阼, 犧尊在西者, 罍尊在阼, 謂夫人所酌也. 犧尊在西, 謂君所酌也. 廟堂之下, 縣鼓在西, 應鼓在東者, 縣鼓謂大鼓也, 在西方而縣之. 應鼓謂小鼓也, 在東方而縣之." 참조.
27) 『禮記』「樂記」, "天高地下, 萬物散殊, 而禮制行矣. 流而不息, 合同而化, 而樂興焉. 春作夏長, 仁也. 秋斂冬藏, 義也. 仁近於樂, 義近於禮. 樂者敦和, 率神而從天. 禮者別宜, 居鬼而從地. 故聖人作樂以應天, 制禮以配地. 禮樂明備, 天地官矣."
28) 『禮記』「郊特牲」, "樂由陽來者也, 禮由陰作者也, 陰陽和而萬物得." 이 사유에 관한 보다 구체적인 것은 鄭玄 注, 孔穎達 疏, 『禮記正義』, "樂由陽來者也者, 此明樂也. 陽, 天也. 天氣化, 故作樂象之, 樂以氣爲化, 是樂由陽來者也. 陽化, 謂五聲八音也. 禮由陰作者也者, 陰, 地也. 地以形生, 故制禮象之, 禮以形爲敎, 是禮由陰作也." 참조.

조화로우면 만물이 각각의 생을 온전히 잘 영위할 수 있다고 여긴다.[29] 이 밖에 주희는 마음의 드러남도 '양선음악陽善陰惡'이란 측면에서 파악한다.[30] 『논어』에서는 이상적인 인간으로서 성인을 규명할 때는 음양합덕을 강조하는데, 공자의 이상적인 '중화 인간상'에 대한 언급[31]이 그것이다. 이런 점과 달리 군자와 소인의 차별상을 음과 양에 적용하는 사유를 보인다.[32] 유가에서는 매우 많은 정황에다 음양론을 적용하고 있고, 때론 차별화하는 것을 알 수 있다.

　이상 본 음양론 사유는 신화에서 그대로 적용된다. 예를 들면 본고에서 논하고자 하는 동왕부東王父(=東王公=東王木公)와 서왕모가 각각 양과 음을 상징한다는 것이 그것이다. 이같은 유가와 도가의 음양론 가운데 서왕모에 대한 이해에는 주로 음양의 차별상을 강조하는 유가의 음양론이 작동하고 있다. 이제 이런 유가의 음양론을 서왕모의 전모를 이해하는 데에 적용해 규명해 보자.

---

29) 『禮記』「樂記」, "是故大人學禮樂, 則天地將爲昭焉. 天地訢合, 陰陽相得, 煦嫗覆育萬物, 然後草木茂, 區萌達, 羽翼奮, 角觡生, 蟄蟲昭蘇, 羽者嫗伏, 毛者孕鬻, 胎生者不殰, 而卵生者不殈, 則樂之道歸焉耳." 참조.

30) 黎靖德 編, 『朱子語類』 권16 「大學3 傳6章」「釋誠意」(328), "所謂誠其意者, 毋自欺也."에 대한 주희의 주, "心之所發, 陽善陰惡, 則其好善惡惡, 皆為自欺, 而意不誠矣."

31) 『論語』「述而」, "子溫而厲, 威而不猛, 恭而安."에 대한 朱熹의 주, "人之德性本無不備, 而氣質所賦, 鮮有不偏, 惟聖人全體渾然, 陰陽合德, 故其中和之氣見於容貌之間者如此." 참조.

32) 『論語』「爲政」, "子曰, 君子周而不比, 小人比而不周."에 대한 주희의 주, "君子小人所爲不同, 如陰陽晝夜, 每每相反. 然究其所以分, 則在公私之際, 毫釐之差耳."

3 음양론 관점에서 이해된 서왕모

여신과 여선은 인성의 측면에서 볼 때 모두 음적 속성에 속한다.[33] 이런 점을 『산해경』에 나타난 서왕모의 거처와 용모와 관련하여 이해해보자. 특히 음이 서쪽 이미지와 관련이 있다는 점에 주목하자.

> 서해의 남쪽에 유사流沙의 물가, 적수赤水의 뒤, 흑수黑水의 앞에 큰 산이 있는데 곤륜崑崙의 언덕이라 부른다. 신이 - 얼굴은 사람이고 몸은 호랑이로서, 무늬 있는 꼬리가 있는데[34] 모두 흰색이다 - 살고 있다. 그 아래 약수弱水의 연못이 둘러싸고 있으며 그 바깥쪽에는 염화炎火의 산이 있는데 물건을 던지면 즉시 태워버린다. (그곳에) 어떤 사람이 있는데 '머리꾸미개[勝]'를 쓰고 호랑이 이빨에 표범 꼬리를 하고서 동굴 속에 산다. 그를 서왕모라고 부른다. 이 산에는 오만가지가 다 있다.[35]

기본적으로 반수반인의 서왕모가 거처하는 방위와 다양한 형상 및 정황 묘사는 음적 이미지와 관련이 있다. 음양론 차원에서 볼 때, 앞서 본 바와 같이 동쪽이 생의 상징이라면 서쪽은 사를 상징한다. 어두운 동굴은 양의 이미지가 밝은 것을 의미하는 것에 비해 음적 이미지다. 인간의 삶을 성도城都가 상징하는 문명 공간이 양의 이미지라면, 산수가 상징하는 자연공간

---

33) 잔 스추앙 지음, 안동준·김영수 옮김, 『도교와 여성』, 여강, 1993, p.68
34) 郭璞, 『山海經注』, "言其尾以白為點駁."
35) 『山海經』 「大荒西經」, "西海之南, 流沙之濱, 赤水之後, 黑水之前, 有大山, 名曰崑崙之丘. 有神 -人面虎身, 有文有尾, 皆白- 處之. 其下有弱水之淵環之, 其外有炎火之山, 投物輒然. 有人, 戴勝. 虎齒, 有豹尾, 穴處, 名曰西王母. 此山萬物盡有."

은 음의 이미지다. 『주역』에서는 양과 음을 자연 변화와 관련하여 양과 봄의 상징으로서 '운종룡雲從龍'의 현상을, 음과 가을의 상징으로서 '풍종호風從虎'의 현상을 말하고 있는 것[36]을 적용하면, 서왕모의 호랑이 이빨에 표범 꼬리는 음과 서쪽을 상징한다.

'적수의 뒤', '흑수의 앞'이란 것을 오행에 적용하면, 적수는 남, 흑수는 북이란 점에서 서왕모가 거처하는 곤륜구는 서쪽에 해당한다. 아울러 오행으로서 서쪽의 색은 백색이 된다. 염화산의 강력한 화기를 통한 죽음도 음적 이미지다. 이같은 호랑이와 표범 등을 오행에 적용하면 금이 되고, 이에 서왕모를 다른 이름으로 일컬을 때는 '금金' 자를 붙여 일컫게 된다. 이밖에 곤륜산에 '오만가지가 다 있다'는 것은 이후 불사의 여신 상징인 서왕모가 여신으로서 모든 만물을 낳는 기능적 측면과 현상을 기술한 것이 아닌가 한다. 결과적으로 천제의 여자로서 서왕모는 태음太陰의 정령精靈[37]에 해당한다. 도교 상청파上清派에서는 서왕모를 '만기萬氣의 어머니'[38]라고도 한다. 이같은 음양론 시각에서 규정하는 서왕모에 대한 것은 두광정杜光庭의 『용성집선록墉城集仙錄·서敘』에 잘 나타난다. 두광정은 서왕모에 대해 동쪽을 상징하는 동왕공과 대비하여 기술하고 있다.

> 서왕모는 구영태묘귀산九靈太妙龜山의 금모金母로서 호는 태영구광귀대금모太靈九光龜臺金母이고 또 금모원군金母元君이라고 하니, 이에 서화西華의 지묘至妙한 통음洞陰의 지극히 존귀한 신이다. 옛날에 도기道氣가

---

36) 『周易』「乾卦」九五爻 爻辭의「文言傳」, "雲從龍, 風從虎."
37) 郭象 注, 成玄英 疏, 『南華真經注疏』卷七, "王母, 太陰之精也, 豹尾, 虎齒, 善笑.", 張君房 編, 『雲笈七籤』卷100, "崑崙山北玉山之神人也. 西王母太陰之精, 天帝之女也.", 『軒轅黃帝傳』, "神人西王母者, 太陰之精, 天帝之女也." 등 참조.
38) 『上清靈寶大法』卷26「行道章」, "自一氣而生三氣, 三氣生九氣, 九氣生萬氣. 三氣之主, 一氣之尊, 元始上帝也. 九氣之祖, 青童道君(東霞木公上相青童道君)也. 萬氣之母, 西方王母也." 참조.

응결하고 고요할 때 담박하게 무위를 체득하고 현공玄功을 열고 나아가 만물을 화생하고자 하였다. 먼저 (도기 가운데) 동화東華의 지극히 참된 기운이 변화함으로써 목공을 낳았다. 목공은 벽해碧海 가의 창령蒼靈한 언덕에서 태어났는데 양화陽和의 기운을 주관함으로써 동방을 다스리니 왕공이라고 호를 하였다. 또 서화西華의 지극히 묘한 기운이 화함으로써 금모를 낳았다. 금모는 신주神洲의 이천伊川에서 낳았으니, 그 성은 구씨緱氏다. 낳자마자 비상하였는데, 음령陰靈의 기를 주로 함으로써 서방을 다스렸다. 또한 왕모라고도 호를 하니, 모두 태무太無를 빼어내 바탕으로 하고 신의 현오玄奧함을 길렀다. (서왕모는) 서방의 아득한 가운데에서 대도大道의 순수한 정기를 나누고 기를 맺어 형체를 이루었다. 동왕목공과 음양 두 기운을 함께 다스리면서 천지를 양육하고 만물을 빚어 고르게 하였다. 유순한 근본을 체득하여 극음極陰의 으뜸이 되니 서방에 위치를 짝하면서 만물을 양육하였다. 천상천하와 삼계 시방에 여자가 신선에 오르고 도를 얻은 것은 모두 서왕모에 예속되었다.[39]

서왕모를 '금모'라고 하는 것은 바로 오행에서 서쪽을 금으로 규정한 것과 관련이 있다. 도기道氣가 분화되어 형성된 동왕목공과 서왕모라는 두 가지 신이 행하는 공능성과 관련된 천지 양육과 만물 도균陶鈞의 의미를 여러 가지 차원에서 기술하는 점을 음양론과 연계하여 보자. 동화東華, 양

---

39) 杜光庭, 『墉城集仙錄』 「西王母傳」, "西王母者, 九靈太妙龜山金母也, 一號太靈九光龜臺金母, 亦號曰金母元君, 乃西華之至妙, 洞陰之極尊. 在昔道氣凝寂, 湛體無為, 將欲啟迪玄功, 生化萬物, 先以東華至真之氣, 化而生木公焉. 木公生於碧海之上, 蒼靈之墟, 以主陽和之氣, 理於東方, 亦號曰王公焉. 又以西華至妙之氣, 化而生金母焉. 金母生於神洲伊川, 厥姓緱氏. 生而飛翔, 以主陰靈之氣, 理於西方, 亦號王母, 皆挺質太無, 毓神玄奧, 於西方眇莽之中, 分大道純精之氣, 結氣成形. 與東王木公共理二氣, 而育養天地, 陶鈞萬物矣. 體柔順之本, 為極陰之元, 位配西方, 母養群品. 天上天下, 三界十方, 女子之登仙者得道者, 咸所隸焉."

화양和 등으로 일컬어지는 동목공을 동왕부라고 하는데, 동목공에서의 '목'은 오행에서 동쪽을 상징한다. 당연히 부가 양의 속성이라면 모는 음의 속성에 해당한다. 서화西華, 통음洞陰, 태무太無는 서쪽을 상징하는 금모의 속성 및 본질에 해당한다. 두광정은 이런 점을 구체적으로 '일음일양–陰–陽' 하는 자연의 변화 및 원리에 적용하여 목공과 금모에 대한 지위를 밝히고 있다.

> 또 일음일양하는 도의 묘용에 의해 만물을 재성裁成하고 군형群形을 잉육孕育하니, 낳고 낳음이 멈춤이 없이 새롭고 새로운 것이 서로 이어진다. 이 때문에 하늘은 덮고 땅은 실어, 청한 기운과 탁한 기운이 그 공을 같이한다. 해가 비추고 달이 임하여 주야에 그 작용을 가지런히 한다. 이 두 가지 상을 빌려 나의 삼재를 이룬다. 그러므로 목공[동쪽의 동왕공]은 진방震方에서 주인이 되고, 금모는 태택兌澤에서 존경을 받아 남진男眞과 여선女仙의 지위가 다스려지는 바가 밝게 드러난다.[40]

동쪽의 동왕공인 목공을 진방에 적용한 것은 문왕文王의 '후천팔괘'에서 볼 때 진방이 동쪽에 해당하기 때문이다. 서쪽의 서왕모인 금모를 '태택'에 적용한 것은 문왕의 '후천팔괘'에서 볼 때 서쪽에 해당하기 때문이다. 일음일양하는 자연의 현상과 그 질적 차이를 각각 해와 달 및 '긍정적'인 청한 기운과 '부정적'인 탁한 기운에 적용하고 있는 점에 주목하자. 일음일양하는 과정에 담긴 생생生生하는 이치의 측면을 품물을 재성裁成하고,

---

40) 杜光庭, 『墉城集仙錄』(敍), "又一陰一陽, 道之妙用, 裁成品物, 孕育群形, 生生不停, 新新相續. 是以天覆地載, 清濁同其功, 日照月臨, 晝夜齊其用. 假彼二象, 成我三才, 故木公主於震方, 金母尊於兌澤, 男真女仙之位, 所治照然."

군형群形을 잉육孕育한다는 내용을 통해 규정하지만 청과 탁이란 관점이 적용되면 음과 양은 차별화될 수밖에 없기 때문이다. 특히 남성을 혈연의 중심으로 보는 종법제가 실시됨과 동시에 형성된 남성 위주의 가부장제 사회에서는 여신이나 여선의 경우도 '양선음악'과 '양주음종陽主陰從'이란 적용을 피할 수 없게 된다.

동아시아 신화에서 여신 혹은 여선에 대한 규정 중 주목할 것은 여신과 여선에 관한 '음유지미陰柔之美'를 통한 미에 대한 기술이다. '양강지미陽剛之美'는 주로 남신과 관련된 남성성, '음유지미'는 주로 여신과 관련된 여성성으로 규정할 수 있는데, 서왕모의 경우는 특히 음유지미와 관련하여 장식미인이란 점을 강조한다는 데 그 특징이 있다. 이런 점을 절세미인이되 특히 장식미인의 특징을 보이는 서왕모의 용모와 관련하여 살펴보고자 한다.

4 절세미인으로서 장식미인인 서왕모의 음유지미

앞서 기술한 서왕모의 이상과 같은 언급에서 주목할 것은 무시무시한 반수반인의 서왕모가 '머리꾸미개'를 하고 있다는 이른바 '여성성'과 관련된 것이다. 전통적으로 중국문화에서 미인을 말할 때 사용하는 용어들이 많다. '우유 빛 피부의 엉긴 기름[凝脂]', '방정한 매미 이마와 초승달 모양처럼 길게 굽은 누에 눈썹[蠑首蛾眉]', '붉은 입술과 흰 이[丹脣皓齒]' 등이 그것이다. 『시경詩經』「석인碩人」이란 시를 보자.

> 삘기의 하얀 새싹같이 고운 손에, 기름 엉긴 것이 눈 같은 살결
> 희고 긴 굼뱅이같은 목덜미에, 가지런한 박씨같은 흰 이
> 매미 같은 방정한 이마에 초생달 같은 나비 눈썹
> 어여쁜 웃음에 오목 보조개, 아름다운 눈매에 검은 눈동자.[41]

유가에서는 진정한 미인의 조건으로 외적 형식미 차원에서 몸매가 갖추어지고 얼굴이 예뻐야 하지만 보다 더 근본적인 것은 내적 내용 차원에서 마음이 고와야 한다는 것을 강조한다. 그 마음이 곱다는 것은 학식과 인품이 동시에 갖추어진 것을 의미한다. 이처럼 '회사후소繪事後素'[42]로 상징되는 '백색 미인'[43]은 서왕모가 서쪽을 상징하는 차원의 백색과는 다른 차

---

41) 『詩經』「衛風·碩人」, "手如柔荑, 膚如凝脂. 領如蝤蠐, 齒如瓠犀, 蠑首蛾眉. 巧笑倩兮, 美目盼兮."
42) 『論語』「八佾」, "子夏問曰, 巧笑倩兮, 美目盼兮, 素以爲絢兮。何謂也. 子曰, 繪事後素. 曰, 禮後乎. 子曰, 起予者商也. 始可與言詩已矣." 참조.
43) '석인(碩人)'의 미의 특징으로 거론하는 것은 백색이란 점이다. '석인'에 미에 대한 주희(朱

원에 속한다.

다음 내면의 반영으로서 미적인 것을 규정하지만 외적인 옷차림새도 미적 차원에서 매우 중요한 의미를 지닌다. 유가는 계신공구戒愼恐懼를 요구하는 신독愼獨과 관련해 '성중형외誠中形外'[44] 사유를 말하면서 항상 몸가짐을 단정히 하라는 경외敬畏적 몸가짐과 마음상태를 견지한다. 동시에 극기복례克己復禮와 관련된 외적 차원의 '제외양중制外養中'[45], '제외안내制外安內'[46] 등을 강조한다. 외적인 몸가짐의 단정함과 행동거지의 정제엄숙함은 내면의 마음가짐을 반영함과 동시에 외적 행동을 단속한다. 이런 점에서 외적 옷차림을 통해서 '나는 이런 사람'이란 것을 보여준다는 점에서 '옷은 인격'이란 말도 한다. 이처럼 의복은 단순 신체를 보호하는 실용성을 넘어선 철학적, 수양론적 의미가 있다.[47] 이런 점을 상기하면서 후대 절대미인으로 규정된 서왕모의 장식화된 미에 대한 형용을 보자.

머리를 장식하고 다듬는 것으로 남성에게는 갓이 있다면 여성에게는 '머리꾸미개[勝]'이란 것이 있다. 남성의 갓은 정제됨 몸가짐을 하기 위한 도구지만 여성에게의 '승'은 한걸음 더 나아가 자신의 외모를 꾸미며 아름다움을 더하기 위한 장식이란 면이 있다. 이에 『산해경』의 서왕모에 관한 또 다른 기록을 보자.

熹)의 주, "茅之始生曰荑. 言柔而白也. 凝脂, 脂寒而凝者, 亦言白也. 領, 頸也. 蝤蠐, 木蟲之白而長者. 瓠犀, 瓠中之子, 方正潔白而比次整齊也. 臻, 如蟬而小, 其額, 廣而方正. 蛾, 蠶蛾也. 其眉細而長曲. 倩, 口輔之美也. 盼, 黑白分明也." 참조.
44) 『大學』6章, "所謂誠其意者, 毋自欺也, 如惡惡臭, 如好好色, 此之謂自謙慊, 故君子必愼其獨也...此謂誠於中, 形於外. 故君子必愼其獨也. 富潤屋, 德潤身, 心廣體胖. 故君子必誠其意." 참조.
45) 『近思錄』, 「克己」, "四者, 身之用也, 由乎中而應乎外, 制於外, 所以養中也." 참조.
46) 程頤의 「心箴」, "箴曰, 心兮本虛, 應物無迹. 操之有要, 視爲之則. 蔽交於前, 其中則遷, 制之於外, 以安其內, 克己復禮, 久而誠矣." 참조.
47) 『禮記』「表記」, "是故君子服其服, 則文以君子之容, 有其容, 則文以君子之辭, 遂其辭, 則實以君子之德. 是故, 君子恥服其服而無其容, 恥有其容而無其辭, 恥有其辭而無其德, 恥有其德而無其行, 是故, 君子衰絰則有哀色, 端冕則有敬色, 甲胄則有不可辱之色." 참조.

서왕모는 작은 안석에 기대어 있는데 '머리꾸미개[勝]'를 하고 있다. 남쪽에는 세 마리 푸른 까마귀[靑鳥]가 있는데 서왕모를 위해 음식을 마련한다. 곤륜허崑崙虛의 북쪽에 있다.[48]

다시 서쪽으로 350리를 가면 옥산玉山이란 곳인데, 이는 서왕모가 거처하는 곳이다. 서왕모는 그 형상이 사람같지만, 호랑이 이빨에 표범 꼬리를 하고서 '휘파람[嘯]'을 잘 분다. 더부룩한 머리에 머리꾸미개[勝]'를 꽂고 있다. 그녀는 하늘의 재앙과 형벌을 주관하고 있다.[49]

이상 서왕모에 관한 세가지 기술에서 '옥玉으로 만든'[50] 머리꾸미개를 하고 있다는 것은 공통적인 것을 확인할 수 있다. 다른 점이라면 이곳 두 번째 기술에서는 '더부룩한 머리'에 머리꾸미개를 하고 있다고 하여 더부룩한 머리를 강조하는 것이다. 이밖에 두 가지 기술 중 전자의 경우는 서왕모를 모시는 청오靑鳥가, 후자의 경우에는 서왕모가 '휘파람[嘯]'을 잘 분다는 것이 첨가되어 있다. 이곳에서는 일단 더부룩한 머리에 머리꾸미개를 꽂고 있다는 기술에 주목하고자 한다. 이런 정황과 관련해서는 두 가지 판단이 가능하다. 하나는 더부룩한 머리를 묶기 위해서 했을 수도 있다는 것이고, 다른 하나는 자신을 꾸미기 위해 했을 수도 있다는 것이다. 본고에서는 후자에 초점을 맞추고자 한다. 남성의 경우 더부룩한 머리라도 일반적으로 머리꾸미개를 통해 머리를 묶지 않는다는 점을 감안했을 때 이렇게 추측할 수 있다는 것이다.

서왕모의 머리꾸미개는 장식화된 인위적 장식미인의 서막을 알리는 장

48) 『山海經』「海內北經」, "西王母梯几而戴勝杖, 其南有三靑鳥, 爲西王母取食, 在崑崙虛北."
49) 『山海經』「西次三經」, "又西三百五十里, 曰玉山, 是西王母所居也. 西王母其狀如人, 豹尾虎齒而善嘯, 蓬髮戴勝, 是司天之厲及五殘."
50) 郭璞, 『山海經注』, "勝, 玉勝也." 참조.

치라고 본다. 머리꾸미개는 표범 꼬리와 호랑이 이빨이 주는 남성성의 무서운 양강陽剛 이미지와 반대되는 유약柔弱한 음유적 여성 이미지에 해당한다.[51] 머리꾸미개를 계절에 적용했을 때는, 화사한 봄의 이미지와 연결하여 이해한다. 『예기』「월령月令」에서는 모춘暮春 시절의 새[52]를 '대승戴勝'이라 한다. 이후 머리꾸미개는 진대晉代에서 유행하고, 당대에 이르면 여성들이 자신의 용모를 꾸미기 위한 도구로 사용된다.

두광정의 『용성집선록』「서왕모전」은 서왕모의 변천을 이해하는 데 중요한 의미가 있다. 서왕모는 『산해경』에 나오는 반인반수의 모습에서 벗어나 인간화와 더불어 절대미인이라는 반전이 일어나기 때문이다.[53] 서왕모가 봉발로서 머리꾸미개를 하고 있고 호랑이 이빨을 하면서 휘파람을 잘 분 것은 서왕모의 사신인 백방의 백호이지 서왕모의 '진형眞形'은 아니라는[54] 점에서 서왕모의 외모와 관련된 장식화된 미인의 전형을 기술하는 것이 그것이다.

---

51) 여성의 '머리꾸미개[勝]'는 '화채花彩'라고도 하는데, 蔡俊生은 『산해경』에서 머리꾸미개를 한 인물인 서왕모는 수령이고 최소한 한 집단의 대표 인물이라고 추측한다. 蔡俊生, 「神話與現實:中國史前時代兩性關係的投影」, 閔家胤 主編, 『陽剛與陰柔的變奏:兩性關係和社會模式』, 中國社會科學院出版社, 1995, p.40.

52) 『禮記』「月令」, "是月也, 命野虞無伐桑柘. 鳴鳩拂其羽, 戴勝降于桑. 具曲植蘧筐, 后妃齊戒親東鄕躬桑, 禁婦女母觀, 省婦使, 以勸蠶事. 蠶事旣登, 分繭稱絲效功, 以共郊廟之服, 無有敢惰. 是月也, 命工師令百工審五庫之量. 金鐵, 皮革筋, 角齒, 羽箭幹脂膠丹漆, 母或不良." 참조.

53) 杜光庭, 『墉城集仙錄』「西王母傳」, "戴華勝, 佩靈章, 左侍仙女, 右侍羽童, 寶蓋沓映, 羽旗廕庭. 軒砌之下, 植以白環之樹, 丹剛之林, 空靑萬條瑤幹. 千尋無風, 而神籟自韻, 瑯然皆九奏八會之音也. 神洲在昆侖之東南, 故爾雅云西王母日下是矣. 又云王母蓬髮戴勝, 虎齒善嘯者, 此乃王母之使金方白虎之神, 非王母之眞形也."

54) 杜光庭, 『墉城集仙錄』 권1 「金母元君」, "又雲, 王母蓬髮戴勝, 虎齒善嘯者, 此乃王母之使, 金方白虎之神, 非王母之眞形也." 송대 진경원陳景元도 『南華眞經章句音義』「大宗師·得道妙」에서 "山海經雲北海之諸有神, 人面鳥身, 珥兩靑蛇, 踐兩赤蛇, 名禺强, 北極山名, 西王母. 西王母傳雲, 西王母者, 姓維氏, 字婉衿, 九靈太妙龜山金母也. 乃西華至妙洞陰之極尊, 戴華勝, 佩虎章, 昆侖山穴名曰少廣, 王母常居焉. 不復生死, 莫知始終. 曰蓬髮戴勝, 虎齒善嘯者, 此乃王母之使金方白虎之神, 非王母之眞形也."라고 하여 『산해경』의 반인반수半人半獸로서의 서왕모에 대한 기술은 서왕모의 진형眞形이 아니라는 것을 수록하고 있다.

『장자』「대종사」에서는 "서왕모는 도를 얻어 소광산少廣山에 거처하는데, 언제 태어났는지 언제 죽었는지 알 수 없다"[55]라고 하여 서왕모를 도의 체득자로 묘사한다. 『장자』에는 『산해경』처럼 서왕모를 반인반수의 모습으로 형상해 공포감을 준다거나 혹은 죽음과 형벌을 관장하는 이미지는 전혀 없다. '시작도 알 수 없고 그 끝도 알 수 없다'는 사유를 다른 관점으로 본다면 서왕모가 상징하는 불사의 관념으로 이해가 된다. 이런 서왕모의 불사 관념은 다른 차원에서는 『한무내전漢武內傳』에서는 20~30대 정도의 젊은 여인으로 묘사하는 것으로 나타난다. 나이가 들었지만 젊음을 유지하고 있다는 예로는 『장자』「소요유逍遙遊」에서 막고야신藐姑射山의 신인神人이 처녀와 같은 아름다움과 피부를 유지하고 있다는 것[56]을 들 수 있다. 여기서 막고야산에 사는 신인이 여성인가 남성인가에 대한 논란이 있을 수 있는데, 비유하는 전반적인 것을 보면 여성으로 보는 것이 타당하다. 나이가 들었지만 피부색 등이 처녀와 같다는 표현은 남성에게 거의 쓰지 않기 때문이다.[57] 『장자』「대종사大宗師」에는 남백자규南伯子葵가 도는 배울 수 있는가 하는 질문을 하는 대상으로 설정된[58] 여우女偊[59]가 나이가 들었음에도 불구하고 피부 색깔이 처자 같다는 것도 하나의 예다. 여우의 피부 색깔이

---

55) 『莊子』「大宗師」, "西王母得之, 坐乎少廣. 莫知其始, 莫知其終."
56) 『莊子』「逍遙遊」, "肩吾問於連叔曰, 聞言於接輿, 大而無當, 往而不返. 吾驚怖其言, 猶河漢而無極也. 大有逕庭, 不近人情焉. 連叔曰, 其言謂何哉. 曰, 藐姑射之山, 有神人居焉, 肌膚若冰雪, 綽約若處子."
57) '고姑'라는 용어는 주로 여성신 등을 거론할 때 주로 사용한다. 마고麻姑, 포고鮑姑, 화고花姑, 서선고徐仙姑, 구선고九仙姑 및 하선고何仙姑 등이 그 예다. 이 우화에서 막고야산의 신인을 남성이 아닌 여성으로서 볼 수 있다면, 여신으로의 위대한 역량을 대지를 가진 것으로 강조한 우언寓言으로 이해된다. 남신이 아닌 여신이란 점을 통해 여신의 위대함을 강조한 장자가 강조하는 만물제동萬物齊同의 사유와 합치되는 면이 있다.
58) 『莊子』「大宗師」, "南伯子葵問乎女偊曰, 子之年長矣, 而色若孺子, 何也. 曰, 吾聞道矣. 南伯子葵曰, 道可得學邪."
59) 여우女偊에 대해 송대 진경원陳景元은 『南華真經章句音義』「大宗師·才道相胥」에서 "옛날 도를 지니고 있었던 여인[古之有道女人也]"이라고 풀이한다.

처자 같다는 것은 섭생攝生을 잘한 결과다.[60]

그럼 이처럼 나이가 들었지만 여전히 젊음을 유지하고 있다는 서왕모 외모와 관련된 기술을 보자. 두광정이 묘사한 서왕모의 형상은 장식화된 여인상이다.

> 자운紫雲의 연輦를 타고, 아홉가지 반린斑麟을 몰면서, 천진天眞의 채찍을 허리에 두르고 금강의 신령한 옥새 노리개를 차고, 황금 비단의 옷을 입은 모습이 문채가 선명하고 금빛 광채가 혁혁한 모습의 서왕모는 허리에는 경색景色의 검을 나누어 차고, 나는 구름 모양[飛雲]의 큰 띠를 매고, 머리 위에는 화계華髻를 하고, 태진太眞의 별모양의 끈이 달린 관을 쓰고, 네모난 옥에 봉황 무늬가 있는 신을 신고 있는데, 나이는 20여세 정도 된다. 천연의 자태는 농염하고 영묘한 얼굴은 절세미인이니 참으로 신령한 사람이다.[61]

'자운紫雲'은 상서로움을 의미한다는 점에서 도교 색채가 깃들어 있다. '9마리'의 '9'는 황제를 상징하듯이 지존至尊의 경지를 의미한다. 타고 있는 수레를 형용하는 것, 몰고 있는 용, 들고 있는 채찍, 차고 있는 옥쇄 노리개, 입고 있는 황금 의복, 허리에 차고 있는 경색의 검, 비운飛雲 모양의 큰 띠, 머리를 장식하는 머리꾸미개와 쓰고 있는 관, 더 나아가 신발까지 봉황 무늬가 있는 외모와 장식은 그 어느 것 하나 속된 것이 없는 고귀하면서도 존엄한 신분임을 보여준다. 이런 형상은 최상층 신분의 전형적인

---

60) 『莊子』「大宗師」위 문장에 대한 成玄英 疏, "女偊, 古之懷道人也. 孺子, 猶稚子也. 女偊久聞至道, 故能攝衛養生, 年雖老, 猶有童顏之色, 駐彩之狀. 既異凡人, 是故子葵問其何以致此也."
61) 杜光庭, 『墉城集仙錄』「西王母傳」, "王母乘紫雲之輦, 駕九色斑龍, 帶天眞之策, 佩金剛靈璽, 黃錦之服, 文彩鮮明, 金光奕奕, 腰分景色之劍, 結飛雲大綬, 頭上華髻, 戴太眞晨纓之冠, 躡方瓊鳳文之履, 可年二十許. 天姿奄藹, 靈顏絕世, 眞靈人也."

꾸밈새로서 장식미인의 절대 표본에 해당한다. 주목할 것은 이같은 외적 장식적 요소에서 한 걸음 더 나아가 얼굴이 매우 아름답고 20여 세 정도 되는 절대미인이란 여성관에 담긴 유미주의 요소다.

이같은 절대미인의 서왕모는 남성이라면 황제를 비롯한 그 어떤 남성이라도 함께 하고자 하는 여선으로 변한다. 더 나아가 도연명 같은 경우는 서왕모가 장수와 더불어 술을 마음껏 먹을 수 있게 부탁하는 대상으로 여긴다.[62] 송정화는 『목천자전』에서 서왕모가 『산해경』의 반인반수 형태에서 벗어나 인간화되기는 했지만 그녀의 외모는 큰 관심의 대상이 되지 못한 점에 주목하고, 아울러 도연명陶淵明은 『독산해경讀山海經』에서 서왕모의 아름다운 미모를 부각하고 있다고 진단한다.[63] 한 걸음 더 나아가 교태를 머금은 아름다운 여인과 연관하여 이해하는 경향도 있다.[64] 이같은 서왕모에 담긴 변천은 음양론 관점에서 볼 때 남성이 요구하는 여성상의 한 면모를 잘 보여준다.

이밖에 절대미인으로 형상화된 왕모가 제왕을 비롯하여 문인들에게 사랑을 받은 또 다른 이유는 서왕모가 휘파람[嘯]을 잘 불었다는 것과 관련된 음악적 요소라고 본다. 휘파람은 도교 차원에서는 연기煉氣에 속하는 방법이다.[65] 장소長嘯[66] 혹은 서소舒嘯[67] 등으로 구분되는 휘파람[嘯]은 주로

62) 陶淵明,「讀山海經」其五, "翩翩三靑鳥, 毛色奇可憐. 朝爲王母使, 暮歸三危山. 我欲因此鳥, 具向王母言. 在世無所須, 唯酒與長年."
63) 송정화, 『중국여신연구』, 민음사, 2007, p.283.
64) 丁澤,「上元日夢王母獻白玉環」『全唐詩』281권 所收., "서리를 보는 듯 하얀 자태에 달을 보는 듯한 광채와 곡선似見霜姿白, 如看月彩彎" 및 劉復,「遊仙」『全唐詩』, 305권 所收., "왕모는 어찌 그리 그윽하고 고운지 옥같이 맑고도 부드럽네王母何窈眇, 玉質淸且柔" 등과 같은 시들은 서왕모의 친밀한 여성성을 더욱 강조한 것에 속한다. 자세한 것은 김금남,「돈황사를 통해 본 당·오대 서북지역의 중원문화 수용」,『中國文學硏究』제51집, 한국중문학회, 2013. 참조.
65) 잔스츄앙 지음, 안동준·김영수 옮김, 『도교와 여성』, 여강, 1993, p.241.
66) 王維,「竹裏館」, "獨坐幽篁裏, 彈琴復長嘯, 深林人不知, 明月來相照."
67) 陶淵明,「歸去來辭」, "登東皐以舒嘯, 臨淸流而賦詩."

흥이 일어났을 때 부는 경우가 많지만 이밖에도 다양한 정황에서도 휘파람은 불리운다. 탈속적이고 은일적인 삶을 영위하는 가운데 흥이 일어났을 때, 혹은 세상을 질시하는 비분강개함, 울분이나 자신의 원대한 포부를 실현하지 못하는 울적한 마음과 비운을 한탄할 때 휘파람을 분다. 때론 거만함과 고고함 및 광태로 내재된 영혼을 표출하는 방식, 혹은 마음속에 있는 큰 뜻을 '장소'에 붙여서 행하는 행위부호 혹은 소쇄자족瀟灑自足한 생명 상태, 생명 부호에 해당하기도 한다.[68]

일단 서왕모가 불렀던 휘파람은 호랑이가 포효하듯 무엇인가 위력과 위협을 의미하는 소리 혹은 강력한 기운을 소리로 이해된다.[69] 이런 휘파람이 음악적 요소와도 관련이 있음에 주목하자. 서왕모를 '악신樂神'으로 보는 것은 바로 이 휘파람을 잘 부는 것과 관련이 있기 때문이다.[70] 악기가 자연의 본질과 거리가 먼 인공 조탁彫琢의 의미가 있다면 휘파람은 자유자재하면서 질박한 자연 본성과 자신의 개성과 마음 상태를 자유자재로 표현할 수 있는 '자연의 지음至音'에 해당한다.[71] 서진西晉 성공수成公綏가 『소부嘯賦』에서 '장소長嘯의 기묘함은 성음의 지극한 것임을 알겠다'는 것을 참조하면[72] 휘파람이 음악과 밀접한 관련이 있는 것으로 이해했음을 알 수 있다.

---

68) 특히 『世說新語』에 나타난 당시 위진명사들의 '음소吟嘯', '풍소諷嘯', '장소長嘯' 등은 당시 암울한 현실에 대한 그들의 저항심리와 비분강개함을 표현한 행위부호 혹은 소쇄자족瀟灑自足한 생명상태, 생명부호에 해당한다.
69) 孫廣, 『嘯旨』「深溪虎章」第三, "深溪虎者, 古之善嘯者, 聽溪中處聲而寫之也. 雄之余, 怒之末, 中商之初, 壯逸寬忿, 略不屈撓. 若當夏鬱蒸華果四合, 特宜為之. 始於內激, 既藏又含, 外激而沈, 終於五少而五太, 則深溪虎之音備矣." 참조.
70) 蕭兵, 『楚辭與神話』 중 「西王母以猿猴爲圖騰考」江蘇古籍出版社, 1987. 부분, 참조.
71) 成公綏, 「嘯賦」『文選』 卷18, "曲既終而響絕, 餘遺玩而未已, 良自然之至音, 非絲竹之所擬. 是故聲不假器, 用不借物, 近取諸身, 役心禦氣. 動唇有曲, 發口成音, 觸類感物, 因歌隨吟."
72) 成公綏, 『嘯賦』, "知長嘯之奇妙, 蓋亦音聲之至極."

『한무제내전漢武帝內傳』[혹은 '한무내전']73)에서도 서왕모의 절세 용안容顏에 대한 유사한 기술이 나오는데74), 이런 장식미인이면서 유미주의적 서왕모에 대한 미적 관념은 유가의 경전인 『시경』「관저關雎」에서 말하는 요조숙녀窈窕淑女가 '군자호구君子好逑'라는 차원의 여성상75), 「도요桃夭」에서 말하는 가실家室을 화목하게 하는 결혼적령기에 도달한 복숭아같은 여성상76)과 다르다. 특히 「석인碩人」에서 말하는 '회사후소' 차원의 백색 미인과 다르다. 아울러 초楚 시인인 송옥宋玉이 「고당부高堂賦」에서 말하는 '천지 사이[陰陽]'의 다양한 장식을 통해 농염한 미색을 한 몸에 갖춘 절대미인이면서 농염한 아름다움을 자랑하는 '무산巫山의 미녀'77)와도 다른 점이 있다. 서왕모가 절세미인의 여선으로 변화할 수밖에 없는 이유는 동양문명권에서는 여신도 여성으로 읽히기 때문에 그 시대에 요구되는 음적인 음유지미陰柔之美 차원의 여성적인 이미지 확보의 여부에 따라 그 사활이 결정되기 때문이다78) 이처럼 남성이 바라는 음유지미의 전형을 보인 절대미인이면서 음악적 재능이 있는 서왕모는 불사 관념을 제외하고도 제왕과 역대 문인 사대부 및 일반대중들도 함께하면서 사랑을 받을 수 있는 다양한 요소를 지닌 여선이 될 수 있었다.

----

73) 명청대에 한漢의 반고班固 혹은 진晉의 갈홍葛洪이 지었다고 설이 있었는데, 정확한 근거는 없고, 후인이 위탁僞托한 것이라고 본다.

74) 『漢武帝內傳』, "王母上殿東向坐, 著黃金褡縟, 文采鮮明, 光儀淑穆. 帶靈飛大綬, 腰佩分景之劍. 頭上太華髻, 戴太真晨嬰之冠. 履玄璚鳳文之舄. 視之可年三十許, 修短得中, 天姿掩藹, 容顏絶世, 真靈人也." 참조.

75) 『詩經』「國風·周南」의「關雎」, "關關雎鳩, 在河之洲. 窈窕淑女, 君子好逑."

76) 『詩經』「國風·周南」의「桃夭」, "桃之夭夭, 灼灼其華. 之子于歸, 宜其室家."

77) 宋玉, 「高堂賦」, "須臾之間, 美貌橫生. 曄兮如華, 溫乎如瑩. 五色並馳, 不可殫形, 詳而視之, 奪人目精. 其盛飾也, 則羅紈綺繢盛文章, 極服妙采照萬方. 振繡衣, 被袿裳, 襛不短, 纖不長, 步裔裔兮曜殿堂. 忽兮改容, 婉若遊龍乘雲翔. 嫷披服, 倪薄裝. 沐蘭澤, 含若芳. 夫何神女之姣麗兮, 含陰陽之渥飾."

78) 송정화, 『중국여신연구』, 민음사, 2007, p.154.의 주 24 참조.

5 나오는 말

유가는 공자가 '괴력난신怪力亂神'[79]을 배제한 사유의 영향을 받아 신화가 깃들일 공간을 제한하였다. 상대적으로 도가와 도교는 신화 혹은 '괴력난신'을 통해 유가와 다른 철학과 미학을 전개하는 특징을 보였다. 특히 장자는 우언寓言 형식을 통한 다양한 신화[80] 및 신인神人에 관한 기술[81]을 통해 비문명화된 세계의 자연의 원형을 이해할 수 있는 사유를 제공하고, 아울러 불사 혹은 생사에서 자유로운 조물자와 함께 하는 인간상을 제시하여 유가와 다른 차원의 우주론과 인간관을 피력하고 있다. 이런 점에서 불사를 상징하는 서왕모 신화는 일정 정도 노장 혹은 도교와 밀접한 관련이 있다. 하지만 서왕모가 계층을 가리지 않고 두루 사랑을 받을 수 있었던 것은 따로 있었다.

서왕모를 절대미인으로 보는 사유에는 오늘날 양성평등 사회에서 매우 성차별적이면서 불편한 점이 담겨 있다. 그런데 이런 점을 동아시아 신화와 여성이란 주제에 적용하면 그 불편함과 차별성은 그다지 크게 부각되지 않는다. 그 하나의 예로 제왕은 물론 문인사대부로부터 일반 서민들에 이르기까지 광범위한 사랑을 받았던 서왕모에 대한 인식 변천을 들 수 있다. 주목왕周穆王과 서왕모의 사랑을 그린 『목천자전穆天子傳』에서는 여선으로서 서왕모가 주목왕과 함께 시를 나누고 재회의 소망을 피력하는 것[82]

---

79) 『論語』「述而」, "子不語怪, 力, 亂, 神."
80) 『莊子』「應帝王」의 '혼돈混沌' 우화가 그것이다. 『莊子』「應帝王」, "南海之帝爲儵, 北海之帝爲忽, 中央之帝爲渾沌. 儵與忽時相與遇於渾沌之地, 渾沌待之甚善. 儵與忽謀報渾沌之德, 曰, 人皆有七竅, 以視聽食息, 此獨無有, 嘗試鑿之. 日鑿一竅, 七日而渾沌死."
81) 앞서 본 『장자』「소요유」의 막고야산의 신인 우화가 그것이다.
82) 欽定四庫全書本, 「穆天子傳」卷三, "吉日甲子, 天子賓于西王母. 乃執白圭玄璧以見西王母, 好獻錦組百純, 素組三百純, 西王母再拜受之. 乙丑, 天子觴西王母于瑤池之上. 西王母爲天子謠曰, 白

을 통해 '여성으로서 남성과 교감이 가능한 대상'[83]으로 변한다. 『산해경』
에서 최초의 야성적이고 중성적인 이미지는 이제 사라지고 인간의 이상적
미의 동경에 부합하는 여신의 이미지가 형성되게 된다. 그것은 서왕모가
이제 가부장제 사회에서 요구하는 여성상의 하나로 자리가 매김된 것을
의미한다. 이 과정에서 주목할 것은 『목천자전』의 주인공이 서주西周의 주
목왕[84]이라는 것이다. 서주 시대는 종법제에 의한 가부장제의 확립이 이루
어진 시대로서, 주周 문왕文王의 '후천팔괘도後天八卦圖'가 상징하듯 음양관
의 차별화가 적용된 시대에 해당하기 때문이다.

인류 창조 신화에 남신이 출현하는 것은 바로 부계 씨족 시대의 남녀 양
성의 사회적 지위의 변화를 반영한다.[85] 즉 모계사회에서 부계사회로의 변
화는 신화 속 여신에 대한 인식 변화와 관련이 있다. 양강지미陽剛之美를 잘
보여주는 영웅으로서의 황제黃帝를 비롯하여 복희[包犧] 등의 남성신들은
백성들을 보호하고 농경사회에 이로움을 주는 인물로 기록된다.[86] 이런 점
에 비하여 여신에 대한 관념은 시대가 흐름에 따라 변화를 겪는데, 그 변
화의 중심에는 음양론이 작동하게 된다. 구체적으로 서왕모의 경우 여신
에서 여선으로 변화하고 그 과정에 절대미인으로 규정되거나 혹은 사랑의
대상으로 변모하게 되는데[87], 이런 변화에는 남성이 바라는 여성상과 시선

雲在天, 山陵自出. 道里悠遠, 山川間之. 將子無死, 尚能復來. 天子答之曰, 予歸東土, 和治諸夏. 萬
民平均, 吾顧見汝. 比及三年, 將復而野."
83) 박혜경, 「唐詩 속의 西王母 이미지의 기원과 활용」, 『東洋學』 第61輯, 檀國大學校 東洋學研
究院, 2015, p.24. 참조.
84) 周穆王BC1001-947은 서주西周 5대 왕이다.
85) 이에 관한 자세한 논의는 蔡俊生, 「神話與現實:中國史前時代兩性關係的投影」, 閔家胤 主編,
『陽剛與陰柔的變奏:兩性關係和社會模式』, 中國社會科學院出版社, 1995, p.30~32. 참조.
86) 『周易』 「繫辭傳下」, "古者包犧氏之王天下也, 仰則觀象於天, 俯則觀法於地, 觀鳥獸之文, 與地
之宜, 近取諸身, 遠取諸物. 於是始作八卦, 以通神明之德, 以類萬物之情. 作結繩而為罔罟, 以佃以
漁, 蓋取諸離." 참조.
87) 서왕모 신화에 담긴 불사不死 관념의 약화는 당대 이후 삼세설三世說을 주장하는 불교

이 담겨 있다. 남성과 함께하면서 즐길 수 있는 여성상의 한 단면을 서왕모가 차지하게 되었다는 것이다.

결론적으로 말하면, 『산해경』의 서왕모는 하늘의 재앙과 형벌을 주관하는 반인반수의 공포감을 주는 형상이지만, 한대에는 벽사辟邪와 기복祈福의 대상으로 신앙화되고, 위진남북조의 지괴소설志怪小說에서는 장생불사를 주관하는 여선女仙으로 변모한다.[88] 서왕모에 대한 이같은 인식 변화를 음양론 관점에서 본다면 주대 종법제에 의한 가부장제 확립과 더불어 이후 형성된 음양론에서의 양 위주의 사유 및 남성 위주의 시선이 작동하고 있다.[89] 이에 동아시아 신화와 여성에 대한 음양론적 이해에는 동아시아 신화와 여성의 특징이 담겨 있음을 알 수 있다.

유입이 영향을 끼친 것은 아닌지 하는 추측을 해본다.

88) 특히 서왕모의 궁궐 옆에 있는 아름다운 호수[瑤池]와 복숭아밭[蟠桃園]에서 벌인 잔치는 후대 회화 소재가 되기도 하였다. 자세한 것은 김정은, 「조선 후기 <요지연도瑤池宴圖>에 표현된 생명관 : 道敎的 생명관을 중심으로」, 성균관대 박사논문, 2020. 박본수, 『조선후기 요지연도의 현황과 유형』, 『한국민화』 제7호, 한국민화학회, 2016. 등 참조.

89) 구체적으로 말하면, 주나라를 세운 문왕은 음과 양의 관계에서 음양차별적인 사유를 기초로 한 가부장제를 기본으로 한 종법제를 확립한다. 이같은 가부장제에 입각한 남녀차별적 사유는 『禮記』에서 음양론을 적용한 남녀 차별적인 사유로 공고화되는데, 서왕모에 대한 음양론적 이해에는 이같은 사유가 담겨 있다.

≡ 참고문헌 ≡

• 『經書』(論語, 孟子, 大學, 中庸), 성균관대 大東文化硏究院, 1999.

• 『道藏』(36冊), 上海:上海書店, 1988.

• 『十三經經注疏』, 臺北: 中華書局, 1980.

• 黎靖德 篇, 『朱子語類』, 北京: 中華書局, 1986.

• 焦竑, 『老子翼·莊子翼』, 東京: 富山房 漢文大系本, 1980.

• 郭璞, 『山海經注』

• 杜光庭, 『墉城集仙錄』, 正統道藏 本.

• 『上清靈寶大法』, 正統道藏 本.

• 『산해경』, 정재서 역주, 민음사, 1996.

• 송정화, 『중국여신연구』, 민음사, 2007.

• 정재서, 『산해경과 한국문화』, 민음사, 2019.

• 잔 스추앙 지음, 안동준·김영수 옮김, 『도교와 여성』, 여강, 1993.

• 蕭兵, 『楚辭與神話』, 南京:江蘇古籍出版社, 1987.

• 鄭志明 主編, 『西王母信仰』, 衡陽:南華管理學院出版, 1997.

• 閔家胤 主編, 『陽剛與陰柔的變奏:兩性關係和社會模式』, 北京:中國社會科學院出版社, 1995.

• 김금남, 「돈황사를 통해 본 당·오대 서북지역의 중원문화 수용」, 『中國文學硏究』제51집, 한국중문학회, 2013

• 김정은, 「조선 후기 <瑤池宴圖>에 표현된 생명관 : 道敎的 생명관을 중심으로」, 성균관대 박사논문, 2020.

• 박본수, 『조선후기 요지연도의 현황과 유형』, 『한국민화』 제7호, 한국민화학회, 2016.

• 박혜경, 「唐詩 속의 西王母 이미지의 기원과 활용」, 『東洋學』第61輯, 檀國大學校 東洋學硏究院, 2015.

• 상기숙, 「中國 道敎女仙의 諸 樣相 考察」 동방학 14집, 한서대학교 동양고전연구소, 2008.

- 유강하, 「西王母의 神格에 대하여 -漢代 文獻과 文物을 통한 西王母의 神格 탐색」『중국어문학지』25권, 중국어문학회, 2007.
- 정재서, 「한국의 西王母 수용과 그 要因」, 『한국언어문화』73권, 한국언어문화학회, 2020.
- 정재서, 「『山海經』 내 고대 한국의 역사, 지리 관련 자료 검토」, 『도교문화』45집, 도교문화학회, 2007.

반인반수半人半獸의 표범 꼬리를 하고 있는 봉발蓬髮의 서왕모 상상도

머리를 '머리꾸미개[勝]'로 장식한 서왕모

요지연도瑤池宴圖

서왕모西王母가 곤륜산崑崙山 연못 요지瑤池에 주목왕周穆王을 초대해 연회를 베푸는 모습.

중국 여와女媧 신화와 생명원리

이유라

필자 약력

이유리

이화여자대학교 중어중문학 학사(복수전공)

이화여자대학교 중어중문학 석사

중국 남개南開대학교 중국고대문학 박사

연구논문

「試論張良女性化外貌描寫的內涵」, 社會科學研究, 2012

「張良俠士形象的文化內涵」, 學術交流, 2013

「張良故事俠主題演變及其文化內涵」, 天中学刊, 2014

「張良故事의 한국에서의 수용」, 道教文化研究, 2014

「明代 豔情小說에 대한 再認識—『金瓶梅』를 중심으로」, 道教文化研究, 2018

「身體布施 本生譚의 유교적 專有와 인식의 변화」, 中國文化研究, 2020

저서

(공저)『중화명승』, 소소의책, 2021

1 들어가는 말

중국인들은 그들의 역사가 삼황오제三皇五帝로부터 시작되었다고 한다. 삼황은 복희伏羲, 신농神農, 여와女媧다. 복희는 사람들에게 물고기 잡는 법을 가르쳐주었고 신농은 농사법을 전해주었다. 여와는 인간을 창조했다고 한다. 오제는 삼황의 뒤를 이어 등장한 다섯 황제를 뜻한다. 한족漢族의 조상인 황제黃帝 역시 오제 중 하나다. 사마천司馬遷은 삼황 전설을 믿을 수 없다고 판단하여 오제본기五帝本紀를 『사기史記』의 시작으로 삼았지만 삼황은 중국인들이 인류의 처음을 이야기할 때 가장 손쉽게 떠올리는 신화의 주인공이다. 삼황은 각각 사람들에게 도움을 주었는데, 복희, 신농이 먹고 사는 법을 전수해 주었다면, 여와는 인간 자체를 창조했다. 사람을 만들어 낸 인류의 어머니 여와가 지닌 무한한 창조력은 복희, 신농의 능력과는 다른 차원의 것으로 여겨진다.

여와는 인간을 만들어내기만 한 것이 아니라 망가진 우주를 치유하고 이로써 인류를 구원하기도 했다. 나아가 인간의 삶을 다채롭게 하는 다양한 것들을 전해주었다. 이러한 여와의 무한한 창조력은 근본적으로 여성의 생산능력에 대한 숭배에서 그 근원을 찾을 수 있다. 여와신화는 결국 여성생식에 대한 숭배이자 여성의 생명원리에 대한 신화적 해석이다. 사람 머리에 뱀의 하반신을 가진 여와의 이미지는 여성의 생식능력과 뱀의 재생, 불사, 생명력을 직접적으로 보여준다.

가부장제가 확립되어 가면서 본래 독립적인 창조신이었던 여와는 남신들에게 그 지위를 내어주게 된다. 복희와 남매로 등장하고 부부의 연을 맺기도 하고 여러 신들의 도움으로 창조신으로서의 과업을 달성하게 된다. 또 몇몇 기록들은 인류를 창조하고 세상을 구원하는 업적보다 악기를 발명하고 음악을 가르쳐주는 모습만을 선택적으로 기록함으로써 여와신화의 의미를 축소시킨다.

이제 우리는 가부장제에 오염되지 않은 여와신화를 추적할 것이다. 나아가 그 원형적 의미와 변천 과정을 창조신, 지모신地母神, 문화영웅 세 가지 신격으로 나누어 살펴보고자 한다.

2 창조신

1) 인류창조

여와신화의 가장 핵심적인 원형은 바로 창조다. 일찍이 허신許慎은 여와를 만물을 화육하는 자[1]로 설명하였고 『산해경山海經』에서는 이러한 여와女媧의 능력을 신화적 문법으로 묘사하고 있다.

열 명의 신이 있는데 이름을 여와장이라고 한다. (여와는 이렇게) 신으로 변화하여 율광야에 사는데, 길을 가로질러 살고 있다.[2]

여와는 옛날의 신녀이자 제왕이다. 사람의 얼굴에 뱀의 몸을 했으며 하루에 70번 변한다. 그 배가 이 신들로 변했다.[3]

명확한 생식방법이나 과정에 대한 어떠한 설명도 없이 그저 여와의 신체 일부가 열 명의 신으로 변화하였다는 것은 굉장한 상상력을 요한다. 신화시대 사람들 역시 경험적 지식을 바탕으로 모든 생명이 일정한 과정과 기간을 거친 후 생산된다는 것을 인지하였음에도 불구하고 이 기록에서 생명은 어떠한 과정도 모두 생략한 채 저절로 생겨난다. 이는 여와의 창조능력이 성적 결합이나 생식 과정이 불필요할 정도로 절대적이라는 것을 신화적으로 표현한 것이다.

---

1) 『說文』: 女媧, 古之神聖女, 化萬物之者也.
2) 『山海經』「大荒西經」: 有神十人, 名曰女媧之腸, 化為神, 處栗廣之野, 橫道而處.
3) 『山海經』「大荒西經」: 女媧, 古神女而帝者, 人面蛇身, 一日中七十變. 其腹化為此神.

창조신으로서의 여와를 가장 잘 상징하는 것은 바로 '화化'라는 글자다. '化'는 본래 한 사람은 똑바로 서있고 다른 한 사람은 상하가 뒤집힌, 거꾸로 서있는 모습을 형상화한 글자다. 또 '化' 자는 '비ヒ'로 쓰이기도 했는데, 『설문說文』은 'ヒ'가 변화를 뜻하며 거꾸로 뒤집힌 사람을 뜻한다고 하였다.[4] 그렇다면 거꾸로 된 사람은 무엇을 의미하는 것일까? 거꾸로 뒤집힌 사람은 인간이 처음 태어날 때 머리부터 아래로, 거꾸로 인 상태로 태어나는 것을 의미한다.[5] 즉 '化'는 생명 탄생의 순간을 포착해 낸 글자인 동시에 그 자체로 여성의 신성한 창조능력을 상징하는 것이다.

곽박郭璞은 『산해경』에서의 '化'를 '변화'로 해석하였는데, 곽박의 주注를 따를 경우 여와는 단순히 그 모습만 70번 바꿀 뿐 새로운 존재를 만들어 내는 존재가 되지 못한다. 원가袁珂는 일찍이 『고신화선석古神話選釋』에서 곽박의 주를 지적한 바 있는데, 『설문』과 『회남자淮南子』의 기록을 비교하면서 '化'를 단순한 '변화變化'가 아닌 '화육化育, 화생化生'을 의미한다[6]고 주장하였다.[7] 따라서 여와의 '化'는 단순한 변형이 아닌 창조행위를 의미하는 것이다. 그렇다면 여와의 '化'는 어떤 과정을 거쳐 이루어지는 걸까?

『산해경』은 이러한 '化'의 과정을 '여와지장女媧之腸'으로 표현하고 있다. 열 명의 신은 여와의 신체 일부인 腸을 통해 만들어진다. 곽박은 腸을 복腹으로 풀이하였는데, 복부는 여성의 생식기관인 자궁이 속해 있는 곳으로, 腹은 임신과 생육, 즉 여성의 생산 능력과 창조성을 상징한다. 腸과 여성의 생산원리에 관한 신화적 상상력은 『산해경』「대황서경大荒西經」에 나오는 무장국無腸國에 대한 기록에서도 찾아볼 수 있다.

----

4) 『說文』: ヒ, 變也. 從到(倒)人.
5) 徐灝, 『說文解字注箋』: 從倒人者, 人之初生倒垂下也.
6) 袁珂, 『古神話選釋』, 臺北: 長安出版社, 1982, pp.18~19.
7) 그러나 송정화는 『중국여신연구』에서 '化'와 '變'의 의미가 고대 신화시대에서는 서로 통하였다고 하였다. 〈송정화, 『중국여신연구』, 서울: 민음사, 2007, p.70.〉 참고.

또 무장국이란 나라가 있는데, 성은 임씨고 후손이 없으며 물고기를 먹고 산다.[8]

　무장국 사람들은 자식이 없는데, 이는 腸이 없기 때문이라는 것을 쉽게 상상할 수 있다. 그런데 왜 腹가 아닌 腸으로 표현했을까? 고대인들이 복부라는 생명탄생의 근원을 창자라는 구체적인 장기로 인식하였기 때문이다. 이러한 원시사유의 일례로 고대인들은 동물을 사냥한 후 내장, 특히 창자를 꺼내어 신께 바쳤다고 한다. 또 고대 묘족苗族은 입과 항문이 하나의 통로로 이어져 있는 문양을 자주 사용했는데, 동물의 정수와 영혼이 창자로 대표되는 내장에 있다고 생각했음을 의미한다.[9] 이를 통해 우리는 고대인들이 腸을 생명의 모태로 인식하였음을 알 수 있다. 결국 '化'와 '腸'의 의미 분석을 통해 우리는 『산해경』의 여와신화가 여성의 신비한 생산능력을 신화라는 언어로 표현해 낸 것임을 알 수 있다.
　창조신으로서의 여와의 성격은 그 이름에서도 알 수 있다. '媧'의 의미에 대한 유육경劉毓慶의 주장은 비록 우문설右文說에 근거하지만 어느 정도 설득력을 지닌다고 생각된다. 그는 '咼'를 소리성분으로 삼는 글자들의 의미를 분석하였는데, 그 결과 대부분 원형 또는 용기와 관련이 있었다. 이를 바탕으로 '媧'가 여성의 생식기를 의미한다고 논증하였다.[10] 베트남 여와묘女媧廟에 모셔진 여와상女媧像은 성기가 매우 거대하다.[11] 이는 곧 여성 생식기에 대한 직접적인 숭배의 흔적이라 볼 수 있는데, 이러한 여성생식 숭배는 고대에 매우 보편적인 것이었다. 고대인들은 여성의 신비한 생산능력에 대한 경외와 인류 번성에 대한 갈망을 여성의 생식기를 인격화하

8) 『山海經』「大荒北經」: 又有無腸之國, 是任姓, 無繼子, 食魚.
9) 王增勇, 「何謂"女媧之腸"」『民間文化』2001, 1期, p.101.
10) 劉毓慶, 「"女媧補天"與生殖崇拜」『文藝研究』1998, 6期, p.94.
11) 李福清 著, 『中國神話故事論集』, 馬昌儀等 譯, 中國民間文藝出版社, 1988.

고 숭배함으로써 표출하였다. 시베리아의 여러 민족들은 각기 본래 자궁을 의미하는 이름을 가진 여신을 숭배하였고, 그리스 신화에서 군신郡神들의 어머니인 퀴벨레Cybele는 대자연의 자궁을 상징하는 동굴이라는 뜻의 이름을 가지고 있다. 고대 이집트의 여신 이시스Isis는 커다란 여성의 성기를 상징물로 가지기도 했다. 여와와 여성생식기와의 관계 역시 이러한 여성생식숭배에서 비롯된 것이며 이를 바탕으로 창조신 여와의 원형적 의미를 이해해야 할 것이다.

여성생식기숭배는 인수사신人首蛇身인 여와의 모습과도 관련이 있다. 우선 뱀에 대한 상징적 의미를 살펴보기로 하자.

뱀의 상징은 다의적이며, 남성도 여성도 될 수 있으며, 자기 창조(단성생식)도 하는 것으로 생각된다. ……주기적으로 허물을 벗는 것으로서는 생명과 부활의 상징이며, ……영적 재생과 육체적 재생을 나타낸다. 뱀은 남근 상징이며, 남성적 창조력, '모든 여성들의 남편'이며, 뱀의 모습은 보편적으로 수정, 수태와 연관성을 띤다. 뱀은 모든 여신과 태모太母의 상징물이며, 도상에서는 여신의 몸에 감겨있기도 하며 손에 쥐어져 있기도 한다. ……뱀은 또한 남녀추니로 여겨지는데 이 의미는 스스로를 창조할 수 있는 모든 신들의 표장이다.[12]

위 인용문에서 우리는 뱀이 성과 생식, 더 확대하면 창조의 의미를 상징한다는 것을 알 수 있다. 고대인들은 뱀이 허물벗기를 통해 끊임없이 새로운 생명을 부여받는다고 생각하였다. 그래서 뱀은 아주 오래 전부터 순환적 창조와 불사의 능력을 가진 존재로 숭배되어왔다. 우주와 인류 창조의

---

12) 진 쿠퍼, 『그림으로 보는 세계문화상징사전』, 이윤기 옮김, 서울: 까치, 1994, pp.306~307.

주역인 여러 창조 여신이 뱀과 함께 등장하고 있는데, 이는 뱀이 지니는 창조와 재생의 상징을 입증하는 것이다. 고대 바빌로니아의 여신 티아마트Tiamat는 거대한 용의 모습으로 그려지지만 '발이 없는 것'이나 '암흑의 뱀'으로 불리었다. 중미 아즈텍의 대모신인 코아틀리쿠Coatlicue는 꿈틀거리는 뱀으로 된 치마를 입고 있고, 고대 마야신화의 창세신인 케찰코아틀Quetzalcoatl은 케찰이라는 새와 뱀이 결합된, 깃털 달린 뱀의 모습을 하고 있다. 고대 서아시아의 대모신 이슈타르Ishtar 역시 뱀의 모습이었고 '죽어서 소생하는 신'들은 양쪽 어깨에서 뱀이 한 마리씩 빠져나가는 모습으로 형상화되어 있다. 창조의 여신들과 뱀이 함께 표현되는 것은 결국 여성의 생산신비와 뱀의 상징이 상통한다는 것을 의미한다.[13] "토템은 곧 여성생식기의 상징이며, 토템숭배를 포함한 토테미즘은 모성숭배의 상징"으로 볼 수 있다. 이 모든 정황에 근거하여 직접적인 여성생식기숭배가 여성생식의 상징물에 대한 토템숭배로 치환되었다는 것을 도출할 수 있다. 조국화趙國華는 여성생식기숭배를 세 단계로 구분하고 있다.

고대인의 여성생식기숭배는 대체적으로 세 단계를 거친다. 첫 번째 단계는 오직 새로운 생명이 탄생하는 문만을 중시하여 여성의 성기를 모방한 도자기로 된 둥근 고리나 돌로 만든 둥근 고리를 받드는 것이다. 두 번째 단계는 특정한 물고기를 여성 성기의 상징물로 선택

---

13) 고대인들은 허물을 벗어 끊임없이 재생하는 뱀의 생태학적 특징을 달의 차오름과 이지러짐, 여성의 월경과 관련지어 생각하였다. 따라서 뱀은 달의 상징이며 뱀을 두르고 있는 여자는 달의 여신을 의미하기도 한다. 즉 뱀-달-여성은 창조와 재생의 상징으로 연결된다. 고대 중국에서도 뱀과 여성은 동일한 의미로 수용되었는데, 그 예를 『詩經‧小雅』「斯干」에서 찾아볼 수 있다.
'점치는 이가 점쳐 보더니 곰과 말곰은 아들 낳을 꿈이여, 독사와 뱀은 딸 낳을 꿈이라네.(大人占之, 維熊維羆, 男子之祥, 維虺維蛇, 女子之祥.)'.
번역은 〈김학주 역, 『詩經』, 서울: 명문당, 2002, pp.393~397.〉을 따름.

하여 그 물고기를 받들고 물고기를 먹는 특별한 의식을 행하는 것이다. 세 번째 단계는 개구리를 숭배하는 것인데, 개구리 이외에 꽃, 사슴, 양, 여성의 월경 등을 숭배하기도 한다.[14]

조국화의 단계 구분에 뱀은 등장하지 않지만 최종 단계에 개구리가 등장한다. 뱀과 용, 두꺼비와 개구리 모두 불사와 재생을 상징하는 동물이다. 비록 형태는 다르지만 파충류적인 속성으로 인해 신화 세계에서 같은 의미를 나타낸다.[15] 많은 학자들이 '媧'의 원형이 '와蛙'라는 것에 대해 동의한다. 그 중 엽서헌葉舒憲은 어린아이가 태어날 때 우는 소리와 개구리의 울음소리가 비슷한 점을 들어 蛙와 媧, 개구리와 인간이 자연스럽게 연결된다고 하였다.[16] 결국 '媧'는 전술한 바와 같이 여성의 생식기를 의미하기도 하지만 동시에 새로운 생명이 태어나는 순간의 소리를 담고 있는 글자이기도 하다. 이를 통해 여와를 설명하는 모든 것들은 결국 창조라는 중심을 향해있음을 재확인할 수 있다.

원가는 『산해경』에 기록된 여와신화를 여와의 휴식 또는 죽음으로 간주하였다.[17] 이는 여와의 창조신화를 시체화생신화[18]의 일종으로 파악하는 것인데, 시체화생신화의 가장 중요한 모티프인 죽음에 대해 『산해경』은 전혀 언급하지 않고 있다. 다시 말해 『산해경』에서의 여와신화는 죽음이라는 분명한 장치 없이, 불명확한 방법으로 다른 존재로 변화하며, 이는 『산해경』의 여와신화가 보여주는 신화적 사유방식이 어떠한 경계선이나 분류법을

---

14) 趙國華, 『生殖崇拜文化論』, 北京 : 中國社會科學出版社, 1990, p.11.
15) 아리엘 골란, 『선사시대가 남긴 세계의 모든 문양』,정석배 역, 서울: 푸른역사, 2004, pp.337~350.
16) 葉舒憲, 『千面女神－性別神話的象徵史』, 上海 : 社會科學院出版社, 2004, p.148.
17) 袁珂 著, 『중국신화전설(Ⅰ)』, 전인초, 김선자 譯, 서울: 민음사, 1992, pp.195~196.
18) 시체화생신화屍體化生神話는 신적인 존재가 죽은 뒤 그 신체가 변하여 세상이 만들어졌다는 신화.

필요로 하지 않는다는 것을 의미한다. 이것은 『산해경』이라는 책의 특성과
도 맞닿아 있는데, 『산해경』은 반인반수의 형상들, 성별을 알 수 없는 무수
한 존재들, 시작과 끝을 알 수 없으며 끊임없이 이어지는 공간 서사, 반복
되는 표현방식 등을 통해 미분화되고 연속적이며 비체계적, 비논리적인 당
시의 사유방식을 보여준다. 『산해경』에서의 여와신화는 태고의 미분리의
사고를 반영하는 것이다. 이러한 사유방식은 명시되지 않은 여와의 성별과
뱀의 몸을 지닌 생김새에서도 드러난다. 일반적으로 생명원리와 여성을 연
계하여 생각하기 마련인데, 만약 곽박의 해설이 없었다면 우리는 여와가
뱀의 몸을 지닌 여성이라는 점을 알 수 없었을 것이다.

성별에 대한 모호함, 알 수 없는 방법으로 다른 무언가를 만들어내는
힘, 동물과 결합된 생김새 등 이 모든 것은 사회나 제도에 의해 정형화되
고 분화되지 않은 카오스적인 이미지를 지니며 동시에 성별을 초월한 창
조신, 절대적인 창조 능력, 반인반수의 완전성을 상징하는 것으로도 해석
될 수 있다.

태초의 여와의 창조력은 이처럼 순수하고 강력했다. 그러나 후대로 가
면서 여와의 창조력은 다소 약해지는 경향을 보인다. 앞서 살펴본 선진先
秦시기의 『산해경』에서 여와는 자신의 신체를 사용하여 독자적으로 인류
를 만들어낸다. 하지만 한漢 이후의 자료인 『회남자』에서 여와는 다른 신
들의 도움을 받아 인간을 만들어낸다.

> 황제는 그녀를 도와 음양의 생식기를 만들었고, 상변은 그녀를 도와
> 귀와 눈을 만들었고 상림은 그녀를 도와 팔과 손을 만들었는데, 이
> 것이 여와가 매일 일흔 번 인류를 만들어내는 과정이다.[19]

---

19) 『淮南子』: 黃帝生陰陽, 上駢生耳目, 桑林生臂手, 此女媧所以七十化也.

유교적 생활규범과 가부장제가 확립되어가면서 황제, 상변, 상림 등 여러 남신들이 여와와 함께 언급되었다. 그렇다면 절대적인 창조 능력을 바탕으로 아무런 도움 없이 홀로 인류를 만들어냈던 여와의 모습은 폐기되었을까?

후한後漢 말에 성립된 『풍속통의風俗通義』에서 여와의 새로운 조인造人 방법을 소개하는데, 여기에서 우리는 태고의 여와를 찾아볼 수 있다.

속설에 따르면 천지가 개벽했을 때 아직 사람이 없자, 여와가 황토를 빚어서 사람을 만들었다고 한다. 열심히 일하다가 다 만들 여력이 없자 노끈을 진흙 속에 넣었다가 휘둘러서 사람을 만들었다. 그래서 부귀한 사람은 황토로 만든 사람이고, 빈천한 사람은 끈을 휘둘러서 만든 사람이다.[20]

황토로 인간을 창조하는 것은 세계 보편적인 조인造人 모티프다. 그 대표적인 예가 성경에서 하나님이 진흙으로 아담을 만든 것이다. 여와가 황토로 인간을 만든 신화 또한 중국에서 가장 광범위하게 유전되었고 영향력이 가장 큰 인류 기원 신화다.[21] 특히 위 인용문은 다른 민간신화, 소수민족신화 등과 비교해보았을 때 원형을 가장 잘 보존하고 있다고 할 수 있다. 태고에 천지가 개벽한 후 단독으로 인간을 창조했다는 점은 인류창조의 어머니가 최초의 신성함을 지닌 여와임을 분명히 하고 있다. 그러나 빈

---

20) 『太平預覽』卷十八引 『風俗通義』: 俗說天地開闢, 未有人民, 女媧搏黃土作人, 劇務力不暇供, 乃引繩於泥中, 舉以為人, 故富貴者黃土人, 貧賤凡庸者引絚人也.

21) 중국의 여러 소수민족들도 黃土造人의 모티프를 가진 신화를 가지고 있다. 그러나 황토로 모양을 완성한 후 입김을 불어 넣어 생명을 부여하거나 황토로 인간을 빚으나 결국 실패하는 내용도 상당수다. 이러한 黃土造人의 여러 형태는 黃土造人의 관념이 광범위하게 인식되어왔음을 방증한다.

부의 차이가 여와가 사람을 만들 때 들인 공력의 차이에서 비롯되었다는 내용은 후대 사람들의 의견을 덧붙인 것으로 신화의 원형이라 할 수 없다. 이는 신화 본래의 면모가 단지 '이토작인以土作人'이었으나, 후대로 유전되는 동안 차츰 신화의 혼합과 분기를 거치는 과정에서 후대의 계급적 신분질서가 혼입되었음을 말해 주는 것이다.[22] 이처럼 후대의 사상, 철학, 역사 등의 영향을 받아 인류창조신화가 조금씩 변형되는 예는 『형초세시기荊楚歲時記』에서도 찾아볼 수 있다.

> (여와가) 정월 첫째 날에 닭을 만들고, 둘째 날에 개를 만들고, 셋째 날에 양을 만들고, 넷째 날에 돼지를 만들고, 다섯째 날에 소를 만들고, 여섯째 날에 말을 만들고, 일곱째 날에 사람을 만들었다.[23]

위 인용문에서 조인造人 신화가 전승되어 오면서 음양오행설의 수용과 함께 좀 더 구체화된 것을 확인할 수 있다. 그러나 시대나 사회에 따라 그 양상은 차이가 있지만 여와가 만물을 창조했다는 기본적인 주제는 변함이 없음을 알 수 있다.

2) 여와보천女媧補天

지금까지 만물을 화육하는, 여성의 생명원리를 상징하는 창조신 여와의 모습을 고찰해보았다. 여와의 생명력과 창조력은 인류를 만드는 것에 그치지 않고 우주를 창조하고 치유하기도 한다.

---

22) 袁珂, 『神話選釋百題』, 上海 : 古籍出版社, 1980, pp.10~11.
23) 『荊楚歲時記』引『問禮俗』: 正月一日爲雞, 二日爲狗, 三日爲羊, 四日爲豬, 五日爲牛, 六日爲馬, 七日爲人.

먼 옛날 사방을 받치고 있던 기둥이 무너지고 온 천하가 찢어져서 하늘은 대지를 다 엎을 수 없게 되었으며 땅 또한 만물을 두루 실을 수 없게 되었다. 화염이 만연하여 식힐 수 없었고 홍수가 가득 흘러 다스릴 수가 없었으며 맹수들이 선량한 백성들을 먹어 삼키고 사나운 새들이 노약자들을 채갔다. 그래서 여와가 오색의 돌을 달구어 하늘의 구멍을 막고 거대한 자라의 다리를 잘라 하늘을 받치는 네 기둥을 만들어 세웠으며 흑룡을 죽여 기주의 백성들을 구제하고 갈대를 태운 재를 쌓아 평지에서 뿜어 나오는 홍수를 막았다. 하늘도 보수되었고 사극도 세워졌으며 홍수도 멈추고 기주도 안정되고 독충과 맹수도 죽었으며 사람들은 생존하게 되어 대지를 등에 지고 하늘을 가슴에 안았다.[24]

창조신의 위업은 대개 우주창조와 인류창조로 종합된다. 보천신화補天神話에서 세상이 혼란스러워지기 전에 이미 천지는 개벽하였고 우주는 창조된 상태였다. 최초의 우주창조 과정에 여와가 참여하지는 않았지만 파괴된 세상을 치유하고 우주의 질서를 회복함으로써 여와는 홀로 우주를 재창조한다. 창조신 여와는 보완과 치유의 능력 또한 갖추고 있는 것이다.

급작스럽게 천하가 찢어지는 재앙으로 인한 무질서와 혼란 가운데 여와가 오색 돌을 단련하여 우주의 질서를 바로세우는 과정을 구체적으로 표현하고 있다. 위 인용문이 기록된 『회남자』는 여와보천과 관련된 가장 오래된 자료다. 인류를 창조했던 『산해경』의 기록과 달리 인과관계가 분명하고 묘사가 사실적이고 생동적이다. 우주의 균형이 깨진 것은 어떤 사건

---

24)『淮南子』: 往古之時, 四極廢, 九州裂, 天下兼覆, 地不周載, 火焰炎而不滅, 水浩洋而不息, 猛獸食顓民, 鷙鳥老弱. 於是女媧煉五色石, 以補蒼天, 斷鼇足, 以立四極, 殺黑龍, 以濟冀州. 積蘆灰以止淫水, 蒼天補, 四極正, 淫水涸, 冀州平, 狡蟲死, 顓民生, 背方州, 抱圓天.

이나 인물로 인한 것이 아니라 순수한 자연현상 혹은 자연재해 때문이다. 같은 여와보천 신화를 『열자列子』에서도 찾아볼 수 있는데, 『회남자』의 기록과 다른 양상을 보인다.

> 옛날 여와씨가 오색의 돌을 달구어 그 구멍을 메웠고 자라의 다리를 잘라 사극을 세웠다. 그 후 공공과 전욱이 천제의 지위를 다투다가 노하여 부주산을 건드려 하늘을 받치고 있던 기둥을 부러뜨리고 땅을 잡아매고 있던 끈을 끊어 버렸다. 그래서 하늘이 서북쪽으로 기울어 해, 달, 별이 그쪽으로 가고 땅은 동남쪽이 꺼져버려 모든 강물이 그쪽으로 흘러가게 되었다.[25]

『열자』의 여와신화는 여와가 오색의 돌과 자라의 다리로 우주를 안정시켰는데, 그 후 공공과 전욱의 전쟁으로 인해 하늘과 땅이 기울었다는 내용이다. 이는 앞서 살펴본 『회남자』의 '여와보천' 이후의 이야기를 하는 것 같은 인상을 준다. 또한 여와와 공공이 함께 등장하고 있고 하늘을 메운 것이 주된 내용이 아니라 천상과 지리 현상을 해석하기 위해 동원된 신화라는 느낌을 준다. 그런데 흥미로운 점은 같은 『회남자』에 공공과 전욱의 천제다툼 이야기가 실려 있다는 것이다. 그 내용은 아래와 같다.

> 옛날 공공과 전욱이 천제의 지위를 다투다가 공공이 화가 나서 부주산을 들이받아 하늘을 받치고 있던 기둥을 부러뜨리고 땅을 잡아매고 있던 그물을 끊어 버렸다. 그래서 하늘이 서북쪽으로 기울어 해, 달, 별이 그쪽으로 옮겨 갔으며 땅은 동남쪽이 꺼져 버려 모든 강물

---

25) 『列子』: 故昔者女媧氏煉五色石以補其闕, 斷鼇之足以立四極. 其後共工氏與顓頊爭爲帝, 怒而觸不周之山, 折天柱絶地維, 故天傾西北, 日月星辰就焉.

과 진흙이 동남쪽으로 향하게 되었다.[26]

『회남자』는 전한前漢 시기에 저술되었고 『열자』는 열자가 활동했던 춘추전국시기보다 그 후대의 이야기를 더 많이 담고 있다. 열자는 춘추시대에 살았던 노자老子 이후에, 그리고 전국시대에 활동한 장자莊子보다는 조금 이른 시기에 살았던 실존 인물로 보인다. 하지만 『열자』가 열자 자신의 이야기가 아닌 위서라는 중론이 있는 것은 『열자』가 후대에 편집되었고 또한 후대의 이야기가 『장자』나 『노자』에 비해 훨씬 많기 때문이다.[27] 『열자』의 문헌적 특성을 고려할 때, 우리는 『회남자』의 별개의 이야기로 기록되었던 두 이야기가 『열자』에서 하나의 이야기로 합쳐졌다는 가설은 적합한 근거를 가진다고 할 수 있다.

아무런 연관관계가 없었던 두 이야기가 『열자』에서 하나의 이야기가 됨으로써 '여와보천'은 더 강한 이야기성을 확보하게 된다. 이러한 의미에서 두 이야기의 통합은 일종의 문학적 행위라고 규정할 수 있다. 그리고 이 문학적 행위는 마침내 후한後漢 왕충王充의 『논형論衡』에 이르면 인과관계가 분명하고 이야기의 전개가 비교적 뚜렷한 '여와보천'을 탄생시킨다.

공공이 전욱과 천제의 지위를 두고 싸우다 이기지 못하자 노하여 부주산을 건드려 천주를 부러뜨리고 땅을 잡아매고 있던 끈을 끊어버렸다. 여와가 오색의 돌을 달구어 하늘의 구멍을 메우고 거대한 자라의 다리를 잘라 사극을 세웠다. 그래서 하늘은 서북쪽이 부족해 해와 달이 그쪽으로 옮겨가고 땅은 동남쪽이 부족해 강물이 그쪽으로 흐

---

26) 『淮南子』: 昔者共工氏與顓頊爭爲帝, 怒而觸不周之山, 天柱折, 地維絶, 天傾西北, 故日月星辰移焉. 地不滿東南, 故水潦塵埃歸焉.
27) 그래서 초기 도가 사상가들을 언급할 때도 노자와 장자만 입에 올릴 뿐, 열자까지 포함시키는 사람은 많지 않다. 〈정창영 역, 『列子』, 서울: 시공사, 2001, p.7.〉

르게 되었다.[28]

왕충은 『열자』의 '여와보천'의 전후관계를 살짝 비틀어 재앙의 원인, 극복 과정, 새로운 질서와 조화의 상태로 전개되는 하나의 비교적 완전한 서사로 재구성하였다. 그러나 '여와보천'은 주된 내용이 아니며 천상과 지리현상을 해석하기 위한 장치로 언급되어 있을 뿐이다.

이처럼 신화의 비합리적인 통합 과정을 통해 우리는 여와와 공공은 각각 독립적인 신화이며 동일한 연원을 가지는 것도 아니라는 점을 확인할 수 있었다. 따라서 『열자』와 『논형』의 기록은 작가가 자신의 목적에 맞춰 신화를 재편집한 것이라 할 수 있다.

그리고 여기에서도 우리는 초기의 여와신화가 가지는 원초적인 창조력과 지위가 점차 약화되고 있음을 확인할 수 있다. 공공과 전욱이라는 신들의 전쟁에 조연으로 등장하는 여와는 자신의 신체만으로 신과 인류를 창조했던 모습과는 확연히 다른 존재로 그려지고 있다. 가부장제의 확립에 따라 여와는 남신男神인 복희와 창조신으로서의 지위를 공유하게 된다. 복희와 여와는 남매로 설정되고 후에 큰 홍수로 둘만 살아남게 되자 부부의 연을 맺게 된다. 이는 소수민족신화, 남방신화 등을 흡수한 한족의 신화로 추정된다. 여와의 지위 하락은 동시에 민간에서의 여와 숭배를 촉진하는 결과로 이어진다. 당대唐代에 이르러 여와의 민간숭배는 완숙기에 접어들게 된다. 한대漢代 이후 여와는 도교의 영향을 받게 되면서 도교의 신선들과 함께 언급된다. 송대宋代 이후로 가면 옥황상제가 도교 계보 가운데 최고신으로 등극하게 되면서 여와는 옥황상제 이름 아래로 귀속되어버린다. 그에 따라 민간에서의 여와 숭배는 빠르게 세속화되어 갔다.

---

28) 『論衡』: 共工氏與顓頊爭爲天子, 不勝, 怒而觸不周之山, 使天柱折, 地維絕. 女娲銷煉五色石以補蒼天, 斷鼈足以立四極, 天不足西北, 故日月移焉, 地不足東南, 故百川注焉.

한편, 보천신화에서 가장 중요한 상징물은 바로 오색 돌이다. 돌은 그 불변의 성질과 생활의 필수품으로서의 역할 때문에 고대인들에게는 없어서는 안 될 중요한 자연물이었다.[29] 돌은 안정, 영속성, 신뢰성, 불사, 불멸성, 영원성, 응집력, 불후성을 나타낸다. 미개사회의 상징체계에서는 돌에서 인간이 태어날 수 있고, 돌에는 생명을 주는 힘이 잠재해 있거나 또는 인간이 성스러운 돌로 변할 수 있다고 한다.[30] 중국의 경우 기자석祈子石, 여음석女陰石 등의 숭배신앙이 남아있는 점으로 미루어 볼 때, 고대인들이 돌과 생명탄생을 연결 지어 생각하였음을 알 수 있다. 돌이 상징하는 생명력은 여와의 만물 창조 능력과 자연스럽게 연결된다. 여와와 돌의 보다 직접적인 관계에 대해 언급한 것은 다음과 같은데, 이를 통해 여와와 돌이 하나로 인식되었음을 알 수 있다.

도산씨가 산의 돌로 변하였다.[31]

도산씨가 여와로 불리었다.[32]

서화룡徐華龍은 돌과 여와의 관계에 대해 논하면서 "여와의 최초 형상은 돌이었다."[33]고 결론지었다. 도산씨에 관한 기록을 살펴보면 돌이 가지는 생명, 출산 등의 상징과 창조신 여와의 의미가 맞닿아 있음을 알 수 있다. 다음은 도산씨가 아들 계를 낳는 과정을 묘사한 것이다.

29) 전인초 외, 『중국신화의 이해』, 서울: 아카넷, 2002, pp.213~214.
30) 진 쿠퍼, 『그림으로 보는 세계문화상징사전』, 이윤기 옮김, 서울: 까치, 1994, p.333.
31) 『世本』「帝系篇」: 塗山氏化為山石.
32) 『世本』「帝系篇」: 塗山氏號女媧.
33) 徐華龍, 「女媧神話新考」, 『中國神話文化』, 遼寧教育出版社, 1993, p.41.

우가 홍수를 다스리고 환원산을 지나다가 곰으로 변하였다. 도산씨가 이를 보고 놀라 달아나다가 숭고산 아래에 이르러 돌로 변해버렸다. 우가 '내 자식을 돌려주오.'라고 말하자 돌이 북쪽을 향해 깨지면서 계가 태어났다.[34]

우와 부부지간이었던 도산씨가 돌로 변한 뒤 그 돌이 갈라져 계가 태어나는 것은 돌이 가지는 특별한 생명 탄생의 상징과 여와의 창조 능력이 결합된 형태로 볼 수 있다. 재미있는 점은 계의 아버지인 우 역시 돌에서 태어났다는 것인데,[35] 돌이 지닌 생명 탄생의 상징을 재확인할 수 있다.

왕효렴王孝廉은 『노사路史』「도산塗山」에서 "돌을 단련하여 노을을 만들었다"[36]는 기록을 바탕으로 비온 뒤 맑은 하늘에 떠있는 무지개를 보고 고대인들이 여와가 오색 돌로 하늘을 기웠다고 상상한 것이라고 하였다.[37] 고대인들은 옥으로 대표되는 오색의 돌을 불사약, 천지귀신을 모시는 제사의 필수 제품祭品, 영석靈石신앙의 상징물로 생각했다. 이러한 인식이 결국 돌과 여와의 공통적 상징과 결합하여 오색 돌이 등장하는 보천신화를 만들어낸 것임을 추정할 수 있다.

오늘날까지 중국인들은 위대한 창조와 치유의 업적을 보천절補天節 행사를 통해 기리고 있다. 보천절에 관한 가장 이른 문헌자료는 『습유기拾遺記』로, 그 내용은 다음과 같다.

강동 지방에서는 속칭 정월 20일을 천천일이라고 하며 붉은 실로 전

---

34) 『繹史』: 禹治洪水, 通轘轅山, 化為熊, 塗山氏見之, 至崇高山下, 化為石, 禹曰歸我子, 石破北方而生啟. 〈王孝廉, 『中國的神話世界』, 臺北 : 聯經出版社, 1987, p.680.〉에서 재인용.
35) 『淮南子』「脩務訓」: 禹生於石.
36) 煉石成緞.
37) 王孝廉, 『中國的神話世界』, 北京 : 作家出版社, 1991, p.187.

병을 집위에다 묶어 놓는데 이날을 보천절이라고 한다.[38]

그밖에 명대明代 양신楊愼의 『사품詞品』에도 보천절에 관한 기록이 있다.

> 송나라 이전에 정월 23일은 천천일이었는데, 여와씨가 이 날에 보천
> 하였음을 말하는 것이다. 세속에서는 전병을 집 위에다 놓았으며 보
> 천천이라고도 불리었다. 지금은 그 풍속이 없어진지 오래다.[39]

『사품』의 자료를 통해 송 이전에 보천절이 성행하였음을 알 수 있다. 보
천절은 보천지補天地, 천천절天穿節, 보천천補天穿 등으로 불렸고 보천절의 날
짜는 지역마다 약간의 차이가 있었지만[40] 전병을 집 위에 붉은 실로 묶어
놓는 풍습은 거의 같았다. 보천신화를 재현하고 반복함으로써 여와를 기
념하고자 한 것인데, 오늘날에도 중국의 여러 지역에서 보천절을 지내고
있다.

---

38) 『捨遺記』: 江東俗號正月二十日為天穿日, 以紅縷系煎餅置屋上, 謂之補天節.
39) 宋以前正月二十三日為天穿日, 言女媧氏以是日補天, 俗以煎餅置屋上, 名曰補天穿. 今其俗廢
久矣.
40) 『荊楚歲時記』에도 강동지역에 보천절 풍습을 기록하고 있는데 그 날짜가 정월 30일이다.
그리고 당, 송 이후 각종 잡문, 지방지 등에 유사한 풍속들이 소개되었는데, 이를 통해 지역마
다 날짜와 풍습이 조금씩 차이가 있었음을 알 수 있다.

3 지모신

인도 예언자 우마틸라족의 스모할라Smohalla는 땅을 경작하는 것을 거부했다.

"농사 지음은 우리 공동의 어머니를 상처 입히거나 자르고, 찢거나 할퀴는 죄악이다. ……당신은 나에게 대지를 갈라고 요구하십니까? 나의 어머니의 가슴에 비수를 꽂기 위해 칼을 들라는 겁니까? 그렇게 하면 내가 죽을 때 어머니는 날 더 이상 그 품에 편히 쉬게 해주지 않을 겁니다. 당신은 나에게 삽으로 돌을 파서 꺼내라고 하셨습니까? 나보고 어머니 살 밑의 뼈를 파내란 말입니까? 그렇게 하면, 나는 다시 태어나기 위해 더 이상 그의 몸 속에 들어갈 수 없을 것입니다. …"41

위의 인용문은 19세기 말의 발언이지만 그 내용은 어머니와 대지가 갖고 있는 태고의 원형을 변형시킨 것이다. 어머니로서, 그리고 여성으로서 땅이 갖는 이미지는 지모신이라는 여신의 신격과 연결된다. 지모신은 대모신大母神의 하위개념으로 대지의 어머니로서의 여신으로, 고대 농경 사회에서 농작물의 생성 원리와 여성의 생리 주기를 동일시한 사고로부터 유추된 신격이라 하겠다.42 지모신의 상위개념인 대모신은 대녀신the Great Godness이라고도 하며, 고대 사회에서 천부신天父神이 출현하기 전까지 숭배되던 여신을 일컫는 말43로, 우주의 창조, 인류의 기원과 같은 가장 근원

41) 미르치아 엘리아데, 『신화 · 꿈 · 신비』, 강응섭 옮김, 서울: 숲, 2006, p.193.
42) 송정화, 『중국여신연구』, 서울: 민음사, 2007, p.63.
43) 같은 책, p.61.

적인 사물의 현상을 여성의 생명원리로 설명하고자 한 흔적이라 할 수 있다. 이러한 대모신의 개념은 앞서 살펴본 창조신으로서의 여와와 유사하다고 할 수 있다.

일찍이 왕일은 "여와가 뱀의 몸을 지녔다"[44]고 주를 했는데, 여와의 인수사신人首蛇身 형상은 대지와 밀접한 관계가 있다.

> 여와의 이미지는 둥글게 소용돌이치는 카오스, 만물을 낳는 혼돈이다. 혹은 만물을 낳는 검은 구멍 즉 여성성기의 이미지다. 대지의 패인 곳을 의미하는 노자의 곡신이 대지모신이었던 것처럼 여와는 원초의 카오스에서 혹은 대지의 검은 모태에서 모든 것을 낳는 풍요의 여신, 대모신이다. 이러한 대모신의 상은 일반적으로 소용돌이 모양으로 상징되는 것 같은데 여와의 경우에는 또아리를 튼 뱀으로 상징되고 있다.[45]

『산해경』은 여와가 율광야를 가로질러 산다고 하였는데, "길을 가로질러 살고 있다"는 것은 거대한 뱀의 몸을 한 여와를 표현한 것으로 생각해볼 수 있다. 뱀은 대지의 비밀과 신비한 생명의 원초적 에너지를 흡수하는 존재로 지모신 혹은 대모신의 상징물이며 생명을 잉태하고 만들어내는 여성의 생산 활동과 대지의 정기를 빨아들이는 뱀의 행위는 동일한 것으로 간주되었다.[46] 따라서 여와가 거대한 뱀의 몸으로 긴 배를 대지에 마찰하면서 들판을 가로지르는 이미지는 대지의 기운과 생명을 관장하는 지모신으로서의 여와를 충분히 상상케 한다. 또한 갈홍葛洪은 '여와가 땅에서 나

---

44) 『楚辭』, 「天問」 王逸 注: 女媧人首蛇身.
45) 岸邊成雄, 『중국 여성의 性과 예술』, 천이두 옮김, 서울: 일월서각, 1985, pp.28~29.
46) 오유미, 「중국 뱀신화의 상징성 연구」, 연세대학교 석사학위 논문, 2001. 참고.

왔다'⁴⁷라고 하였는데, 이는 여와와 대지와의 친밀한 관계를 상징하는 것이다.

문자학적으로 고대의 帝와 地는 통용되었으며 모두 대지를 관장하는 여신을 의미했다. 『산해경』과 『초사』「천문」에서 여와는 帝의 신분으로 등장하는데, 帝의 본래 의미는 하방지신下方之神이며 地와 의미상 통하므로, 생육, 본원本原, 근저根底, 시조 등으로 해석할 수 있다. 따라서 고대 여신이면서 '帝'인 여와는 대지의 신으로 해석이 가능하다.⁴⁸

'生'은 『說文解字注』에 의거하면, "나오는 것이며 초목이 땅 위로 나오는 모습을 형상화한 것이며"⁴⁹ '地'는 '土'와 '也'가 결합한 글자인데, '也'는 '女陰'을 의미한다.⁵⁰ 이것 역시 만물을 화생化生하는 여와와 대지와의 관계를 유추할 수 있는 근거라 할 수 있다. 또한 정현鄭玄은 『書經』을 주하면서 "만물을 토해 낳을 수 있는 것을 土라고 한다"⁵¹고 하였는데, 결국 고대인들의 관념에서 땅이 여성처럼 만물을 토해 낳을 수 있는 생식 능력을 가진 존재로 인식되었던 것이다.⁵² 이러한 고대의 인식은 중국 소수민족 중 하나인 로파족珞巴族의 신화에서 구체적으로 표현되고 있다.

그녀가 찢어지는 듯 출산의 고통을 겪자 땅이 흔들리고 산이 무너졌다. 그녀가 큰 소리로 울부짖자 곧 광풍이 불어 닥치고 번개가 내리쳤다. 그녀가 출산 시 흘린 피는 비와 강이 되었고 초목은 모두 地母의 피로 풍요롭게 생장하였다. 태양, 호랑이, 인류는 모두 地母가 낳

47) 葛洪, 『抱朴子·內篇』卷二 「釋滯」: 女媧地出.
48) 陳建憲, 「女人與土地——女媧泥土造人神話新解」, 『華中師範大學學報』, 1994, p.79.
49) 『說文解字注』: 生, 進也. 上草木生出土上.
50) 『說文解字注』: 也, 女陰也. 象形.
51) 『書經』鄭玄 注: 能吐生萬物者曰土.
52) 송정화, 『중국여신연구』, 서울: 민음사, 2007, p.92.

은 것이다.[53]

문헌신화에 비해 생동감 있고 감각적인 이 소수민족 신화는 여성과 대지가 마치 하나의 몸으로 이어져있는 것처럼, 직접적으로 양자를 동일시하고 있다. 이는 여성생식 숭배와 토지 숭배가 매우 밀접한 관계에 있다는 것을 암시하는 것이다. 고대인들의 토지 숭배는 여성의 생식과 양육에 대한 신비로운 인식에 기초한다. 우선 여성의 생식기인 여음女陰과 자궁은 상징 의미상 토지와 통한다. 여성의 성기는 모든 생명 순환의 기점을 상징하며, 대지 역시 모든 종자를 생장케 하는 만물의 기점이다.[54] 아마 고대인들은 대지의 생장능력을 땅에 뿌리를 박고 있는 나무, 풀, 곡식 등의 성장과정을 통해 깨달았을 것이다. 이러한 사고의 과정은 농경 사회에 중요한 자원이었던 곡식과 대지와의 관계에 대한 신화들을 만들어내게 된다.

안후이安徽의 한 소수민족 신화에서 여와는 다섯 명의 자식을 낳는데, 그 이름을 각각 조稷, 기장黍, 보리麥, 콩菽, 곡식谷으로 지었다. 즉 고대 농경 사회의 대지와 곡물 종자 사이의 친연성을 모자관계로 표현한 것으로, 여와가 땅 위의 모든 생명의 근원이자 어머니인 대지임을 명백히 나타내고 있다.

여와와 대지의 상관성은 한漢 화상석畫像石에서도 찾아볼 수 있다. 대부분의 화상석 도상에서 여와는 복희와 함께 등장한다. 복희는 그림쇠規를, 여와는 곱자矩를 들고 있다. 고대 중국인들은 우주를 천원지방天圓地方, 즉 하늘은 둥글고 땅은 네모지다고 생각했다. 화상석에서 복희가 들고 있는 그림쇠는 둥근 하늘을 측정하는 것이고 여와의 곱자는 네모난 땅을 측량하는 것이므로, 종합해보면 복희(남성)-그림쇠-하늘-양, 여와(여성)-곱자-

---

53) 陳建憲, 같은 논문, p.78.
54) 송정화, 같은 책, p.91.

땅-음으로 의미가 상통하며 각각의 상징물이 하늘과 땅, 양과 음을 상징함을 알 수 있다.

여와가 대지를 상징하는 황토로 인간을 만들었다는 신화 역시 여와와 대지의 연관성을 보여준다. 그리스 로마 신화와 인디언, 유목민, 수렵민족 사이에서 돌은 만물의 어머니인 대지의 뼈로 전해지고 있는데, 여기에서 알 수 있듯이 흙과 마찬가지로 돌 역시 대지의 주요 상징물이다. 대지를 상징하는 돌로 하늘 구멍을 막는 행위는 하늘과 땅, 양과 음의 결합을 의미하며 이러한 결합은 결국 대극적인 것의 조화를 통해 우주가 창조된다는 것을 상징한다.

4 문화영웅

　문화영웅culture hero은 다양한 문화성과, 즉 불의 사용, 노동 도구의 발명, 식물 재배법, 동물 길들이는 법 등을 가장 먼저 발명하고 그 기술을 인류에게 전수해준 신화 인물을 일컫는다. 최초의 혼인제도, 습속, 의례를 제정하거나 인류를 위해 보편적인 사회생활 질서를 확립한 신화 영웅을 말한다. 여와가 중국 민족 신앙 가운데 가장 인기 있는 여신인 까닭 역시 그녀가 혼인 제도를 최초로 제정하여 인류가 안정적으로 번성할 수 있게 하고, 생황笙簧을 직접 제작하여 음악의 즐거움을 인류에게 가져다주었기 때문이다. 창조신으로서 인류를 낳고 우주를 치유한 여와는 문화영웅으로서 민간에서 가장 사랑받는 여신이 되었다.

　중국신화에는 많은 문화영웅들이 등장하지만 혼인 제도를 통해 인류가 안정적으로 번영할 수 있게 해준 여와의 공로는 단연 돋보이는 것이다. 여와가 남녀의 짝을 지어주고 혼인 제도를 설치했다는 기록은 『풍속통의』에서 찾아볼 수 있는데, 그 내용은 다음과 같다.

　여와는 기도를 하고 제사를 드리는 신으로, 그녀에게 기도를 하면 중매가 이루어졌다. 이 때문에 혼인 제도를 만들어 행하는 것이 이때부터 분명해졌다.[55]

　여와는 어려서 태호를 보좌하고 신지에게 빌어 여성을 위해 성씨를 바로잡았다. 혼인을 관장하고 행하여 모든 백성들의 혼인 제도를 관장하니, 신매라 하였다. 중매의 역할을 맡았으니 뒤에 나라가 생기자

---

55) 『路史』 「後紀」 引 『風俗通義』 :: 女媧禱祠神, 祈而為女媒, 因置昏姻, 行媒始此明矣.

고매신으로 제사지내졌다.[56]

고대에 노동력은 생산력과 직결되는 것으로, 풍요로운 사회를 위해 인구의 증가는 필수적인 조건이었다. 그래서 혼인과 출산은 고대인들에게 매우 중요한 문제였고 이는 자연스럽게 생식숭배 특히, 고유한 생산능력을 지닌 여성에 대한 생식숭배로 이어졌다. 이러한 여성생식숭배는 후에 혼인제도가 정착되면서 혼인과 자손 점지를 관정하는 고매신高媒神이라는 인격화된 존재로 변형되었고 고매신에 대한 기도와 제사가 생식숭배 신앙을 대체하게 되었다. 만물을 창조하고 인류를 만들어낸 여와가 고매신의 신격을 갖는 것은 당연하다.

고매는 고대로부터 혼인을 관장하고 자식을 점지해주는 매신媒神으로 숭배되어 왔다.

매씨는 온 백성의 부부의 예를 관장한다.[57]

고매는 신의 이름이다. 고는 높다는 것이고 매는 매파다. 길사가 있으면 먼저 점괘를 보고 사람의 선조에게 아뢰니 자손을 기원하는 조상이다.[58]

고매신 여와에게 제사지내는 모습은 어떠했을까? 문헌 자료 가운데 명확하고 구체적인 기록은 거의 없다. 그러나 통상적으로 고매 제사는 2월에 행해졌다. 고매 제사는 천자가 친히 참여할 만큼 중요한 국가적 행사였

---

56) 『路史』「後紀」: 女媧少佐太昊, 禱於神祇, 而為女婦正姓氏, 職婚姻, 通行媒, 以重萬民之制, 是曰神媒, 以其載媒, 是以後世有國, 是祀為皐媒之神.
57) 『周禮』「地官 · 媒氏」: 媒氏掌萬民之判.
58) 『月令章句』: 皐禖, 神名也. 皐猶高也. 禖猶媒也. 吉事先見是象, 謂人之先, 所以祈子孫之祖也.

다. 다음은 주나라 천자가 고매신에게 제사지내는 상황을 묘사한 것이다.

> (중춘의 달) 이 달에는 제비가 남쪽에서 날아온다. 제비가 오는 날 소,
> 양, 돼지의 세 가지 희생을 갖추어 고매신에게 자식을 낳게 해달라고
> 제사지낸다. 이때 천자가 친히 행차하는데 후와 비는 아홉 빈을 거느
> 리고 천자의 앞에 가서 기다린다. 그러면 천자는 좋아하는 여인을 예
> 로서 맞이하여 활집을 허리에 매고 고매신상 앞에서 제례를 거행한
> 다. 수태를 한 여인은 고매신상의 앞에 나아가 몸소 활과 화살을 받
> 는다.[59]

위의 인용문에서 우리는 고대에 고매 제사가 매우 중요하였고 천자를
비롯한 귀족이 세 가지 희생물을 바칠 만큼 대단했음을 알 수 있다. 정현
은 수태한 여인이 활과 화살을 받는 것은 아들을 생산하기 위함이라고 풀
이하였는데, 이를 통해 고매 제사의 목적이 특히 아들을 점지받기 위함임
을 알 수 있다. 자손에 대한 중시는 상층 계급뿐 아니라 민간에도 보편적
으로 존재해 왔으며, 이런 고대인들의 염원이 여신 여와에게 투영되어 여
와가 고매신의 기능을 담당하게 되었던 것이다.[60]

손작운孫作雲은 각종 문헌 자료들을 연구하여 고대의 고매 제가에 고매
석高媒石이라는 돌이 사용되었고 고매신의 신격을 겸하고 있는 각 민족의
어머니 조상(先妣)들이 돌로 변하는 이야기들을 분석하여 고대 신령한 돌
숭배는 곧 생식 숭배이며 고매신과 돌의 상관성 역시 이러한 맥락에서 이
해되어야 한다고 결론지었다.[61]

---

59) 『禮記』「月令」: (仲春之月) 是月也. 玄鳥至, 至之日, 以太牢祀於古媒, 天子親往, 后妃帥九嬪御,
乃禮天子所御, 帶以弓韣, 授以弓矢於古媒之前.
60) 송정화, 『중국여신연구』, 서울: 민음사, 2007, p.127.
61) 孫作雲, 「中國古代的靈石崇拜」, 『中國神話學文論選萃』下, 馬昌儀 編, 北京: 中國廣播電視出

이러한 고매 제사는 엄숙한 제의뿐만 아니라 축제도 포함된 것이었는데, 매년 고매신에게 제를 지낼 때마다 젊은 남녀들은 사당 주변에 모여 축제를 즐기면서 서로를 탐색했다. 아마 격렬한 춤과 음악이 넘쳐났을 젊은이들의 이 흥겨운 축제는 사실상 오르기orgie와 같은 상태에 이르렀을 것이고 이러한 오르기의 잔치는 원시 시대에 남녀가 무리를 지어 짝짓기를 하던 군혼郡婚 혹은 잡혼雜婚의 습속을 재현한 것으로 보인다. 묘족, 동족 등 중국 남방에 사는 소수민족은 지금도 봄철에 이와 비슷한 축제를 벌인다.[62] 고행건高行健의 『영혼의 산』에서 주인공은 이러한 묘족의 축제를 목격하게 된다.

거리에는 무리를 지어 거니는 묘족 처녀 총각들밖에 없다. 축제 중 가장 흥미로운 행사는 분명 오늘밤에 있을 것 같다. ……갈대로 만든 생황 소리가 울려 퍼진다. 그 순간 강둑의 수풀 속에서는, 각 양산 뒤에서는, 젊은 쌍들이 서로를 품에 안고, 입맞춤을 나누고, 그들 세계로 빠져들기 위해 하늘과 땅 사이에 몸을 누인다.[63]

여성생식 숭배, 신령한 돌 숭배, 고매신, 고매석 등은 창조의 원형이미지인 여와로 귀결된다. 결국 고매신 여와 역시 창조신으로서의 여와에서 후대에 파생된 신격임을 알 수 있다.

문화영웅 여와의 또 다른 업적은 생황을 제작하여 사람들에게 음악의 즐거움을 가르쳐주었다는 것이다.

版社, 1994, pp.347~370.
62) 정재서, 『이야기 동양 신화(중국편)』, 서울: 황금부엉이, 2004, p.76.
63) 고행건, 『영혼의 산』, 이상해 역, 서울: 현대문학북스, 2001, pp.290~293.

여와의 생황[64]

여와가 생황을 만들었다.[65]

여와씨가 아릉씨로 하여금 도령관을 제작하여 천하의 음을 하나로 통일하게 하고 성씨를 반관으로 명하여 일월성신을 합하게 하고 충악이라 이름하였다. 완성되자 천하는 다스려지지 않는 바가 없었다.[66]

여와가 음악을 통해 천하를 이롭게 하고 조화롭게 만들었다는 이야기는 여와의 또다른 능력을 찬양하는 것처럼 보이지만 그 이면에는 원초적인 창조신 여와의 쇠락한 모습이 숨겨져 있다.

『예기』는 한나라 이후 유가에서 수천 년 동안 중요한 경전으로 인정되어 왔고, 『세본』은 전국시기 조나라의 역사서다. 그래서 기서인 『산해경』과 문학작품인 『초사』와는 작가계층과 집필 의도가 다르다. 신화시대로부터 유전되어온 다양한 신화 가운데 유학자들은 유가에, 사관史官은 역사서에 적합한 내용을 채택하여 서술하였다. 전술한 내용을 통해 우리는 창조신으로서의 여와신화가 당시 비교적 널리 알려져 있었음을 확인했다. 이에 비해 『예기』와 『세본』은 생황 제작과 음악 창조라는 신화만을 선택적으로 기록함으로써 여와의 창조능력을 고의적으로 누락시키고 축소하고 있다.

또한, 세 번째 인용문은 '천하의 음을 하나로 통일'하는 과정을 거쳐 궁

----

64) 『禮記』: 女媧之笙簧.
65) 『世本』: 女媧作笙簧.
66) 『世本』: 女媧氏命娥陵氏制都良管, 以一天下之音, 命聖氏為斑管, 合日月星辰, 名曰充樂, 即成, 天下無不得理.

극적으로 천하를 다스리고자 하는 목적을 명백히 드러냄으로써 다소 유교적이고 교훈적인 느낌을 주는데, 이는 유교 이데올로기의 영향을 받았음을 보여준다. 여와는 단독으로 언급되지 않고 다른 신들과 함께 등장하며 여와의 최종 목적은 절대적인 창조행위가 아닌 천하를 통일하고 다스리는 것으로 한정되어 있다. 이는 인문주의적 해석인 동시에 유교의 정치논리를 대변하고 있는 것인데, 특히 여와와 아릉씨, 성씨의 관계가 유교의 군신관계처럼 표현된 점, 모든 음과 일월성신을 통일하여 결국 천하를 다스리게 되는 과정은 통치의 가르침을 비유하고 있는 것 같은 느낌을 강하게 준다. 결국『산해경』의 기록에 비해 이야기성은 더욱 풍부해졌지만 신화적인 상상력과 강한 환기의 기능은 매우 축소되었음을 확인할 수 있다.

뿐만 아니라 구성이나 문체에 있어서도『세본』은『산해경』과 차이를 보이는데, 문장은 간단하지만 초기 기전체의 형태를 띠고 있으며, 함축적이거나 추상적인 표현을 자제하고 사실적이고 구체적인 설명의 방식을 추구하고 있다. 내용의 합리성은 더욱 보강되었지만『산해경』에서의 미분화된, 인식의 전환을 요구하는 신화적 사유방식의 흔적은 찾기 힘들다.

한편, 여와는 왜 다른 악기가 아닌 생황을 만들었을까? 그 해답은 '笙'의 의미를 통해 찾을 수 있다.

생은 정월의 소리로, 만물이 살아나므로 생이라 불렀다.[67]

위의 글에서 생황의 소리가 만물을 생장하게 함을 알 수 있다. 생황과 생명 원동력의 상관성에 대해 후당後唐의 마호馬縞는 다음과 같이 말하였다.

---

67)『說文解字注』: 笙, 正月之音, 物生故謂之笙.

상고시기에 음악이 아직 조화를 이루지 못하였는데 생황만은 만들었
으니 그 의미는 무엇일까? ……인간이 태어나 음악을 만든 이유는 생
명을 일으키는 기상을 지녔기 때문이다.[68]

그는 고대인들이 음악이 생명을 일으키는 기운을 지닌 것으로 생각했음
을 설명하고 있다. 이러한 생명력이 충만한 음악을 만물의 어머니인 여와
가 가르쳐 주었다는 것은 당연한 것이다. 중국에서 뿐만 아니라 고대 이집
트, 인도, 그리스 등에서 음악의 신은 대부분 여성이었으며 잘 알려진 뮤
즈 역시 제우스의 딸인 여성이었다. 그런데 생명을 움틔우는 음악은 또 다
른 의미로 중국에서 인식되었다.

음악이 유래하는 바는 아주 오래되었으니 그것은 측량에서 나왔고
태일에 근본을 두고 있다. ……만물이 나오는 것은 태일에 의해 이루
어지며 음양에 따라 변화한다. ……형체에는 구멍이 있는데 구멍마
다 소리가 나지 않는 곳이 없다. 소리는 조화에서 나오고 조화는 마
땅함에서 나온다. 선왕들이 음악을 제정할 때 이 조화와 마땅함에 의
거해서 만들었다.[69]

그러므로 선왕이 예악을 제정하였고 사람들은 그것에 의하여 조절되
었다.[70]

---

68) 上古音樂未知, 而獨制笙簧, 其義云何. ……人之生而制其樂, 以爲發生之象.〈楊利慧, 『女媧的
神話與信仰』, 北京 : 中國社會科學出版社, 1997, p.66.〉재인용.
69) 『呂氏春秋』「後紀」: 音樂之所由來者遠矣, 生於度量, 本於太一, ……萬物所出, 造於太一, 化於
陰陽. ……形體有處, 聲出於和, 和出於適. 和適, 先王定樂, 由此而生.
70) 『禮記』「樂記」: 故先王制禮樂 , 人爲之節.

　음악은 우주만물의 근본인 태일에서 유래되었고 만물의 소리는 조화에서 나오며 조화는 마땅함에서 비롯된다. 조화에서 생겨난 음악은 인간의 욕망을 조절할 수도 있다. 결국 음악은 다양한 만물의 소리를 조화로운 상태로 조합하는 것인데, 이는 우주의 질서를 부여하는 창조신 여와의 이미지와 상통하는 것이다. 음악과 여와의 상관적 사고는 음을 통일하여 안정된 천하를 만들어내는 여와로 표현되기도 한다.

　종합해보면 생황, 음악, 생명의 기운은 모두 창조신 여와로 상징되는 여성의 생명원리를 의미하고 앞서 살펴본 고매신 여와 역시 여성생식숭배와 관련이 깊은데, 이를 통해 여와의 문화영웅으로서의 의미 역시 여와의 가장 원형적인 신격인 창조신으로부터 비롯하였음을 알 수 있다.

5 마치는 말

　필자는 여와의 신격을 창조신, 지모신, 문화영웅으로 구분하여 구체적인 신화를 살펴보고 그 의미에 대해 논의하였다.

　창조신은 여와의 대표적인 신격으로 '化'의 문자학적인 의미, '여와지장女媧之腸'의 함의, '媧'의 의미, 뱀의 몸을 가진 형상에 대한 고찰 등을 통해 여와의 창조능력이 여성의 원초적 생명력과 연결되어 있음을 확인할 수 있었다. 아울러 여와의 창조능력이 여성의 원초적 생명력과 연결되어 있음 또한 확인하였다. 이러한 여성의 생명원리로부터 비롯된 창조신으로서의 의미는 보천신화를 통해서도 파악할 수 있었다. 찢어진 세상을 치유하고 우주의 질서를 회복하는 보천의 과정은 우주를 재창조하는 것과 같다. 보천의 상징물인 돌은 생명, 출산 등의 의미를 지니는데, 우, 도산씨, 계에 관한 문헌자료들을 통해 돌의 생명력과 여와의 창조력이 맞닿아 있음을 확인할 수 있었다.

　고대로부터 대지와 여성은 동일시되었으며 보편적으로 모든 신화의 지모신은 여신이다. 뱀의 하반신을 가진 모습, '제帝'와 '지地', 그리고 '생生'의 문자학적 분석을 통해 여와와 대지의 친연성을 고찰하였다. 또한 화상석에 나타난 복희여와 도상과 황토로 인간을 만든 신화를 통해 지모신으로서의 여와를 살펴보았다.

　여와는 남녀의 혼인과 출산을 관장하는 고매신이자 생황을 발명하고 음악을 가르쳐 준 문화영웅이었다. 고대에 혼인과 출산은 매우 중요한 문제였고 이는 여성생식숭배로 이어졌다. 후에 여성생식숭배는 고매신에 대한 제사로 대체되었고 이 과정에서 고매신 여와가 생겨났다. 또한 생황의 '笙'의 의미, 음악에 대한 관념 등은 모두 여성의 생명원리, 즉 여와의 창조력과 맞닿아 있음을 알 수 있었다.

≡ 참고문헌 ≡

• 『山海經』
• 『禮記』
• 『周禮』
• 『書經』
• 『說文』
• 『詩經』
• 『捨遺記』
• 『呂氏春秋』
• 『繹史』
• 『列子』
• 『楚辭』
• 『淮南子』
• 『論衡』
• 『太平預覽』
• 『抱朴子』
• 『荊楚歲時記』
• 徐灝, 『說文解字注箋』.
• 岸邊成雄, 『중국 여성의 性과 예술』, 천이두 옮김, 서울: 일월서각, 1985.
• 葉舒憲, 『千面女神－性別神話的象徵史』, 上海:社會科學院出版社, 2004.
• 王孝廉, 『中國的神話世界』, 北京:作家出版社, 1991.
• 袁珂, 『古神話選釋』, 臺北: 長安出版社, 1982.
• 袁珂, 『神話選釋百題』, 上海:古籍出版社, 1980.
• 袁珂 著, 『중국신화전설(Ⅰ)』, 전인초, 김선자 譯, 서울: 민음사, 1992.
• 李福淸 著, 『中國神話故事論集』, 馬昌儀等 譯, 中國民間文藝出版社, 1988.
• 趙國華, 『生殖崇拜文化論』, 北京:中國社會科學出版社, 1990.
• 고행건, 『영혼의 산』, 이상해 역, 서울: 현대문학북스, 2001.
• 미르치아 엘리아데, 『신화·꿈·신비』, 강응섭 옮김, 서울: 숲, 2006.

- 송정화, 『중국여신연구』, 서울: 민음사, 2007.
- 아리엘 골란, 『선사시대가 남긴 세계의 모든 문양』, 정석배 역, 서울: 푸른역사, 2004,
- 전인초 외, 『중국신화의 이해』, 서울: 아카넷, 2002.
- 정재서, 『이야기 동양 신화(중국편)』, 서울: 황금부엉이, 2004.
- 진 쿠퍼, 『그림으로 보는 세계문화상징사전』, 이윤기 옮김, 서울: 까치, 1994.
- 徐華龍, 「女媧神話新考」, 『中國神話文化』, 遼寧教育出版社, 1993.
- 孫作雲, 「中國古代的靈石崇拜」, 『中國神話學文論選萃』下, 馬昌儀 編, 北京:中國廣播電視出版社, 1994.
- 王增勇, 「何謂 "女媧之腸"」 『民間文化』2001, 1期.
- 劉毓慶, 「"女媧補天" 與生殖崇拜」『文藝研究』1998, 6期.
- 陳建憲, 「女人與土地—女媧泥土造人神話新解」, 『華中師範大學學報』, 1994.
- 오유미, 「중국 뱀신화의 상징성 연구」, 연세대학교 석사학위 논문, 2001.

트라키아의 대모신 숭배 전통과 동아시아 마고 숭배 간의 유사성 고찰

넬리 루스

번역: 손경희(상생문화연구소)

필자 약력

넬리 루스

불가리아 출생

러시아 국립 상트페테르부르크 대학교 미술사학과 졸업

상트페트르부르크 소재 유럽대학교 미술사학과 석사

한국학 중앙연구원 미술사학 석사 및 박사

현 서울대학교 노어노문학과 러시아어 강사

현 고려대학교 고고미술사학과 초빙교수

저서 및 논문

『Two Aspects of Immortalism in Korean Painting』 (김명국 사선도 (1600-?) : 한국화의 仙敎 의 두 가지 측면)

『The Queen Mother of the West in Late Joseon Painting』 (조선 후기 회화의 西王母)

『고려 왕조의 밀교 불공 예식의 제구 : 금강저와 금강종』

『Images of Daoist Immortals in Korean Buddhist Temples Wall Painting』 (한국 불교 사원 벽화의 신선도)

『Paintings of Immortals from the Mid. Joseon Period: An Album by Jo Segeol (1636 – 1706)』 (조선 중기 신선도 회화 : 조세걸曺世傑의 화첩)

『The Buddha of the Blazing Light: An Esoteric Buddhist Painting from the Goryeo Dynasty』 (타오르는 빛의 부처 : 고려 시대의 밀교 회화)

『신라와 당나라의 12개의 궁도의 형상에 대한 고찰』

『조선 시대 사찰 종의 실담(悉曇) 비문』

특이사항

한국어에 능통한 학자, 한국 도교 불교 미술사 전문가

제5회 한국학세계학술대회 최고의 논문상 수상

프로젝트 "한국불교의 예식"의 발굴업무 책임자

1 들어가는 말

본고는 유럽 남동부 지역의 토속 신앙에 전해 내려오는 대모신 숭배를 주제로 삼고 있다. 이 지역은 다름 아닌 그리스인들이 트라키아라고 일컫은 지역이다. 트라키아인Thracians은 발칸 반도에서 가장 오랜 역사를 지닌 집단으로 이를 뒷받침하는 문헌 기록도 존재한다. 트라키아족 명칭은 호메로스의 저서 『일리아드』의 두 번째 노래에 최초로 등장하는데 트라키아 반도의 인구 수를 여기서 언급하고 있다. 트라키아인은 같은 문화와 민족성을 공유하는 여러 부족을 집합적으로 함께 일컫는 말이 되었는데 실로 다양한 부족—오드뤼시아, 트리발리아, 게티, 에도니, 베시, 비타이니 왕국—등이 포함되어 있었다. 1세기 경에 한 저술가가 남긴 기록을 통해 90개가 넘는 트라키아 부족이 있었음을 알 수 있다. 트라키아의 영토는 남북으로는 카르파티아 산맥에서부터 에게 해에 이르고, 동서로는 소아시아 북서부로부터 바르다르 강에 이른다. 트라키아인은 독자적인 문자 체계를 가지지 못했기에 그들에 대한 기록은 매우 드물며 주로 그리스어로 쓰여진 기록에 의존하고 있다.

트라키아의 종교관에서 중요한 두 명의 신은 대모신, 그리고 남성신이며 최고신인 태양신이었다. 이 중 태양신은 천상과 지하 세계 모두와 연관되어 있으며, 인간 세계의 왕은 바로 이 태양신의 현현으로 여겨졌다. 여성의 이미지로 표현된 다산과 출산이라는 개념은 신석기 이후의 발칸 반도의 유물에 시각적으로 드러나는데, 유럽 남동부 지역 전체를 아우르는 고대 토착 신앙이 트라키아 지역에까지 이어져 있음을 알 수 있다. 불가리아 남부 지역의 많은 숭배 유적지, 그리고 로도피 산맥 동쪽에 자리한 암벽 사원 유적들이 신석기 시대에 대모신 숭배가 발칸 지역에서 광범위하게 이뤄졌음을 말해준다(Raduncheva, 1996, 2002). 뿐만 아니라 1950년대 이후 불가리아에서 지속적으로 진행되어 온 고고학적 발굴로 사람 형상의 작은 점토 조상彫像이 수백 여 점 출토되어 위의 사실을 뒷받침해주고 있다. 이들 조상들이 신체를 매우 풍만하게 표현한 점, 그리고 때로 아이를 품에 안은 형태로 묘사한 점을 통해, 출산, 그리고 생명의 원천으로서의 대모신을 나타낸 작품임을 알 수 있다.

2 대모신의 역할

처음에는 대모신의 역할이 엄격히 구분되거나 명시되지 않았다. 뚜렷한 이름을 갖지 않았음에도 다양한 모습과 특징을 지닌 신으로 표현되었다. 금이나 은으로 제작된 많은 유물들이 대모신을 표현하고 있는데, 이러한 유물들은 불가리아 지역에서 발굴된 트라키아의 통치자와 귀족들의 무덤에 의례의 한 부분으로 함께 매장된 것으로 보인다. 트라키아 예술작품에 드러나는 대모신의 본질적인 특성은 다음과 같다.

초목과 성장을 돌보는 수호신

무엇보다도 그녀는 지모신이자 생명의 근원으로서 만물의 시작과 끝에서 늘 함께 한다. 새로 태어나는 이에게는 생명을 부여하고, 죽어서 그녀의 자궁으로 다시 돌아온 자를 반겨 맞이한다. 그녀는 또한 성장을 북돋우는 역할을 한다. 그럼으로써 봄의 새로운 시작, 초목의 생장, 영원히 순환 반복되는 부활을 이끈다. 장식물, 귀걸이, 술잔, 병, 소품 등에서 대모신의 모습과 식물 문양이 함께 발견된다.

불가리아 루코비트 마을에서 출토된 기원전 4세기의 작은 병을 보면 그릇의 둘레에 대모신의 모습을 새겨 넣었는데, 식물 문양과 여성의 두상이 번갈아 가며 두 줄의 동심원을 장식하고 있다(사진 1). 스트렐차에서 출토된 같은 시기의 술잔 역시 비슷한 외형을 가진다. 긴 머리를 한 여성의 두상이 전면에 묘사되어 있고 생명의 나무를 상징하는 종려나무 잎 문양이 그 사이에 표현되어 있다(사진 2).

사진 1. 금박을 입힌 은제 병, 루코비트 마을, 불가리아, BC 4세기

사진 2. 은제 술잔, 스트렐차 마을, 불가리아, BC 4세기

이 종려나무 잎 문양의 확장된 형태를 확인할 수 있는 유물이 또 있는데 바로 메제크(사진 3)와 바르빗사에서 발굴된 기원전 4세기 경의 흉판이다. 흉판 가운데는 여성의 두상으로 장식되어 있고 측면은 종려나뭇잎, 꽃, 그리고 곡선형의 나뭇가지 문양이 새겨져 있다.

같은 문양이 스베슈타리 인근에서 발굴된 기원전 3세기 무덤의 여러 여신상 기둥에서도 발견된다. 마치 꽃잎처럼 표현된 여신들의 치마도 흥미롭다(사진 4).

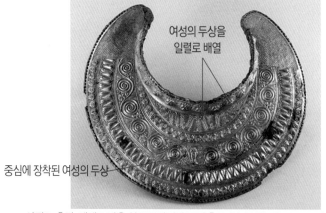

여성의 두상을
일렬로 배열

중심에 장착된 여성의 두상

사진 3. 흉판, 메제크 마을 인근 트라키아 무덤 출토, 불가리아, 약 BC 350년, 철제 금박

사진 4. 스베슈타리 마을 인근 트라키아 무덤, 불가리아, BC 3세기

초목을 자라나게 하는 힘의 원천으로서의 대모신의 역할도 이러한 예술 작품에 잘 드러나 있다. 아리안 족이 남긴 다음의 기록도 같은 맥락에서 이해 가능하다. "트레이키는 주문과 약초에 통달한 요정이었다. 약초를 사용해 고통을 없애는 능력을 갖고 있었으며 반대로 고통을 일으킬 수도 있었다… 그들은 트레이키의 이름을 따라 나라의 이름을 정한 것으로 보인다(Todorov, 1999:25)." 트라키아의 대모신 역시 약초의 여신으로서 모든 초목의 비밀스런 특성까지 잘 알고 있었다.

포트니아 테론: 동물의 수호신

트라키아 대모신에게는 또 하나의 중요한 지위가 있는데 바로 모든 동물들의 수호여신(포트니아 테론)이자 사냥의 여신이라는 점이다. 여신과 동물들을 함께 표현하는 경우가 매우 흔했으며 다수의 유물이 그것을 증명해주고 있다. 로고젠에서 출토된 기원전 6-5세기의 물병(사진 5) 역시 그러한데, 물병에 새겨진 여신은 활과 화살을 든 모습으로 암사자를 타고 있다. 동물의 제왕으로 일컬어지는 사자를 길들이는 사냥꾼으로 묘사하면서, 야생의 자연을 지배하는 여신으로서의 능력과 편재성을 드러낸 것이라 할 수 있다.

  같은 곳에서 나온 또 다른 물병에서는 대모신이 한 동물의 두 앞다리를 잡고 있고 옆에는 켄타우로스가 장식되어 있다. 하단 장식에는 앞다리를 꿇은 자세의 황소 한 마리가 사자 혹은 늑대로 보이는 맹수들에 둘러싸여 있다(사진6). 위에서 언급한 바 있는 스트렐차에서 출토된 4세기 경의 술잔에는 여성의 두상 아래로 사자와 숫양의 머리가 번갈아 가며 나란히 새겨져 있다.

사진 5. 물병, 대모신을 동물의 수호신으로 묘사, 로고젠 출토, 불가리아, BC 5세기, 은제 금박

사진 6. 물병, 대모신을 동물의 수호신으로 묘사, 로고젠 출토, 불가리아, BC 5세기, 은제

  동물들의 수호자로서의 대모신의 모습이 가장 다채롭게 나타난 작품을 꼽으라면 브랏차에서 발굴된 기원전 4세기 유물인 무릎보호대를 들 수 있다(Marazov: 2010). 사납게 날뛰는 사자, 날개 달린 용, 뱀, 그리고 하강하는 독수리들 사이에 대모신이 묘사되어 있다(사진 7). 동물들을 좌우 대칭으로 배치하여 하늘-땅-지하세계의 공간적 수직 구조를 강조하고 있는데, 독수리와 용은 하늘을, 사자와 뱀은 땅과 지하세계를 나타낸다.

사진 7. 대모신이 묘사된 무릎 보호대, 브랏차, 불가리아, BC 4세기, 은 도금

죽음의 여신

트라키아의 대모신의 의인화와 그에 부여된 역할은 초목의 생장, 야생 동물, 그리고 사냥을 다스리는 일에 머물지 않는다. 그녀는 출산과 작물의 결실을 돌보고, 사람들의 집과 화로를 지키며, 여성과 어머니, 처녀들을 보호하기도 한다. 그녀는 무한한 창조의 능력을 지녔지만 동시에 밤과 죽음의 여신으로서 두려움과 공포를 불러일으키기도 한다. 이러한 측면에서 그녀는 액운을 막아주는 신이기도 하다. 이러한 물건들은 자신의 주인을 적이나 악한 힘, 그리고 위험으로부터 보호한다고 여겨졌다. 브랏차와 아지골에서 나온 기원전 4세기 유물인 무릎보호대를 보면 어딘가를 응시하는 여신의 강한 눈빛은 앞길을 가로막는 모든 방해물을 제거하고 소유자의 행위를 돕는 것이 그 목적임을 알 수 있다(Marazov, 2010:20-22).

3 벤디스, 그리고 트라키아 대모신의 여러 다른 이름

대모신의 외모나 형상에 대해서는 알려진 바가 없다. 다만 대모신은 지역에 따라, 벤디스, 코티토, 바라우로, 제린티아와 같은 다양한 이름들로 불렸다. 이 이름들은 모두 여성성 숭배와 관련이 있는데, 고대 문학에서 트라키아인의 숭배의 대상으로 가장 많이 등장하는 대모신은 바로 벤디스이며 관련 자료도 가장 풍성하다.

서기전 430-429년 이후에는 아테네에서도 벤디스 숭배가 공식적으로 자리잡았다. 도도나의 신탁에 의거하여 칙령이 내려졌기 때문이었다. 당시 펠로폰네소스 전쟁(431-404 BCE)을 치르는 중이던 아테네인들은 오드뤼시아의 왕 시탈케스의 도움을 필요로 했다. 이런 측면에서 볼 때 벤디스 숭배는, 거의 알려지지 않은 트라키아의 신을 자신들의 신앙 체계 안으로 받아들이려는 아테네인들의 의지로 인한 것이었다기 보다는, 지중해 지역의 외교 문제와 관련이 있다고 할 수 있다. 벤디스를 기리는 축제는 벤디디아 Bendideia라고 불렸으며 피레아스에서 개최되었다. 플라톤에 의하면 벤디디아는 대중에게 큰 인기가 있었다. 벤디스 숭배에 대한 마지막 언급은 기원전 3세기 경에 나오는데 그 이후로 벤디스 숭배 전통은 그리스에서 사라진 것으로 보인다. 벤디스 여신의 동상과 더불어 숭배를 위한 신전이 고대의 요정(nymphs) 신전 터에 지어졌는데, 많은 연구자들이 벤디스 여신과 트라키아 요정들 간의 공통점을 언급하고 있다(Mihaylov, 2010:112).

현재까지 전해지는 트라키아 문헌은 전무하기 때문에 트라키아 여신 숭배에 관련한 유일한 자료는 그리스의 기록이다. 벤디스 여신에 대한 최초의 기록은 프리기아의 여신인 키벨레에 대한 기록과 시기적으로 일치하는데, 키벨레는 동방의 대자연의 생식력, 즉 생명을 낳는 힘이 형상화된 여신이다. 키벨레는 6세기의 시인 히포낙스의 시 한 구절에 언급되고 있는데 히포낙스는 "트라키아인들에게는 키벨레가 곧 벤디스"라고 주장했다. 그리고 기원전 5세기의 작가인 히스키야에 따르면 벤디스는 대모신이며 키벨레라는 또 다른 모습으로 이해되었다. 이 같은 생각을 지지하듯 스트라보 역시 트라키아의 벤디스 축제를 프리기아의 키벨레 축제와 동일한 것으로 보았다(Popov, 1981:23-24).

고대의 작가들은 벤디스 여신을 같은 뜻의 그리스어나 라틴어 이름으로 부르는 경우가 많았다. 그럼으로써 사람들이 여신을 보다 친숙하게 받아들이도록 하고, 여신이 가진 많은 면모들 중에 어느 한 가지를 강조하였다. 하나의 예로, 폴리에노는 트라키아 부족인 케브레니족과 스카이보이족의 여신을 헤라라고 불렀다. 올림푸스의 여왕이자 제우스의 아내인 헤라와 동일시함으로써 그들의 여신이 최고 지위임을 나타낸 것이다. 헤로도투스는 자신의 저서 『역사』의 다섯 번째 권에서 벤디스를 트라키아인들과 트라키아 남서부 지역 파이오니아 여성들의 '아르테미스 바실레이아(아르테미스 여왕)'라고 정의했다. 헤로도투스는 여인들이 제물을 밀짚에 싸서 아르테미스 여왕에게 바쳤다고도 기록했다. 이것은 출산, 다산의 개념과 연관되어 있으며 또한 풍요로운 수확을 기원하는 행위이기도 했다. 따라서 아르테미스 여왕—사냥의 여신인 아르테미스와는 다른 존재—역시 벤디스의 또 다른 모습이다. 루코프론은 벤디스 여신을 죽음, 밤, 그리고 달과 연관지어 헤카테라고 불렀다. 디오도루스는 벤디스 여신을 헤스티아—가정을 수호하고 화로의 성스러운 불을 지키는 여신—라고 불렀다. 로도스의 아폴로니우스는 벤디스를 레아로 지칭했다. 레아는 다름아닌 신들의 어머니이다(Popov, 1981:17-18). 이러한 다양한 이름들은 대모신이 지닌 여러 신성들이 각기 의인화되어 나타난 것이며 대모신이 다양한 역할을 지니고 있었음을 나타낸다.

4 성스러운 혼인을 통한 권력 획득

트라키아의 통치자들과 대모신의 관계는 성혼(신성한 결혼)이라는 개념으로 주로 정의된다. 여신과 통치자 간의 결혼—통치자는 또한 여신의 아들이기도 하다—은 통치자의 영토에 비옥함을 선사하고 계절이 잘 순환되게 하며 통치자의 권력에 끊임없는 부활을 가져다 주는 것이었다(Venedikov, 1996:70-72).

트라키아인들은 대모신의 선택을 받은 자만을 정통성을 지닌 통치자로 받아들였다. 왕권에 도전하는 영웅은 모두 외부인들이었으며 그들은 여왕과의 혼인이라는 토착적 원리의 구현을 통해서만이 왕국을 통치하는 권한을 얻을 수 있었다. 통치자에게 왕권이 전수되는 과정은 트라키아 금속 공예품에도 잘 묘사되어 있다. 레트니차에서 발굴된 기원전 4세기의 유물 여러 점을 보면 영웅은 세 개의 머리가 달린 용—그 나라의 토착 통치자—을 무찌르고 공주—그 지역의 지모신의 딸—를 구해 그녀와 혼인함으로써 권력의 상징물을 수여 받는다. 결혼한 한 쌍의 부부가 내밀한 관계를 맺는 모습 역시 가감 없이 표현되어 있다. 부부 뒤에는 한 명의 여성이 서서 커플 사이로 나뭇가지를 드리우고 있다. 여성의 왼편에는 손잡이가 달린 항아리 하나가 새겨져 있다. 이 장식판에 나오는 두 명의 여성은 사실은 같은 여신으로서, 생명의 근원이면서 동시에 통치자 권력의 보증인이기도 한, 대모신이 지닌 본질적 특성을 각기 드러내주고 있다. 두 여성은 또한 대모신이 지닌 처녀성과 모성 두 면모를 지칭하기도 한다. 그리고 남성은 트라키아의 왕에 대응되는데 여신과의 성혼을 통해서 그 또한 신으로 격상된다.

불가리아 중부 지역 카잔라크에 있는 기원전 4세기 무덤의 벽화 장면에도 이같은 관념이 묘사되어 있다(그림 8).

사진 8. 카잔라크에 있는 트라키아 무덤, BC 4세기, 불가리아

　벽화의 전면에는 해당 지역의 왕과 왕비가 묘사되어 있고 그들 뒤로는, 레트니차의 유물과 마찬가지로, 긴 가운을 입은 채 과일 바구니를 손에 든 또 한 명의 여성이 서 있다. 이 프레스코 벽화는 두 명의 여신들—어머니와 딸—의 통치자와의 성스러운 혼인을 표현한 것인데, 어머니와의 혼인은 땅에 비옥함을 주고 딸과의 혼인은 왕의 통치를 강화하는 상징성을 가진다.

　테오폼푸스가 남긴 오드뤼시아 왕국의 코티스 1세에 대한 다음의 이야기에도 트라키아인의 종교관이 잘 드러나 있다: "코티스는 연회를 열었는데 아테나 여신과 자신의 결혼을 축하하는 연회 같았다. 코티스 왕은 아테나를 위한 신방을 마련하고는 만취한 상태로 그녀가 오기를 기다렸다." (Popov, 1981:90-91) 왕의 이러한 행동은 매우 상징적인 의미를 지닌다. 트라키아 반도와 해협에 정착한 아테네인들에 대한 지배력을 행사하기 위해 코티스 왕은 그리스의 세 명의 처녀 여신들 중에서 한 사람을 아내로 고른 것이다. 아테나는 그리스의 도시 국가 아테네의 모신母神이기도 했다. 이렇듯 아테나 여신과의 성혼은 기원전 4세기 초엽 반 세기 동안 아테네와의 관계에서 상징적, 정치적 의미를 갖기 위해 왕에게 부과된 의무였다.

서기전 329년 것으로 피레아스에 있는 벤디스 신전에서 출토된 비상碑像(현 코펜하겐 칼스버그 글립토텍 미술관 소장)에도 이러한 관념이 투영되어 있다(그림 9).

그림 9. 벤디스 여신에게 제물을 헌정하는 모습, 대리석에 부조,
BC 329년, 코펜하겐 글립토텍 미술관 소장

전면에는 대모신과 치유의 힘을 가진 반신반인 델롭테스가 가운데에 함께 서 있다. 그들 앞에 서 있는 숭배자들보다 대략적으로 키가 두 배 정도로 크다. 일반적인 그리스 도상학의 형식을 따라 제작되었으나 트라키아의 상징 체계를 따르는 작품은 아니다. 벤디스 여신과 델롭테스 신과의 성혼을 표현하고 있다.

사모스 섬에서 출토된 봉헌용 부조 작품은 텔롭테스를 신으로 묘사하면서 동시에 반신반인 영웅으로 표현하고 있다. 부조에 표현된 상징들을 통해 알 수 있는데, 위격이 점차 하락하면서 다음 단계에서는 평범한 인간으로 묘사하고 있다. 이를 통해 인간 통치자가 점차적으로 영웅으로, 그리고 신으로 변형되었음을 확인할 수 있다. 대지의 여신과의 연결을 통해 대지의 여신의 아들—왕—은 이제 모든 면에서 어머니 신과 동등한 존재, 즉 아버지 신이 된다.

5 트라키아 내세관에서의 대모신: 통치자의 영웅화

트라키아의 통치자들은 항상 대모신과 어떤 식으로든 연관되어 등장한다. 비상이나 프레스코화를 보면 여신의 앞에 말을 탄 사람(영웅)이 묘사된 경우가 많은데 모두 간접적으로 혼인을 암시한다. 트라키아 비석들을 보면 대모신이 영웅이자 왕인 남성에게 화관을 씌워주거나 아니면 그에게 그릇이나 술잔 등을 전해주는 모습이 많이 묘사되어 있다. 연구자들은 이러한 물건들이 왕권의 상징이며, 따라서 이 장면은 통치자가 여신으로부터 왕권을 수여 받는 것을 뜻한다고 해석한다. 자신의 적들을 모두 무너뜨린 후에 통치자-영웅은 그에 준하는 마땅한 보상을 받는데, 그것은 다름 아닌 여신으로부터 수여 받는 왕권의 상징물이다.

스베슈타리 마을 인근의 기원전 3세기로 추정되는 무덤의 프레스코 벽화에는 대모신이 말을 탄 왕의 머리에 영광의 화관을 씌워 주는 모습이 그려져 있다(그림 10).

그림 10. 통치자에게 왕관을 수여하는 대모신, 스베슈타리 마을 인근 트라키아 무덤, 불가리아, BC 3세기

이것은 권력에 신성이 더해지는 것을 상징함과 동시에, 무덤의 벽화임을 감안할 때, 왕이 죽음 이후에 신으로 격상한다는 내세관을 반영함을 알 수 있다. 이처럼 기원전 3세기의 카잔루크와 스베슈타리 무덤의 프레스코 벽화를 통해 우리는 대모신을 왕권의 근원으로 인식한 당시 왕권 체제의 두 가지의 발전 양상을 확인할 수 있다. 첫째는, 카잔루크 벽화에도 나타나 있듯, 통치자가 자신의 권력을 인정받고 국민들의 번영을 보장받는 장치가 바로 여신과의 성혼이었다는 점이다. 둘째는 스베슈타리 벽화에 표현된 바와 같이 왕은 죽음을 통해 불멸의 신으로 격상된다는 점이다.

여기서 두 명의 여신과 한 명의 남신으로 구성된 삼위(三位)의 역할과 중요성에 대한 문제가 대두된다. 트라키아에서 기록 문헌은 청동기 말기 이후에 등장하는데 가장 최초의 증거는 오르소야 마을 인근의 묘지에서 출토된 여성 형상의 소조이다. 이 유물은 기원전 14~12세기의 것으로 유물들 중에는 두 명의 여성 우상을 표현한 것도 있다. 오르소야 묘지의 출토품들을 통해 초기에도 대모신이 죽음의 개념과 연결되어 있었음을 알 수 있다. (여신을 표현한 다수의 소형 소조 작품이 무덤에 놓여 있었는데, 이것은 죽은 이가 대모신의 자궁으로 다시 되돌아 가게 됨을 상징) 그리고 통치자는 양날 도끼, 그리고 황소와 함께 표현되었는데 여기서 도끼는 왕권의 주요 상징이며 황소는 남성성의 상징이다. 사실 대모신과 통치자를 서로 연결하는 숭배 전통은 더 오랜 고대로까지 그 기원이 올라간다. 발칸 반도에서는 신석기 때부터 그 흔적을 찾을 수 있다. 불가리아 남부의 돌노슬라브 마을 인근의 신석기 신전 유적에서 나온 부조 작품을 보면 서기전 4000년에 이미 그러한 관념이 존재했음을 확인할 수 있다(Raduncheva, 1991). 대지의 여신이 그녀의 팔에 두 아이를 안은 채로 앉아 있고 그 위로는 남자 한 명이 작게 묘사되어 있는데 비율상으로 전혀 어울리지 않는 높은 왕관을 쓰고 있다. 아마도 높은 왕관은 제사장의 특권을 상징하는 것일 것이다. 그리고 여신과 남성을 하나로 결합해주는 요소로 한 마리의 뱀이 등장하고 있다.

트라키아 존재론의 시각에서 본 대모신의 역할

대모신은 트라키아 존재론에서 중요한 위치를 갖는다. 그녀는 이 세계의 창조와 구성에 관여하고 있으며 이러한 개념은 트라키아 귀족이 신봉한 오르피즘에 나타나 있다(Fol, 1986, Bogdanov, 2016). 오르피즘은 트라키아 역사의 초창기에 번성한 종교적 교리이며 여러 문헌에 관련 기록이 남아 있다. 한 인물의 이름 '오르페우스'에서 기원한 가르침으로서, 그리스의 작가들은 오르페우스를 오르피즘의 근원이자 그들의 최초 경전의 저자로 보고 있다. 트라키아에서 오르피즘이 성행한 것은 기원전 2천년대 중반에서 기원전 9-8세기로, 트라키아인들에 의해 꾸준히 신봉되었고 기원후 6세기까지 그 명맥을 유지했다.

헬레니즘 시대에 이르러 오르피즘의 가장 뛰어난 추종자 중의 한 인물을 꼽으라면 피타고라스를 들 수 있다. 피타고라스는 그의 오르피즘 우주론에서 우주의 구성 요소들을 숫자로 나타냈는데 이것이 후대에 전승되어 7음계로 발전했다.

숫자로 표현된 오르피즘 우주론에 따르면 최초에는 한 명의 대모신만이 우주에 존재했다. 이때의 대모신은 우주이면서 동시에 하나의 산(mountain)이기도 했다. 그리고 미동 조차 없는 지극한 평온 속에서 쉬고 있었다 (1). 그러나 어느 한 순간 그녀는 움직였고 처녀 잉태하여 신성한 아들을 낳는다 (2). 아들은 성인이 되고 (3), 어머니인 대모신과 신성한 혼인을 하게 된다 (4). 그들의 결합으로부터 아들-통치자가 태어난다 (5). 왕은 장성하여 (6), 대모신과 신성한 결혼을 하게 된다 (7).

즉, 대모신이 우주의 시작을 정하고 생명과 자연을 낳는다. 이 말은 곧 세상이 스스로 태어난다는 뜻이다. 그녀는 잉태하여 아들을 낳았는데 그는 낮에는 태양이고 밤에는 불로 존재한다 (자그레우스 또는 사바지우스로 의인화). 그는 남성 원리로서, 자연의 균형, 봄의 부활과 계절의 순환을 위해 필요한 존재이다.

아들은 성년이 되면 창조주 여신과의 신성한 결혼의 권리를 얻고, 이로써 또 다른 아들의 탄생과 함께 새로운 다음 주기가 시작된다.

오르페우스는 태양과 대모신 사이에서 난 불멸의 아들로서, 분명한 사실은 오르피즘이 신석기 시대 발칸 반도의 고대 신앙을 흡수했다는 점이다. 그 고대신앙에서는 대모신을 자연에 존재하는 모든 만물의 근원으로 본다.

대지를 대모신의 딸로 의인화한 양상 또한 여러 작품에 묘사되어 있다. 숫자 7이 상징하는 왕과 대모신(왕의 어머니이기도 함)과의 성스러운 혼인은 권력의 정통성을 획득하는 수단이 된다. 명확한 사실은, 오르피즘의 이러한 교리가 트라키아 귀족 계급의 요구에 부응하였으며 트라키아의 통치자이자 제사장인 왕의 통치권과 신성함을 확인시켜 주었다는 점이다.

6 그리스 예술에서 나타난 벤디스: 아르테미스, 그리고 아르테미스 모니치아와의 관계

  고대 그리스의 벤디스 여신 숭배의 특성과 발전 양상은 문학 작품이나 고고학적 발견을 통해 잘 알려져 있다. 도상학을 통해서도 알 수 있듯, 트라키아 벤디스 여신의 초기 이미지는 기원전 5세기 경 아테네와 아티카 반도에서 처음 생겨났다. 그리스에서의 벤디스 여신의 모습은 트라키아 땅에서 유래한 것이 아닌, 그리스 장인들이 독창적으로 만들어낸 것이며 고대 그리스의 종교관과 미학을 그 속에 잘 반영하고 있다. 그리스인들은 벤디스를 아르테미스 여신에 대응되는 트라키아의 여신으로 보았다. 아르테미스는 야생 자연과 사냥의 신이며 생명의 수호자로서, 아르테미스와 벤디스의 도상圖像 역시 서로 유사하다.

  위에서 한 번 언급한 코펜하겐 글립토텍 미술관이 소장 중인 비상碑像을 비롯해 피레아스에서 출토된 기원전 4세기 경의 비상(현 대영박물관 소장)에서 벤디스 여신의 도상을 확인할 수 있다. 벤디스는 벤디디아 축제를 배경으로 나체의 운동선수 행렬과 함께 묘사되어 있는데 운동선수들은 아마도 횃불 경주의 우승자들일 것이다 (그림 11).

그림 11. 벤디스 여신과 그 숭배자들, 부조, BC 4세기, 대영박물관

벤디스는 창을 들고 서 있고 다른 한 손으로는 제물을 받기 위해 그릇을 들고 있다. 제물로는 보통 황소의 피가 사용되었다. 그녀는 벨트가 있는 짧은 가운을 입었으며 허리 둘레에는 동물의 가죽으로 만든 망토를 두르고 있다. 모자가 달린 긴 트라키아 망토(zeira)를 걸치고 있는데 모자는 여우의 가죽으로 만들어졌으며 끝이 뾰족한 형태이다. 신발은 목이 긴 사냥용 부츠를 신었다. 루브르 박물관이 소장하고 있는 기원전 4세기 점토상을 보면 벤디스가 사냥의 여신인 아르테미스로 묘사되어 있다. 아르테미스와 비슷한 복장을 하고 있는데, 원래는 창 하나와 개(dog) 점토상이 같이 출토되었는데 지금은 소실되고 없다 (그림 12).

그림 12. 아르테미스-벤디스, 테라코타 몰딩 입상, 타나그라 출토, 약 BC 350년, 루브르 박물관 소장

그림 13. 벤디스, 아폴로, 헤르메스, 그리고 젊은 전사, 아풀리안 적화 와인항아리, 약 BC 380-370년, 루브르 박물관 소장

벤디스가 그려진 꽃병 유물도 있는데 다른 신들과 함께 묘사되거나 독립적으로 묘사되었다. 루브르에 있는 기원전 4세기의 종鍾 모양의 와인병(크라테르), 기원전 5세기의 컵과 술잔 역시 같은 도상을 보여준다(그림 13). 이러한 벤디스 여신의 도상은 헤로도투스나 크세노폰이 묘사한 트라키아

복식과도 일치한다. 사냥 나갈 채비를 다 마친 듯한 벤디스의 이러한 외형적 특징들로 인해 그녀는 아르테미스와 자주 동일시되었다.

벤디스와 아르테미스 간의 놀라운 유사성은 고대에서부터 이미 알려졌다. 그 한 예로, 헤로도투스는 그의 저서 『역사』의 제5권에서 트라키아의 종교를 간략히 설명해 놓았는데 여기서 그는 이렇게 서술한다. "트라키아인들은 디오니소스, 아레스, 아르테미스를 제외하고는 그 어떤 신도 믿지 않는다. 물론 귀족들은 예외이다. 귀족들은 그들의 조상인 헤르메스도 숭배한다." 이 구절에서 벤디스는 단 한 번도 언급되지 않았지만 학자들은 공통적으로 헤로도투스가 사실은 벤디스—아르테미스와 종종 동일시된—를 묘사한 것이라고 주장한다. 헤로도투스가 대모신을 벤디스가 아닌 아르테미스로 묘사하게 된 이유는 그의 수많은 그리스 청중을 인식했기 때문이라는 것이다. 낯선 트라키아의 여신보다는 익숙한 아르테미스를 떠올리는 것이 청중들에게 개념을 심어주는 데 더 수월한 방법이었을 것이다. 사실, 아르테미스와 벤디스 간의 유사성은 자연과 동물 세계의 수호자라는 벤디스의 의인화된 성격을 유추해야만 성립 가능하다. 즉, 아르테미스는, 대모신인 벤디스가 지닌 다양한 역할들 중의 한 가지가 그리스 방식으로 차용된 형태이며 여신에게 처녀성을 부여한 경우이다.

그리고 대다수 학자들에 따르면 대모신의 이름 벤디스Bendis의 어원은 '연결하다, 결합하다'라는 뜻의 인도유럽어 "bhend"에 그 뿌리를 두고 있다. 이 같은 어원은 혼인의 수호자라는 그녀의 역할을 강조하는 한편 성숙한 부인으로서의 면모도 드러낸다. 분명한 사실은 벤디스가 부부간의 결합을 수호하고 지키는 결혼의 여신이라는 점이다. 키벨레 역시 그릇을 들고 있는 모습이 자주 묘사되는데 그릇은 생명을 주고 받는 것을 상징한다. 벤디스 여신 역시 그릇을 든 모습으로 묘사되는 경우가 많다. 반면 아르테미스는 단 한 번도 손에 그릇을 든 모습으로 묘사된 바가 없다. 이를 통해 대모신으로서의 벤디스는 아테네의 아르테미스보다는 키벨레에 더 가깝다는 사실을 알 수 있다.

벤디스를 아르테미스가 지닌 특정 요소—아르테미스 모니치아—와 비교함으로써 트라키아의 여신이 그리스의 문화 배경에서 어떻게 이해되었는지 더 잘 이해할 수 있다. 피레아스에 세워진 두 여신의 신전이 서로 나란히 붙어 있었다는 점에서 더욱 그렇다. 고전 문학과 후대 전통에서 아르테미스는 처녀 사냥꾼이자 야생 자연의 신으로 그려졌다. 하지만 아르테미스 모니치아Artemis Mounychia는 이 이미지와는 달랐다. 이 특정한 아르테미스에 대한 숭배는 사실 달의 여신 헤카테 숭배와 그 양상이 더 닮아 있다. 트라키아에서 헤카테는 대모신이 지닌 또 하나의 본질을 대변하는 여신이었다. 헤카테는 벤디스와 똑같은 형상으로 나타난다. 벤디스 역시 달의 여신으로 여겨졌으며 돌에 새겨진 많은 부조 작품에서 초승달로 자신의 머리를 장식한 벤디스 여신을 볼 수 있다. 아르테미스 모니치아는 여성을 달의 순환 주기와 이어주는 여신이면서 결혼과 다산, 인간의 생명과 자연을 보호하는 신이었다. 벤디스 신전은 아르테미스 모니치아의 신전과 가까울 뿐 아니라 두 여신을 기리는 축제 모두 달의 변화 주기, 그리고 횃불과 연관되어 있었다. 아르테미스 모니치아 축제 행렬에서는 작은 횃불을 올린 둥근 케이크를 여신에게 바쳤는데, 벤디스 축제에서는 횃불 경주를 열어 여신을 기렸다. 횃불은 달과 밤의 여신을 의미하므로 벤디스를 표현하는 중요 상징물 중 하나였다. 예를 들어 카빌인들Kabyle의 동전에는 벤디스가 횃불 두 개를 든 모습으로 나오거나 그게 아니라면 한 손에는 횃불, 다른 한 손에는 그릇을 든 모습으로 표사되어 있다. 그리고 암피폴리스의 주화는 벤디스를 횃불과 방패, 그리고 트라키아 모자를 쓴 모습으로 표현한다. 횃불은 헤카테 여신의 상징물이기도 한데 실제로 벤디스와 헤카테는 자주 동일시되었다.

두 개의 창을 든 벤디스

문학 작품에서 벤디스는 "두 개의 창을 든 자"로 불린다. 그리고 다수의
유물에서도 그녀는 두 개의 창을 든 모습으로 묘사된다. 두 개의 창을 들
었다는 것은 단순히 사냥을 상징하는 것 이상의 의미를 가진다. 그의 희극
〈트라키아 여인들〉에서 크라티누스는 벤디스를 "두 개의 창을 든 자"로
불렀는데 그 이유가 "그녀는 두 가지의 서로 다른 경외―하늘과 땅의 경
외―를 받는 존재이기 때문이며, 또한 그녀가 두 가지의 빛―벤디스 여신
자신이라고도 할 수 있는 달의 빛과, 그리고 태양의 빛―을 지녔기 때문"이라고
설명한다(Popov, 1981:67). 여신이 태양 및 지하세계와 연관된 서로 다른
두 가지 본성을 지닌 사실을 강조한 것이다. 서기전 3세기 비티니아 왕국
의 니코메데스 1세가 주조한 동전 등에는 두 개의 창을 든 벤디스가 묘사
되어 있다(Georgiev, 2014: 65). 그녀의 오른손에는 두 개의 창을 들고 왼손
에는 칼을 들고 있으며 방패는 바위 옆에 세워져 있다(그림 14).

그림 14. 두 개의 창을 든 벤디스, 비티니아 왕국 니코메데스 1세의 주화, BC 280-250

벤디스는 비티니아 대중들에게 큰 인기가 있었는데 이들은 소아시아 일
대에 많이 모여 살던 트라키아인 인구의 큰 비중을 차지했다. 그들이 쓰는
달력에 벤디디오스Bendideios라고 명명한 달(月)이 있을 정도였는데 그 기간
에 그들은 벤디스를 기리는 호화로운 축제와 제례를 열었다.

칼리니쿠스가 쓴 성聖 히파티우스의 전기에 따르면, 히파티우스 성인이 아르테미스 축제 기간 중에 비티니아를 지날 때 남자 10명의 키 만큼 큰 여신이 길에 서 있는 것을 보았는데 그 여신은 실을 잣으면서 돼지들에게 풀을 먹이고 있었다고 한다(Popov, 1981:29). 이를 통해 우리는 벤디스가 아르테미스라는 형태로 대모신으로서 존속 유지되었음을 알 수 있다. 또한 여기서 돼지는 제물이면서 다산을 상징한다. 그리고 인간의 수명이 주로 실에 비유되는 바, 그 실을 잣고 있었다는 것은 대모신이 인간들의 삶의 시작과 끝을 정하는 바로 그 존재임을 나타낸다.

7 트라키아 예술에 나타난 벤디스

트라키아의 벤디스 숭배 전통은 문헌 기록에는 남아 있지 않은 관계로 주로 유물들을 통해 관련 역사가 연구되고 있다. 트라키아 영토의 변방에서 출토된 벤디스 여신의 부조에는 두 가지의 주된 도상학적 형식이 있다 (Popov, 1981:56-71).

첫 번째는 그리스화된 아르테미스—벤디스이다. 후대의 헬레니즘 로마 시대에 유행한 묘사로, 아르테미스를 그리스의 사냥의 여신으로 그린다. 아르테미스—벤디스 부조는 불가리아 남서부, 스트루마 계곡, 바르다르 강, 메스타 강, 그리고 서부 로도피 산맥, 필리포폴리스(오늘날 플로브디프) 인근에서 출토된 비상碑像에도 나타나는데 그 시기는 대체적으로 기원후 2-3세기 경이다. 여신은 도상학적으로 그리스식 아르테미스 부조와 닮아 있다. 짧은 드레스를 입고 긴 부츠, 털 모자를 쓴 모습이다. 많은 수의 비상이 사냥하는 장면을 표현하고 있는데 벤디스 여신은 사슴을 타고 멧돼지를 쫓는 모습이며 옆에는 한 마리가 개가 함께 있다(그림 15).

그림 15. 벤디스를 아르테미스로 묘사한 BC 2-1세기 석조 부조 입상

한 손에는 활을 들고 다른 한 손으로는 등에 매단 화살통에서 화살을

뽑으려 하고 있다. 학자들이 주목하는 부분은 이 부조가 〈트라키아 기마병〉에 묘사된 사냥 장면과 놀랍도록 유사하다는 점이다. 두 번째 도상학적 형식은 벤디스를 대모신으로 표현하는 형태이다. 전형적인 예는 로도피 산의 신전에서 나온 기원후 2세기 경의 비상에 나타난 묘사인데 이러한 형식은 그리스 이전 시대에서 유래한 것이지만 로마 시대까지도 꾸준히 이어졌다. 문헌이나 금석문 같은 것이 존재하지 않기 때문에 이 여신의 이름은 알 수 없지만 다른 여신들—포트니아 테론, 프리기아의 키벨레—과 비슷한 도상학적 특징을 갖고 있다. 대모신으로서의 벤디스는 결혼, 출산, 다산 숭배와 깊이 연관되어 있으며 일반적으로 동물과 초목, 자연을 보호하는 역할과도 밀접하다. 이러한 특징들은 고대 시대의 아르테미스, 그리고 앞서 언급했던 헤로도투스가 전한 트라키아와 파이오니아의 처녀들의 다산 숭배에 나오는 아르테미스 바실레이아가 지닌 특징들과도 크게 다르지 않다. 도상학적 유형으로 보자면 벤디스는 때때로 다산 숭배의 상징물과 함께 표현되는데 예를 들면 솔방울이라든가 옥수수의 낱알 같은 것들이다. 그리고 그녀는 많은 경우에 코티토, 키벨레, 헤카테와 같은 밤의 신과도 동일시된다. 이 여신들은 생명의 순환, 여성의 출산과도 연관이 있었으며 한밤중의 떠들썩한 춤과 축하연으로도 유명했다. 또한 흑마술과 저승세계와도 관련이 있었다. 아리스토파네스는 그의 희극 〈렘노스의 여인들〉에서 렘노스 섬에 사는 대여신 렘노스의 숭배자들은 흑마술을 부리고 인간을 제물로 바쳤다고 언급했다. 렘노스 여신과 벤디스는 예로부터 서로 밀접한 연관이 있었고 렘노스에서 출토된 고대 항아리 파편에 묘사된 사냥의 여신이 그 증거이다.

실을 잣는 대모신

성聖 히파티우스의 전기에 묘사된 대모신 벤디스의 '실을 잣는' 행동은 중요한 신화적 의미를 지닌다. 예로부터 뜨개질, 베짜기, 방적 등의 활동은 여성들이 도맡은 일이었으므로 대모신과 방적 또한 자연스럽게 연관된다. 고대의 작가들은 실을 잣는 활동에 우주생성의 의미가 내포되어 있다고 분석했다(Marazov, 1992: 293-297). 물레를 돌리는 것은 세계를 수직적으로 구성하는 걸 뜻하며, 솜뭉치(tow)는 구름을 닮았기에 "천상"을 의미한다. 그리고 실은 가운데 세계를 상징하며 동시에 중재자 역할을 한다. 물레가락은 "지하세계", 죽음을 뜻한다. 인도-유럽어 문화권에서 물레를 돌려 실을 잣는 행위는 항상 인간의 생명에 비유되었다. 히타이트, 그리스, 로마, 그리고 슬라브의 전통에 등장하는 운명의 여신들은 모두 물레를 돌리는 여신들이었으며 위대한 여신은 언제나 물레가락을 몸에 지녔다.

일반적으로, 실패와 물레가락이라고 하면 여신 키벨레의 대표적 상징물이다. 작은 소조, 부조 유물에서도 이러한 특징들을 찾아볼 수 있다. 물레가락은 무덤의 합장품으로도 발견되는데 매장된 자가 여성이라는 걸 알려주는 단순한 의미에 그치는 것인지, 아니면 영생불멸의 관념과 연관된 깊은 신화적 의미를 갖는 것인지는 밝혀지지 않았다. 결론적으로, 물레를 돌리는 벤디스도 여신들의 모습 중 하나이며, 이 같은 모습에서 평범한 경제 활동이 더 깊은 신화적 의미로 변형되는 것을 볼 수 있다. 여신은 또한 자신이 감독하는 사회질서를 침해한 범법자를 속박하는 데에 실을 무기처럼 사용할 수 있다.

덧붙여 물레 돌리기와 베짜기는 사냥에 필요한 무기—그물 등—를 제공하는 활동이란 점에서 사냥과도 종종 연결된다. 빌립보에서 발굴된 바위 부조에서 벤디스는 그물에 걸린 사슴을 잡는 사냥꾼으로 묘사되어 있다. 하지만 '사냥'이라는 하나의 상징성만 가지고는 '그물'이 지닌 다채로운 의미를 다 설명할 수 없다. 실을 잣는 벤디스는 도상학적으로 특별히 중요한 의미를 내포한다. '사냥'이라는 요소는 이미 활과 창을 통해 표현되었

으므로, 여기서는 '실을 잣는 것'을 그녀의 이름이 가진 어원적 의미—결혼
을 통한 연결과 결합—를 시각적으로 재현하는 요소로 보는 것이 타당하다.

8 유라시아 대모신 숭배 전통에서 본 트라키아 대모신 숭배

트라키아 대모신 숭배는 유라시아 전역에 광범위하게 퍼져 있었던 대모신 숭배의 일부분이다. 대모신 숭배의 기원은 구석기 후기로 소급되는데 이 시기의 주된 유물로는 사암이나 매머드 뿔로 만든 작은 조각상들이 있다. 대모신 숭배 전통을 입증하는 가장 오래된 예술작품들은 크게 두 형식으로 나뉜다. 첫 번째는 빌렌도르프의 비너스상으로 대표되는 형식으로, 서 있는 모습의 풍만한 여신상이다. 빌렌도르프 비너스상이 발굴된 곳은 오스트리아 다뉴브 강변이지만 실제로 만들어진 곳은 오늘날 이탈리아 북부에 속하는 지역으로 알려져 있으며 연대는 서기전 3만 년에서 2만 5천 년 전이다. 비슷한 형태로는 보로네슈 인근의 코스텐키 후기 구석기 유적(빌렌도르프-코스텐코프스카야 문화권)에서 발견된 여신상이 있다. 후대에도 풍만한 신체의 여신상이 터키의 하실라(서기전 7040년), 카탈후육(서기전 7400-5600년)에서 출토된 바 있다. 후기 신석기 그리고 금석병용기에도 다양한 형태의 여신상이 만들어졌다.

두 번째 형태는 여성의 이미지를 조금 다른 방식으로 표현했는데 이 경우에도 역시 얼굴의 이목구비 등은 정교하게 표현되지 않았다. 시베리아 바이칼호 주변의 후기 구석기 유적지인 말타와 부레에서 출토된 많은 수의 여성 입상入像이 대표적이다. 매머드의 상아가 재료이며 연대는 기원전 2만 2천 년까지 거슬러 올라간다(Mironova, 2013) 조각상은 허리를 앞으로 살짝 구부린 자세이며 가슴과 어깨를 강조하고 두 손은 축소해 표현했다. 이 입상들 바닥에는 구멍이 나 있는데 이를 통해 고대인들이 이것을 부적처럼 몸에 착용했다는 것을 알 수 있다. 말타에서 발굴된 한 소년의 유골에서 채취한 DNA 정보는 현생 인류 호모사피엔스의 가장 오래된 게놈 정보에 속한다. 이 소년은 현대 유럽인과 아메리카 원주민의 먼 친척 뻘이다. 놀랍게도 같은 자세(앞으로 구부린 자세)의 여성 입상이 흑해 북서쪽 지역(오늘날의 우크라이나, 루마니아, 몰도바)에서 발견되었는데 바로 쿠쿠테니-트리필리아 신석기 유적지로서(또는 '트리폴리에'라고도 불림) 유적지 연대는 기원전 5500년에서 2750년이다. 시베리아에서 흑해 북서쪽으로 이어지는 문화의 전승은 여성 입상 말고도 만卍 자卐 문양, 그리고 토기에 새겨진 유사한 형상과 문양 등을 통해서도 입증된다. 또한 DNA 분석에 의해서도 뒷받침되는데 연구에 의하면 구석기 시대에 시베리아 남부에 정착해있던 많은 인구가 수 천 년에 걸쳐 남쪽 경로를 따라 알타이 지방에서 출발해 히말라야 산맥, 북인도, 이란 고원, 아나톨리아를 거쳐 최종적으로 소아시아에서 발칸반도에 이르는 지역으로 이주했다고 한다. 이로써 유라시아 전체 지역에 퍼졌던 대모신 숭배는 어떤 특정한 집단에 의해 먼저 생겨났으며 그들이 새로운 정착지로 이주함에 따라 다른 문화권으로 전해진 것으로 보인다. 게다가 트리폴리에 유적지에서 발굴된 토기들의 장식 문양은 중국 황하 유역에서 발달한 신석기 시대 앙소문화仰韶文化 토기들의 그것과 놀라울 정도로 유사하다. 이 점은 유라시아의 대모신 숭배 집단과 앙소문화 집단이 이주 시기 이전에 동일 지역에 함께 거주하며 포괄적인 다산 숭배 문화를 탄생시켰을 가능성을 시사한다.

　트리폴리에 유적지와 앙소문화 유적지의 토기의 동일한 상징들은 여신을 상징하는 이미지들이며, 이는 대모신 숭배 전통이 존재했음을 말해 준다. 무엇보다도 W와 M 형태의 줄무늬들이 주로 나타나는데 이것은 대모신의 형상을 나타낸 것으로서, 트리폴리에 유적을 비롯해, 기원전 3천 년경 앙소문화와 함께 존재했던 마가요馬家窯 문화에서 출토된 그릇들에도 같은 문양이 있다. W와 M 형태의 문양은 동물의 수호자로서의 대모신을 단순화한 표현이다. 또한 대모신은 곰(bear)으로도 대변되는데 앙소문화에서 출토된 토기에는 곰의 발바닥이 묘사되어 있어 이 같은 사실을 뒷받침해준다.

트리폴리에 유적과 앙소 유적의 토기의 장식은 공통적으로 대모신의 신체를 단순화 도식화하여 나타냈다. 불연속적인 선들로 몸통을 표현했는데 이것은 그녀의 팔과 다리를 의미하는 것으로 여성이 출산할 때의 자세를 묘사한 것으로 추측된다.

여기에 덧붙여 대모신 숭배의 중요한 상징이 또 하나 있는데 바로 가운데에 점이 하나 찍힌 마름모꼴 문양이다. 이 상징은 "씨앗이 뿌려진 밭"을 뜻하며 앙소문화와 트리폴리에 유적에서 공통적으로 나타나는 장식이다. 이런 놀라운 유사성은 주로 유럽 남동부에서 나타나는 대모신 숭배 전통—대표적으로 트라키아의 대모신 숭배를 들 수 있다—이 유전학적으로도 동아시아 지역의 서왕모 또는 마고 대모신 숭배의 본질과 이어져 있다는 걸 의미한다.

이러한 대모신 숭배는 결과적으로 후대 유럽에서 그리스도교의 동정녀 마리아를 성모聖母로 추앙하게 되는 데에 큰 토대로 작용했다. 중국, 한국, 그리고 일본의 불교에서 원래는 남성이었던 보살이 여성성을 얻게 된 것도 이러한 대모신 숭배 전통에 기인한다.

한중일 3국의 인격화된 대모신 중 하나인 마고 여신과 벤디스 여신 간에 놀라운 유사성이 발견된다. 본고에서도 언급한 바 있는 주제인 베짜기이다. 마고 여신의 이름에도 들어가 있는 '마麻'는 베짜기의 주재료이기도 하다. 트라키아 대모신 숭배 전통에서와 마찬가지로 마고 숭배에서도 곰(熊)이 성스러운 동물로 표현된다. 전설에 따르면 마고 여신은 하늘의 큰 곰자리 별자리에서 가장 밝은 일곱 개의 별, 즉 북두칠성으로부터 인간 세상으로 내려 왔고 따라서 곰과 인연이 깊다(Hwang, 2018:3-4)

한국 문화에서 큰곰자리 별자리가 가지는 중요성은 고조선의 초대 통치자인 단군의 모친이 원래는 곰이었다가 인간이 된 여인이라는 설화에도 드러난다. 트라키아 어느 한 지역에서는 대모신을 브라우로Brauro라고 불렀는데 이는 트라키아 공주의 이름이기도 했으며 고대 그리스 도시 브라우론의 아르테미스 숭배와도 관련이 있다. 브라우론의 아르테미스는 대모신의 성격을 지닌 여신으로 곰과 동일시되었으며 여신에게 바쳐지는 제물 역시 곰이었다. 또한 브라우론에서는 소녀들이 참여하는 제의가 열렸는데 브라우로니아Brauronia라고 불린 이 제의에서 어린 소녀들은 곰 형상의 의복을 입고 곰 흉내를 냈다(Popov, 1982: 21-33).

흥미로운 사실은 시베리아 지역에서 북두칠성이 예로부터 큰사슴별자리로 숭배되었다는 점이다. 중국과 한국의 회화 작품에서도 흰사슴이 영생불사의 상징으로서 마고 여신과 주로 함께 등장한다. 트라키아의 대모신 역시 사슴과 연관되어 있는데 다수의 부조 작품에서 사슴에 올라탄 모습의 벤디스 여신을 볼 수 있다. 또한 사슴은 고대 트라키아에서 왕권의 상징이었으며 왕족들의 무덤에는 사슴뿔이 합장되었다. 이와 같이 트라키아 종교관에서 시베리아 샤머니즘의 흔적을 발견할 수 있다.

시베리아 샤머니즘에서는 사슴을 이승과 저승 두 세계를 잇는 존재로 여겼는데 이러한 시각은 고대 한국의 예술작품에도 표현되어 있다. 사슴뿔 모양의 신라 왕관 장식은 신라의 왕이 지닌 제사장의 위격을 나타낸다.

마고 여신과 트라키아 대모신의 또 하나의 공통점은 그들 모두가 약초에 대한 방대한 지식을 지녔다는 점이다. 중국과 한국의 회화에 묘사된 마고 여신은 영생불사의 상징인 영지버섯과 갖가지 진귀한 약초가 가득 담긴 바구니를 든 모습으로서, 이러한 묘사는 트라키아의 요정 트레이키—약초에 통달한 여신이며 약초를 처방해 고통을 없애준다—와 맞닿아 있다.

끝으로 필자는 마고 여신의 이름과 관련된 고대 발칸 반도의 문화에 대해 다루고자 한다. 불가리아 북서부 지역의 한 동굴에서 선사 시대 벽화들이 발견되었다. 벽화 대부분이 기원전 15,000년에서 14,000년 시기의 작품이며 일부 벽화는 더 고대의 작품으로 짐작된다. 사냥, 춤, 종교적 제의, 고대 책력 등 다양한 인간의 활동을 묘사한 700점이 넘는 벽화들 중에 눈에 띄는 벽화가 있는데 바로 양반다리를 하고 앉아 있으며 T자 모양의 머리장식을 쓴, 길고 가는 팔을 가진 여성을 묘사한 벽화이다(그림 16). 실제 인체보다 크게 묘사되었는데 하체가 풍만하고 마름모꼴 머리 모양을 하고 있다. 신석기 시대 여성 입상과 유사한 형태인데 아마도 대모신을 묘사한 벽화로 추측된다.

그림 16. 마구라(Magura) 동굴의 벽화, 대모신을 묘사한 회화로 추측됨, 불가리아 북서부

동굴의 이름 역시 마구라 동굴이다. 불가리아 출신의 연구자 키릴 키릴로프Kiril Kirilov는 '마구라'라는 명칭은 전 세계에 넓게 분포되어 있고 정확하게 같은 지명이 세계에서 200 군데가 넘게 발견되며, 그 대부분은 발칸 반도와 동인도, 그리고 일본에 집중되어 있다고 밝혔다. '마구라'와 유사한 명칭의 경우는 유럽과 아시아, 아프리카 대륙 2,000여 군데 이상에서

발견되며 대부분 언덕, 동굴, 샘물의 이름이다.

마고와 마구라 간의 유사성은 발칸 반도와 동아시아 간 대규모 인구 이동의 가능성을 시사한다. 놀랍게도, 마구라 동굴 벽화에 보이는 것과 유사한 형태의 인체 묘사가 동인도의 차투르부즈나스 날라 동굴 벽화에도 등장하는데 이곳에도 '마구라'라는 이름의 지명이 상당수 존재한다.

트라키아 대모신과 동아시아 마고 여신 간의 이 같은 놀라운 유사성은 많은 것을 시사한다. 지금껏 거의 연구되지 않은 이 주제에 대한 지속적이고 광범위한 연구가 인류의 놀라운 과거를 밝혀줄 수도 있다는 필자의 생각을 전하며 본고를 마친다.

≡ 참고문헌 ≡

- Bogdanov, B. 2016. *Orfei i drevnata mitologiya na Balkanite* (Orphaeus and the ancient mythology on the Balkans), Sofia: Iztok-Zapad

- Fol, A. 1986. *Trakijskiyat Orfizum* (The Thracian Orphism), Sofia: Sofia: University of Kliment Ohridski Press

- Fol, A. et al., 1980. *Gold der Thraker. Archäologische Schätze aus Bulgarien. Katalog zu Ausstellungen in Köln*, Römisch-Germanisches Museum

- Fol, V., 2016. The Great Goddess-Mother and the Monster Kenchrines, *Etudes Balcaniques*, LII/I, 28-40

- Georgiev, P., 2014. *Bendida i Trakijskiyat Heros* (Bendis and the Thracian Heros), Sofia: Bulga Media

- Hwang, H., 2015. *The Mago Way: Re-discovering Mago, the Great Goddess from East Asia*, Create Space Independent Publishing Platform

- Hwang, H., 2018. Mago, the creatrix from East Asia, and the mytho-history of Magoism, *Goddesses Myth, History and Culture,* Mago Books, 4-31

- Kitov, G. 2005. *Dolinata na trakijskite vladeteli* (The Valley of the Thracian Kings), Sofia: Slavena

- Mandradzhieva, T., 2008. Kultut kum Velikata Boginya Majka i Kultut kum Sveta Bogoroditza v Trakiya, (The Cult of the Great Mother Goddess and the Cult of the Virgin Mary in Thrace) *Societas Classica*, 304-312

- Marazov, I. 2010. *Paradnite Nakolennici v Drevna Trakiya* (Ceremonial Thracian Kneecaps) Sofia: Nov Bulgarski Universitet

- Marazov, I. 1991. *Mit, Ritual i Iskustvo u Trakite* (Myth, Ritual and Art of Thracians), Sofia: University of Kliment Ohridski Press

- Mihaylov, G. 2010, *Trakite* (The Thracians), Sofia: Nov Bulgarski Universitet

- Mironova, E. Keltskie artefakty v svete edinogo Evrazijskogo religioznogo kulta (Celtic artifacts on the background of a uniform Eurasian religious cult), *Proceedings of the Academy of DNA Genealogy*, Volume 13, No. 9, September 2020, 1321-1359

- Mironova, E., 2019. Simvolika Kulta Velikoy Bogini v Odezhde i Obryadah Gutsulov Karpat (The symboilizm of the cult of the Great Goddess in the garment and the rituals of the gutsuly in the Carpathian Mountains), *Znaki i znakovye sistemy narodnoy kultury* (Signs and sign systems of folk culture), St. Petersburg

- Popov, D. 1981. *Bendida, Trakijskata Boginya* (Bendis, the Thracian Goddess), Sofia: Nauka i Iskustvo

- Popov, D. 1982. Artemida Brauro (edna Trako-pelasgijska boginya) (Artemis Brauro - a Thrako-pelasgian goddess), *Izvestiya na balgarskoto istorichesko druzhestvo* (Journal of the Bulgarian Historical Society), 34, 21-33

- Raduntcheva, A., 1996. Dolnoslav: a temple center from the Eneolithic. *Godishnik na Departamenta po Arheologiya. Nov Bulgarski Universitet,* II/III, 168-81

- Raduntcheva, A., 2002. Eneolithic temple complex near the village of Dolnoslav, district of Plovdiv, and the system of rock sanctuaries with prehistoric cultural strata in Rodopi Mountains and outside its territory, *Godishnik na Arheologicheski Muzei Plovdiv* IX(l), 96-119

- Todorov, Evgeny., 1999. *Ancient Thracian heritage in Bulgarian folklore*, Sofia: Academic Publishing House "Marin Drinov"

- Venedikov, I. 1996. *The Thracian Treasure from Letnitsa*, Sofia: Nov Bulgarski Universitet

- Venedikov, I. 1989. *The Rogozen Treasure*, Sofia: Svyat Publishers

The Cult of the Great Mother Goddess in Thrace and Some Parallels with the East Asian Goddess Mago

Nelly Russ, PhD

1 Introduction

This article will address some aspects of the cult of the Great Mother Goddess among the indigenous population of the European Southeast, whom ancient Greeks designated with the encompassing term Thracians. The Thracians are the most ancient population on the Balkan peninsula, for which written data has been preserved. The ethnonym Thracians was first mentioned by Homer in the second song of the *Iliad*, to denote the population of Thracian Chersonese, today's Gallipoli peninsula. It became a collective designation for many tribes, which did not ethnically and culturally differ from each other, but bore the names of dynastic families, such as Odrysians, Triballians, Getti, Edoni, Bessi, Bithyni, etc. From the information left by ancient authors in the first century BC, we know the names of more than 90 Thracian tribes. The lands of the Thracians stretched from the Carpathians to the Aegean Sea and between the Northwest of Asia Minor and the Vardar River to the west. As the Thracians did not have their own script, written sources about them are scarce and of Greek origin.

Two main deities stand out as central in the Thracian system of religious beliefs – the Great Mother Goddess and the supreme solar-chthonic male god, whose personification on earth was the king. In fact, the idea of fertility and procreation, embodied in the female image, is evident in visual culture of the Balkan peninsula since the Neolithic era and in Thrace we find a continuation of an ancient indigenous cult that encompassed the entire European Southeast. A number of cultic complexes in Southern Bulgaria and rock sanctuaries in the eastern Rhodope Mountain suggest that during the Neolithic era, the Great Mother Goddess was universally revered on the Balkan peninsula (Raduncheva, 1996, 2002). This is evidenced by the hundreds of anthropomorphic clay statuettes continuously discovered in archeological excavations since the 1950s in Bulgaria. They represent the Great Mother Goddess with hyperbolized corpulent forms, often hoding a child as a sign of her role of a procreator and source of life.

2 The functions of the Great Mother Goddess

The functions of the Great Goddess were originally not strictly divided and articulated. She has numerous aspects detectable in her representations on a large number of gold and silver objects from treasures ritually buried in the tombs of Thracian rulers and nobility, that are being regularly excavated in Bulgaria. In the following, the main hypostases of the Great Goddess will be singled out as visible in Thracian artworks.

Patron of growth and vegetation
The Great Goddess is above all the Mother Earth, the source of life, who stands at the beginning and the end of all existence. She brings to life the newborn and welcomes back those who die and return to her womb. She promotes growth - the strength on which depends the eternal cycle of rebirth, the new spring renewal and the vegetation. Many of her images mixed with plant motifs are found on ornaments, earrings and rhytons, phials and applications.

On a phial from the village of Lukovit, from the 4th century BC, her image encircles the body of the vessel as two concentric rows of female heads alternating with plant ornaments (Ill.1).

The decoration on a goblet from Strelcha from the same period is similar –longhaired female heads are depicted frontally and separated by palmettes as symbols of the tree of life. (Ill. 2) sentence erased.

An expanded version of this motif are the images on the breastplates from the village of Mezek (Ill. 3), and from the village of Varbitsa (4th century BC), where in the center is a female head, flanked by palmettes and twisting twigs with flowers.

The same motif is found in the caryatids from the tomb near the village of Sveshtari from the 3rd century BC whose skirts are shaped as a flower. (Ill. 4)

Ill. 1. Phial, Lukovit village, Bulgaria, 4th century BC, gilded silver

Ill. 2. Goblet, Strelcha village, Bulgaria, 4th century BC, silver

Breastplate from a Thracian tomb near Mezek village, Bulgaria, ca. 350 century BC, gilded iron

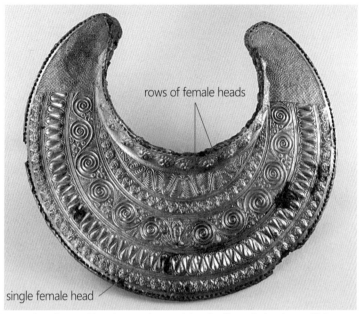

rows of female heads

single female head

Ill. 3. Breastplate from a Thracian tomb near Mezek village, Bulgaria, ca. 350 century BC, gilded iron

Ill. 4. Thracian tomb near Sveshtari village, Bulgaria, 3rd century BC

The role of the Great Mother Goddess as a source of vegetative energy is evident in all these artworks. The following account by Arian in his *History of Bithynia* can be understood in the same vein: "Trake was a nymph, an expert in spells and healing herbs. She could, on the one hand, eliminate suffering through herbs and, on the other hand, cause them. In the name of this Trake, it seems, they also named the country" (Todorov, 1999, 25). Thus the Great Mother Goddess in Thrace was seen as the patroness of medicinal plants, who possessed the most intimate and secret spirit of all vegetation.

Potnia Theron: Patron saint of animals

We can also single out another important aspect of the Great Mother Goddess in Thracian art - as the patroness of animals (Potnia Theron) and goddess of hunting. On a number of objects it is customary for the face of the goddess to be accompanied by animal images. We find her in this quality on a jug from the Rogozen treasure from the 6th – 5th century BC. (Ill. 5.) She is represented riding a lioness, raising a bow and arrow. The goddess is depicted as a hunter who tames the most regal animal, who, for its part, embodies her power and ubiquity in the world of wildlife.

Ill. 5. A jug depicting the Great Goddess as *Potnia Theron* from the treasure of Rogozen, Bulgaria, 5th century BC, gilded silver

Ill. 6. A jug depicting the Great Goddess as *Potnia Theron* from the treasure of Rogozen, Bulgaria, 5th century BC, silver

On another jug from the same treasure, the winged goddess holds two animals by the front legs, and is flanked by centaurs. In the lower frieze is a bull fallen on its front legs, surrounded by predators - lions or wolves. (Ill. 6) Under the band of female heads on the above mentioned goblet from Strelcha from the 4th century BC we also find a band of alternating lion and ram' heads.

The most complex representation of Potnia Theron appears on a knee guard from Vratsa from the 4th century BC (Marazov: 2010). She is shown in the presence of raging lions, winged dragons, snakes and descending eagles (Ill. 7). The precise symmetrical composition emphasizes the idea of the vertical structure of space in the sky-earth-underworld relationship, where eagles and dragons denote the upper sphere and lions and snakes - the other two.

Ill. 7. Knee guard with depiction of the Great Goddess, Vratsa, Bulgaria, 4th century BC, gilded silver

Goddess of Death

The personified functions of the Great Mother Goddess in Thrace are not limited to domination over vegetation, wildlife and hunting. She watches over fertility and harvest, guards the hearth and home, protects women mothers and virgins. Her creative possibilities are limitless, but at the same time she is the goddess of night and death, who instills fear and terror. In this aspect she assumes apotropaic functions. They are called to protect their owner from enemies and evil forces, to preserve and protect him from dangers. Her staring eyes on the kneecap from Vratsa are to remove any obstacle on the way and to facilitate the actions and deeds of their owner (Marazov, 2010:20-22).

3 Bendis and the Names of the Thracian Great Goddess

The images of the Great Mother Goddess are anonymous, but she also bears local names. The most popular among them are Bendis, Kotito, Brauro and Zerintia and all are associated with the cult of the feminine principle. In the ancient literary tradition, the Great Mother Goddess as an object of Thracian cult is associated in particular with Bendis and sources related to her are most abundant. The cult of Bendis was made official even in Athens after 430 - 429 BC by a decree issued by the oracle at Dodona. At that time the Athenians needed the help of the Odrysian king Sitalk during the Peloponnesian War (431-404 BCE) therefore her introduction appears to have been connected to foreign affairs and diplomacy in the Mediteranean, rather than an Athenian willingness to accept the foreign Thracian deity into their state religious system. The festivities in her honor in Piraeus called Bendideia, are described by Plato, and were very popular. The last reference to the cult of Bendis comes from the 3rd century BC, after which the cult seems to have disappeared in Greece. The temple for Bendis with her statue, was erected at the site of an ancient temple of the nymphs and a number of researchers point to the common features of Bendis and the nymphs in Thrace (Mihaylov, 2010:112).

No Thracian literary sources survive to the present day, and theferore the only historical perspective on this Thracian matter is the Greek one. The earliest records of Bendis draw a parallel between her and the Phrygian goddess Cybele, who was the full embodiment of the reproductive forces of nature in the East. A fragment by the poet Hipponax from the 6th century BC is the earliest mention of her. He claims that "for the Thracians Cybele is Bendis" and according Hezekiah – an author of the 5th century BC, Bendis is the Great Goddess, understood as another image of Cybele. In support of this idea, Strabo associates her ritual celebrations in Thrace, with those dedicated to Cybele in Phrygia (Popov, 1981, 23-24).

Most often, ancient authors present her name with similar Greek or Latin correspondences - translations-designations, to make her image more understandable, and to emphasize only one among her many aspects. Polien, for example, calls the goddess of the Thracian tribes Kebreni and Skaiboi, Hera. This comparison with the queen of Olympus and wife of Zeus fully corresponds to the idea of regality and supremacy. A passage by Herodotus in the fifth book of his *Histories*, identifies her as Artemis Basilea (Queen) for the Thracian and Peonian women from the area of southwestern Thrace. He adds that women brought offerings to Artemis Basileia wrapped in wheat straw (Popov, 1981: 16). This act is in accordance with the idea of fertility, and was obviously regarded as a prayer for abundant harvest. Therefore, Artemis Queen, who is different from Artemis - the goddess of hunting, is also one aspect of Bendis. Lukofron calls her Hekate, thus emphasizing her relation to death, night and the moon and Diodorus calls her Hestia, who guards the home and maintains the sacred fire in the hearth. Apollonius of Rhodes calls her Rhea - the mother of gods (Popov, 1981, 17-18). This variety of names reveals the multifaced functions of the

Great Goddess that became distributed between a number of separate divinities, who personify her different hypostases.

4 Hierogamy as Initiation to Power

The relationship of the Thracian kings with the Great Mother Goddess is dominated by the idea of their sacred marriage (hierogamy). The marriage between the goddess and the ruler, who is at the same time regarded as her son, is designed to ensure the fertility of the land and the cycle of the seasons, and at the same time to sustain the constant renewal of the power of the king (Venedikov, 1996: 70-72).

The legitimation of the ruler is imagined by Thracians in matrilineal terms, where only the chosen one of the Goddess is legitimate. Since the hero-contender for the throne always comes from outside, only the marriage with the queen - the embodiment of the indigenous principle, can bring him power over the kingdom. The process of investiture of the ruler is illustrated in Thracian toreutics. In the series of silver applications of the Letnitsa treasure from the 4th century BC, the hero must defeat the three-headed dragon - the indigenous ruler of the land. By freeing the princess - the daughter of the local goddess of the earth, and marrying her, he receives the insignia of power. On one of the applications, the intimate relation of a married couple is naturalistically depicted. Behind the couple stands a woman who holds a twig between them, in her left is an amphora. In fact, the goddess participates in the scene in two of her hypostases - as a source of life and as a guarantee of the king's power and right to rule. The two female figures denote her virginal and matronal aspect, and the man in the composition, who corresponds to the Thracian king, is thus turned to a god as a result of the marriage ceremony.

The same idea appears in the central scene in the murals decorating the tomb of the 4th century BC near Kazanlak in Central Bulgaria (Ill. 8).

Ill. 7. The Thracian Tomb of Kazanlak, 4th century BC, Bulgaria

In the foreground are depicted the local king and his wife, and behind them, just as in the ornament from Letnitsa, stands a second female figure, dressed in a long robe, carrying a tray with fruit. Again, the frescoes reveal the idea of a sacred marriage for both goddesses - mother and daughter, in the company of the ruler. The marriage with the mother would ensure the fertility of the land and the marriage with the daughter – the reaffirmation of the political power over it.

These ideas are illustrated in the story related by the historian Theopompus about the Odryssian king Cotis I: "Cotis held a feast, as if the goddess Athena were about to marry him. He prepared a marriage room for her, and awaited her in a drunken state." (Popov, 1981, 90-91) This act has a deep symbolical content. In order to demonstrate his political power over the Athenians in the Thracian Chersonese region and the straits, Cotis chose as his wife one of the three virgin goddesses in the Hellenic pantheon who was at the same time the Mother Goddess of the Athenian polis. The ruler was obliged to perform a sacred marriage with her as a symbolic emblem and political allegory of the imposition of his power in the relations with Athens in the first half of the fourth century BC.

This idea is supported in a votive stele dated to 329 BC from Carlsberg Glyptotek, Copenhagen, discovered in Pyrea, in the temple of Bendis (Ill. 9).

Ill. 9. Offering to Bendis, 329 BC, marble, Carlsberg_Glyptotek, Coppenhagen

In the foreground, the goddess and the healing half-god Deloptes are united in a central group, approximately twice as tall as the worshippers standing in front of them. Although the stele is made according to the canons of Hellenic iconography, the monument does not deviate from its Thracian symbolism and represents the sacred marriage between the Goddess and Deloptes. An inscription on a sacrificial relief from the island of Samos reveals that in addition to the definition of god, Deloptes also bears the characteristic of *heros* – half-god, half - man. The next step in this descending gradation is the representation of Deloptes as an ordinary man, which is hinted at by his iconography on the stele. This reveals the gradual transformation of the king on the way to his passage through the level of the *heros* to the state of god. By virtue of communication with the mother earth, her son - the king, becomes equal in every respect with her, and becomes a god-father.

5 The Great Goddess in Thracian Eschatology: Heroization of the King

Thracian kings always appear in some relationship with the Great Goddess. The marriage ceremony is implied indirectly in the scene of a rider (Heros) in front of the goddess, featured on votive stelae and frescoes. On numerous Thracian monuments, the Great Goddess is featured crowning the king-hero with a wreath, or presenting him with a phial, rhyton, etc. This scene is interpreted by researchers as a scene of investiture, where these objects played the role of royal insignia. After defeating the antagonist, the king-hero receives the deserved reward - the Goddess presents him with the insignia of power.

An example are the frescoes in the Thracian tomb near the village of Sveshtari from the 3rd century BC, where the king riding a horse is crowned with the wreath of glory by the Great Goddess. (Ill. 10)

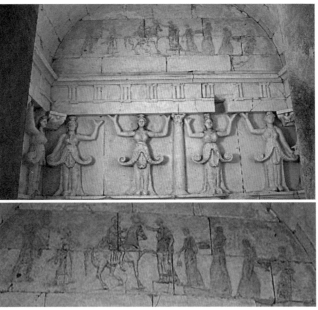

Ill. 10. The Great Goddess crowning the king, Thracian Tomb near Sveshtari village, Bulgaria, 3rd century BC

The scene represents the divine investiture into power, and at the same time, in the context of the tomb, it illustrates the eschatological idea of deification of the king after his death. Thus, the frescoes from the tombs near Kazanlak and Sveshtari reveal the two aspects of the development of the royal institute, both related to the Great Goddess as the source of royal power. On the one hand, as reflected in the Kazanlak mural, it is the sacred marriage that affirms the possession of power and ensures the well-being of the population, and on the other hand - as reflected in the mural at Sveshtari – it is the death of the king, leading to his apotheosis and deification that brings him immortality.

Here stands out the problem of the role and significance of the triad, composed of two female and one male deities. In Thrace it is documented as early as the end of the Bronze Age, and the earliest visual evidence of its existence are the female anthropomorphic figures from the necropolis near the village of Orsoya dated to the period between 14 - 12th century BC., some of which representing a double female idol. The necropolis at Orsoya reveals the early association of the Great Goddess with death (numerous statuettes of the goddess were placed in the tombs apparently as a sign of the return of the deceased to the womb of the Great Mother Goddess), and with the king, visible in the presence of the double ax - the main sign of royal power - and the images of a bull - a symbol of the male principle. In fact, the connection between the Mother Goddess and the ruler goes back to far more remote antiquity. It has been traced in the art of the Balkan Peninsula since the Neolithic era. The relief from the Neolithic temple complex near the village of Dolnoslav in southern Bulgaria from the 4th millennium BC is indicative of this idea (Raduncheva, 1991). The mother goddess is depicted in a sitting position, holding two children in her arms. Above her is a small full-length male figure with disproportionately tall crown. It probably signifies the privileged position of a king-priest. A snake appears as an element uniting the two figures.

The role of the Great Goddess in Thracian ontology

The Great Goddess is a key figure in Thracian ontology, because she is associated with the ideas of the genesis and structure of the world, encoded in Thracian aristocratic teaching known as Orphism (Fol, 1986, Bogdanov, 2016). Orphism is the earliest religious doctrine in Thracian lands recorded in written sources. It derives from the name of Orpheus, to whom ancient Greek authors attribute its founding and the authorship of the first sacred texts. The development of the Thracian Orphism dates back to the middle of the second millennium BCE to the 9th – 8th centuries BCE and it continued to be practiced by Thracians until the end of antiquity – the 6th century CE. In the Hellenic version of the doctrine, Pythagoras, one of the most eminent followers of Orphism, denoted the components of the Orphic cosmos by numbers, and from a later time his system was associated with the seven tones of the musical scale.

According to Orphic cosmogony expressed in numbers, originally exists only the Great Mother Goddess, who is the cosmos but also a mountain. She is moveless and resting in absolute peace (1). At one point, she moves, conceives parthenogenetically and gives birth to her divine Son (2). The son reaches manhood (3) and enters into sacred marriage with the Mother Goddess (4). From their union, the Son-King is born (5). The king reached manhood (6) and enters into sacred marriage with the Mother Goddess (7).

That is, it is the Great Mother Goddess who sets the beginning of the universe, gives birth to life and nature, which means that the world is self-born. She conceived and gave birth to her Son, who is the Sun during the day and Fire at night (personified as Zagreus or Sabazius). He is the male principle necessary for balance in nature, for the spring revival and the cycle of the seasons. When the son reaches manhood, he obtains the right for sacred marriage with the creator goddess, so that the next cycle can begin with the birth of the new Son. Orpheus is the immortal son of the Sun and the Great Mother Goddess. It is obvious that Orphism has absorbed ancient beliefs from the Neolithic era in the lands of the Balkan Peninsula, in which the Great Mother Goddess is the original source of all living things in nature. The motif of the daughter of the Great Goddess as the personification of the land appears in art as illustration to the seventh stage of the sacred marriage of the king to the Great Goddess (essentially his mother) as a way to receive legitimacy to power. It becomes obvious that this doctrine supported the needs of Thracian aristocracy and served to confirm the divine origin and the divine (therefore, absolute) right to political power of the Thracian king, who was the highest priest.

6 Bendis in Greek Art: Association with Artemis and Artemis Monychia

The character and the development of the cult of Bendis in ancient Greece is well documented in literary and archaeological sources. As can be seen from the iconography, the first image of the Thracian Bendis was created in Athens and Attica at the end of the 5th century BC. Images of Bendis in Greece did not originate from the Thracian lands, but are a creation by the Greek masters and are refracted through Hellenic religious and aesthetic ideas. They present Bendis as the Thracian counterpart of Artemis, the deity of wild nature, of hunt and the protector of life. Their iconography is also similar.

Her typical iconography is found on the Copenhagen stele mentioned above and on another important votive stele at the British Museum from Piraeus, from the 4th century BC, where Bendis is depicted with a procession of nude athletes - probably victors of the torch race, at the Bendideia festival. (Ill. 11)

Bendis is propped on a spear, and holding a phial in her hands to accept an offering - usually this was the blood of sacrificed bulls. She is dressed in a short chiton with belt, with an animal skin cloak draped over her waist. She is a hooded in long Thracian coat with pointed

Thracian fox skin hat and is wearing high hunting boots. In a 4th century BC terracotta figurine at the Louvre she is featured as Artemis with all her huntress attributes, similarly attired, accompanied by a dog and with a spear, now lost. (Ill. 12)

Ill. 11. Bendis with worshippers, votive stele, 4th century BC, British Museum

Ill. 13. Bendis, Apollo, Hermes and a young warrior, Apulian red-figure bell-shaped krater, ca. 380–370 BC, Louvre

Ill. 12. Artemis-Bendis, moulded terracotta figurine from Tanagra, ca. 350 BC, Louvre

The depictions of Bendis in vase painting, where she is depicted with other deities or individually, such as the bell-shaped krater from the early 4th century BC at the Louvre, follow the same model. (Ill. 13) This type fully corresponds to the descriptions of Herodotus and Xenophon on Thracian clothing. Due to these characteristics that represent her ready for hunting, she has frequently been identified with Artemis.

The striking resemblance between Bendis and Artemis had already been acknowledged in Antiquity. For example, Herodotus in the fifth book of his *Histories*, where he briefly describes Thracian religion, argues that the Thracians did not believe in any gods but Dionysus, Ares and Artemis, except for the nobles who also did worship their ancestor Hermes. Bendis is mentioned not even once, but scholars uniformly argue that Herodotus was in this passage in fact describing Bendis, with whom Artemis was often identified. The possible reason why Herodotus chose to describe the goddess as Artemis instead of Bendis was due to his largely Greek audience - it would have been easier for them to envisage a representation of Artemis rather than a unknown Thracian goddess. In fact, the similarities with Artemis are possible only insofar as her personification as the patroness of nature and the animal world is taken by analogy. Therefore, Artemis is in fact a Greek translation of one of Bendis' functions as the Great Mother. It also suggests the virginal aspect of the goddess. At the same time, her name, Bendis, whose etymology, according to the majority of researchers, derives presumably from the Indo-European root *bhend*, i.e. to connect, combine, emphasize the quality of her as a patroness of marriage, in order to reveal her matron aspect. She was obviously a goddess of marriage who watched over marital bindings. In addition, since the phial as the sign of receiving and giving life is a common attribute of Cybele, the phial in the hand of Bendis suggests that Bendis is closer to Cybele in the sense of the Mother Goddess than the Athenian Artemis. Artemis never holds a phial in her hand, while it is a common attribute of Bendis on numerous depictions.

A comparison of Bendis to a specific aspect of Artemis - Artemis Mounychia, would provide more ground to understand how was the Thracian goddess understood in Greek context, especially since their sanctuaries in Piraeus stood next to each other. In the classical litera-ture and in later traditions, Artemis was portrayed as a huntress - a wild deity of nature, and a virgin maiden. Artemis Mounychia, how-ever, differed from this image. The characteristics of this particular Ar-temis were in fact more similar to the cult of the moon goddess - Hek-ate that in Thrace represented another hipostasys of the Great Goddes. Here, she appears identical with Bendis, who was also perceived as a moon deity, which is visible in a number of rock reliefs, where she is represented with her hair decorated with a crescent moon. Artemis Mounychia was a deity of protection, one connecting women with the moon cycle, and one which represents marriage, fertility and the protection of human life and nature. Not only was the Bendis temple located close to that of Artemis Mounychia, but also the festival activi-ties celebrating the two goddesses were similar in their relation to the moon cycle and their use of torches. During the Artemis Mounychia procession, round cakes with little torches were offered to the goddess, while the neighbouring cult of Bendis was celebrated with torch races. The torch is important element in the iconography of Bendis since it emphasizes her role as a goddess of moon and night. For example, on coins from Kabyle, she bears two torches, or one torch and a patera. On another coin from Amphipolis Bendis is represented with a torch, a shield and a Thracian hat. Torches were also the attribute of Hekate, with whom Bendis has also been often identified.

The two spears of Bendis

Ill. 14. Bendis with two spears, Coins issued by Nikomedes I of Bithynia, 280-250 BC

In literary sources Bendis is addressed as "doble-speared" and in a number of images she is holding two spears which seems especially important as this is a symbolism that goes beyond a simple relation to hunting. In his comedy *Thracian women*, Cratinus calls her "doble-speared", "because she was destined to receive two kinds of reverence - heavenly and earthly, and because she has two lights - her own, i.e. that of the moon, and that of the sun."(Popov, 1981: 67) In this way, the author emphasizes the dual solar-chthonic nature of the goddess. The image of Bendis with two spears appears on coins of Byitinia kings, such as those issued by Nicomedes I from the 3rd century BC (Georgiev, 2014: 65). There she is depicted as a warrior - holding two spears in her right hand, a dagger in the left and with her shield propped on a rock. (Ill. 14)

In fact, the cult of Bendis was exceptionally popular among the Bithyns, who were a large part of the compact Thracian population in Asia Minor. They even had a month in their calendar, with the name Bendideios when they celebrated Bendis with lavish celebrations and ceremonies. In addition, the hagiography of St. Hypatius by Calinicus tells that when the saint traveled through Bithynia during the feast of Artemis, he saw the goddess standing on his way, as tall as ten men, spinning and grazing pigs at the same time (Popov, 1981: 29). From this we understand that it is in the form of Artemis that Bendis was preserved as the Great Goddess. On the one hand, this is emphasized by the pig - her sacrificial animal, a symbol of fertility, and on the other hand, by the act of spinning, because human life is seen as a thread and the Great Goddess is the one that sets the beginning and the end of this thread.

7 Bendis in Thracian art

Since the cult of Bendis in Thrace is not represented in written culture, material culture could bring more light to the presence of Bendis in Thrace. Reliefs featuring Bendis in the Thracian hinterland belong to two main iconographic categories (Popov, 1981:56-71). The first one is the Hellenized Artemis – Bendis. This depiction comes from a later - Hellenistic and Roman periods, and is connected with Artemis as the Greek goddess of hunt. The reliefs of Artemis – Bendis appear on votive tablets from southwest Bulgaria, the valleys of Struma, Vardar and Mesta rivers, the western Rhodopes and the vicinity of Philippopolis (today's Plovdiv), and are dated mostly to the 2nd and 3rd century CE. The goddess is iconographically similar to reliefs of Artemis known from the Greek world. She is depicted in a short dress, high boots and fur cap. A number of steles feature a hunting scene: accompanied by a dog she rides a deer and chases a boar. (Ill. 15)

Ill. 15. Votive steles of Bendis as Artemis from the 2nd - 1st century BCE

In one hand she is holding a bow, and with the other is reaching for an arrow from the quiver on her back. Researchers note that this scene is very similar to the hunt of the Thracian horseman.

The second iconographic type is the representation of Bendis – Great Mother. This depiction, exemplified in the 2nd century votive stele from a sanctuary in the Rhodope mountain, is traced to pre-Greek periods, but the tradition is surviving into Roman times as well. Since there is no written and epigraphical evidence, this deity remains anonymous, but shows iconographic similarities to other known deities such as *Potnia theron* and the Phrygian Cybele. She is closely connected to the cult of fertility, marriage and the delivering of children, as well as the protection of animals, vegetation and nature in general. These characteristics are similar to the ones of Artemis of the archaic period and of Artemis Basileia, described by Herodotus as the cult of fertility practised by Thracian and Paeonian maids, mentioned above. As for the iconographic type, Bendis is occasionally shown with attributes of fertility-related cults, such as pine cones and corn ears. She was also often identfied with deities of the night – Cotyto, Cybele, and Hekate. These deities were often associated with the life cycle and fertility of women and were famous for orgiastic night dances and celebrations. These goddesses are also known for their connection to dark magic and the underworld. Aristophanes in his comedy *Women of Lemnos* mentiones that on the island of Lemnos the worshippers of the Great Goddess of Lemnos practiced a dark magic, accompanied by human sacriice. The connection between the Great Goddess of Lemnos and Bendis is traditionally accepted and documented by a depiction of huntress on a pottery shard from Lemnos from the archaic period.

The Great Goddess and the Act of Spinning

The act of spinning related to Bendis as the Great Goddess in the hagiography of St. Hypatius mentioned above, appears as a mythological act of primary importance. The association of spinning with the Great Goddess is natural as traditionally knitting, weaving and spinning are considered typically female activities. The cosmogonic meaning of this action has been analyzed by a number of authors (Marazov, 1992: 293-297). Spinning structures the world vertically: the tow, which resembles a cloud, symbolizes the category "above", the thread symbolizes the middle zone and acts as a mediator, and the spindle symbolizes "below", death. In the Indo-European tradition, the spinning of the thread is always associated with human life: in the Hittite, Greek, Roman and Slavic traditions, all the goddesses of fate are spinners.

In general, the distaff and the spindle are characteristic attributes of Cybele, and often characterize her in statuettes and reliefs. The spindle is also found in the funeral inventory, and it is a question of whether it simply indicates that a woman is buried, or whether it has deeper mythological roots in the idea of immortality. Thus Bendis as a spinner ranks among the goddesses, in which an ordinary economic activity is transferred to the level of deep mythological meanings. The goddess who spins the thread can also use it as a weapon to bind the violators of social norms, for the observance of which she is vigilant.

In addition, the activity of spinning and weaving is often associated with hunting, as it provides hunting weapons, such as the hunting net. In a rock relief from Philippi, Bendis is depicted as a hunter catching deer in a net. However, the hunting symbolism hardly exhausts the rich semantics of the net. This iconography of Bendis appears as especially important, as it visually duplicates the etymology of her name, related to connecting and bonding in marriage, and is not just a sign of her hunting aspect, that is already expressed through the bow and the spear.

8 The Thracian Great Goddess as Part of the Eurasian cult of the Great Mother Goddess

The cult of the Great Goddess in Thrace appears as part of a sweeping cult of the Great Mother Goddess that encompassed immense territories of Eurasia. The origins of this cult go back to the Upper Paleolithic and are represented mainly by small sculptural forms made of sandstone or mammoth bone. The oldest excavated artworks testifying to the cult fall into two types. The first type depicting a standing corpulent woman is represented by the Willendorf Venus, found in Austria on the banks of the Danube, but produced in the lands of today's northern Italy. It dates back to between 30th and 25th millennium BC. Similar figurines were also found at Kostenki - an Upper Paleolithic site near Voronezh, a part of the Willendorf-Kostenkovskaya culture. A plump figure of a woman appears later in Hadjilar (7040 BC) and Çatalhöyük in Turkey (7400-5600 years BC), and at a later Neolithic and

Eneolithic times in various forms.

The second type features a different canon of the image of a woman, also without elaboration of facial features. It is represented by the large number of female figurines made of the tusk of a mammoth, excavated at the Upper Paleolithic sites Malta and Buret in Siberia in the vicinity of lake Baikal, dated largely to the 22nd millennium BC (Mironova, 2013). They are represented bent at a slight angle, with emphasized breast and shoulders and reduced hands. The hole at the bottom of these figurines suggests that they were worn as amulets. A DNA analysis of the bone of a boy buried at Malta indicated that he belonged to the oldest genome known to science of a representative of the species of Homo sapiens, who was a distant relative of both modern Europeans and American Indians. Remarkably, identical female figurines in the same characteristic posture were discovered to the northwest of the Black Sea (today's Ukraine, Romania and Moldova), at the site of the Neolithic culture Cucuteni -Trypillia (also known as Tripolye), dated to 5500-2750 BC. A line of succession between the two cultures is also evident by the presence of similar forms and motifs in pottery, including the swastika. This succession is additionally revealed by data from DNA analysis that have shown that large groups of population that inhabited Southern Siberia in the Paleolithic have migrated throughout the millennia along a southern route from the Altai region through Himalayas, Hindustan, Iranian Plateau, Anatolia, finally reaching from Asia Minor to the Balkans. It becomes evident that the cult of the Great Mother Goddess that has become pervasive for whole Eurasia has been possibly created by certain related clans and passed on to other peoples as they moved to new territories of residence during their migrations. Moreover, a number of motifs in Tripolye ceramic decoration are strikingly similar to those found in pottery of the Neolithic Yangshao culture along the Yellow River in China, suggesting that before subsequent migrations, the ancestors of both cultures have lived together on one territory and professed the same cult of all-encompassing fertility.

A whole complex of identical signs on Tripolye and Yangshao pottery can be attributed to the cult of the Great Goddess, since they appear as her symbolic images. First of all, these are the signs W and M as the main lines depicting the figure of the Great Goddess on vessels of Tripolye and the Majiayao culture that existed along with the Yangshao culture in the 3rd millennium BC (Mironova, 2019). The signs W and M are a reduced form of the Great Goddess as the patroness of animals - who also acts as a Bear, as evidenced by clawed paws on a vessel from Yangshao.

In addition, ceramic decoration of both Tripolye and Yangshao reveal a schematic figure of the Great Goddess with her torso delineated with broken lines denoting her arms and legs, suggesting the pose of a woman giving birth.

In addition to these signs, one of the key symbols of the cult of the Great Goddess is the sign of a diamond with a dot inside it, usually called in literature "sign of a sown field". This symbol is commonly found in both Yangshao and Tripolye pottery decoration.

These striking parallels suggest that the cult of the Great Mother Goddess that appears as central for the European Southeast, with the Thracian Mother Goddess as one of its representatives, is genetically connected with the hypostases of the same cult in East Asia, such as Xiwangmu and Mago. Subsequently, it became the basis for the large popularity of the Christian Virgin Mary as the Mother of God in Europe, and the Buddhist Guanyin in China, Korea and Japan, where an originally male bodhisattva obtained female features.

There are some remarkable similarities between Bendis and Mago who was one of the key personifications of the Great Goddess in Korea, China and Japan. First of all this is the above mentioned motif of weaving, the hemp *ma* in the name of Mago being one of the main materials for weaving. The bear as sacred animal also exhibits parallels in the cult of the Thracian Great Goddess. According to legend, the goddess Mago descended to the human world from the Big Dipper - the seven brightest stars in the Ursa Major (Great Bear) constellation, and therefore is closely associated with the Bear (Hwang, 2018, 3-4). The importance of the Ursa Major constellation in Korean culture finds expression in the legend of the Bear-Human Mother of the first ruler of Ancient Joseon state, Dangun. In Thrace, one of the local names if the Great Goddess was Brauro (which was also the name of a Thracian princess) and is associated with the figure of Artemis of Brauron, who is another aspect of the Great Goddess. The name derives from the shrine of Artemis in Brauron in Attica, who was identified with a bear, that was also her sacrificial animal. In Brauron, initiation rituals for girls were performed called the Brauronia, where young girls imitated she-bears and were dressed in costumes to resemble bears. (Popov, 1982, 21-33)

Notably, the Seven Star constellation in Siberia was originally worshiped as the Stars as the Great Deer and the white deer commonly accompanies Mago in Chinese and Korean painting as symbol of immortality. In Thrace, the Great Goddess is also associated with a deer, as visible in a number of votive steles, featuring Bendis riding a deer. The deer is an ancient symbol of royal rule among Thracians and deer antlers were commonly buried in Thracian royal tombs. This could be seen as a trace of Siberian shamanism in Thracian religious beliefs. The roots of the deer as an envoy between the worlds goes back to Siberian shamanism that was also present in Korean culture from early on, which is visible in the golden crowns of Silla shaped like the horns of a deer and denoting the role of the Silla king as the supreme shaman.

Another common motif for Mago and the Thracian Mother-Goddess is their knowledge of healing herbs. In the iconography of Mago in Chinese and Korean painting her knowledge of the sacred plants and herbs of healing and immortality is particularly emphasized by her main attribute - a basket full of magic herbs and *lingdzhi* mushrooms of immortality. This quality of Mago finds a direct parallel with the above mentioned legend of the nymph Trake, who knew everything about healing herbs and could eliminate any suffering with their help.

Finally, there is a curious and suggesting parallel of the name of Mago with the ancient cultures on the Balkan peninsula. In the north-western part of Bulgaria is a cave containing remarkable prehistoric rock paintings. It is estimated that most of the paintings were created around the 15th – 14th millennium BCE, but it has been suggested that some part of them go back to a far deeper past. Among the more than 700 paintings depicting a large variety of human activities, such as hunting, dancing, religious ceremonies, ancient calendar, etc. there is a depiction of a female figure, sitting in a cross-legged posture, with a tall T-shaped headdress and long thin arms (Ill. 16). Her size, notably larger than other human figures, exaggerated lower body and rhombus shaped head, similar to neolithic female ceramic figurines, suggest that this might be a depiction of the Great Mother Goddess.

Ill. 16. The paintings in the Magora cave, supposedly depicting the Great Mother Goddess, north-western Bulgaria

The name of the cave is Magura. The Bulgarian researcher Kiril Kirilov has pointed out that Magura is, in fact, an extremely wide-spread and common toponym with an exact analogue of the name Magura present in more than 200 places around the world, mostly concentrated in the Balkans, East India and Japan. In addition, particularly close similarities of this name are found in more than 2000 places in

Europe, Asia and Africa and everywhere it is associated with the same types of objects - hills, caves, and springs. The similarity of the names Mago and Magura are suggestive of possible connection between the two that might be a result of massive migrations along the route connecting the Balkan peninsula with East Asia. Notably, pictures of human figures very similar to those at the Magura cave (with female figures wearing a belt) are found in Chaturbhujnath Nala rock art shelters in central India, where there is also a number of sites named Magura.

The striking parallels between the Thracian Great Goddess and the East Asian Great Goddess Mago suggest that a more extensive research on this little studied topic might uncover fascinating revelations on the humanity's distant past.

≡ Bibliography ≡

- Bogdanov, B. 2016. *Orfei i drevnata mitologiya na Balkanite* (Orphaeus and the ancient mythology on the Balkans), Sofia: Iztok-Zapad

- Fol, A. 1986. *Trakijskiyat Orfizum* (The Thracian Orphism), Sofia: Sofia: University of Kliment Ohridski Press

- Fol, A. et al., 1980. *Gold der Thraker. Archäologische Schätze aus Bulgarien. Katalog zu Ausstellungen in Köln,* Römisch-Germanisches Museum

- Fol, V., 2016. The Great Goddess-Mother and the Monster Kenchrines, *Etudes Balcaniques,* LII/I, 28-40

- Georgiev, P., 2014. *Bendida i Trakijskiyat Heros* (Bendis and the Thracian Heros), Sofia: Bulga Media

- Hwang, H., 2015. *The Mago Way: Re-discovering Mago, the Great Goddess from East Asia,* Create Space Independent Publishing Platform

- Hwang, H., 2018. Mago, the creatrix from East Asia, and the mytho-history of Magoism, *Goddesses Myth, History and Culture,* Mago Books, 4-31

- Kitov, G. 2005. *Dolinata na trakijskite vladeteli* (The Valley of the Thracian Kings), Sofia: Slavena

- Mandradzhieva, T., 2008. Kultut kum Velikata Boginya Majka i Kultut kum Sveta Bogoroditza v Trakiya, (The Cult of the Great Mother Goddess and the Cult of the Virgin Mary in Thrace) *Societas Classica,* 304-312

- Marazov, I. 2010. *Paradnite Nakolennici v Drevna Trakiya* (Ceremonial Thracian Kneecaps) Sofia: Nov Bulgarski Universitet

- Marazov, I. 1991. *Mit, Ritual i Iskustvo u Trakite* (Myth, Ritual and Art of Thracians), Sofia: University of Kliment Ohridski Press

- Mihaylov, G. 2010, *Trakite* (The Thracians), Sofia: Nov Bulgarski Universitet

- Mironova, E. Keltskie artefakty v svete edinogo Evrazijskogo religioznogo kulta (Celtic artifacts on the background of a uniform Eurasian religious cult), *Proceedings of the Academy of DNA Genealogy,* Volume 13, No. 9,

September 2020, 1321-1359

- Mironova, E., 2019. Simvolika Kulta Velikoy Bogini v Odezhde i Obryadah Gutsulov Karpat (The symboilizm of the cult of the Great Goddess in the garment and the rituals of the gutsuly in the Carpathian Mountains), *Znaki i znakovye sistemy narodnoy kultury* (Signs and sign systems of folk culture), St. Petersburg

- Popov, D. 1981. *Bendida, Trakijskata Boginya* (Bendis, the Thracian Goddess), Sofia: Nauka i Iskustvo

- Popov, D. 1982. Artemida Brauro (edna Trako-pelasgijska boginya) (Artemis Brauro - a Thrako-pelasgian goddess), *Izvestiya na balgarskoto istorichesko druzhestvo* (Journal of the Bulgarian Historical Society), 34, 21-33

- Raduntcheva, A., 1996. Dolnoslav: a temple center from the Eneolithic. *Godishnik na Departamenta po Arheologiya. Nov Bulgarski Universitet*, II/III, 168-81

- Raduntcheva, A., 2002. Eneolithic temple complex near the village of Dolnoslav, district of Plovdiv, and the system of rock sanctuaries with prehistoric cultural strata in Rodopi Mountains and outside its territory, *Godishnik na Arheologicheski Muzei Plovdiv* IX(l), 96-119

- Todorov, Evgeny., 1999. *Ancient Thracian heritage in Bulgarian folklore*, Sofia: Academic Publishing House "Marin Drinov"

- Venedikov, I. 1996. *The Thracian Treasure from Letnitsa*, Sofia: Nov Bulgarski Universitet

- Venedikov, I. 1989. *The Rogozen Treasure*, Sofia: Svyat Publishers

인도의 성모와 여신문화

난디타 크리슈나

번역: 조혜원(상생문화연구소)

필자 약력

난디타 크리슈나

인도 출생

뭄바이 엘핀스톤 대학 졸업

봄베이 대학교 종교미술 박사

비드야사가르 대학교 명예 문학 박사

인도 역사 연구위원회 자문위원

인도 정부 앙코르와트 복원 프로젝트 대표

현 라마스와미 아이야르 재단 이사장

현 라마스와미 아이야르 인도학 연구소 소장

저서

『Hinduism and Nature』(힌두교와 자연)

『Believe in Yourself 』(스와미 비베카난다 생애와 가르침)

『Sacred Plants of India』(인도의 성스런 식물들)

『Book of Vishnu』(비슈누의 서書)

『Book of Avatars and Divinities』(화신과 신성의 서書)

『You are the Supreme Light - Life Lessons from Adi Sankara』(아디 샹카라의 생애와 가르침)

『The Art and Iconography of Vishnu-Narayana』(비슈누 나라야나의 예술과 도상학) 외 다수

특이사항

연구분야: 인도 미술사, 인도 환경 역사

환경운동가, 동물보호운동가, 교육학자

나리샥티 대통령상, 평화대사상, 국제 사회운동가상 수상

문화유산 보호 프로젝트 설립 및 집행자

각종 학교, 특수교육 학교의 설립자

1 들어가기

　어머니 여신에 대한 믿음은 대부분의 고대 문화에서 발견된다. 성모 여신의 숭배 문화는 철학, 종교, 예술과 문학 등에서 매우 흥미롭게 표현되어 왔고, 다양한 이질적 요소가 결합하여 일련의 전설과 전통을 만들어냈다. 어머니는 그녀의 경제적 역할과 아이를 낳고 키우는 능력으로 인해 모든 사회 구조에서 항상 중심적인 위치에 있었다. 사실 많은 고대 사회들은 가부장제로 바뀌기 전에 가모장제를 채택했다.

　어머니 여신은 모성애, 다산, 창조와 파괴의 신격화를 상징한다. 그녀는 대지와 자연의 풍요로움을 구현하는 신성한 지구의 여신이기도 하다. 그녀는 영적인 힘인 샥티이자 프라크리티 즉 위대한 자연이다. 땅의 여신은 일반적으로 하늘 아버지의 배우자 또는 여성적 상대이다.

　리그베다는 신비스럽게도 성스러운 어머니를 말씀[1]으로 인식한다. 이 말씀은 창조력을 가지고 있어 우주 만유를 현현시킨다. 베다 신비주의는 우주 만유는 이전부터 존재하지만 현현하지 않았고, 이 말씀이 우주 만유를 드러나게 해 준다고 설명한다. 리그 베다의 게송 중 10번째 만달라의 125번째 게송인 데비 숙타Devi Sukta는 인도의 어머니 숭배의 기원을 담고 있다고 알려져 있다. 자신의 본성의 실현을 통해 그녀는 절대자 브라흐만과 위격을 나란히 하며 이렇게 말한다.

---

1) 말씀의 원 산스크리트어는 바크vak이다. 인도 베다경전에 의하면 네 단계의 바크가 있는데, 첫 번째 단계인 형상과 개념을 초월한 파라 바크, 보는 자를 의미하는 파샨티 바크, 근원적 말과 파생적 말의 중간에 위치한 마드야마 바크, 그리고 일상생활 중에 사람들이 말하고 인식하는 바이카리 바크가 있다. 여기서 말씀은 파라 바크와 파샨티 바크의 단계에 속한다.

"나는 전 세계를 통틀어서 주권자이고, 모든 부富의 수여자이며, 절대자의 인지자이자, 사람들이 희생의 경의를 표하고자 하는 첫번째 대상이다. 모든 곳에 있는 신들은 오직 나를 섬긴다. 나는 다양한 형상을 가지고 있으며, 모든 것에 스며들어 있다. 누구든 음식을 먹을 때나, 사물을 볼 때나, 숨을 쉴 때나, 말하는 것을 들을 때, 이 모든 것은 나를 통해서 이루어진다. 따라서, 나를 알지 못하는 자는 멸망한다. 내가 말하는 바를 들을찌어다. 오직 믿음과 경외로만 나를 알 수 있다. 나는 진리를 위해 전쟁을 일으키며, 하늘과 땅을 지배한다. 나는 무한하고 광활한 땅을 세상에 낳았다. 나의 고향은 바닷속 깊은 곳에 있다. 그 곳으로부터 나는 온 세계에 다양하게 스며들고, 나의 몸은 하늘에 닿는다. 나는 바람처럼 불면서 세상을 만든다. 나는 하늘을 초월하고 땅을 초월한다. 이것이 내가 이룬 위대함이다."

2 인도의 샤티 숭배

인도 샤티 숭배의 기원은 아득한 옛날로 거슬러 올라간다. 리그베다의 데비 숙타, 슈리 숙타, 두르가 숙타는 매우 잘 알려져 있고, 이는 샤티 숭배가 최근에 생겨난 것이 아님을 증명한다. 데비 숙타를 쓴 현자도 여성이었다.

초기 우파니샤드 중 하나인 케나 우파니샤드에서 히말라야의 딸로 묘사되는 우마Uma 여신은 최고의 신과 뭇 신들 사이의 매개자로 등장한다.

『크리슈나 야주르베다』의 「타이티리야 아란냐카」 제10편 제1장에서 두르가는 불의 색상을 띠고 있으며 고행을 통해 찬란히 빛난다고 기술한다. 『쉬웨타쉬웨타라 우파니샤드』와 더 나아가 아디 샹카라와 연관된 마야Maya의 교리에서 다음과 같이 예시되었다.

"이제 프라크리티를 마야로 알고, 위대한 신을 마야를 다스리는 자로 알찌어다."

그녀는 세계 위에 좌정하여, 절대자의 드러나지 않은 피조물과 연결한다. 프라크리티로서 그녀는 모든 것을 창조하고 포괄하며 지지한다. 다른 측면으로, 그녀는 인간의 인격과 신적 본성 사이를 중재한다.

부처는 인격신을 신앙하는 것에서 분리된 채 윤리의 체계를 설파했고 신비주의를 배척하려 했다. 그럼에도 불구하고 불교의 발달의 초기에는 대승불교에서 샤티 숭배가 도입되었다. 불교의 샤티인 프라즈냐 파라미타("반야 바라밀다")를 찬미하는 한 송가는 다음과 같이 적혀 있는데, 이는 베단타 학파의 가르침을 연상시킨다.

"옴! 절대적이고 무한하며 전능하신 분께 경배합니다."

시간이 흐르면서 불교 경전들은 힌두교 경전처럼 정교해졌다.

천주교회는 샥티와 비슷한 성모 마리아를 도입했다. 하나님의 피조물 중 가장 높으신 자로서의 처녀 어머니께 바치는 숭배를 상경지례[2]라고 한다. 힌두교의 데비 숭배와 카톨릭 의식 사이에는 공통된 요소들이 있다. 성찬, 개인적인 우파사나("예배"), 혹은 푸자puja, 우파차라("종, 빛, 향"), 자파japa와 카바차의 염주와 각종 축제들, 단식회와 예식 등이 그것이다. 샥티 숭배는 높은 수준의 철학과 심지어 현대 과학의 근간과도 조화를 이루었다. 허버트 스펜서는 "물리적이면서 영적인 우주는, 인간 안에서든 밖에서든, 결국 힘("샥티")의 유희이다."라고 강조했다.

샥티 예배는 수행의 샤스트라[3] 즉 도통과 규율의 샤스트라로 간주된다. 그것은 일원론적 사고 즉 아드바이타 베단타의 한 부분이어야 하고, 샥티의 숭배 사상 즉 신성한 힘의 기저의 사상을 포함하고 있어야 한다. 그 기본 개념은 아래와 같다.

세상은 혼돈chaos이 아니라 질서cosmos이다.

다르마 즉 세계의 질서 원리가 이 우주를 떠받치고 있다.

다르마는 외부에서 강제로 부과된 것이 아니라 사물의 본성에 있다.

다르마는 "인과관계의 법칙"을 포괄하는 세계적 과정에 부합하며,

결과에 집착하지 않는 행위를 요청한다.

종교와 모든 올바른 삶은 바로 이 다르마를 수호함이다.

---

2) 상경지례(上敬之禮, 라틴어: Hyperdūlia)는 기독교, 특히 로마 가톨릭교회 등에서 모든 성인 가운데 성모 마리아에 대한 각별한 공경의 예를 일컫는 말이다.

3) "교육, 지식, 규칙"을 뜻하는 산스크리트 단어이다. 이 단어는 실용적인 분야의 기술적이고 전문적인 문헌들을 가리킨다.

신은 어머니 형태로 이 우주를 창조하고 유지하고 거둬들이는 절대 힘으로 숭배되고, 카르마, 윤회, 외적 진화 및 내적 진화를 통해 다르마를 실현한다. 신은 성별을 넘어 존재하나 신의 능동적인 측면의 힘은 샥티라고 불린다.

시바 곧 신성의 남성적 양상은 변하지 않는 의식으로 간주되고, 샥티는 인간과 물질에 내재한 점진적으로 발전하고 변화하는 힘으로 인식된다. 이는 세 가지 기능 즉 잇차 샥티("의지력"), 즈냐나 샥티("지력"), 크리야 샥티("행동력")로 발현된다. 샥티는 무한하고 형상을 초월한 절대의식이 스스로를 가두고 제한하여 자신의 존재를 형상으로 경험하는 힘으로 정의된다.

탄트라Tantra의 가장 중요한 가르침은 "인간은 어리석고 목적없이 자연을 거부하는 것이 아니라 자연을 통하고 자연에 따라서 일어서야 한다"는 것이다.

두르가나 우마는 그 다양한 형태와 현현을 통해 파괴신 시바의 샥티로 묘사되며, 락쉬미는 유지신 비쉬누의 배우자 신으로 그와 동등한 위치를 가지고, 사라스와티는 창조신 브라마의 샥티로 숭배된다. 샥티를 섬기는 것은 남녀 모두를 위한 것이고, 모든 계급이 그 안에 포함되어 있다. 사실 샥티 숭배에서 여성들에게 주어지는 영예는 놀랍고 특별하다. 여성은 구루가 될 자격이 있는 것이다.

신의 모성母性이라는 개념은 일원론이나 아드바이타⁴와 상당히 맥을 같이 한다. 샥티는 상징적으로 여성성을 가지는데, 그 이유는 이 본원적 힘이 여성적인 측면과 연관된 자연의 생산적 원칙이기 때문이다.

샥타 다르마 즉 샥티 숭배의 다르마는, 이미 언급한 바와 같이 인도의 종교적 발전에서 상당히 중요한데, 이 종파가 무종파적인 정신을 바탕으

---

4) 문자적으로 불이不二를 뜻하는 산스크리트어 낱말로단어로, 인간과 우주만유가 둘이 아니라는 요지의 베단타 철학의 핵심사상이다.

로 모든 계급과 여성을 포괄하기 때문이다.

각각의 사람은 샥티 즉 힘의 보고寶庫이다. 하지만 이 우주적 힘이 올바른 유형의 활동이나 실제적인 봉사로 드러나기 위해서는 훈련이 필요하다. 샥티 숭배 사상은 힘의 종교라고 불렸고, 경험적 철학을 기반으로 한다.

샥티 신자들의 주요 경전은 데비 바가바탐과 더불어 마르칸데야, 스칸다, 브라만다 푸라나의 일부이다. 샹카라차리아에서 시작하여 타유마나바르로 내려오며, 다양한 성인들과 현자들이 샥티 숭배에 관해 쓴 찬가들과 논평, 글들이 있다. 샥티숭배는 힌두교의 신앙의 역동적인 형태로 정의되며, 총체, 통합, 화합의 의미를 가지고 있다. 두르가나 우마는 비슈누의 여자형제이며, 시바의 아내이자 가네샤와 수브라마냐의 어머니로 여겨진다. 따라서 신의 모든 중요한 양상은 이 샥티와 연관이 있다. 샥티는 우주에 활력을 불어넣는 능동적 원리로서 사구나 브라흐만[5]으로 묘사되기도 한다.

5) 성질을 가진 절대자라는 의미의 산스크리트 단어이다. 시공을 초월한 원신으로서의 절대자가 아니라 만유 가운데 현현한 인격신으로서의 절대자를 뜻한다.

3 다양한 성모 여신

인도에서의 어머니 경배는 사람들의 종교적 의식을 심화시키고, 따라서 그들의 높은 가치관을 형성하는 측면에서 접근해야 한다. 이 과정을 통해 사람들의 문화에 색과 질을 더할 수 있다. 성모 여신은 주로 샥티의 철학을 통해서 사람들의 삶과 지성에 큰 영향을 끼칠 수 있었다.

어머니 여신의 신상은 인더스 문명에서 처음으로 나타났고, 비베다 전통의 원주민들에 의해 발전되었을 것으로 추정된다. 오늘날의 샥티 숭배나 성모 여신 숭배는 베다 전통의 아리아인과 비베다 전통의 부족민들이 융합하여 태동되었다. 이는 주로 남성신이 주가 되는 베다종교에 의한 다양한 사상의 동화를 수반하는 긴 과정을 통해서 이루어졌다. 하지만 베다에도 어머니 여신이 있었으므로 성모 여신을 숭배하는 관습은 인더스 계곡 문화와 베다전통 문화의 종교들 사이에 공통적으로 이미 널리 퍼져 있었다는 것을 알 수 있다.

신성한 성모 여신 숭배의 진화과정을 추적하기 위해서 우리는 먼저 인도의 종교, 문학, 문명에 대한 최초의 기록인 베다로부터 시작해야 한다.

아디티

아디티는 리그 베다에서 데바 마타 즉 신들의 어머니라고 묘사된다. 그녀는 또한 우주의 어머니라고 묘사되며, 아디티를 신들의 위대한 어머니로 보는 이러한 전통은 후대의 푸라나 문학에서도 계속된다. 무한하고 광활한 우주가 의인화된 존재인 그녀는 베다에서 가장 영향력 있고 중요한 여신이다. 그녀는 땅과 하늘의 여신이자, 과거, 현재, 미래의 여신, 그리고 다산의 여신이다. 그녀는 신들의 어머니인 아디뜨야이다. 모든 현존하는 개체와 존재의 천상의 어머니로서, 그리고 모든 것들의 통합으로서 그녀는 우주공간을 뜻하는 아카샤와 신비로운 말을 뜻하는 바크와 연관되어 있다. 그녀는 리그베다에서 찬미와 경탄, 존경의 표시로 250번 이상 언급되었다. 그녀는 창조주 브라마의 딸로서, 그에게서 창조의 우주적 알을 부여 받았다. 아디티는 그 알이 물로 보내져 창조 과정을 시작하기 전까지 1,000년동안 보존하였다.

프리트비

또 다른 중요한 여신은 대지의 어머니이다. 프리트비 곧 '광활한 자'는 힌두교와 불교에서 여신을 의미할 뿐 아니라 산스크리트어로 지구 또는 대지를 의미한다. 리그베다 168편 33장에는 "지구 어머니는 위대하다"라고 적혀있다. 그녀는 풍부한 성장, 작물, 음식, 번영을 내려주고, 인간을 죄로부터 구원하며, 행복, 자손, 장수의 삶을 보장하였다. 어머니가 가지고 있는 모든 감정, 애정, 너그러움, 관용은 대지 어머니의 은총이다.

프리티비의 부군은 하늘의 신인 디야우스 피타이다. 후기 푸라나의 작품에서 그녀는 부미Bhoomi로 알려져 있으며, 수퇘지 바라하의 형상을 한 비슈누신이 하마터면 물에 익사할 뻔한 그녀를 구해 주었다.

아타르바 베다 제12권은 전체가 모두 지구 또는 대지에 대한 찬가인데, 다음과 같이 씌여져 있다.

"진리와 위대함, 권리, 헌신, 속죄, 브라흐만(절대자), 그리고 대지를 지키기 위한 희생; … 그녀는 다양한 효능을 지닌 약초를 낳습니다. 우리를 위해 풍요로운 땅이 되어주소서. 그녀는 바다이고, 강이고, 물입니다. 그녀는 모든 음식과 밭을 일굽니다. 살아 숨쉬는 모든 것들은 그녀에 의해 번창합니다. 그 땅이 우리에게 모든 번영을 가져다

줄 것입니다. 진리로 가득한 이 불멸의 대지는 가장 높은 하늘에 있습니다. 부디 우리에게 그 찬란함과 힘을 가져다 주옵소서. 그녀의 흐르는 물줄기는 변치 않습니다. 밤이고 낮이고, 쉼이 없습니다. 그 땅이 우리에게 젖을 줄 것이고, 그 물줄기가 찬란함으로 우리에게 뿌려질 것입니다. ... 대지는 어머니이고, 나는 대지의 아들입니다... 당신은 위대하시고 인드라가 끊임없이 지켜주십니다. 땅이시여! 우리를 황금처럼 밝게 빛나게 하시고, 그 누구도 우리를 미워하는 이가 없게 하옵소서."

락쉬미

락쉬미 곧 쉬리는 부와 번영의 여신이다. 그녀의 기원은 리그베다의 5번째 책에 나오는 시의 묶음집인 쉬리 숙타로 거슬러 올라간다. 쉬리 숙타에서 락쉬미 여신 곧 쉬리 여신은 붉은 연꽃의 화환을 쓰고, 붉은 연꽃 위에 앉아 있으며, 붉은 연꽃의 색으로 묘사되는데, 스스로 연꽃의 신이라 불린다. 그녀는 자신에게 헌신하는 사람들에게 황금과 소와 말과 같은 가축들을 선물로 주어, 그들이 건강, 부, 풍년, 아름다움, 이름, 명성을 얻도록 한다. 락쉬미는 원래 수확의 여신이며, 『아이타레야 브라마나』에서는 대지와 동일시되었다. 락쉬미의 신상은 바르후트[6]나 다른 지역의 불교와 자이나교 사원에서 볼 수 있다. 그녀의 신상과 참고자료들은 굽타 시대[7]의 인장과 몇몇 비문에서 발견되므로, 이 시기에 락쉬미를 성모 여신으로 섬기는

---

6) 중인도 북부 나고드Nagod에 위치한 불교 유적지로서 숭가 시대의 중요한 스투파가 남아 있다.
7) 굽타 시대는 북인도 마가다 지역에서 기원후 240년에 성립되어 550년까지 약 300년간 북인도를 다스린 힌두계통의 굽타제국의 시기를 가리킨다. 정치적 안정과 경제적 풍요를 바탕으로 인도 역사상 힌두의 르네상스의 시대라고 불리며, 이 시기 오늘날 인도 문화의 정체성이 확립되었다.

풍습이 자리를 잡은 것으로 추정할 수 있다.

성모 여신 락쉬미의 역사는 두 갈래로 나뉜 것으로 파악된다. 락쉬미는 만인의 위대한 신인 비슈누와 그의 샥티로서 점진적으로 결연을 맺게 되었다. 하지만 그녀는 또한 대지와 연관된 수확의 여신으로서의 자신의 본성을 그대로 유지해 나간다. 그녀는 옥수수 밭 뿐만 아니라 집의 주재신으로 묘사된다. 여성들은 그녀를 부와 미의 가정적 여신으로 숭배한다. 가을에 여신에게 예배할 때, 그녀를 대표하는 첫 번째는 빌바 나무의 가지인데, 이것에 의해 여신이 깨어나게 된다. 다음 단계로 여신을 대표하는 것은 질경이 나무와 여덟 개의 다른 식물들과 허브로 만들어진 여성적인 형태의 나바 파트리카이다. 나바 파트리카를 숭배하는 찬가에서는 식물과 약초를 개별적으로 칭송하며, 각각의 식물과 약초와 어머니 여신을 동일시한다. 기도문 "쉬리 아쉬타 락쉬미 스토트람(역자주: 여덟 형태의 락쉬미 여신의 찬가)"에서 신성한 연꽃 위에 앉아 있는 여덟 형태로 락쉬미 여신을 묘사하고 있다. 그녀는 인도 아대륙의 상당부분의 지역에서 주식인 다냐("쌀") 외에도 다나("부富"), 가자("코끼리"), 산탄("자손"), 비라("용기"), 비자야("승리"), 비드야("지식")와 동일시된다. 인도의 일부 지역에서 그녀는 앞서 언급했던 나바 파트리카의 모습으로 숭배받고 있다.

성모 여신 락쉬미의 철학적인 개념은 비쉬누교의 초기 판차라트라[8] 종파의 문학에서 찾아볼 수 있다. 바수데바로서의 비슈누는 지식, 의지, 활동의 형태로 무한한 힘을 가진 최고의 신이다. 궁극적으로 절대신과 하나이며 동등하지만, 그녀는 비이원성 안의 이원성이라는 외관을 보여준다. 푸라나 문학에는 락쉬미의 기원에 관한 전설들이 몇 개 있다. 락쉬미는 비슈누 신의 나라야나 형태와도 연관되는데, 그는 우주의 바다를 상징하는

---

8) 기원전 3세기 후반에 나라야나와 비슈누의 여러 화신을 중심으로 시작된 힌두교의 종교 운동이다. 이 운동은 후에 고대 바가바타 전통과 합쳐져 비슈누교의 발전에 기여했다.

뱀인 세샤Shesha위에서 안식한다.

쉬리와 부

락쉬미 여신은 유지의 신 비슈누 신의 샥티이다. 비슈누 신의 예술적인 표상으로서 그녀는 쉬리와 부·여신으로 양분되어 있다. 여기에서 비슈누는 옛 베다 태양신의 면모를 그대로 간직하고 있으며, 쉬리와 부는 번영과 다산의 성질을 가진 대지의 여신 락쉬미의 두 측면을 상징하고 있다.

쉬리 숭배에 대한 언급은 바우다야나[9]의 『다르마 수트라』, 그리고 『라마야나』와 『마하바라타』의 몇몇 구절들에서도 찾아볼 수 있다. 락쉬미는 각각 행운과 대지의 여신인 쉬리와 부와 동일시 되며, 이 여신들의 두 개념을 표상하고 있다. 대지와 번영은 비슈누신과 연관된 힘인 샥티의 속성들이다.

『아이타레야 브라마나』에서 대지는 쉬리로 인식되었다. 우파니샤드 후기 문헌에서도 대지는 수확과 행운의 여신인 쉬리 여신 혹은 락쉬미 여신과 동일시 된다. 여신 쉬리로서의 대지는 최고의 여신으로 칭송과 경배를 받았다. 푸라나 문학에서 대지는 샥티의 양상 또는 위대한 힘으로 종종 묘사되기도 하였다.

비슈누교의 쉬리 종파는 비슈누신의 어머니로서의 샥티 측면을 중시한다. 락슈미는 신과 인간의 매개자로서, 신이 인간에게 자비에게 자비를 베풀도록 중재한다.

부미Bhoomi 또는 부Bhu는 양식과 번영의 원천인 대지의 신이다. 이는 고대 농업 사회의 매우 중요한 측면을 나타낸다.

『라마야나』에는 라마의 아내인 시타를 신성한 땅과 농경의 상징으로 기

---

9) 생몰연도는 기원전 800년-740년으로 고대 인도의 수학자이다. 유명한 피타고라스의 정리의 근본개념을 먼저 완성한 것으로 알려져 있다.

록하고 있다. 밭고랑을 의미하는 이름을 가진 그녀는 대지의 딸이다. 그녀는 고랑에서 발견되었고, 자나카Janaka 왕에 의해 입양되었다. 그녀가 대지를 떠나기로 결심했을 때, 땅이 열리고 지구 어머니가 그녀를 깊은 곳으로 데려갔다.

사라스와티

사라스와티 여신은 특별한 언급이 필요한데, 이 여신은 아직까지 광범위하게 숭배되는 인도의 주요 여신 중 하나이다. 원래 리그베다에서는 그녀를 중요하고 신성한 강이라고 언급하였고, 후에 강의 여신이 되었다.

사라스와티 강은 역사적으로 다른 방식으로 발전하게 되었지만, 리그베다에서 보여지는 사라스와티 강에 대한 찬양과 경의를 통해 이 강을 주재하는 신에 대해 당시 인도인들이 내재적으로 신앙하였음을 알 수 있다.

- 리그베다의 한 구절에서, 사라스와티는 어머니들 중에서 가장 뛰어나고, 강들 중에서 가장 뛰어나며, 여신들 중에서 가장 뛰어난, 희생과 헌신을 바친 여신으로 찬미되고 있다.
- 진화의 다음 단계에서 우리는 그녀가 왁Vak 즉 말씀과 동일시되고, 학문의 여신으로 진화하는 전환점에 도달했다는 것을 발견하였다. 이러한 현상은 비단 인도에서뿐만 아니라 티베트, 자바, 일본과 같은 다른 이웃 국가나 동방 국가에서도 그러한데 여신의 석상이 이 나라들에서 발견되며 확인되었다. 사라스와티 강은 철학적으로 영원한 자의 지식의 강을 표상하고, 따라서 그녀는 인도의 왁Vak과 동의어인 로고스Logos를 의미하며, 사라스와티 강 역시 왁 즉 말씀과 동일시될 수 있다. 사라스와티는 후대에 학문과 순수 예술의 여신으로 진화하기 시작했다.

• 사라스와티는 일반적으로 흰 옷을 입은 순백의 여신으로 묘사되고, 그녀와 관련된 모든 것은 순결함을 상징하는 흰색이다. 오늘날 가장 널리 받아들여지고 있는 그녀의 전형적 모습은 이 여신이 자신의 수호조守護鳥인 흰 백조에 앉아 있는 모습이다.

푸라나 시대에는 사라스와티 개념이 샥티의 개념과 동화되는 경향이 있었다. 그 결과, 사라스와티는 위대한 어머니 즉 전능의 절대 힘의 특별한 측면으로 여겨졌다. 그것은 모든 만트라 중에서 가야트리 형식으로 씌여진 가장 잘 알려지고 신성한 만트라로 브라만 사제들에 의해 매일 여러 번 낭송된다.

그녀는 브라마의 샥티 혹은 아내이다. 따라서 그녀는 브라마처럼 자신의 수호조로서 백조를 타고 다닌다.

사라스와티는 불교와 자이나교에서도 다양한 도상학적 세밀한 특징으로 표현되면서 주요 여신으로 자리 잡았다. 그러나 후기 불교에서 그녀는 학문의 신인 문수文殊와 연관되어 졌다. 불교의 예식 문헌에는 그녀는 마하 사라스와티, 아리야바즈라-사라스와티, 바즈라비나-사라스와티, 바즈라-사라다 등으로 다양하게 묘사되어 있다. 그녀는 자이나교에서도 다양한 이름과 도상학적 변화로 표현되고 있다.

강의 여신

강을 어머니로 섬기는 경향과 이들을 신격화하는 경향이 맞물려 인도의 강 여신 숭배가 기원하고 발전되었다. 강가 곧 갠지즈강은 어머니 여신으로서 의례를 통해 받들어 진다. 푸라나 시대의 일련의 전설은 강가Ganga를 삼위일체의 신인 브라마, 비슈누, 시바와 연관시켜 완전한 성모 여신으로 만들었다. 오늘날에도 많은 힌두교인들은 이 강에서 인생의 마지막 몇 시간을 반쯤 물에 잠긴 채 보낼 수 있다면 영원한 평화를 얻을 것이라고 굳게 믿고 있다. 힌두교의 관습은 화장된 시체의 재를 강가의 성수에 바친다.

야무나 강은 이 강의 둑에 살고 있던 천상의 목동인 크리슈나와 관련이 있다. 고다바리, 나르마다, 카베리 등 모든 강은 여신들이며 따라서 신성하다. 티베트에서 발원한 브라마푸트라만이 유일한 남성 강이다.

두르가

신성한 어머니 여신은 주로 데비Devi 즉 위대한 여신으로 불렸지만, 데비는 후대에 두르가Durga로 잘 알려지게 되었다. 두르가라는 이름은 푸라나 문학과 탄트라 문학에서 다양하게 해석되어 왔는데, 여기서 중요한 것은 그녀가 모든 종류의 불행과 고통, 온갖 종류의 위험과 어려움으로부터 우리 모두를 구원해주는 성모 여신이라는 것이다. 두르가는 샥티라고도 불리며 성모 여신의 주요 양상으로 받아들여 진다. 그녀는 가장 유명하고 널리 숭앙 받는 여신 중 하나이며, 보호, 힘, 모성, 파괴, 전쟁과 관련이 있다. 그녀는 평화와 번영, 정의의 율법인 다르마를 위협하는 악과 악마들과 싸운다. 오늘날에도 고대로부터 내려온 성모 여신 숭배문화가 탄트라 예식이나 혹은 더 정교화된 형태의 여신 숭배를 통해 여전히 인도 마을에서 시행되고 있다. 거의 인도의 모든 여신은 샥티로 알려져 있지만, 그들의 민속적인 형태는 의심할 여지없이 샥티를 뛰어넘는다. 『마하바라타』의 「두르가 스토트라」에는, 어머니, 딸, 여자형제, 그리고 샥타(역자주: 샥티의 추종자)들이 찾아와 신앙하게 된 위대한 구원자로서의 두르가 여신의 속성이 자세히 묘사되어 있다. 『하리밤샤』의 「아이야스타바」에는 데비와 그녀의 숭배자들인 샤바라, 바르카라 그리고 고대 토착 부족인 풀린다에 대해 서술한다.

『마르칸데야 푸라나』의 「데비 마하트먀」에서는 마침내 이 위대한 여신의 숭배에 관한 전체적 모습이 밝혀진다. 『마르칸데야 푸라나』의 묘사는 샥티의 무형이면서 지고의 전지전능함과 여신의 다양한 유한한 형상들 사이를 자유롭게 넘나든다. 그녀는 감귤류, 철퇴, 방패, 모자, 검, 삼지창, 잘라낸 머리 등 다양한 조합을 들고 있는 것으로 묘사된다. 그녀는 사자 혹은 호랑이를 타고 다닌다. 그녀는 물소 악마를 죽이며 피에 굶주린 모습을 보이기도 한다. 한편, 파르바티 여신("산악"), 우마 여신("평정"), 가우리 여신("노랑"), 자간마타 여신("세상의 어머니")은 그녀의 온화한 속성의 현현이다.

흉폭한 속성의 측면을 보면, 두르가 여신은 악마의 두개골로 장식된 칼리Kali 여신이자, 찬디("사나움") 여신, 그리고 바이라비("끔찍함") 여신이다. 두르가로서 그녀는 사자나 호랑이를 타고 삼지창을 들고 있다.

마히샤수라 마르디니로서 그녀는 사자를 타고 물소 악마를 죽인다. 동전에 있는 그녀의 초기의 모습들을 보면, 사자를 옆에 두고 연꽃 위에 서 있었다. 차후에는, 여신이 삼지창으로 물소를 죽이는 모습이였다가 사자를 타고 삼지창으로 물소 악마를 죽이는 모습으로 점차 바뀌었다.

후에 그녀는 마히샤수라 마르디니 즉 물소 악마를 죽이는 자로 묘사되었다. 그녀가 타는 사자는 바빌로니아와 앗시리아의 다산과 전쟁의 여신이며 사자를 상징했던 이시타Ishtar의 영향을 받은 것으로 추정된다.

그녀는 아디 샹카라가 창조의 가장 고귀한 속성에 바치는 숭고한 헌물인 『손다리야레헤리』[10]를 쓰도록 영감을 주었다.

성모 여신과 물소의 싸움은 농경을 하는 드라비디안인들과 물소 신을 숭배했던 드라비다 이전 인도의 유목 부족들 사이의 싸움을 상징한다. 결국 후자가 패배했는데 여기서 여신이 물소 머리의 악마를 죽였다는 상징성이 유래하였다.

---

10) '아름다움의 물결'을 의미하며, 아디 샹카라차리아(700?-750 CE)가 쓴 산스크리트어 영성시이다. 103개의 게송으로 이뤄져 있는 이 시는 신성한 어머니 트리푸라 순다리 여신의 은혜를 찬양하는 내용이며, 그 정수는 탄트라의 샥티 숭배 사상에 기반을 둔다.

두르가와 호랑이의 관계는 모헨조다로까지 거슬러 올라간다. 이 곳에서 호랑이는 타밀어로는 코트란으로 불리며 샤미나 케잘리로 추정되는 가시가 돋친 나무 위에 앉아 있는 여성의 형상 옆에 서 있다. 두르가는 타밀문학에서 사막의 여신인 코트라바이로도 알려져 있다.

암비카와 샤캄바리

두르가 여신의 이름은 여러 가지가 있다. 여신 암비카로서 그녀는 원래 수확의 여신이었으며 가을을 상징한다. 가을에 두르가 여신을 숭배하는 것이 널리 퍼진 시기에 암비카는 두르가와 동일시 되었다. 두르가의 별칭은 샤캄바리로 '약초의 여신'을 뜻한다.

우마 또는 파르바티

『아타르바 베다』에는 위대한 성모 여신 데비에게 보내는 찬가가 평이하게 기술되어 있다. 위대한 여신은 모든 것에 내재된 명석함과 힘이며, 심지어 신들 중 가장 강력한 인드라의 어머니이기도 하다. 그 여신의 이름은 고요함을 의미하는 우마Uma였다. 우마는 히마와티라는 말로 수식되었는데, 이 말은 역사적으로 히마바트 즉 히말라야를 의미한다고 해석되었다.

인도의 산의 여신인 우마Uma 또는 파르바티Parvati는 푸라나에 나오는 대모大母의 근원이 되었다. 우마는 고대 지역의 토착여신이었던 대부분의 성모 여신들과 서로 연결되어 있거나 통합된 것으로 보인다. 샥티의 사상과 철학의 진화는 이러한 정체성과 통일의 과정에 큰 도움을 주었다. 샥티는 근본적으로 하나이므로, 어머니 또한 하나이여야 한다. 그들은 서로 하나로 통일되어야 했다. 시바신의 배우자 또는 영원한 여성 상대인 우마 또는 파르바티는 그리스도교가 서양에서 시작될 즈음부터 널리 알려지게 된 것으로 보인다. 우마와 마헤슈와라는 인도에서 태고의 아버지와 어머니로서 널리 숭앙을 받았다. 칼리다사는 그의 위대한 서사시인 『라구 완샤』의 서문에서 영원하고 불가분의 관계에 있다고 알려진 우주의 어머니와 아버지인 파르바티와 파라메스와라에게 경의를 표하였다.

또한 『쿠마라 삼바바』에서 그는 우마가 어떻게 엄격한 고행을 통해 마하데바를 그녀의 남편으로 얻게 되었는지를 이야기한다. 이처럼 그녀는 온 세상의 어머니였다. 이 칼리다사의 작품에서 우마의 다른 유명한 이름들을 만나게 된다. 그것은 가우리("노란색")와 아파르나(역자주: 시바신을 위해 고행하는 동안 나무에서 떨어진 파르나 즉 나뭇잎조차 먹지 않았음에서 유래한 이름)이다.

사티

『쿠마라 삼바바』에서 우리는 닥샤의 딸인 사티가 그녀의 아버지가 주최한 베다 전통 희생의례에 참석한 것을 알 수 있다. 그녀는 자신의 남편 시바가 초대받지 않은 것과 그녀의 아버지가 그를 모욕한 것으로 인해 스스로 목숨을 끊었고, 그녀의 다음 생에 시바의 아내가 되기로 결심을 한다. 위대한 어머니인 닥샤의 딸 사티가 아버지의 남편에 대한 모욕에 항의하기 위해 그녀의 몸을 버리자, 마하데바("위대한 신") 즉 시바는 사랑하는 배우자의 시신을 어깨에 메고 슬픔에 싸여 삼계를 배회하기 시작했다. 이런 행위는 우주를 어지럽혔으며 큰 혼돈을 초래했고, 이를 막기 위해 비슈누 신은 그의 무기를 가지고 시바 신 뒤에서 사티 여신의 몸을 52조각으로 잘랐다. 이 조각들은 인도 전역에 걸쳐 52곳에 떨어졌고, 이 장소들은 위대한 어머니 여신 숭배의 중심지가 되었다. 다른 각도에서 이 전승은 인도의 모든 성모 여신들을 하나로 동화하기 위한 시도로도 보인다. 이를 통해 사티 여신은 우마로 태어나 다음 생에서 엄격한 고행을 통해 다시 한번 시바를 남편으로 얻게 되었다.

안나푸르나와 카티야니

두르가는 나바라트리라고 불리는 가을의 축제기간에 위대한 성모 여신
으로서 처음 사흘간은 두르가로, 다음 사흘간은 락쉬미로, 마지막 사흘간
은 사라스와티로 숭배된다. 이 나바라트리는 힌두교들의 가장 유명한 종
교 축제 중 하나이다. 그녀는 쌀과 음식의 여신이자 바라나시의 주재신인
안나푸르나로도 숭배된다. 봄 동안 그녀는 봄의 여신인 바산티로 숭배된
다. 두르가의 가을숭배는 인도 전역에서 기념되는데, 특히 벵갈에서는 나
바라트리(역자주: '아홉 밤'을 의미함)으로 기념된다. 매년 열리는 대모 숭배에
서, 특히 그 행사를 위해 만들어진 그녀의 토상土像은 일반적으로 마히샤
마르디니 즉 마히샤수라("물소 악마")를 짓밟고 죽이는 것으로 표현된다. 사
자는 그녀의 탈 것이다. 따라서 그녀는 전사인 카티야니Katyayani가 된다.

두르가 혹은 푸라나 시대의 데비Devi는 당시 널리 숭배되던 인도의 여신
들과 동화되었고, 그들 중 대부분은 토착 지역 여신들이었다. 일부 푸라나
에서 언급한 여신은 인도 전역의 108개의 신성한 장소에서 108개의 이름
으로 숭배되었다고 전해진다. 어떤 문헌에서는 수천 명의 여신의 이름을
열거하려는 시도가 있었다고 밝혔다. 이 목록들을 대충 훑어보는 것만으
로도 사람들은 이 이름들이 여신들의 서로 다른 속성을 나타낸다고 확신
하는 반면, 다른 이들은 지역적인 여신들이 후에 대중화되고 하나의 위대
한 어머니 여신에 통합되었다는 사실을 지적할 것이다.

칼리

흉폭한 모습을 한 그녀는 인기 있는 벵골의 성모 여신 칼리이다. 인도
남부에 있는 그녀의 사원은 깊은 숲이나 마을 밖에 위치해 있다. 여성들은
그녀에게 전쟁에 나간 남편을 보호해줄 것을 기도한다. 유명한 벵갈의 여
신 칼리는 많은 오래된 사원들에서 매일 숭배된다. 칼리 여신의 연례 푸자

는 두르가 여신에 대한 가을 숭배로부터 약 3주 뒤에 새로운 달의 주기의 어두운 밤에 행해진다.

찬디

위대한 어머니이자 최고의 진리인 샥티는 『마르칸데야 푸라나』의 「데비 마하트먀」 장에 상세하게 설명되어 있다. 이 푸라나의 81장에서 93장까지 총 13장으로 구성된 이 부분을 찬디Chandi라고도 부르는데, 성모 여신 신앙자들에게 가장 신성한 내용이다. 신적인 존재들의 정신적 평화와 천상의 영역을 위협할 수 있는 악마들을 무찌르기 위해 필요할 때마다 지상에 내려오기 때문에 그녀는 공포의 여신인 찬디라고 불린다. 찬디는 어머니 여신과 천상의 악마들 사이의 투쟁의 여신으로 그려진다. 이 모든 것은 단지 인간의 욕망과 악마 사이에서 일어나는 끊임없는 전쟁의 풍자적인 표현일 뿐이다. 모든 지배적인 열정 또는 본능은 악마의 우두머리들과 그들의 각각의 군대로 상징되어 나타난다. 우리의 열정과 본능은 형태와 색깔을 바꾸고 변장하면서 도망가려고 한다. 이것은 몇몇 악마들이 신적인 힘인 샥티에게 도전을 받았을 때 그들의 모양을 바꾸는 이야기로 설명된다. 또 다른 사실은 열정과 본능이 우리 안에 너무 깊이 뿌리박혀 있어서 그것들은 종종 파괴할 수 없는 것처럼 보인다는 것이다. 왜냐하면 죽임을 당하는 것은 한 번에 다른 것으로 대체되기 때문이다. 이것은 여신이 악령 락타비자("피의 씨앗")와 싸운 것에서 잘 드러난다. 락타비자는 땅에 떨어지는 피 한 방울마다 신선한 활력과 사나움을 지닌 악마를 낳았다. 이 이야기는 인간 안의 어머니 여신의 깨어남을 의미하는 바, 내면의 완전한 의식이 깨어나 역사하게 되면 한 인간은 비로서 무한한 신성의 권능으로 충만하여 강하게 되는 것이다.

마을 여신

서력 기원 원년부터 기원후 10세기 사이에 사회적 하부층 출신의 많은 토착지역 여신들이 힌두교의 신들 사이에 자리를 잡았고, 종교적, 철학적 종합화 과정을 거치며, 하나의 보편적인 성모 여신의 양상으로 여겨지게 되었다. 그러므로, 많은 성모 여신들이 후에 하나의 성모 여신으로부터 나온 것이라는 것은 사실과 부합하지 않는다. 그 반대로 신화 시대의 하나의 성모 여신이란 많은 성모 여신들의 통합인 것이며, 이는 샥티 철학을 통해 강화되었다.

여름 후에 내리는 첫 번째 비는 어머니 대지가 다음 작물을 수확할 수 있도록 도와준다. 인도의 많은 지역에 있는 마을들은 그라마 데바타로 잘 알려져 있는 현지 마을의 신들을 섬기며, 이 신들의 상당수는 여신이다. 이것은 원래 비아리아인 선주민들이 숭배하던 어머니 대지신의 형태가 반영된 것으로 추정된다. 『데비 마하뜨얌』은 파르바티 여신이 악마들을 죽이기 위해 일곱 가지 모습을 취했다고 서술한다. 이 형상들의 여신들은 마을 여신으로 선택되어 전염병과 기타 자연재해로부터 마을 사람들을 보호한다. 그 마을 여신들은 다음과 같이 분류할 수 있다.

비의 여신
보호경계선의 여신
칼리

비는 데칸 고원에서 오랫동안 지속되어온 문제이며, 그래서 비의 여신들은 가장 인기가 있고, 아래와 같이 이 여신을 섬기는 많은 수의 사원이 있다.

마리 암만: 마리는 비를 의미하며, 무투 마리Muthu Mari라고 불린다. 여기서 무투는 진주를 의미하여, 무투 마리 암만은 풍요로운 비의 여신이라는 뜻이다. 그러나 무투라는 단어는 천연두와도 연관되어 이 여신은 재앙을 막기 위해 탄원해야 할 질병의 무서운 전령사였습니다. 그녀는 북인도에서 사람들이 매우 두려워하는 여신 시탈라 데비 Shitala Devi로 알려져 있다.

폰니 암만은 타밀나두의 쌀의 여신이다. 폰나라는 단어는 카베리 강의 또 다른 이름이다. 그녀는 부 데비Bhu devi의 화신으로 여겨진다.

이사키는 자이나 야크쉬Jain yakshi의 변형어이다. 이 여신은 아기를 품에 안고 있고, 남자 위에 서서 피에 굶주려 있다. 자이나의 신도들은 비폭력 원리의 가장 큰 옹호자들이라는 것을 감안할 때 이러한 여신의 모습은 역설적이다.

보호경계선의 여신들은 사악한 세력으로부터 마을 경계를 지킨다고 믿어지는데, 다음과 같다.

엘라이 암만은 두 마을 사이의 경계를 나누는 이정표를 상징한다. 엘라이는 경계를 의미한다.

사원의 저수지를 보호하고 수위가 상승하면 마을 사람들을 불러 제방을 수호하는 신의 그룹을 삽타 마트리카Sapta Matrika 즉 일곱 어머니들이라고 하며, 타밀어로 삽타 칸니마르 즉 일곱 처녀들이라고 부른다.

피다리 여신은 콜레라를 예방하고 악을 물리치기 위해 소환된다.

또한 다음과 같은 해안선의 여신들도 있다.

마니메칼라는 자신의 이름을 딴 대서사시에서 바다의 여신으로 묘사된다.

앙갈라 파라메쉬와리는 어부들의 수호신이며, 그들은 해안에 이 신의 사원을 짓는다.

미낙쉬 여신은 어부들과 연관되며, 물고기 모양의 눈을 가졌다.

카니카 파라메쉬와리는 풍랑으로부터 무역하는 사람들을 보호한다.

점차 많은 마을 여신들이 베다적 예식을 갖춘 온전한 신전의 여신들로 격상되었다. 예를 들면, 마두라이의 미낙쉬, 칸치푸람의 카막쉬, 사마야푸람의 마리 암만, 티루 베르카두의 카루마리 등이 있다.

마을의 여신들은 대개 5에서 500헥타르에 이르는 지역의 신성한 숲과 인근의 연못이나 강을 소유하고 있었는데, 사람들은 두려움과 존경의 마음으로 이 여신들을 보호했고, 여신들은 사람들에게 식량과 물의 안전을 보장하였다. 인도 전역에서 흔히 볼 수 있는 관습들 중의 하나는 테라코타 동물 특히 말의 봉헌물을 어머니 여신에게 바치는 것이다.

4 샥티의 원리

　인도인들의 샥티에 대한 사고에 관하여, 경험적인 요소와 사변적인 요소라는 두 가지 요소가 이상적으로 조화되는 것이 인상적이다. 경험적 측면에서 샥티의 개념은 우주기원론의 개념과 관련이 있다. 남과 여의 결합이 없다면 어떤 종류의 기원도 있을 수 없다는 것을 이해함은 반박할 수 없는 경험이다. 이러한 기원에 대한 경험은 자연스럽게 우주적 기원으로 확장되었고, 마침내 태고의 아버지와 태고의 어머니라는 사상에 이르게 되었다. 우리 모두가 알고 있듯이, 원시적인 사회에서 어머니는 가장 중요한 위치를 차지했고, 따라서 우주적 어머니는 가장 중요한 신이 되었다.

　존재해 왔던 모든 것은 모든 종류의 힘에 의해 존재할 수 있다. 우주의 창조자, 유지자, 파괴자로 존재하는 신은 우주를 창조하고 보존하고 파괴하는 무한한 힘을 가지고 있어야 한다. 사실 신의 존재 자체도, 존재가 가능할 수 있는 무한한 힘을 전제로 하고 있다. 신의 힘에 대한 이러한 믿음은 보편적으로 받아들여지는 믿음이지만 특별히 인도색을 띠게 하는 점은 인도인들은 주로 이 힘과 보편적인 에너지를 그 소유자의 여성상대로 보는 경향이 있다는 것이다.

　샥티의 소유자의 상대로 여겨지는 이 힘은 또한 샥티 소유자의 배우자로 인식된다. 이러한 이유로 인해 샥타(역자주: "샥티파 신자")뿐만 아니라, 거의 모든 다른 종파, 예를 들어, 샤이바("시바교 신자"), 사우라("태양교 신자"), 가나파트야("가네샤교 신자"), 바이슈나바("비슈누교 신자")에서도 동일하게 샥티가 중요한 위치를 점하고 있다. 인도의 신화시대를 걸쳐 분리할 수 없는 힘으로서의 배우자 여신을 얻지 못한 신이나 반신은 없었다. 이후 대승불교 시대에 모든 불, 보살, 반신들의 경우도 이러한 사실은 변함이 없었다.

샥티에 대한 강력한 신앙은 상키야, 베단타, 비슈누교, 탄트라와 같이 서로 상반되는 철학 학파들이 통합되도록 하였다. 상키야는 푸루샤와 프라크리티를 두 개의 독립적이고 궁극의 존재라고 보고, 양자의 상호 작용은 우연한 상호접촉으로 인해 발생할 뿐이라고 주장한다. 푸라나와 이와 유사한 다른 대중적 종교 문헌에서 프라크리티는 푸루샤의 여성 상대로 보통 인식되며, 따라서 이 두 존재는 실질적으로 탄트라의 샥티와 시바와 동일시된다. 이와 비슷한 방식으로, 베단타의 마야maya("환영")의 원리는 브라흐만Brahman의 샥티로 여겨졌다. 또한 이들의 쌍은 비슈누와 그의 샥티 락슈미("쉬리), 라마와 시타, 그리고 나중에 크리슈나와 라다였다. 따라서, 대중적 종교 신앙에 있어서 탄트라의 시바-샥티, 상카야의 푸루샤-프라크리티, 베단타의 브라흐만-마야, 비슈누교의 비슈누-락쉬미, 라마-시타, 크리슈나-라다 모두 동일한 것이다.

R. G. 반다르카르 경은 다음과 같이 분명히 언급했다. "여기 주어진 설명에서, 많은 서로 다른 이름을 가진 한 여신이 있는 것을 볼 수 있을 것이다. 그러나 예리한 자는 그것들이 그저 단순한 이름이 아니라, 다양한 역사적 조건들에 영향을 받은 각기 다른 여신들을 나타낸다는 것과 그들이 후에 힌두교인들의 일반적인 정신적 습관에 의해 하나의 여신과 동일시되었다는 것을 알게 될 것이다."

많은 여신들은 바라하("수퇘지 신")와 나라심하("반인반사자의 신")를 포함하여 서로 다른 인도의 신성神性들과 연관된 샥티들이다. 그들 중 일부는 아마도 원주민인 비아리아인들에 의해서 추가되었을 것이다. 따라서, 예를 들어, 차문다 여신은, 그녀에 대한 초기 언급에서 알 수 있듯이, 아마도 피에 굶주린 비아리아인 여신일 것이다.

신성한 성모 여신은 우리가 생명과정이라고 부르는 모든 생체 활동을 통해, 그리고 자연의 법칙을 통해 자신을 드러낸다. 이러한 연유로 위대한 여신에게 바치는 찬가에서 그녀는 신들과 아버지들에게 봉헌을 바칠 때 사용하는 주문呪文이 된다. 그녀는 프라나바(역자주: "옴")와 세 가지 구성 요소(A, U, M)이다. 그녀는 가야트리gayatri이고, 발성조음을 넘어서는 정묘한 만트라이다. 그녀는 우주의 창조, 보존, 파괴에 전적으로 책임이 있는 전능한 힘이다. 그녀는 최상의 지식 및 위대한 정신적 활력이다. 그녀는 은혜로운 모든 것의 은혜이다. 그녀는 강력한 모든 것의 참된 힘이다. 인간의 지성의 활력이고 자양분이다. 그녀는 만족이며, 마음의 평안과 관용이다. 그녀는 전쟁과 싸움에서 치열하고, 정서에 있어서 가장 온화한 자이다. 그녀는 정직한 자의 집에서 복이 되고, 악한 자의 집에서는 파멸이 되며, 그녀는 우리의 모든 지혜와 공덕 안에 거하며, 우리의 모든 무지와 악에도 거한다. 그녀는 브라흐만 안에 있으며, 가장 먼저 창조된 자 안에도, 가장 위대한 자 안에도 거한다. 그녀는 동일한 방식으로 가장 작은 곤충 안에 거한다. 인간의 지고의 해탈과 축복 속에 거하며, 동시에 속박과 고통의 최악의 상태에 거한다. 그녀는 최고의 미소로 빛을 발하며, 가장 끔찍한 공포로 모든 것을 암흑으로 만든다.

5 결론

신성한 여성성이란 생명을 창조하고 생명을 거두어 가며, 선을 보호하고 악을 파괴하는 신성한 어머니이다.

데비 마하트얌의 저자는 다음과 같이 말한다.

"여신이시여, 귀의하는 자들의 고난을 덜어주시는 자시여,
은혜를 베푸소서! 온 세상의 어머니시여,
은혜를 베푸소서! 우주의 신이시여, 우주를 보호하소서.
여신이시여! 당신은 움직이는 것과 움직이지 않는 모든 것의 주인입니다."

(『데비 마하트얌』 11장 3절)

이와 같이 인도의 성모 여신의 숭배 문화는 인더스 시대와 베다 시대 이래 지금까지 면면히 이어져 내려오고 있다.

≡ 참고문헌 ≡

- 'Hindu Goddesses', David Kinsley, Motilal Banarsidass, New Delhi, 1987
- 'Great Women of India', Ed. Swami Madhavananda, Ramesh Chandra Majumdar ,Advaita Ashrama, Himalayas, 1982
- 'Kali The Feminine Force', Ajit Mookerjee, Thames and Hudson Ltd., London, 1988
- 'Goddess Cults in Ancient India', J.N. Tiwari, Sundeep Prakashan, Delhi, 1985
- 'Shakti in Art and Religion', Ed. Nanditha Krishna, The C.P. Ramaswami Aiyar Foundation, Madras, 1991

INDIA'S SACRED MOTHER GODDESS CULTURE

Nanditha Krishna, PhD

Belief in the Mother Goddess is found in most ancient cultures. The development of the worship of the Mother Goddess has been very intriguingly expressed in philosophies, religion, art and literature, assimilating heterogeneous elements which combined to create a body of legends and traditions. The mother was always the central figure in the social structure of every society due to both her economic role and her ability to produce children. Thus, many ancient societies were matriarchal before they became patriarchal.

The Mother Goddess represents the deification of motherhood, fertility, creation and destruction. She is also the Sacred Earth Goddess who embodies the bounty of the earth or nature. She is Shakti, the mystic power, and Prakriti, the Supreme Nature. The Earth Goddess is usually the wife or feminine counterpart of the Sky Father.

The Rig Veda takes a mystic line, when it perceives the Sacred Mother as Vach, which, as creative speech, manifests the cosmos and all existing things. In Vedic mysticism, the cosmos and all things pre-exist but are unmanifest. Vach or speech makes them manifest. Of the Vedic hymns, the hundred and twenty-fifth hymn of the tenth mandala (Book) or Devi sukta of the Rig Veda has been described as the origin of the Mother cult of India. Through self-realisation, she identifies with the Supreme Being (Brahman) and says:

"I am the sovereign power (over all the worlds), bestower of all wealth, cognizant (of the Supreme Being), and the first among those to whom sacrificial homage is to be offered; the Gods in all places worship but me, who am diverse in form and permeate everything. Whoever eats food, or sees, or breathes, or hears what is spoken, does it through me; those who do not know me thus perish. Hear, 0 worthy one, what I tell of—which should be known through faith and reverence… I wage war to protect the good, I pervade heaven and earth. I give birth to the infinite expanse overspreading the earth; my birth-place is in waters deep in the sea therefrom do I permeate variously all the worlds, and touch the heaven above with my body. It is I who blow like the wind creating all the worlds; I transcend the heaven above, I transcend the earth below— this is the greatness I have attained."

The origin of Shakti worship in India goes back to the dim past. The Devi Sukta hymn in the Rig Veda, as well as the Shri Sukta and the Durga Sukta are very well known and they prove that the adoration of the Shakti is not a recent development. The rishi or composer of the Devi Sukta was a woman.

In one of the earliest Upanishads, the Kena Upanishad, Uma, described as the daughter of the Himalayas, appears as a mediator between the Supreme Being and some of the deities.

In the Krishna Yajurveda, Taittiriya Aranyaka, X, 1, Durga is invoked as being of the colour of fire and resplendent by virtue of her tapas or asceticism. In the Shwetashwetara Upanishad, moreover, the doctrine of Maya, now specially associated with Adi Shankara is adumbrated:

> "Now know Prakriti as Maya and the Great Lord as the wielder of Maya."

She stands above the world, linking creation with the unmanifest mystery of the Supreme. As Prakriti, she creates, contains and supports all beings. In another aspect, she mediates between the human personality and the Divine nature.

Buddha preached a system of ethics unconnected with the worship of a personal God and sought to keep out of his system all mysticism. Nevertheless, very early in the development of Buddhism, Shakti worship was introduced by the Mahayana School. There is a hymn addressed to the Buddhist Shakti, Pragna Paramita, couched in the following words, which recall the teachings of the Vedanta School: "Om! salutation to Thee, the Unconditioned, the Infinite and the Omniscient." In course of time, the Buddhist tantras became as elaborate as their Hindu prototypes.

The Catholic Church has given a place to Mary, the Virgin Mother, similar to that of Shakti. The veneration offered to the Virgin Mother, as the most exalted of the Creations of God, is designated as Hyperdulia. There are common elements existing between Hindu Devi worship and Catholic rites such as the sacrament, private upasana or puja, upacharas (bell, light and incense), the rosary for the japa and kavachas (medals and scapulas) and several festivals, fasts and observances of identical character. Shakti worship is quite in harmony with the highest philosophy and even the tenets of modern science. Herbert Spencer asserts that "the Universe, physical and psychical, within us or without us, is a play of force (shakti)."

Shakti worship is regarded as a Sadhana Shastra or a shastra of realisation and discipline. It is supposed to be a part of monistic thought or Advaita Vedanta and the underlying idea of the cult of Shakti or Divine Power has been described as one of the greatest evolved. Its basic thoughts are that, namely,

- The world is a Cosmos and not a chaos;
- Dharma or World Order upholds this Cosmos;
- Dharma is not imposed from without, but is in the nature of things.
- Dharma demands action in harmony with world processes which include "the law of causality", according to which the fruit of no action is lost.
- Religion and, indeed, all right living, is the upholding of this Dharma.

God, in the Mother form, is worshipped as the Supreme Power, which creates, sustains and withdraws this Universe, and works out this Dharma through and by means of the laws of Karma, transmigration (samsara), evolution and involution. Although God is beyond sex, the power or active aspect of God is called Shakti. Shiva or the male aspect of Divinity is regarded as the unchanging consciousness and Shakti as the developing transforming power manifested in men and matter, through a Trinity of functions --ichha or will, gnana or knowledge and kriya or action. Shakti has been defined as the power by which the Infinite formless consciousness veils itself and limits itself, thus experiencing itself as form.

The essential teaching of the Tantra is that sadhana means that "man must rise through and by means of nature and not by a foolish or purposeless rejection of nature."

Whereas Durga or Uma in her various forms and manifestations is represented as the Shakti of Shiva, the same place is occupied in Vaishnava theology by Lakshmi, and Sarasvati is worshipped as the Shakti of Brahma. Shakti worship makes provision for both sexes, and all castes are included in its ambit. In fact, the honour paid to women in Shakti worship is remarkable and unique. Women are entitled to be Gurus.

The concept of the Motherhood of God is quite consistent with monism or Advaita. Shakti is only symbolically female, because it is the productive principle in nature which is associated with the feminine aspect.

The Shaakta dharma or the dharma of Shakti worship is, as already stated, specially distinguished in the religious development of India for its unsectarian spirit and its provision for all castes and for women.

Each person is a reservoir of power or Shakti, which should be trained in the right type of activity and in practical service. It has been called the Religion of Power and it is based on a philosophy that experiments.

The main scriptures of the Shakti worshippers are the Devi Bhagavatham and parts of the Markandeya, Skanda and Brahmanda Puranas. Commencing with Shankaracharya and coming down to Thayumanavar, various saints and seers have composed hymns and commentaries bearing on Shakti worship. Shaktism has been defined as a dynamic form of the Hindu faith in its mood of synthesis or integration and reconciliation. Durga or Uma is contemplated as the sister of Vishnu, the wife of Shiva and the Mother of Ganesha and Subrahmanya. Thus every important aspect of the Godhead is associated with this Shakti. Shakti is pictured as Saguna Brahman, as the active principle energising the universe.

Mother worship in India has to be viewed in the aspect in which it has deepened the religious consciousness of the people and thus moulded their sense of higher values. It is through this process that it can add a colour and quality to the very culture of the people. The Mother Goddess could stir the life and intellect of the people of the country mainly through the philosophy of Shakti.

The images of the Mother Goddess appeared for the first time in the Indus Valley Civilization and were probably developed by non-Vedic people. Today's Shakti cult or mother cult developed when the Vedic Aryans and the non-Vedic and tribal people came together, creating a long process involving the assimilation of various ideas by the Vedic religion which has predominantly male Gods. However, there is a mother Goddess in the Vedas too. So, it is an indication that worshipping the sacred mother Goddess was widespread among the religions of the Indus Valley and Vedic cultures.

To trace the evolution of the worship of the Sacred Mother Goddess, we have to begin with the Vedas which are the earliest written records of the religion, literature and civilization of India.

ADITI

Aditi is described as the mother of the Gods in the Rig Veda (Devamata). She is also described as the mother of the Universe and this tradition of Aditi being the Supreme Mother of the Gods continues in the later puranic literature also. She is the most influential and important Goddess in the Vedas, being the personification of the sprawling infinite and vast cosmos. She is the Goddess of the earth and sky, the past, present and future, and the Goddess of fertility. She is the mother of the celestial beings, the Adityas. As the celestial mother of every existing form and being, the synthesis of all things, she is associated with space (akasa) and with mystic speech (Vach). She is mentioned more than 250 times in the Rig Veda, out of praise, admiration, and respect. She is the daughter of Lord Brahma, the Creator, who gave her the cosmic egg of creation. Aditi safeguarded it for 1000 years before it was let into the water and began the process of creation.

PRITHVI

Another important Goddess was the earth mother. Prithvi ‹the Vast One› is the Sanskrit name for the Earth as well as the name of the Goddess in Hinduism and Buddhism. The Rig Veda (168.33) says "great is our mother earth". She was invoked to bestow luxuriant growth, crops, food and prosperity and redeem human beings from sins and ensure happiness, children and long life. All motherly feelings, affection, generosity and forbearance are attributed to the mother earth of whom the poets were proud to be the children.

Prithvi's consort is Dyaus Pita, the sky God. In later puranic literature, she is known as Bhoomi (earth) and is saved from drowning in the primeval waters by Lord Vishnu in the form of the boar Varaha.

Book 12 of the Atharva Veda, is an entire hymn to the earth where, it is said,

> "Truth and greatness, the right and the formidable, consecration, penance, Brahman (the Supreme Being) and sacrifice sustain the Earth; . . . she (the Earth) bears the herbs of various potency—let the Earth be prosperous for us. On her are the ocean, the rivers—the waters; on her all food and plough-fields; on her flourish those that breathe and stir; . . . let that Earth grant us all prosperity. The immortal heart of this Earth, covered with truth, is in the highest firmament—let that Earth assign to us brilliancy, strength, in highest royalty. On her the circulating waters flow the same, night and day, without failure—let that Earth yield us milk; then let her sprinkle us with splendour ... Earth is Mother, I am Earth's son. . . Thou hast become great, a great station; great is thy trembling, stirring, quaking; great Indra defends thee unremittingly. Do thou, O Earth, make us shine forth as in the aspect of gold let no one soever hate us".

LAKSHMI

Lakshmi or Shri is the Goddess of wealth and prosperity. Her origin is traced to the Shri sukta, a collection of verses in the fifth book of the Rig Veda. In the Shri Sukta the Goddess Lakshmi or Shri is described as of the colour of a red lotus, seated on a red lotus and wearing a garland of red lotuses, and is herself called the deity of the lotus (Padma). She is approached to gift her devotees, gold and domestic animals like cows and horses, to give them good health, wealth, a good harvest, beauty, name and fame. Originally, Lakshmi was a harvest Goddess and was identified with the earth in the Aitareya Brahmana. Images of Lakshmi are found in Bharhut and other Buddhist and Jain centres; her image and reference are found in a seal and some inscriptions of the Gupta period. It seems that the worship of Lakshmi as a mother Goddess became established during the Gupta period.

The history of the mother Goddess Lakshmi seems to have taken a bifurcated course. Lakshmi gradually became associated with Vishnu, the all-pervading ultimate Lord, as his Shakti; but she also continues her original nature as the harvest Goddess associated with Mother Earth. She is described in her worship as the presiding deity of the home as well as the corn field. Women worship her as the domestic Goddess of fortune and beauty. In the autumnal worship of the Goddess, her first representative is a branch of a bilva (Aegle Marmelos) tree with which the Goddess is to be first awakened. In the next stage, the representative of the Goddess is the Navapatrika, a female figure made with a plantain tree and eight other plants and herbs. In the worship of this Navapatrika, hymns are uttered in praise of all the plants and herbs separately, identifying the mother Goddess with each of these plants and herbs. The prayer "Shri Ashta Lakshmi Stotram" lists the Ashta (eight) forms of Lakshmi in which all of them are depicted as seated on the sacred lotus. She has been identified with dhana (wealth), dhanya (rice), the staple food of a substantial portion of the Indian subcontinent, gaja (elephants), santaan (progeny), veera (valour), vijaya (victory) and vidya (knowledge). In some parts of the country, she is worshipped in the Navapatrika form referred to earlier.

The philosophic concept of the Mother Goddess Lakshmi is expounded in the literature of the Pancharatra school of early Vaishnavism. Here Vishnu as Vasudeva (the all-pervading Lord) is the Supreme Being who possesses infinite power in the form of knowledge, will and activity. Though ultimately one and the same with the Lord, she presents a semblance of duality in non-duality. In Puranic literature, we have several legends concerning the origin of Lakshmi. Lakshmi is also associated with the Narayana form of Lord Vishnu, whereby the Lord rests on Shesha the snake, representing the cosmic ocean.

SHRI AND BHU

Goddess Lakshmi is the Shakti of Lord Vishnu, the Preserver. In the artistic representations of Lord Vishnu, she is bifurcated as the Goddesses Shri and Bhu, on either side of Vishnu. In these representations, Vishnu retains his aspect of the old Vedic Sun God, and Shri and Bhu stand for two aspects of Lakshmi, the Earth-Goddess, the aspects of prosperity and productivity.

Reference to the worship of Shri is found in the Dharma sutra of Bodhayana. She is referred to in a few verses of the Ramayana and the Mahabharata. Lakshmi is also identified with Goddesses Shri and Bhu (Bhoomi), the Goddesses of good fortune and earth respectively, and stand for two concepts of the Goddess. Earth and Prosperity are aspects of Shakti, the power associated with God Vishnu.

In the Aitareya Brahmana (S.5) the earth is identified with Shri; in some of the later Upanishads also the earth has been identified with the Goddess Shri or Lakshmi, the Goddess of harvest and fortune. As the Goddess Shri, the earth has been eulogized as the sovereign Goddess and homage has been paid to her. In Puranic literature, the earth has been frequently described as an aspect of Shakti or the Great Power.

The Shri sect of Vaishnavism lays great stress on the mother aspect of Vishnu's Shakti. Lakshmi stands as an intermediary between God and human beings, making the former compassionate and merciful to the latter.

Bhoomi or Bhu is the Earth, which is the source of food and prosperity. This was a very important aspect of an ancient agricultural society.

In the Ramayana, Sita, wife of Rama, is a symbol of the sacred earth and agriculture. Her name means furrow and she is the daughter of mother earth. She is discovered amidst the furrows and adopted by King Janaka. When she decides to leave the earth, the land opens up and Mother Earth takes her into the depths.

SARASVATI

Particular mention may be made of the Goddess Sarasvati, who is one of the most important Goddesses of India still worshipped on a wide scale. Originally, she was an important and sacred river in the Rig Veda, and then she became a river-Goddess.

The historical development of the river Sarasvati took a different course. The hymns in praise of the river Sarasvati in the Rig-Veda and the homage paid to her suggest that there was a latent belief in a presiding deity over the river.

- In one verse of the Rig-Veda, Sarasvati has been praised as the best among the mothers, best among the rivers and best also among the Goddesses, and as such she had a share in the oblations offered in the sacrifice.
- In the next phase of her evolution, we find her identified with vach or word, and that became the turning point in her evolution as the Goddess of learning not only in India but also in some other neighbouring or eastern countries like Tibet, Java and Japan, where stone images of the Goddess have been discovered. It is philosophically held that the river Sarasvati represents the stream of knowledge of the Eternal One, and as such she is the Logos, the Indian synonym for which is vach, and thus could Sarasvati, the river, be identified with vach. Sarasvati began to evolve as the Goddess of learning and of all fine arts in later times.
- Sarasvati is generally described as a snow-white Goddess with white garments, and everything associated with her is white in keeping with her purity. In her most widely accepted icon of the present day, she is seated on a white swan as her vehicle (vahana).

In the age of the Puranas, the tendency was to have the concept of

Sarasvati assimilated with the conception of Shakti; as a result, Saras-vati was conceived as a particular aspect of the one all-pervading Pow-er—the Great Mother. The most famous and sacred of all the mantras, composed in the gayatri metre and daily recited many times by brah-mins.

She is the wife or the Shakti of Brahma, and as such, she has, like Brahma, the swan as her carrier.

Sarasvati finds a place as an important Goddess in Buddhism as well as in Jainism with varying iconographical details. In later Buddhism, however, she is generally associated with Manjushri, the God of learn-ing. In the Buddhist liturgical texts, she is variously described as Maha Sarasvati, Aryavajra-Sarasvati, Vajravina-Sarasvati, Vajra-Sarada, etc. She presents a variety of names and iconographical differences in Jain-ism as well.

RIVER GODDESSES

This tendency of holding the rivers as mothers, coupled with the ten-dency to deify them, seems to have been responsible for the origin and development of the worship of the river-Goddesses of India. The river Ganga (Ganges) is ceremoniously worshipped as a Mother Goddess. A series of legends in the Puranic Age have made the Ganga a full-fledged mother Goddess, associated in one way or another with the Trinity—Brahma, Vishnu and Shiva, and it is sincerely believed by a large sec-tion of the Hindus even today that one will attain eternal peace if one can pass the last few hours of one's life half-immersed in the waters of the Ganga. Hindu custom consigns the ashes of the cremated body to the holy water of the Ganga. The river Yamuna is associated with the heavenly cowherd Krishna, who lived on the banks of the Yamuna. All the rivers – Godavari Narmada, Kaveri, etc. - are Goddesses and there-fore sacred. The Brahmaputra is the only male river.

DURGA

The Sacred Mother Goddess has been mainly styled as the Devi, i.e. the great Goddess; but Devi became better known in later times as Durga. The name Durga has variously been interpreted in the Puranic and Tantrika literature, the import of which is that she is the Mother Goddess who saves us all from all sorts of miseries and afflictions—from all sorts of dangers and difficulties. Durga is also called Shakti and is worshipped as the principal aspect of the Mother Goddess. She is one of the most popular and widely revered deities, associated with protection, strength, motherhood, destruction and war. She fights evil and demonic forces that threaten peace, prosperity and Dharma, the Law of Righteousness. In the worship of Shakti, we see the coming together of the ancient cult of the Mother Goddess, still revered in several local forms in Indian villages, Tantric rituals and the more sophisticated forms of Devi worship. Nearly every Indian Village Goddess is identified with Shakti, although the folk forms undoubtedly supersede her Shakti identification. The *Durga Stotra* in the *Mahabharata* details her attributes of mother, daughter, sister and the great saviour, by which the Shaktas came to revere her. The *Aiyastava* of the *Harivamsha* describes Devi and her worshippers, the Shavaras, Barkaras and Pulindas, ancient indigenous tribes.

The *Devi Mahatmya* of the *Markandeya Purana* finally brings together the entire cult picture of the great Goddess. The description in the *Markandeya Purana* vacillates between the description of Shakti as the formless, Supreme, all-pervading principle and her various finite forms. She is described as holding the citrus, mace, shield, skull cap, skull cup, sword, trident and severed head, in various combinations. She rides the lion, the tiger. She slays the buffalo demon and can be blood-thirsty. Her milder aspects are as Parvati (mountaineer), Uma (light), Gauri (yellow), Jaganmata (mother of the world).

In her more terrible aspects, she is Kali, adorned with the skulls of demons, Chandi (fierce) and Bhairavi (terrible). As Durga, she rides a lion or tiger and holds a trident or *trishula*. As Mahishasuramardini, she rides the lion and kills the buffalo demon. In her early images on coins, she stands on a lotus with a lion beside her. Later, she is depicted in her Mahishasuramardini form. There is a gradual metamorphosis from a Goddess killing the buffalo with her trident to a Goddess seated on a lion killing a buffalo demon with her trident. It is believed that the lion association was influenced by Ishtar, the great Babylonian-Assyrian Goddess of fertility and war, whose symbol was the lion.

She inspired Adi Shankara to compose the *Soundaryalahari,* a sublime offering to the noblest qualities of creation.

The battle between the Mother Goddess and the buffalo symbolises the battle between the food-producing Dravidians and the pastoral tribes of pre-Dravidian India who worshipped the buffalo God. The latter was defeated and this victory is symbolised by the Goddess killing the buffalo-headed demon.

Durga's association with the tiger goes back to Mohenjo Daro, where the tiger is on several seals, standing by a female figure seated on a prickly tree, probably the *shami* or *khejarli* (*Prosopis cineraria*), known as *kotran* in Tamil. Durga is known as Kotravai in Tamil literature, the Goddess of the desert (*palai*).

AMBIKA and SHAKAMBHARI

There are several names for the Goddess Durga. As Goddess Ambika, she is the autumn, which betrays the fact that she was originally a harvest Goddess; and when Ambika became identified with Durga, the autumnal worship of the Goddess became a widespread custom. An epithet of Durga is Shakambhari, which means 'the herb-nourishing Goddess.'

UMA - PARVATI

In the *Atharva-Veda*, we find a hymn (6. 38) addressed plainly to the great mother Goddess (Devi): that the great Goddess is the underlying brilliance and power in everything, and that she is the mother even of

Indra, the mightiest of the Gods. The Goddess was named Uma, mean-ing tranquility. Uma is qualified by the word *Haimavati,* which may historically be interpreted as belonging to the mountain Himavat, i.e. the Himalayas.

Uma or Parvati, the Indian Mountain Goddess, seems to be the ba-sis of the Puranic *magna mater,* with whom most of the other mother Goddesses, mostly indigenous in origin, were associated, or with whom, most of them merged themselves. The evolution of the idea and philosophy of Shakti greatly helped this process of identification and unification. As the Shakti is fundamentally one, the mother must also be one; the mothers were necessarily intermingled and unified. Uma or Parvati as the consort or the inseparable counterpart of Lord Shiva seems to have attained wide prominence by the beginning of the Christian era. Uma Maheshwara drew almost universal respect in India as the primordial Father and Mother. Kalidasa began his great epic *Raghu-vamsha* with a salute to Parvati-Parameshwara, the Mother and Father of the universe, who are said to be eternally and insepara-bly related to each other. In the *Kumara-sambhava* he narrates how Uma obtained Mahadeva as her husband through austere penances. Thus she was the Jaganmata. In this work of Kalidasa, we come across other popular names of Uma, viz. Gauri (yellow) and Aparna (during her penance for Lord Shiva, not taking as her food even the leaves—*parna*—that fell from the trees).

SATI

In the *Kumara-sambhava,* we find reference to Daksha's daughter Sati attending a Vedic sacrifice arranged by her father, to which her husband Shiva was not invited, and committing suicide because of the insult offered to him by her father, with the determination of becoming the wife of Shiva in her next birth. When the great Mother, in her in-carnation as Sati, daughter of Daksha, threw away her body as a protest against her father's insulting her husband, Mahadeva (the great God) took the dead body of his beloved consort on his shoulder and began to roam about in the three worlds, mad in grief. This disturbed the universe, creating chaos, to prevent which Vishnu came forward with his weapon of discus and from behind the great God cut the body of the Mother Goddess Sat! into fifty-two pieces, which fell in fifty-two places of India, thus making them great centres of Mother worship. This legend also seems to be another attempt at assimilating all the mother Goddesses of India into one—the great Goddess. Accordingly, in her next birth as Uma, she obtained Shiva once more as her husband by dint of austere penance.

ANNAPOORNA and KATYAYANI

Durga is the great mother Goddess whose worship during the autumn is called *navaratri*, when she is worshipped for the first three days as Durga, the next three days as Lakshmi and the last three days as Sarasvati. This season is one of the most celebrated religious festivals of Hindus. She is worshipped also as Annapurna or Annada—the Goddess of rice and food and the presiding Goddess of Benares. During the spring she is worshipped as Vasanti, the spring Goddess. The autumnal worship of Durga is celebrated all over India, especially in Bengal, as Navaratri (nine nights). In the annual worship of the Mother, her earthen image is especially constructed for the occasion, the Mother is generally represented as Mahisha-mardini, or as trampling and killing Mahishasura (the buffalo-demon). The lion is her vehicle. Thus she becomes Katyayani, the warrior.

Durga or rather the Devi of the Puranic period has assimilated within her all the prevalent mother Goddesses of India, most of whom were indigenous local Goddesses. In some of the Puranas the Devi is said to be worshipped in one hundred and eight names in one hundred and eight sacred places all over India. In some texts, there is an attempt at enumerating a thousand names of the Goddess. Even a cursory glance at these lists will convince one that some of these names represent the different attributes of the Goddess, while others point to the fact that they are local Goddesses later on generalized and merged in one great mother Goddess.

KALI

In her more terrible aspects, she is Kali, the popular Mother Goddess of Bengal. In the south of India, her temples are situated deep in the forest or outside the village. Women appeal to her to protect their husbands who have gone to war. Kali, the popular mother Goddess of Bengal, is worshipped daily in many old temples. Her annual worship falls on the dark night of the new moon (mavasya) about three weeks after the autumnal worship of Mother Durga.

CHANDI

Shakti as the great mother and the highest truth has found an elaborate exposition in the Devi-mahatmya (glory of the Goddess) section of the *Markandeya Purana,* and this portion of the *Purana*, consisting of thirteen chapters (81-93) is regarded as the most sacred text of the Mother worshippers of India, known as the *Chandi.* She is also called Chandi—the fierce Goddess, as she incarnates herself whenever occasion demands for the purpose of destroying the demons who may threaten the mental peace and the heavenly domain of the divine beings. The *Chandi* is full of battles between the Mother on one side and prominent demons with their hosts on the other. The whole thing is but an allegorical representation of the continual war that is going on within, between the divine and the demoniac in man. Every dominant passion or instinct has its special array—a truth symbolized by the chief demons and their respective armies. Our passions and instincts change their form and colour and try to escape in disguise. This has been illustrated by the story of some of the demons changing their shape when challenged by Shakti, the divine Power. The other fact is that so deep-rooted the passions and the instincts are in us that they often seem to be indestructible, since one that is killed is replaced at once by another, and so on. This is well illustrated by the Goddess's fight with the demon Raktabija, from whose every drop of bloodshed on the ground sprouted a demon with fresh vigour and ferocity. It is the awakening of the Mother within, that is, full consciousness of the divine Power working in and through him, that makes a man strong and surcharged with the immense power of God.

VILLAGE GODDESSES

Roughly between the beginning of the Christian era and the tenth century A.D., many local and indigenous Goddesses from the social sub-strata found a place in the Hindu pantheon, and by a process of generalization, both religious and philosophical, were fused together and treated as aspects of the one universal mother Goddess. It is not, therefore, a fact, as is sometimes wrongly conceived, that the many mother Goddesses are later emanations from the one mother Goddess; on the contrary, the one mother Goddess of the Puranic Age seems to be a consolidation of the many mother Goddesses—a consolidation brought about by the philosophy of Shakti.

After summer, the first rain makes Mother Earth ready for conceiving the next crop. Villages in many parts of India abound with local village deities, popularly known as Gramadevatas, who are most frequently female deities. It has been suggested that probably many of these represent some form of Mother Earth originally worshipped by the non-Aryan aborigines. The *Devi Mahatmyam* says that the Goddess Parvati took seven forms to kill the demons. These forms were adopted as Village Goddesses to protect the villagers from epidemics and natural calamities. The village Goddesses can be grouped as follows:

- Goddesses of rain and fertility
- Protective boundary Goddesses
- Kali

Rain being a perennial problem in the Deccan, Goddesses of Rain are the most popular and have the maximum number of temples to their credit. They include:

- Mari Amman. Mari means rain and she was called Muthu Mari: Muthu means pearls and Muthu Mari Amman means the prosperous rain Goddess. However, the word muthu was also connected to small pox and she became the dreaded harbinger of disease who had to be propitiated to prevent calamities. She is known as Shitala Devi in North India, a much-feared deity.
- Ponni Amman is the rice Goddess of Tamilnadu. The word Ponni is also another name for the river Kaveri. She is regarded as an incarnation of Bhu devi.
- Isakki is a corruption of the Jain yakshi. She holds a baby in her arms and is blood-thirsty, standing on a man. This is an irony, for the Jains are the greatest proponents of ahimsa.

Protective boundary Goddesses are believed to protect the village boundary from evil forces. They include:

- Ellai Amman. Ellai means boundary and she is represented by the milestone which demarcates the boundary between two villages.
- Sapta Matrikas or Seven Mothers, who protect tanks and, when the water levels rise, call the villagers to protect the bund. They are called Sapta Kannimaar or seven virgins in Tamilnadu.
- Pidari prevents cholera and is invoked to ward off evil.

There are also Goddesses of the coastline, such as:

- Manimekalai, who is described as the Goddess of the sea in the epic in her name.
- Angala Parameshwari is the guardian of Fisherfolk, who install her in temples along the coast.
- Meenakshi, the fish-eyed, who is associated with fishing communities.
- Kanika Parameshwari, who protects the trading community from the waves.

In time, many Village Goddesses were upgraded into full temples with Vedic rituals. The best examples are Meenakshi of Madurai, Kamakshi of Kanchipuram, Mari Amman of Samayapuram and Karumari of Thiruverkaadu.

Village Goddesses generally owned the local sacred grove, a forest which could range from five to five hundred hectares, and a pond or river nearby. People protected them out of fear and reverence for the Goddess, who, in turn, ensured their food and water safety. A custom common all over India is the gifting of votive offerings of terracotta animals – especially horses – to the Mother Goddess.

THE PRINCIPLE OF SHAKTI

In the Indian idea of Shakti, we find a happy blending of two elements, one empirical and the other speculative. On the empirical side, the idea of Shakti is associated with the idea of cosmogony. It has been the uncontradicted experience of people from the dawn of his understanding that there cannot be any origination whatsoever unless there is the union of the two—the male and the female. Human analogy was naturally extended to the origination of the universe as a whole, and thus man came to the idea of the primordial Father and the primordial Mother. As we have seen, in the primitive condition of society the mother held the most important position, and thus the cosmic mother became the most important deity.

Everything that has existed, existed by virtue of its power or powers. God, who exists as the creator, preserver and destroyer of the universe, must possess infinite power through which He creates, preserves and destroys the universe. In fact, His very being presupposes infinite power by virtue of which He Himself exists. This belief in the power of God is a universal belief, but what lends it a specially Indian colour is the dominant tendency of the Indians to view this power or universal energy as something like a female counterpart of the possessor of this power. This power or *shakti,* conceived as a counterpart of the possessor of *shakti,* is recognized as the consort of the possessor. This is responsible for the fact that not only among the Shaktas (believers in Shakti in whatever form as the supreme deity) but in almost all other religious sects—Shaivas (believers in Shiva as the supreme deity), Sauras (believers in the Sun God as the supreme deity), Ganapatyas (believers in Ganesha as the supreme deity) and Vaishnavas (believers in Vishnu or his incarnations as the supreme deity)—an important place is occupied by Shakti. There is seldom a God or a semi-God of India of the Puranic Age for whom a consort has not been conceived as the inseparable Shakti. The same has been the case with all the Gods, semi-Gods and demi-Gods of the later phase of Mahayana Buddhism.

A strong belief in Shakti has brought about a popular synthesis among contrary philosophies like Samkhya, Vedanta, Vaishnavism, Shaivism and Tantricism. Samkhya speaks of Purusha and Prakriti as two independent and ultimate beings whose interaction is, in fact, a mere attribution resulting from the accidental contact of the two. In the Puranas and similar other popular religious literature, Prakriti is plainly conceived as the female counterpart of Purusha, and as such the two reals have been practically identified with Shakti and Shiva of the Tantras. In a similar manner, the principle of *maya* (illusion) of Vedanta has been conceived as the Shakti of Brahman. These pairs have again been identified with Vishnu and his Shakti, Lakshmi or Shri, with Rama and Sita, and still later with Krishna and Radha. Thus, in popular religious belief, Shiva-Shakti of the Tantras, Purusha-Prakriti of Samkhya, Brahman-Maya of Vedanta, and Vishnu-Lakshmi, Rama-Sita and Krishna-Radha of Vaishnavism all mean the same.

Sir R. G. Bhandarkar has rightly remarked, "In the account here given, it will be seen that there is one Goddess with a number of different names. But the critical eye will see that they are not merely names, but indicate different Goddesses who owed their conception to different historical conditions, but who were afterwards identified with the one Goddess by the usual mental habit of the Hindus." Many of the Goddesses are but different Shaktis, associated with the different God-heads of India, including Varaha (the Boar-God) and Narasimha (the man-lion God). Some of them are probably added from the stock of the aboriginal non-Aryans. Thus, for instance, the Goddess Chamunda is perhaps a non-Aryan blood-thirsty Goddess, as early references to her would show.

The Sacred Mother Goddess, manifests herself through all the bio-motor activities which we call the life-process, and through the laws of Nature. It is because of this that in the hymns to the great Goddess we find that she is the *mantra* for offering oblations to the Gods and the fathers; she is the *pranava* (Om) and its three component parts (a, u, and m); she is the *gayatri* and the subtle *mantras* that escape vocal articulation; she is the almighty Power solely responsible for the creation, preservation and destruction of the universe. She is the supreme knowledge *(mahavidya)* and great mental vigour *(mahamedha)*. She is grace in everything that is graceful; she is the real power in everything that is powerful; she is the vigour in our intellect; she is the giver of our nourishment; she is contentment, peace of mind and forbearance. She is fierceness in war and contest, and again she is in the tenderest of our sentiments. She is prosperity in the house of the honest, and ruin in the house of the evil-minded; she is in all our wisdom and merit; she is in all our ignorance and vice; she is in Brahma, the first created and the greatest, and she is equally in the smallest of insects; she is in our highest state of liberation and bliss; she is in the worst state of bondage and suffering; she shines in the best of smiles, and she darkens everything by the most terrific frowns.

CONCLUSION

The Divine Feminine is the Sacred Mother who created life and also took it away, who protected the good and destroyed evil. The author of the *Devi Mahatmyam* (XI.3) says:

"O Goddess, who removes the sufferings of those who take refuge in thee, be gracious!

Be gracious, O Mother of the whole world;

Be gracious O Lord of the universe; protect the universe.

O Goddess, thou art the lord of all that is moveable and immoveable."

Thus the worship of the Sacred Mother Goddess in India has a continuous history since Vedic times.

≡ Bibliography ≡

- 'Hindu Goddesses', David Kinsley, Motilal Banarsidass, New Delhi, 1987
- 'Great Women of India', Ed. Swami Madhavananda, Ramesh Chandra Majumdar ,Advaita Ashrama, Himalayas, 1982
- 'Kali The Feminine Force', Ajit Mookerjee, Thames and Hudson Ltd., London, 1988
- 'Goddess Cults in Ancient India', J.N. Tiwari, Sundeep Prakashan, Delhi, 1985
- 'Shakti in Art and Religion', Ed. Nanditha Krishna, The C.P. Ramaswami Aiyar Foundation, Madras, 1991

마하락쉬미 여신의 신성과 영적 의미 및 주요 경전

로밀라 수다카르

번역: 강시명(상생문화연구소)

필자 약력

로밀라 수다카르

인도 출생

인도 로욜라대학 시각 커뮤니케이션학과 졸업

인도 마드라스대학교 커뮤니케이션학 석사

바라티다산 대학교, 언론 커뮤니케이션학 박사

폰디체리 중앙대학교 매스미디어학과 겸임교수

엠오피 바시쉬나바대학 조교수

맥거핀 영화제작사 설립 및 운영자

힌두 언론그룹의 프론트라인 편집인

현 로욜라대학 시각 커뮤니케이션학과 조교수

저서 및 논문

『Cinema as a source to study Freedom Movement』(자유운동을 연구하는 원천으로서 영화)

『ITES in Tier-II Cities』(2단계 도시에서의 ITES)

『A compilation of 25 years of Frontline』(프론트라인 25년의 합본)

『Sources for Development Communication: The Role of THMRC』(개발적 소통의 원천 THMRC의 역할)

특이사항

독실한 힌두 싯다 브라흐만 가정환경 – 요가, 비파사나, 주문수행, 성지순례, 전생회귀훈련 등 영성전문가

다큐멘터리 제작자 – 로스앤젤레스의 인도국제영화제와 코펜하겐의 기후변화대회에서 상영

인도 첸나이의 청년리더쉽훈련소인 본투원의 지도사

1 들어가는 말

마하락쉬미 여신의 연구에 대해서 방대하고 많은 문헌과 해설서가 있다. 필자의 어려움은 자료의 가용성이 아닌 자료의 취사 선택이었다. 한 숭고한 여신의 중요성은 인도의 여신들의 만신전 가운데서도 매우 중요하다. 고대의 현자들과 리시가 밝힌 신성한 에너지 각각에는 독특한 역할과 기능, 목적이 있는데, 인도의 보통 가정들에서는 마하락쉬미 여신이 가지는 의미가 지대하다.

이 여신은 보통의 가정을 가진 자들이 필요로 하는 것 즉 돈, 관계, 아이들의 행복, 가족 그리고 좋은 일자리와 연관된다. 위기에 처할 때 인도 가정들은 몇몇 무서운 여신에게도 탄원하지만, 그들은 마하락쉬미의 은혜만으로 그 어려움을 극복하기에 충분하다는 점을 잊곤 한다. 그럼에도 인도 문화에서 사람들이 맹렬한 여신에게 도움을 구하는 풍습은 지금도 지속된다.

본 연구는 마하락쉬미 숭배의 다양한 측면을 검토하며, 이 여신을 부르는 송가頌歌와 그 의미, 그리고 새로운 세계 질서 속에서의 여신의 역할에 대해 논의할 것이다.

필자는 위대한 경전과 다양한 주석서에서 번역된 핵심 내용을 발췌하고 편집하였을 뿐이라는 것을 밝히고 싶다. 실제로 번역하고 주석을 단 것은 오랜 시간에 걸쳐 여러 저자에 의해 이뤄진 것이며, 본 논문 말미의 참고 문헌에 상세히 기재하였다.

마하락쉬미에 대한 연구는 무궁무진하다. 간결성과 학술회의 목적을 감안하여 필자는 주요 경전과 번역서의 범위에 제한을 두었다. 이 논문의 목적은 한국인들이 이 어머니 여신과 그 은혜를 깊이 알 수 있도록 돕는 것이다. 한 사람이라도 그렇게 된다면, 필자는 큰 만족과 마하락쉬미 여신의 은총을 받을 것이다.

마하락쉬미여! 이 글을 읽는 모든 이에게 깨우침을 주시옵소서.
마하락쉬미여! 지구상의 모든 존재에게 행복과 길상을 가져다 주옵 소서.

이와 같이 심고하며, 성자와 교사, 위인들이 쓴 여러 위대한 작품들과 글들을 논문의 형식으로 집필한다.

2 도상학적 표현

베다 전통의 사례

리그 베다에 의하면, 여신 마하락쉬미는 다산과 가축, 곡물 등 풍요를 부여한다. 아타르바 베다는 종종 우유와 연관하여 이 여신을 묘사한다. 이 네 번째 베다는 그녀의 다양한 장식물들을 언급하며, 가장 아름다운 존재로 그녀를 서술한다. 위대한 아름다움과 장식으로 이 여신을 도상학적으로 표현하는 것은 중세와 현대에 걸쳐 변치 않고 이어져 왔다.

네 개의 팔 – 다수의 팔

마하비슈누의 우주적 형상인 비슈와로파는 20여 개의 손에 신성한 무기를 쥐고 신도들을 보호하는 모습으로 그려지지만, 마하락쉬미는 대부분 네 개의 팔을 가진 것으로 묘사된다.

네 개의 팔은 다음을 상징한다. 정의(다르마), 쾌락(카마), 경제적 부(아르타), 해탈(모크샤)이다. 이 네 가지 측면은 모든 인간이 한 생애 동안 가져야 할 올바른 네 가지 목표를 나타낸다.

마하락쉬미 여신을 도상학적으로 구현함에 있어서, 여신의 네 손에는 그 특정한 역할에 적합한 다양한 성물聖物이 있다. 연꽃, 샹카, 차크라는 그녀의 다양한 형태에서 표준으로 남아있지만, 네 번째 성물은 바뀐다. 아래는 여신이 다양한 형태로 지닌 여러 무기, 도구들의 목록이다. 이 도구들은 이 여신이 인류에게 베푸는 다양한 축복을 표상한다.

초기 도상학적 표현

마하락쉬미를 나타내는 도상학적 표현은 오래되었고 인도 전역과 심지어 해외에도 널리 알려 있으며, 각 장소에 따라 다르게 나타난다. 하지만 샹카와 원반, 연꽃, 그리고 코끼리는 다른 여신에게서 찾아볼 수 없는 이 여신의 고유한 상징물이다. 마하락쉬미 신앙은 나라야나 신앙보다 더 광범위한데, 그 이유는 시바교도나, 샥티교도, 불교도, 자이나교도 등 종교와 종파에 상관없이 누구나 풍요를 필요로 하기 때문이다. 여신의 도상학적 표현은 대저택, 관청, 문양, 보통 집, 오두막, 가방, 차량 등 어디에서나 발견된다.

가자 락쉬미

수많은 신이 있는 인도에서 인도인들은 가자 락쉬미 여신이 입구 문지방을 장식하는 신이 된다고 믿는다.

이 마하락쉬미 여신은 연꽃에 앉아 있는 모습을 하고 있다. 코끼리는 양옆에 서 있고, 종종 이 여신에게 우유를 부어 주는 것으로 그려진다. 그녀는 우유 바다(크시라 사가라)에서 유래하였다고 믿어지는데, 어떤 학자들은 이 우유 바다를 은하수라고 해석한다.

가자 락쉬미 주위에 시종들이 여신에게 부채질을 해 주는 모습을 종종 관찰할 수 있다. 신도들은 여신의 신상을 집이나 사무실에 모시는데, 이를 통해 능력, 성공, 풍요, 승리를 가져올 수 있다고 믿는다.

반남반녀상(아르다나리쉬와라)

시바-파르바티의 반남반녀상(아르드나리쉬와라)만큼 인기는 없지만, 비쉬누-락시미의 도상학적 모습은 우주 창조의 이원성과 신성의 남성성과 여성성, 그리고 우주 창조의 이원성을 나타낸다.

이 반남반녀의 형태에서 락쉬미 여신은 마하비쉬누의 좌측에 위치하며 두 팔을 가지고 있다.

충실한 아내

마하락쉬미 여신은 아디쉐샤 위에 누워 안식하고 있는 전능의 신 마하비쉬누의 발을 주무르고 있는 모습으로 종종 표현된다. 이 도상학적 이미지는 이상적 결혼의 합일과 포용을 보여 주고 있어 인기가 있으며, 인도 전역에서 남편에 대한 이상적인 헌신의 모습으로 여겨지고 있다.

청동기 시대

몇몇 학자들은 하라파 유적의 점토판에서 보이는 사자와 힘겨루기를 하는 여인상은 원 락쉬미 신상이라고 주장한다. 논란은 있지만, 여신 문화와 동물과의 연관성이 매우 오래되었다는 것은 의심의 여지가 없다. 또 다른 하라파의 점토판에서 거꾸로 서 있는 여인의 모습이 발견되었는데, 두 다리를 벌린 여인의 자궁에서 한 식물 줄기가 나오고 있으며, 이는 그녀가 다산의 여신임을 나타낸다.

남아시아 사례

몇몇 남아시아의 동전들에 여신이 연꽃 위에 앉아 있고 종종 코끼리와 동행하는 모습이 새겨져 있다. 캄보디아의 경우에는 한 손에 여신이 연꽃을 쥐고 있고, 베트남의 한 예술품에서 그녀는 연꽃에 앉아 있다. 일본에서 마하락쉬미는 여의주 즉 친타마니를 쥐고 있는 길상천으로 그려진다. 여기서 친타마니는 연금술사의 돌과 같은 소원을 이뤄주는 신비의 보석이다.

티벳불교에서 그녀는 쉬리 데비 듯솔마라고 불린다. 이 모습에서 그녀는 보호의 여신이다. 때때로, 그녀는 제3의 눈을 지닌 것으로 그려지지만, 대부분 평화롭고, 종종 초록색으로 묘사되며 팔라모라고 불린다.

음식 및 공양(니베디야)

비슈누교의 전통은 신에게 가장 정결한 음식을 공양해야 한다고 강조한다. 니베드야 즉 헌물獻物로서 바쳐진 음식들은 주로 전통적인 인도 전통 음식과 달콤한 유제품, 후식으로 이루어져 있다. 쌀, 다양한 렌틸스프, 타마린드 쌀, 커드, 여러 종류의 달콤한 유제품과 후식들이 사원의 마하비쉬누와 마하락쉬미에게 바쳐진다. 공양은 먼저 나라야나 신과 마하락쉬미 여신에게 올려지고, 그다음 신자들에게 내려오는데, 지역에 따라 다르지만, 하루에 세 번에서 일곱 번까지 공양을 올린다.

108개의 성지(디브야 데샴) 중의 하나인 타밀나두주의 아치야르 코빌에서는 마하비쉬누보다 먼저 마하락쉬미에게 공양을 모시는 독특한 전통이 있다.

이곳의 주신은 스리니바사 페루말과 마하락쉬미—이곳에서 나치야르라고 불림—이지만, 마하락쉬미 여신에게 우선순위가 부여된다. 전설에 따르면, 전능의 신 나라야나는 말세에 칼리 유가에는 삶의 모든 영역에서 여성이 주도적인 역할을 할 것이라고 예언하였다고 한다. 공양은 이곳 사원에서 먼저 락쉬미 여신에게 바쳐진 후에 페루말에게 올린다. 신화는 나라야나 신 자신이 여성들이 칼리 유가 시대에 남성들을 선도하고, 남성들은 여성들의 지배를 기꺼이 받아들일 수 있도록 길을 제시하기를 원하였다고 한다.

흥미롭게도 사원의 외부행렬 기간에 마하락쉬미 여신은 나라야나 신보다 앞선 자리를 얻는다. 이는 세계적으로 여신 숭배와 여성 에너지의 상승이라는 관점에 비추어 볼 때 분명한 진실인 것이다. 바야흐로 지금은 세계적으로 곤도坤道의 시대이다.

3 락쉬미 관련 경전

사계송 찬가(차투슬로키)

민간에 스리 알라반다르(서력 916년-1041년)로 더 잘 알려진 야무나차르야가 쓴 네 개의 계송을 의미하는 차투스로키는 마하락쉬미 여신을 찬미하는 송가이다. 민간에 나타무니(대략 서력 824년-924년)로 알려진 아랑가나탄 성자의 손자이기도 한 야무나차르야는 날라이라 디브야 프라만담—마하비쉬누를 찬미하는 알와드 시인의 4,000여 게송을 엮은 영성 시집—을 편찬하였다. 나타무니는 또한 비쉬누파 영적지도자들 중 으뜸이며, 요가의 비밀(요가 라하스야)과 논리학의 정수(냐야 땃뜨바)의 저자이기도 하다. 그는 사천 개의 성구를 모아 편집하였고, 학문의 융성, 사원 행정의 개혁, 창조적 실행, 미래의 비전 제시 등 비쉬누 신앙 확립에 많은 공헌을 하였다.

그렇게 높은 명성을 가진 성자의 손자이었지만, 야무나차르야가 자신의 동료들 위에 우뚝 서게 된 것은 이유가 있었다. 나타무니는 그의 제자들에게 야무나차르야의 교육에 신경 쓸 것을 당부하였고, 자신의 손자가 장차 비쉬누교의 수호자가 될 것이라고 예언하였다.

야무나차리야는 자립하여 큰 공덕을 성취한 성자이며, 여러 권의 영성과 문법에 관한 책을 저술하였다. 하지만 그의 수제자 라마누자가 너무 유명하여 자신의 지혜와 공덕은 덜 알려지게 되었다. 야무나차리야는 천부적 재능을 타고난 라마누자를 훈육하기 위해 큰 노력을 들였다.

야무나차리야는 스리랑감 사원에 들어가면서 즉석에서 차르슬로키(사계송)와 스토트라 라트나(송가의 보석)를 지었다고 전해진다. 전설에 의하면, 그는 수도자의 삶에 들어가기 전에 임금으로 몇 년간 왕궁에 있었다고 한다. 그의 문화적 역량, 지성, 문학적 소질, 헌신적 공덕에 관하여 증언들이 존재한다. 그렇지만, 이 소고는 마하락쉬미에 초점을 맞추므로 사게송의 고찰에 집중하기로 한다.

두 가지 원리인 푸루샤카라 프라파티 즉 마하락쉬미 여신의 나라야나 신과 창생 사이의 중재자로서의 역할과 예카 세쉬비탐 즉 나라야나 신과 더불어 창생들을 구원하는 자로서의 역할을 본 논고에서 고찰한다. 이 둘은 마하락쉬미 여신의 중재자와 궁극적 해탈의 구원자로서 역할에 구분이나 이원성이 없다는 것을 매우 강조한다. 여신은 둘 모두를 아우르는 것이다.

마하락쉬미 여신은 또한 모든 덕성의 완전체(사드구나 삼푸르나이)와 신성으로 충만한 자(바가바티)라고 알려져 있다. 사실상 몇몇 게송과 편찬은 마하락쉬미 여신이 모성애적 자비심으로 인해 전능의 신 나라야나보다 더 뛰어나다고 기술한다. 여신의 품성은 자비(다야), 용서(샤마), 애정(밧살랴)이며, 이러한 덕성으로 전능자인 스리만 나라야나와 신도들 사이에서 중재하는 자비롭고 용서하는 어머니가 된다. 반면 나라야나 신은 인간들의 모든 행동을 관찰하고 참과 거짓을 판단하는 법과 질서의 주관자이다.

여신은 자신의 무한 포용성으로 반드시 멸해야 하는 인간의 실수와 약점들을 언제든 용서할 준비가 되어 있다. 여신은 인간을 대신하여 언제든 전능자에게 탄원할 준비가 되어 있다. 안잘리 무드라는 여신 마하락쉬미의 궁극적 은혜인 신적권능(아이쉬와르얌), 절대적 독존(케이발럄), 궁극적 해탈(모크샴)을 이루기 위해 사용하는 수인(무드라)이다.

첫 번째 게송은 마하락쉬미 여신이 남편 비쉬누 신과 같이 아디 셰샤에 기대어 누워 있는 것으로 묘사한다. 더 나아가 본 게송은 비쉬누 신의 탈것인 독수리 가루다가 마하락쉬미 여신의 교통 수단이기도 하다는 것을 설명한다.

게송에서 저자는 여신과 더불어 여신의 영광된 회합인 창조신 브라흐마, 파괴신 시바와 그들의 아내들, 그리고 모든 데바들과 그들의 아내들을 찬미한다.

신성한 이름 스리로 알려진 저자는, 몇몇 바이바밤과 더불어 여신의 다른 이름인 프라크리티 혹은 마야는 단순한 가림막이며 환상의 원인이라고 설명한다. 심지어 브라흐마나 루드라(파괴신 시바)도 마하비쉬누 신의 마야로 인해 카르마의 속박에 빠질 수 있다. 마야(프라크리티)는 신체와 형태를 피조물에게 부여하는 큰 역할을 하지만, 동시에 그것은 피조물이 자신의 본성을 망각해 삼라와 윤회에 빠지도록 한다. 그렇지만 마하락쉬미 여신은 마야의 속박의 힘으로부터 자유로우니 바로 그녀가 마야의 주인인 것이다.

첫번째 게송은 마하락쉬미가 마하비쉬누와 동등한 반열이라는 여신의 지위를 설명한다. 여신은 물질적, 에너지적 우주의 지배자라고 기술한다. 알란반다르는 마하락쉬미 여신이 본성(스와루팜), 형태(루팜), 속성(구남), 권능(바이바밤)의 근원이라고 주장한다.

여신은 여섯 신적 속성을 지닌 마하비슈누 신과 같은 속성을 가졌다고 여겨지는데, 지혜(즈냐남), 권위(발람), 권능(샥티), 신성(아이쉬와르얌), 용맹(비르얌), 광명(테잠)이 그것이다. 여신은 모든 존재의 주인(사르바 쉐샨)이라고 불리는 나라야나 신과 마찬가지로 모든 존재의 여주인(사르바 쉐샤니)이라고 불린다.

여신은 마하비슈누 신과 일체로서 함께 신성한 부부로 알려져 있다. 여기서 마하비쉬누 신은 락쉬미 칸탄이라는 별명이 있는데, 락쉬미를 사랑하는 자라는 의미이다.

첫 번째 게송은 마하락쉬미 여신의 이름만으로도 험난한 삼라의 세상에서 피난처를 얻어 귀의할 수 있다고 결론 내린다. 저자는 겸손히 자신은 여신의 권능을 헤아릴 수 없다고 말하며, 모든 경전과 신화 이야기가 여신을 송축한다고 기술한다.

두 번째 게송에서 야무나차르야는 전능자 나라야나 자신도 마하락쉬미를 적합하게 묘사하기에는 어떤 언어와 표현도 부족하다고 설명한다. 그만큼 그의 배우자 여신의 자비의 덕성이 위대하다는 것이며, 이를 통해 저자는 나라야나 신의 절대적 권위를 옹호한다. 전능자 나라야나의 권능은 위대하고 무수한 속성을 가지고 있으며, 동일하게 그는 마하락쉬미의 은혜 역시 적합하게 표현하지 못하는 것이다.

그러면 저자 야무나차르야는 자신의 글을 어떻게 증명하는가? 성자는 여신에게 귀의했으며 자신은 종으로서 그녀의 발에 절하고 섬길 수 있다고 고백한다. 더 나아가 그는 여신의 무한한 자비와 사랑으로 인해 본 게송을 쓰는 사역을 맡을 수 있었다고 확신한다.

세 번째 게송에서 저자는 신적 권능을 기술하는 불가능한 사역을 맡았다고 화두를 던진 후, 만약 자신이 넘어지면 귀의하여 무한한 위로와 권능, 힘을 부여하는 여신의 시선을 앙망한다고 이야기한다.

마하락쉬미는 마하비슈누와 모든 피조물에 있어서 없어서는 안 될 존재이다. 야무나차르야는 마하락쉬미 여신이 신도들에게 신적 권능(아이쉬와르얌), 절대적 독존(케이발럄), 궁극적 해탈(모크샴)을 선사한다고 설명한다. 저자는 전능자 나라야나가 배우자 여신 없이 존재할 수 없으며, 그녀의 권능과 은혜가 있어야 전능자로서 활동할 수 있다고 감히 선언한다. 여신의 시선視線은 우주적 생명 기운(비쉬와 산지바남)이라고 그려진다.

저자 알라반다르는 여신의 시선이 지구와 인간들에게 내려오지 않으면, 세상에서 모든 풍요로움와 생명과 상서로운 기운이 사라질 것이라고 말한다. 저자는 계속해서 마하락쉬미 여신이 임재하지 않으면 지구상에 번영은 사라질 것이고, 궁극적 해탈인 모크샤는 이뤄지지 않을 것이며 오직 파괴와 손실만이 남게 된다고 선언한다.

여신은 아라빈다로차니 즉 생명의 시선을 주는 자로 묘사되는데, 가장 작은 한 방울의 은혜라 할지라도 해탈과 함께 위대한 번영을 일으키기에 충분하다고 말한다. 여신의 시선은 죽음에 이른 자를 다시 소생케 하고 필적할 수 없는 방식으로 그들을 보호한다.

저자 알라반다르는 모든 창생이 세속적 일이든 단순한 삶의 경험이든, 절대적 해탈을 이루는 것이든 마하락쉬미의 은혜를 필요로 한다고 결론 내린다.

네 번째 게송

마지막 결론부의 게송은 여신에게 우주적 찬미를 다시 한번 바친다. 저자는 전능자 스리만 나라야나는 여섯 제한적 속성 즉 배고픔, 갈증, 집착, 연로, 슬픔, 죽음으로부터 자유롭다고 서술한다. 그는 필적할 수 없는 신적 권능(아이쉬와르얌)의 현현이며, 브라흐마 샤브담 즉 절대적 창조의 말씀이다. 나라야나는 자신의 현혹할 만한 모습으로 인해 하리라고도 불린다. 하리에게 그토록 큰 기쁨을 가져다주는 모습은 마하락쉬미 여신이다. 이 지구상에 어떠한 아바타로 내려오든지 나라야나는 마하락쉬미와 동행한다. 여신은 동등한 반려자이며 전능자의 우주에 대한 창조, 유지, 해체의 일에 참여한다. 여신은 그에 상응하는 아바타를 입으며 인간사에 신적 개입을 한다.

스리 숙탐 해설서

리그베다의 제5 만달라에 시간을 초월한 아름다운 신을 부르는 주문이 있다. 그 장의 주요 여신은 마하락쉬미이지만, 주문은 자타베다라고 불리는 불의 신 아그니를 계속해서 부르며 신도들에게 마하락쉬미의 은혜를 탄원하도록 한다.

이 주문의 무대는 불의 의식이 매우 중요하였던 초기 베다 시대의 문화이다. 사실상 베다의 시기에는 아그니(불), 바루나(바다), 인드라(비, 천둥)가 매우 인기 있는 신들이었고, 사람들은 이 신들을 찬미하고 주송하며 수행하였다.

이 해설서의 서두에서 마하락쉬미 여신의 신체적 모습이 묘사된다. 여신은 황금빛을 띠며 암사슴같이 빛나며 아름답고, 얼굴은 보름달과 같이 찬란하여 모든 면에서 매혹적이다.

이 주문의 종자진언은 쉬림이며, 기적氣的 핵심은 흐림이고, 킬라카는 클림이다. 이를 주송하여 아그니 신뿐만 아니라 두르가 여신과 마하락쉬미 여신이 소환된다.

자타베다는 의식의 집행자로서 변호사와 같이 기도의 공덕을 가져다 준다. 그는 우리의 행위의 결과(카르마 팔라)를 이뤄주고 야그나 나라야나라고 불리기도 하는데, 나라야나 신은 모든 경전의 주인이다. 동일하게 어떤 학파에서는 루드라 (시바)를 야그나 푸루샤라고 간주한다.

이러한 서론과 더불어, 주문을 통해 자타베다를 부른 후 신성인 마하락쉬미 여신을 초대한다. 첫 번째 나오는 만트라는 모든 길상吉祥과 덕성, 궁극적 앎에 대한 기도이며, 이를 통해 주문수행자는 더 높은 의식에 도달한다.

마하락쉬미 여신이 금과 밀접히 연관되며, 이는 순수함과 광명을 상징하는 것이다. 여신의 아름다움을 표현하기 위해 사슴의 비유를 사용하는 것은 여신의 은혜가 사슴을 좇는 것과 같이 얻기 쉽지 않음을 의미한다.

탄트라의 전통에서 스리는 마트루카 즉 어머니, 태모로서 숭앙된다. 여신은 소리와 우주의 매트릭스로서 문자와 언어로 현현한다. "수바르나 라자타 스라잠"이라는 성구는 마하락쉬미 여신이 모든 자음과 모음, 문자로 구성된 화환으로 장식된다는 것이다.

보름달을 뜻하는 찬드람은 미세한 기쁨, 달콤함, 아름다움을 나타내며 마하락쉬미 여신의 신성을 표현하기 위해 사용된다. 몇몇 전통에서는 각각 15일씩 차고 이지러지는 달의 주기를 따라 여신의 숭배 의식을 치른다. 그러므로 15개의 음절로 이뤄진 판차다시 만트라는 어머니 여신을 숭배하기 위해 종종 사용된다.

스리는 자신의 다양한 성물들을 지닌 것으로 묘사된다. 보좌, 왕관, 장신구, 연꽃, 황금빛, 좌우의 코끼리, 불로수의 병, 무한한 광채 등이다. 여신의 주송을 읽으면서 신도들은 자타베다(불)에게 붙잡기 어려우나 늘 자타베다와 동주하는 마하락쉬미 여신을 불러줄 것을 요청한다.

움직일 수 있는 동산 자산인 가축, 말, 인력뿐만 아니라 움직일 수 없는 부동산도 모든 풍요와 부의 근원인 마하락쉬미에게 요청한다. 두 번째 게송은 라자락쉬미를 언급하는데, 여신은 말을 타고 네 부문의 군대 즉 보병, 기병, 코끼리병, 전차병을 이끈다.

그다음 세 번째 게송은 앞서 있는 두 게송에서 소환했던 여신 마하락쉬미가 현현하는 모습을 그린다. 여기서 인간들은 강림한 마하락쉬미 여신의 아름다움, 영광, 은혜를 누린다. 내적 의미로는, 전차는 인간의 몸이고, 전차 위의 신은 마하락쉬미 여신으로서 인간의 몸 안으로 들어가 자신의 기운으로 축복을 내린다.

다음 제4게송은 소바겨 락쉬미에 대한 기도로서, 이 여신은 친절하며 늘 지복의 의식에 머문다. 그녀는 모든 피조물의 가슴의 연꽃에 좌정해 있다. 탄트라의 문헌은 연꽃이 우주를 비유적으로 표현한 것이라고 말하지만, 비쉬누교의 전통에서 연꽃은 다산多産과 영적 깨달음의 비유로 사용된다.

여기서 술어 캄은 무형의 브라흐만를 가리키며, 판차다시 만트라의 첫 번째 음절에 해당한다. 열여섯 번째 음절은 쉬림인데, 이는 마하락쉬미 여신 자신을 말한다. 이는 또한 사구나 브라흐만이라고 불린다. 아르드라(습기)와 즈왈란팀(맹렬한 불길)은 나란히 배치하여 마하락쉬미 여신을 묘사한다.

여신의 은혜는 아르드라와 같고 즈왈란팀과 같이 의식의 불꽃을 일으킨다고 믿어진다. 마하락쉬미 여신은 옅은 미소를 띠고 있으며 앵무새와 책을 쥐고 있다. 이 성물은 어떤 경우에 사라스와티 여신을 부르기 위해 사용된다.

제5계송은 마하락쉬미 여신에게 기도를 올리며 우리 영혼과 마음과 물질적 세상에 있는 어두움을 내쫓도록 탄원한다. 졔쉬타 혹은 아락쉬미라고 불리는 마하락쉬미 여신의 언니는 불행, 불운, 잔인함과 인생을 불행하게 만드는 모든 것들을 다스린다. 락쉬미는 대조적으로 우리 안에 뿌리내린 악을 쫓아낸다.

제6계송은 마하락쉬미 여신의 수행으로 인해 어떻게 빌바나무가 인류에게 도입되었고, 이를 통해 질병들을 치유하는지 소개하고 있다. 내면과 외면의 불순물을 제거하도록 인간들은 여신에게 탄원한다. 이 인도의 나무는 바나스파티라고도 불리는데, 열매는 맺지만, 꽃은 피지 않는다. 이 나무는 늘 열매를 맺고(사다 팔라), 올라가기 어렵고(두라루다), 잎이 세 갈래로 끝이 뾰족하다고 전한다.

마하락쉬미 여신에게 예배할 때 흔히 빌바나무 잎을 사용하며 이 신성한 나뭇잎은 시바신에게도 열납하는 것이다. 시바와 마하락쉬미의 관계는 이 나뭇잎을 통해 연결된다. 여신이 거주하는 곳 중의 하나는 빌바나무이며, 이 잎은 마하비슈누에게도 기쁨이 된다.

제7계송은 야차夜叉이며 북방에 거하는 야차들의 지배자인 재물의 신 쿠베라를 소환하는 주문이다. 세상의 보물들의 수호자인 쿠베라는 자신의 친구이자 다른 야차인 마니바드라와 함께 불려진다. 이 계송에 나오는 단어 마니는 우유바다에서 나오는 친타마니 곧 여의주를 말한다. 명예를 선사하며 여신의 회합의 한 구성원이자 닥크샤 프라자파티의 딸인 키리티도 역시 이 주문으로 소환된다.

제8계송과 제9계송은 마하락쉬미를 어머니 지구로 받드는데, 여신은 아름다운 향기를 발산하므로 간다바티라고 불린다. 무한한 인내심을 가진 마하락쉬미와 같이 지구 역시 인류가 저지르는 모든 종류의 잘못에 대해서 인내심을 가지고 있다. 이 계송은 여신의 끝없는 인내와 용서를 잘 나타낸다.

제10계송과 제11계송에서 마하락쉬미의 모습이 묘사되며, 여신이 천상에서 내려와 신도들의 가정에 거하기를 탄원한다. 가축, 말, 코끼리 등 모든 피조물 가운데 그녀의 형상이 보이며 신도들은 여신의 은혜를 갈구한다. 헌신자들은 여신의 도움을 받아 세속적 욕구가 승화되기를 추구한다. 본 성구는 이어서 카르다마로서의 마하락쉬미 여신에게 탄원한다. 어떤 문헌에는 카르다마는 여신의 아버지이기도 하고 영적 아들이기도 하다. 그는 조상과 자손 둘 다에 해당하는 프라자부타라고 불린다.

제12계송은 마하락쉬미의 아들 중의 한 명이며 물과 습기와 연관된 치크리타에 대해 언급한다. 모든 생명의 근원적 힘이며, 모든 존재의 생존의 열쇠가 되는 물을 소환하는 것이다. 치크리타를 통해서 물과 비가 본 계송에서 불리는 것이다.

제13계송과 제14계송은 자타베다에게 다시 돌아온다. 이 신을 불러서 마하락쉬미 여신이 신도들의 삶 속에 들어오기를 강구하는 것이다. 여기서 여신은 연꽃 연못을 뜻하는 푸쉬카리니 혹은 암컷 코끼리 위에 앉아 있는 모습으로 그려진다. 제14계송은 신도들에게 복록을 더해주기 위해 색조와 순도에 있어서 황금 자체이며 황금을 입고 있는 모든 자비로운 여신들을 언급하고 있다.

팔라스루티라고 불리는 마지막 제15계송은 복록을 갈망하는 모든 자는 정화, 헌신, 그리고 지복의 조화로운 삶을 살기 위해 본 주문을 끊임없이 송주하여야 한다고 기술한다.

스리 스타밤

대중적으로 쿠라탈완으로 알려진 쿠레사는 비쉬누교의 성자인 스리 라마누자의 수석 제자들 중의 하나이다. 그는 소우먀 해에, 가네샤와 하스타신의 낙차트라에, 봄과 우타라야나의 탄생을 의미하는 상서로운 타이 달에 태어났다.

쿠레사와 그의 독실한 아내 안달은 두 명의 걸출한 아들을 두었다. 이 신을 섬기는 가정은 칸치의 스리 바라다라자 페루말이라는 사원에서 헌신적으로 봉사하였고, 여기서 그는 스리 라마누자를 만났다.

성자 라마누자가 칸치푸람에 방문했을 때, 쿠레사는 그의 제자가 되었다. 라마누자는 쿠레사가 철저하게 베다의 경전을 연구하도록 이끌었다. 라마누자가 스리랑감으로 돌아갔을 때, 쿠레사의 훈육은 잠시 중단이 되었으나, 그는 칸치에서 계속해서 자선 봉사를 이어 나갔고, 후에 그는 이러한 박애 사업으로 널리 알려지게 되었다.

쿠레사가 칸치의 바라다라자 사원에서 박애 사역과 봉사를 계속해 나갔고, 그때 기적적인 신성한 개입의 사건이 발생하였다. 보통 쿠레사는 매일의 박애적 봉사를 다 끝낸 후에야 사원의 문을 닫는데, 어느 날 갑자기 그는 큰 소리가 나도록 문을 세게 닫은 것이다.

다음 날 아침, 그 사원의 주지는 쿠레사에게 수호신 바라다라자가 꿈에 나타나 그와 그의 여신 페룬데비가 쿠레사의 쾅하고 급히 닫은 문소리에 깨어났다고 이야기하는 것이었다. 이 말을 듣고 겸허해진 쿠레사는 자신의 모든 물질적 재산을 포기하고 스리 라마누자를 섬기기 위해 스리랑감으로 향했다. 여기서 쿠레사는 라마누자의 가장 가까운 제자의 한 명이자

헌신자가 되었다.

다른 이야기는 칸치의 바라다라자의 아내인 페룬데비 타야르에 관한 것이다. 그녀는 칸치 사원의 큰 공로자인 쿠레사를 만나보기 원하였다. 신의 간섭에 따라, 티루카치 남비는 쿠레사를 칸치의 한 처소로 초대하였다. 흥분한 쿠레사와 그의 아내 안달이 그곳에 이르자, 쿠레사는 칸치가 수천 개의 살리그라맘 돌로 덮인 축복의 장면을 보게 되었다. 거룩한 돌로 꽉 찬 그 땅에 감히 발을 내딛기 원치 않았고, 쿠레사는 곧장 스리랑감으로 출행하여 속세의 삶을 포기하고 라마누자의 제자로 출가하고 귀의하였다.

쿠레사에 관한 이야기는 여럿 있는데 가장 흥미로운 이야기는 다음과 같다. 라마누자와 쿠레사가 다른 제자들과 함께 카쉬미르에 도착했을 때 현지의 도서실에서 고대의 브라흐마 수트라를 찾아 언급하였다.

일행은 왕의 허가를 얻어 브라흐마 수트라를 인용하였지만, 적의에 찬 현지 학자들은 그들이 그 경전을 필사하는 것을 허락하지 않았다. 그래서 쿠레사는 전체 서적을 외워 그것을 남쪽으로 귀국하는 여정에서 암송해 내었다. 이 브라흐마 수트라의 주석서는 스리 바샴이라고 불리는데, 이로서 스리 라마누자는 바샤카라라는 이름을 얻게 되었다.

또 다른 중요한 이야기는 쿠레사의 삶과 연관된다. 스리 라마누자가 대중의 큰 인기를 얻게 되자 촐라 왕조는 상당한 조바심과 불안을 느끼게 되었다. 라마누자는 어느 날 촐라 조정으로 소환되었으나, 라마누자는 그 시간에 멜코테로 가고 있었으므로 대신 쿠레사를 보냈다. 쿠레사 외에도 또 다른 라마누자의 큰 제자인 마하푸르나와 몇몇 제자들이 함께 동행하였다.

그들의 확고부동한 비쉬누 신앙을 보고, 왕은 마하푸르나와 쿠레사의 눈을 뽑아 버릴 것을 명하였다. 쿠레사는 왕을 포악한 독재자로 파악하고 곧장 그 자신이 자신의 눈을 빼내겠다고 선포하였고, 바로 실행하였다. 마하푸르나의 두 눈은 군사들에 의해 뽑혔다.

나중에 그들이 스리랑감으로 복귀했을 때 마하푸르나는 육체를 떠나 해탈을 성취하였다. 라마누자는 멜코테로부터 스리랑감으로 돌아왔고, 마침내 쿠레사를 만났을 때 쿠레사의 눈이 기적적으로 회복되었다고 전해진다. 라마누자는 쿠레사를 늘 파비트람(성결)이라고 불렀는데, 이는 베다 제례에서 사용되는 거룩한 풀 다르바로 만든 반지이다. 다르바는 감염병과 질병, 부정적 진동을 쫓아내는 많은 기적적 성분을 함유한 것으로 알려졌다.

쿠레사는 자신의 스승에 대한 헌신의 전형으로 간주된다. 칸치에 있는 그의 사원인 아디 케사바 페루말을 방문하는 신도들은 환영에서 벗어나 세상을 바로 볼 수 있는 혜안을 얻게 되고 라마누자의 가르침을 보다 잘 이해할 수 있게 된다고 믿는다.

쿠레사 자신은 잘 알려진 다섯 개의 중요 문헌의 저자이다. 스리 바이쿤타 스타밤, 아티마누스타밤, 바라다라자스타밤, 스리 스타밤과 순다라 보우스타밤이 그것이다

제1게송: 첫 게송은 전능자 나라야나가 우주를 창조하고 유지함에 있어서 신성한 배우자인 마하락쉬미 여신과 어떻게 협력하는가에 관한 것이다. 그는 데바와 아수라, 바이쿤타(천국)와 모크샤 스타남(해탈의 세계)을 다스리지만, 오직 그의 아내인 마하락쉬미의 협력하에서 운영하는 것이다. 저자는 만약 여신이 관여하지 않는다면, 전능의 신이라도 우주를 보호하는 자신의 책무를 완수하기 어려울 것이라고 말한다.

전능자 나라야나는 스리 데비 파라디난이라는 칭호를 가지고 있는데, 마하락쉬미 여신을 기쁘게 하기를 원하는 자라는 의미를 가지고 있다. 나라야나 신은 배우자 여신의 소원에 따라 모든 사역을 수행한다. 이와 같은

신성한 협력은 예카 세쉬 담파티라 불리는 이 거룩한 부부가 우주라는 체스게임을 즐기는 것과 같다는 느낌을 준다. 만약 상응하는 기쁨이 없다면, 우주 창조라는 신적 유희도 그들에게 기쁨을 자아내지 못할 것이다. 쿠레사는 여기서 스리데비(마하락쉬미) 여신에게 스리 스타밤이라는 송가를 쓸 수 있도록 축복을 내려달라고 탄원한다.

상호의존성의 비범한 상태

현대의 사회에서는 상호의존성을 별로 좋은 시선으로 보고 있지 않지만, 비쉬누와 락쉬미의 신성한 부부는 일체성(에이까라스얌)으로 인해 일반 대중들과 특히 알와르 시인들에 의해 찬미를 받고 있다. 사실 성 라마누자는 팡구니 웃타람의 날에 스리랑감 사원에서 두 거룩한 부부 신이 좌정해 있는 것을 보고 귀의(사라나가티)하였다. 이 하나됨은 비쉬누교의 중요한 한 개념이며, 베다와 베단타에서 잘 드러나 있다.

시간을 초월한 사랑으로 서로 하나되어, 나라야나와 마하락쉬미는 스리야 파티 곧 락쉬미 남편과 비쉬누 파트니 곧 비쉬누의 아내로 소개된다.

제2계송: 여기서 쿠레사는 송가를 쓸 수 있는 말씀의 지혜를 달라고 기도한 후 자신의 헌신이 궁극적 박티로 승화될 수 있도록 여신에게 간구한다. 그는 온 인류가 여신의 대자비의 물결로 덮여 자신의 송가를 받아들일 수 있도록 해 달라고 기도한다.

제3계송: 쿠레사는 그의 게송의 의미(스토트라 사브다르탐)가 다른 작품들과 어떻게 독특하게 다른지 설명한다. 다른 저자들은 존재하지 않는 것들을 묘사하기 위해 비유 등을 사용하지만 쿠레사의 경우 모든 덕성의 완전함인 마하락쉬미 여신 자체가 그 대상이므로 그러한 제한이 적용되지 않는다고 강조한다.

그는 계속해서, 심지어 말의 신인 하야그리바도 마하락쉬미 여신의 번영케 하는 덕성을 완벽하게 표현하기에는 부족하다고 말한다.

제4게송: 쿠레사는 자기 자신을 차코라 새에 비유한다. 이 힌두 신화에 나오는 전설적인 새는 비록 체구는 작지만 웅장한 보름달의 차가운 빛을 삼키려고 헛되이 노력한다. 쿠레사는 자신의 시도도 이와 같이 어리석다고 이야기한다.

제5게송: 이 게송에서 쿠레사는 잡종개가 갠지즈강의 물을 마셔도 이 거룩한 강이 더럽게 되지 않는 것처럼, 자신이 마하락쉬미 여신을 찬미하더라도 이 행위는 여신의 위대함에 누陋가 되지 않을 것이라고 말한다. 쿠레사는 또한 자신이 비록 영성문학을 잘 알지 못하지만 그럼에도 불구하고 신을 찬미하는 글을 쓴다고 기술한다.

제6게송: 여기서 쿠레사는 마하락쉬미 여신을 랑가나야키라고 부르며 탄원한다. 그는 세상에 두 종류의 부富가 있는데 하나는 해탈자와 영원한 현인들이 천상계(바이쿤탐)에서 누리는 영원한 부이고, 다른 하나는 속세에서 사람들이 누리는 물질적 부이다.

제7게송: 쿠레사는 이 게송에서 이 세상의 두가지 길상吉祥의 원천에 대해서 정의한다. 하나는 삭샤트 락쉬미 바차카 샤브담(스리의 말과 연관된 것)이고 다른 하나는 비쉬스타 바치카 샤브담이다.

전자를 위해서 쿠레사는 거룩함을 뜻하는 스리 혹은 타밀의 동의어인 티루가 접두사로 있는 장소나 사물을 예로 든다. 즉 스리랑감, 티루파티, 티루 망가이, 티루 망갈얌, 티루 빌라쿠 등이다. 후자를 위해서는 스리마드 바가바탐, 스리마드 라마야남 등이 있다.

제8게송: 쿠레사는 이 구절에서 성모聖母를 부드럽게 꾸짖는다. 그는 여신 자신도 또한 나라야노도 자기 자신의 풍요의 덕성의 범위를 헤아리기 어렵다고 말한다. 그렇지만 쿠레사는 이것은 전지자(사르바즈냐이)로서의 여신의 칭호에 어떤 방식으로든 영향을 미치는 것은 아니라고 고백한다.

제9계송 및 제10계송: 이 게송에서 쿠레사는 사라스와티 여신이 마하락쉬미 여신을 섬기는 역할을 맡았기 때문에, 이 학문의 여신이 마하락쉬미 여신의 신도들에게 말과 학문(박 삼루티)의 축복을 부여할 것이라고 말한다. 이러한 비유를 한 후, 쿠레사는 모든 자가 굶주리고 썩고 죽음에 이르게 된 대홍수의 시기를 언급한다. 하지만 마하락쉬미 여신을 떠올리는 것만으로도 사람은 생명을 얻고, 생명이 지구에 회복되었다. 이러한 선과 신성의 구현에 쿠레사는 겸손히 귀의하였다.

제11계송: 쿠레사는 그의 신의 찬미가인 스리 스타밤을 마무리하면서 마하락쉬미의 은혜의 눈길을 열망한다. 그는 여신의 그 눈빛을 얻으면 절대 썩지 않는 비할 바 없는 부富를 얻게 된다고 말한다. 이 부를 쿠레사는 해탈(모크샤)을 성취하고 해탈자로서의 바이쿤탐에 거주하는 것이라고 정의한다. 그는 두 천상의 부모를 섬길 수 있도록 은혜(카인카르야 삼파트)를 내려 주시기를 바라며 기도를 마친다.

마하락쉬미 아쉬타캄

아쉬타캄은 8개의 게송으로 이뤄진 시詩나 노래이다. 몇몇 인기 있는 아쉬타캄은 인도의 주요 신들을 찬미하는 송가로 쓰인다. 그중에서 마하락쉬미 찬가는 가장 인기 있는 아쉬타캄 중의 하나이다. 이 기도의 아름다움은 11개의 게송이 있고, 첫 8개의 게송이 마하락쉬미의 은총을 묘사하며, 마지막 세 게송은 신도들에게 신성한 자비로운 어머니께 기도하는 것의 이 점에 대해 설명해 준다는 것이다.

아쉬타캄은 태고적부터 이어져 왔다. 힌두 신화 경전 파드마 푸라나는 인드라 신이 마하락쉬미의 은총을 얻기 위해 이 시를 읊었다고 전한다.

첫 번째 게송은 마하마야로서 환영의 우주 창조의 근본이 되고 스리 피타에 거하며 신들의 경배를 받는 어머니 여신에 대한 인사이다. 여신은 소라고동, 원반, 철퇴를 지닌 것으로 묘사된다.

두 번째 게송은 그녀가 가루다 위에 좌정해 있으며, 악마 콜라수라를 두려움을 떨게 하는 자로서 묘사한다. 사람들은 여신에게 죄를 사하여 달라고 기도한다.

세 번째 게송은 여신을 전지자, 인간의 가장 깊은 생각, 느낌, 감정을 아는 자, 인간의 부족함에도 불구하고 인간의 소원을 이뤄주고 죄의 속성에서 건져주는 자로 묘사한다. 여신은 모든 악의 속성을 타파하므로, 여신을 숭배하는 자는 마음과 그 주위의 모든 부정성으로부터 해방된다.

네 번째 게송은 어머니 여신에게 특별한 능력과 지성, 세속의 부와 영적인 부 모두를 구하여 윤회의 감옥에서 궁극적 해탈을 얻게 해 달라고 기도한다. 여신은 우주의 신성한 소리라는 미세한 형태로 좌정해 있다고 설명된다.

다섯 번째 게송은 여신의 광대무변함에 대해 서술한다. 여신은 시작도 없고 끝도 없으며 본원적 에너지인 샥티를 나타낸다. 여신은 신적 연합의 의식의 경계에서 근원하며, 신적연합과 하나이다. 여신과 절대의식은 하나이고 동일하다.

여섯 번째 게송은 세속적이고 감각적인 세계와 미묘한 형태에 모두 거하는 데비 여신에게 탄원한다. 이 여신은 마하락쉬미 여신의 형상을 하고 있으며 동시에 무시무시한 루드라니 여신의 형상적 근원이다. 이 여신으로부터 궁극적 힘이 생겨나서 현현하는 것이다.

일곱 번째 게송은 쿤달리니를 나타내는 연꽃 위에 앉아 자비롭고 평화로운 얼굴로 온 우주를 창조한 절대자 브라흐만 그 자체인 여신에게 기도한다.

여덟 번째 게송은 여신을 내면의 순수함을 상징하는 흰 색 옷을 입은 자, 내면의 아름다움을 상징하는 각종 장신구로 장식된 자로 묘사한다.

여신은 우주의 어머니이다. 우주가 바로 여신 안에 존재하며, 동시에 여신도 우주 안에 거한다.

이제 마지막 세 게송은 이 찬가들의 공덕을 이야기한다. 수행자가 이 찬가를 여신에 대한 헌신과 귀의의 마음으로 송주하면, 그는 내적, 외적 모두의 성취와 번영을 얻는 축복을 누릴 것이다. 우리가 여신에게 귀의하여 우리 안의 에너지를 다스리도록 하면, 우리는 모든 것을 성취할 수 있을 것이다.

신도가 이 게송을 하루에 한 번 송주하면, 많은 죄가 씻겨져 내적 순수가 드러날 것이다. 두 번 송주하면 부와 식량과 모든 풍요를 얻을 것이며, 세 번 송주하면 내면과 외면의 강력한 적을 무찌를 수 있으며, 해탈에 방해가 되는 장애물을 없앨 수 있다. 마지막 문장에서 저자는 인간이 여신의 무한한 은혜로운 형상, 은총이 넘치는 덕성, 그리고 우리 안에 늘 함께 임재하심을 기억해야 한다고 권고한다.

마하락쉬미 아쉬토트람

이것은 인도 가정에서 사용되는 가장 인기 있는 기도문 중의 하나이며, 수백만의 사람들이 송주하고 있다. 이 기도문을 전능하신 시바신이 파르바티 여신에게 그녀의 요청에 의해 만들었다고 믿어진다. 그녀는 시바신에게 마하락쉬미의 공덕에 대하여 이야기해 달라고 요청했고, 그래서 이 기도문이 나오게 되었다. 이 기도문은 마하락쉬미 여신의 여러 속성, 형상, 활동 그리고 여신이 신도들에게 부여하는 모든 것에 대하여 기술한다. 여기서 여신의 신도란 위대한 현인뿐만 아니라 신성한 신들도 포함한다.

락쉬미 사하스라나마

이 여신의 천 개의 이름(사하스라 나마)의 조합은 스칸다 푸라나에서 발견되며 현인 사나트 쿠마라가 12인의 현인들에게 전한 것이다. 여기서 불신자라 하더라도 여신의 천 개의 이름을 송주하면, 마하락쉬미 여신은 그 사람의 자손들 안에 거한다고 한다. 전통적으로 사하스라 나마는 1,008개의 이름으로 구성되며 현대의 몇몇 이본에서는 1,033개의 이름도 나온다.

브라흐마 푸라나의 히란야 가르바 흐리다야 장에 다른 버전의 마하락쉬미의 천개의 이름이 나온다. 하지만 스칸다 푸라나 버전이 보다 인기있고 기도와 의례 등에 일반적으로 쓰인다. 이 글의 위대성은 헌신하지 않는 자, 신앙이 없는 자, 아주 운이 나쁘고 억압받는 자라고 할지라도 이 여신의 천개의 이름의 사하스라나마를 읽으면 크나큰 혜택을 얻는다는 것이다. 이 사하스라나마를 특히 각 달의 여덟 번째(아쉬타미), 아홉 번째(나바미), 열네 번째(차투르다쉬) 날에 읽으면, 또한, 아마바스야, 푸르나미, 금요일, 그리고 다른 축제의 날에 송주하면 상서롭다.

락시미 흐리다얌

이것은 현대에 인터넷 덕분에 소수의 사람들에게 알려지게 된 비밀 기도문이다. 전통적으로 락쉬미 흐리다얌(심장)은 먼저 나라야나 흐라다얌 독송 후에 읽혔고, 이는 또 다른 나라야나 흐리다얌 독송 후에 읽혀진다. 이 기도문은 락쉬미 여신이 문자적으로 나라야나의 심장에 거한다고 상상하며 읽으며, 오직 스승에 의해 선택된 제자들에게 전해진 비밀 글이다. 이 글을 아무에게나 읽어주거나 가르쳐서는 안 된다는 금령禁令이 있다. 한편 만약 스승으로부터 입문의 축복을 받지 못했을 때, 제자는 락쉬미 하야그리바 사원에 찾아가서 기도를 올리며 신이 은총을 베풀어 주문을 전수하는 모습을 상상하라고 하는데, 이는 신을 스승으로 보라는 의미이다. 또한, 이 기도문을 읽으면 많은 혜택이 있는데 몽매한 아이도 똑똑해져서 말을 잘하게 된다고 한다. 이 기도문을 지은 사람은 바르가바이며, 그 운율은 아누슈툽이다. 이 기도는 나라야나 신과 마하락쉬미 여신 모두를 기쁘게 한다.

스리 마하락쉬미 카바참(갑옷)

마하락쉬미 카바참은 신성한 여신의 자비를 불러일으켜 우리의 몸과 마음을 정결하게 하고, 위험에서 보호하며, 많은 봉사를 할 수 있는 에너지를 부여하며, 신성한 기운이 흐를 수 있도록 우리 몸을 순수하게 한다. 마하락쉬미 카바참은 마하락쉬미 갑옷을 의미하며, 저자는 브라흐마이고, 그 운율은 가야트리이며, 기도의 대상은 마하락쉬미이다.

락쉬미 가야트리 만트리

이 간단하면서도 가장 효과적인 가야트리 주문은 반복해서 여러 번 읽을 때 주송자에게 엄청난 혜택을 가져다 준다. 문자 그대로 번역하면 다음과 같다. "나는 위대한 여신께 기도합니다. 여신은 비쉬누 신의 배우자이며, 저에게 더 높은 지혜를 주시기를 원합니다." 여러 비쉬누 가야트리 주문들에서 비쉬누 신이 마하락쉬미의 남편이라고 언급되어 있는데, 이는 그만큼 그들의 연합이 위대하다는 방증이다.

108 디브야 데샴 – 마하락쉬미 여신이 스리만 나라야나와 함께 찬미됨

성지聖地를 뜻하는 디브야 데샴은 특히 모든 힌두교도에게 신성한 곳이다. 이 장소들은 마하비쉬누 신이 마하락쉬미 여신과 함께 모든 영광으로 좌정해 있는 위대한 비유적, 지리적, 영적 의미가 있는 108개의 장소를 의미한다. 이 사원들은 부로카 바이쿤탐이라고 부르며, 문자적으로 지상 천국을 뜻한다.

현대의 인도에서 이 장소들은 타밀나두주, 케랄라주, 웃타라 프라데쉬

주, 우타라칸드주, 안드라 프라데쉬주, 구자라트주, 네팔에 산재해 있으며, 2개의 디브야 데삼은 지상의 세계를 넘어 신도의 세계에 있다고 믿어진다.

디브야 데삼의 위치는 지리적으로 일곱 범주로 분류된다. 1) 톤다이 나두, 2) 초자 나두, 3) 너두 나두, 4) 판드야 나두, 5) 말라얄라 나두, 6) 바다 나두, 7) 빈누라가 디브야 데삼

아래는 사원의 주신인 마하비쉬누 신상의 자세에 따라 만들어진 분류체계이다. 27개의 사원은 킨단타 타루콜람(기대어 쉬는 자세), 21개의 사원은 비트리룬다 티루콜람(앉아 있는 자세), 60개의 사원은 닌드라 티루콜람(서있는 자세)이다. 디브야 데삼은 또한 방향에 따라 분류되기도 한다. 79개의 사원이 동쪽을, 19개가 서쪽을, 3개의 사원이 북쪽을, 7개의 사원이 남쪽을 바라본다.

4 라마누자와 마다바차르야의 저술 속의 마하락쉬미

위대한 수행자이자 요기인 시바난다 자신은 라마누자와 마다바차르야의 저술을 연구한 후 아래와 같은 결론을 내렸다.

보다야나에 의해 확립된 비쉬시타 아드바이타 체계는 매우 오래 되었는데, 기원전 400년까지 거슬러 올라간다. 이 신관은 그의 브라흐마 수트라의 해석을 따른 중세 남인도의 라마누자에 의해 재정립되었다.

이 박티 즉 신애信愛의 종파는 나라야나 신을 주신으로 삼고, 소의 경전으로는 우파니샤드와 동등한 반열의 판차라트라 아가마를 사용한다. 12명의 알와르 시인이 남인도에서 비쉬누 신앙의 토대를 닦았으며, 그들의 4,000여 게송―타밀어로 날라이라 디브야 프라반담이라고 함―은 엄격한 비쉬누교 전통에 따라 마하비쉬누와 마하락쉬미 숭배의 중요성을 확고히 하였다.

라마누자의 인간 본성의 분류와 신과 우주 존재에 관한 설명은 별도의 논의를 요하므로 생략한다. 마하락쉬미 여신의 주제로 돌아와서, 라마누자는 여신을 전능자 나라야나가 구원을 베풀도록 인류를 대신하여 나라야나 신에게 탄원하는 궁극적 은총의 근원으로 묘사한다. 라마누자는 해탈과 비쉬누 신앙에 있어서 여신의 지고한 위상을 강조하였다. 사실 비쉬누교 자체가 마하락쉬미 여신을 찬미하고 여신의 축복을 얻기 위해 비쉬누교라고 명명된 것이다.

마다바차르야는 드바이타 즉 이원적 철학체계를 발전시켰는데, 그의 비쉬누교 종파는 제한없는 이원성을 주장한다. 그는 신과 피조물 사이를 확고히 구분짓는다. 많은 철학자가 천상의 부부의 동등성을 주장하는 반면,

마다바는 마하락쉬미 여신을 마하비쉬누 신 다음에 위치시킨다. 그는 물론 마하락쉬미보다 더 큰 여신은 없으며, 그녀는 전능자의 기운의 자리라고 설명하며, 더 나아가 여신의 영원성과 편재성을 강조한다. 여신은 또한 모든 삼라, 슬픔, 고통으로부터 자유롭게 된 니트야 묵타(영원한 해탈자)라고 불린다. 마다바는 마하비쉬누가 락쉬미 여신을 통해 대우주(프라크리티)를 소생케 한다고 설파하였다.

5 맺는 말

본 주제는 소진될 수 없이 심오함에도 불구하고 결론을 내리자면, 이 신성한 여성 에너지는 전 세계에 여러 다른 이름으로 인식되고 찬미되어 왔다. 고대의 불교 석탑에서부터 티베트, 네팔, 인도네시아, 발리 등 동남아시아까지 락쉬미 여신의 숭배 문화는 넘쳐난다. 중국 불교의 지샹텐뉘(吉祥天女)는 마하락쉬미 여신과 매우 가까운 연관성이 있다. 이 여신은 사천왕 중의 하나인 비사문천毘沙門天의 자매라고 간주된다. 일본의 키시조텐(吉祥天) 역시 친연성이 높다. 그녀는 행운의 여신이며 락쉬미 여신과 같이 언니가 있는데, 악으로부터 생명을 수호하는 비사문毘沙門이다. 티베트 불교에서 락쉬미 여신은 두 가지의 형태가 있는데 하나는 평온한 모습이고 다른 하나는 분노의 모습이다. 인도네시아 발리에서 그녀는 다산과 농업의 여신인 데위 스리로서 숭배된다.

바야흐로 곤도坤道의 문화가 전 세계적으로 대두하고 있으니, 이제 지고의 여신 문화가 새롭게 요구되는 바이다. 여성주의가 평화와 양육의 정신에 입각할 때 양성간의 조화로운 균형, 창조성과 개혁, 새로운 세계 질서를 가져올 것이며, 그것은 평화와 환경보호, 소외된 자들에 대한 관심에 강조점이 있다. 새로운 세상이 열리기 위해 우리 안의 여신의 깨어남이 절실히 요구되는 바이다.

사르베샴 스와스티르 바와투
사르베샴 샨티를 바와투
사르베샴 푸르남 바와투
사르베샴 망갈람 바와투

모든 존재에게 건강이 있기를 비나이다.

모든 존재에게 평화가 있기를 비나이다.

모든 존재에게 성취가 있기를 비나이다.

모든 존재에게 축복이 있기를 비나이다.

≡ 참고문헌 ≡

- Books: Goddesses in Ancient India by PK Agrawala, Abhinav Publications, 1984.
- Sri Sukta by Prof. SK Ramachandra Rao, Saksi, 2009.
- JN Banerjee, Development of Hindu Iconography, Munshiram Manoharilal Publishers, New Delhi, 1974.
- Gopinatha Rao, TA, The History of Srivaishnavas, Sir Subrahmanya Ayyar Lectures, Govt. Press, Madras, 1923.
- Hindu Goddesses, Motilal Banarsidas, Delhi, 1987.
- Lakshmi Cult in Tamil Country, the unpublished PHD Thesis of Dr. R. Mohana Bai, 1999.

회화
- Paintings by Artist Mr. GLN Simha
- Paintings from the Blog of Mr. Sreenivasa Rao.
- Paintings by Artist Keshav

스리 숙탐
- https://www.sadagopan.org/pdfuploads/Sri%20Suktam%20-%20VS.pdf
- https://greenmesg.org/stotras/lakshmi/sri_suktam.php
- https://sathvishayam.wordpress.com/2015/01/29/shree-suktam-and-its-philosophical-significance/
- https://sreenivasaraos.com/tag/sri-suktam/
- https://sanskritdocuments.org/sites/giirvaani/giirvaani/ss/ss.htm
- https://nios.ac.in/media/documents/OBE_indian_knowledge_tradition/Level_B/Veda_B/VBCh-8.pdf
- https://pdfcoffee.com/sri-suktam-pdf-free.html

스리 스타밤

- https://ramanuja.org/sri/BhaktiListArchives/Article?p=feb96%2F0043.html
- http://www.prapatti.com/stotras.php
- http://stotrarathna.blogspot.com/2016/10/sri-sthavam-of-koorathazhvar.html
- https://srivedanthasabhausa.wordpress.com/tag/sri-sthavam/

마하락쉬미 스타밤

- http://www.hindupedia.com/en/Maha_Lakshmi_Sthavam
- https://stotrarathna.blogspot.com/2019/12/maha-lakshmi-sthavam.html
- http://www.hindupedia.com/en/Maha_Lakshmi_Sthavam
- https://sthothramala.blogspot.com/2016/08/sri-mahalakshmi-sthavam-lyrics-and.html

마라락쉬미 아쉬타캄

- https://poojabell.com/sri-mahalakshmi-ashtakam-composed-by-lord-indran/

락쉬미 아쉬토트람

- https://stotranidhi.com/en/stotras-list-english/sri-lakshmi-stotrani-english/

차투슬로키

- https://www.sadagopan.org/pdfuploads/Chatusloki%20-%20VS.pdf
- https://vaniquotes.org/wiki/Catuh-sloki_Bhagavatam

스리 스투티

- https://anudinam.org/2012/02/21/sri-stuthi-1/

마하락쉬미 숭배

- http://magazines.odisha.gov.in/Orissareview/2015/July/engpdf/143-145.pdf
- https://en.wikipedia.org/wiki/Lakshmi

- https://en.wikipedia.org/wiki/Ashta_Lakshmi#Additional_Forms
- https://sreenivasaraos.com/tag/bhamaha/
- https://www.bl.uk/sacred-texts/articles/the-hindu-sacred-image-and-its-iconography
- https://www.academia.edu/58943276/Hindu_Images_and_their_Worship_with_Special_Reference_to_Vaisnavism_A_Philosophical_Theological_Inquiry_by_Julius_J_Lipner
- file:///Users/macbookpro/Downloads/Pieruccini-Rossi_eds_A_World_of_Nourishment.pdf
- https://www.ibiblio.org/sripedia/oppiliappan/archives/dec06/msg00170.html
- https://ramanisblog.in/2014/02/09/lakshmi-with-six-toes-temple/
- https://www.dsource.in/resource/iconography-hinduism/lakshmi
- https://www.exoticindiaart.com/article/lakshmi-in-art/
- https://www.wisdomlib.org/definition/mahalakshmi
- SIDDHI LAKSHMI - https://kaulapedia.com/en/siddhi-lakshmi/
- LAKSHMI TANTRA - https://adishakti.com/lakshmi-tantra-art-by-guru-charan/
- https://en.wikipedia.org/wiki/Lakshmi
- https://www.academia.edu/43938452/Symbolism_n_Hinduism
- SACRED GODDESS GEOGRAPHY - https://www.academia.edu/26393375/05_PeCu_10_Singh_Rana_P_B_editor_2010_Sacred_Geography_of_Goddesses_in_South_Asia_Essays_in_Memory_of_David_Kinsley_xviii_396pp_34_tables_69_figures_ISBN_10_1_4438_1865_8_ISBN_13_978_1_4438_1865_0_Cambridge_Scholars_Publishing_Newcastle_upon_Tyne_U_K
- DAY OF BRAHMA - https://www.academia.edu/173416/The_Day_of_Brahma_Psychology_of_the_Indian_Mythology
- ICONOGRAPHY - https://www.hinduamerican.org/blog/ashta-lakshmi-the-eight-forms-of-lakshmi

- THE 18 SONS OF GODDDESS LAKSHMI - https://www.hindu-blog.com/2019/09/18-sons-of-lakshmi-mantra-names-of-18.html

현자 / 시인

- https://en.wikipedia.org/wiki/Yamunacharya
- https://en.wikipedia.org/wiki/Ramanuja
- http://guru-krupa.org/proj_desc/SAA/gkf_SAA_history.pdf

———————— 번역 원문 ————————

WORSHIP OF GODDESS MAHALAKSHMI SANCTITY, SPIRITUAL SIGNIFICANCE AND KEY TEXTS

Romila Sudhakar, PhD

INTRODUCTION:

The study of Goddess Mahalakshmi is immense and there are thousands of texts, commentaries, that the challenge for this author was in the choice, not in the availability of material. The significance of a sublime Goddess is very important amidst the pantheon of Goddesses in India. While there is a role and function and a purpose for each of these divine energies manifested by the ancient sages and rishis, for the common Indian householder, the significance of Mahalakshmi is paramount.

For she is what the average householder requires, money, relationships, wellbeing of children, family and good work. While several fierce Goddesses are sought upon by several Indian householders during times of crisis, they often forget that Mahalakshmi's grace itself is sufficient for those difficult times as well. But it is in common Indian culture today to seek fierce Goddesses for support now and then.

This study aims to look into the various aspects of Goddess Mahalakshmi worship, the common hymns that are used to invoke her and their significance and her role in the new world order.

The author here wishes to state that the compiling of the great texts and key comments from various commentaries and translations are alone to her credit. The actual translations and commentaries are attributed to several authors across time and listed meticulously in the reference section.

The study of Mahalakshmi is inexhaustible, for the sake of brevity and the purpose of the conference alone, this author restricts herself to key texts and their translations. The purpose of this paper is simply to help anyone in the land of South Korea fall in love with this divine mother and her benovelence. If even one person does so, this author has received immense satisfaction and the grace of Mahalakshmi herself.

May Mahalakshmi enlighten each reader who goes through this mere compilation,
May Mahalakshmi bestow happiness and all auspiciousness to all beings on Earth.

With this prayer, I go into my compilation of several great works and commentaries by saints, teachers and people of great renown.

ICONOGRAPHY:

VEDIC REFERENCES:

Goddess Mahalakshmi, according to Rig Veda is said to bestow progeny, abundamce to farmers, and cattle and food grains. The Atharva Veda describes her form, associating her often with milk. The Atharva Veda also refers to her various adornments and represents her as most beautiful. This association with great beauty and adornments continue unchanged through the medieval and modern iconographical representations of Goddess Mahalakshmi.

FOUR ARMS – MULTIPLE ARMS

While the Vishva Roopa (Universal Form) of Lord Mahavishnu represents him with aas many as 20 hands holding various sacred weapons to protect the devotee, Goddess Mahalakshmi is most often represented with four arms.

Her four arms are said to symbolize: Dharma (righteousness), Kama (pleasure), Artha (economic value) and Moksha (liberation). The four aspects represent the four proper goals or aims that all humans must have in their lifetime.

In each of the key representations of Goddess Mahalakshmi, the four hands carry various artefacts, suitable to that specific role. While the Lotus, Shanka and Chakra remain standard in all her various form, other artefacts vary. Below is the list of the various weapons, tools that Goddess Mahalakshmi carries in her various forms, which represent the various kinds of blessings that she bestows upon mankind.

Early Iconic Representations:

Though the iconic representations of Mahalakshmi are ancient and pervasive across India and even abroad, her portrayal varies from place to place. However certain symbols such as the conch and discus, the lotus seat and accompanying elephants mark her apart from other Goddesses. It is even said that the cult of Goddess Mahalakshmi is wider than that of Lord Sriman Narayana, for everyone needs abundance, including the Saivites, Shaktas, Jainas and Buddhists. Her iconic representations are found in grand houses, official structures, emblems, offices to simple dwellings, huts, suitcases, vehicles.

GAJA LAKSHMI:

It is widely accepted in India, that despite the huge pantheon of deities, Gaja Lakshmi shall be the deity who adorns entrance thresholds.

This form of Mahalakshmi is seated on a lotus. Elephants flank on either side, and they are often shown as pouring an offering of milk on her. This reference to milk is reminiscent of her origins from the Kshi-rasagara (ocean of milk), which is often interpreted by scholars as the milky way galaxy.

The Gaja Lakshmi form also sees attendants occasionally who are fanning her. And having her icon grace a house or office is said to invoke power, success, abundance and triumph for her bhaktas.

ARDHANARISWARA

Not as popular as the Siva-Parvati Ardhanariswara iconography, yet the Vishnu-Lakshmi iconography is also often found representing the duality of creation and masculine and feminine aspects of the divine.

In these Ardhanariswara forms, Goddess Lakshmi is found in the left side of Mahavishnu and with two arms.

THE DUTIFUL WIFE

Goddess Mahalakshmi is often represented as massaging Lord Mahavishnu's feet, whenever he is reclining against Adisesha. Here she has two arms. This iconic representation of perfect marital understanding and unity is popular and considered the ideal image of devotion to a husband across India.

BRONZE AGE

Some scholars argue that the woman shown grappling a lion in Harappan tablets is a proto Lakshmi icon. While others debate the same, it is undoubted that Goddess culture and associations with animals are time immemorial. There is another Harappan tablet, which features an inverted woman, whose legs are spread and who sports a plant stalk stemming from her womb. These tablets again represent a Goddess of Fertility

SOUTH ASIAN REFERENCES

Several South Asian Coins feature a Goddess seated on a lotus and often accompanied by elephants. References from Cambodia feature her standing with a lotus in her hand. And some art from Vietnam feature her seated. In Japan, Mahalakshmi is represented as Kisshoten holding the peerless, wish fulfilling gem, Cintamani or the Nyoihoju. The Cintamani is considered the equivalent of the Alchemist's stone.

In Tibetan Buddhism, she is referred to as Shri Devi Dudsolma. In this form, she is considered as a deity of protection. Sometimes, she is also shown sporting a third eye, but largely depicted as peaceful, often in green colour and also called as the Pal Lhamo.

FOOD – NEIVEDYA – OFFERINGS

The Sri Vaishnava tradition believes in sattvic offerings for the divine. The food offered as Neivedya mostly comprises of items from the traditional South Indian meal and some sweet offerings and savouries. Rice, varieties of dhall preparations, tamarind rice, curd rice, varieties of sweets and savouries, particularly Vadas (Dhall cakes) are offered to Mahavishu and Mahalakshmi in temples. The Neivedya is offered to both Sriman Narayana and Goddess Mahalakshmi, and in that particular order before it is offered to devotees. Neivedya is offered atleast between three to seven times in a day depending on the local traditions.

In the Nachiyar Kovil in Tamil Nadu, one of the 108 Divya Desams, there is a unique tradition where Mahalakshmi takes precedence over Mahavishnu.

Here the presiding deities are Srinivasa Perumal and Mahalakshmi (referred to as Nachiyar) here, the key importance is given more to Goddess Mahalakshmi. Legend has it that Lord Narayana predicted that women will be more predominant in Kali Yuga in all aspects of life. And the neivedya is first offered to Mahalakshmi here before it is offered to Perumal. Legend has it that Lord Narayana himself wanted to show the way that women will lead in this epoch of Kali Yuga over men and that men should graciously allow it to happen.

Interestingly even during the temple processions, Mahalakshmi is given the first honour before Sriman Narayana. This is certainly true in view of the rise in female deity worship and feminine energies across the world. It is the era of Yin globally.

Chatusloki

Written by the Saint Yamnunacharya, more popularly known as Sri Alavandar (916-1041 AD), the Chatusloki (four stanzas) are a hymn describing Goddess Mahalakshmi. Yamunacharya was also the grandson of Saint Aranganathan, popularly called as Nathamuni (roughly 824-924 CE) is credited with compiling the Nalayira Divya Prabandham (4000 Tamil verses by Alwards on Lord Mahavishnu). Nathamuni is considered the first amongst the Vaishnava Acharyas, and is the author of Yogarahasya and Nyayatattva. His contribution in collecting and compiling the 4000 sacred verses, his scholarship, temple administration reforms and creative practices, his visions and contribution to Sri Vaishnavism bear a separate note.

Being the grandson of a Saint of such renown, it is not unusual that Yamunacharya stood tall amidst his peers. Infact Nathamuni instructed his disciples to oversee the education of his Yamunacharya, as he could foretell that this grandson of his would do yeoman work for Sri Vaishnavism.

Yamunacharya is a saint of great renown by his own merit, and is attributed with several works of high divinity and grammar. However, the popularity of his direct disciple Sri Ramanuja, often eclipses Yamunacharya's brilliance and contribution. Yamunacharya took great pains to mould Sri Ramanuja to perform the role he was born for.

Yamunacharya is said to have composed both the Chatussloki and Stotra Ratna on the spot, when he enters the Srirangam temple. There are legends about Sri Alavandar ruling as a king for a few years before he enters the monastic life. And several testimonies of his miraculous deeds, which throw light upon the culture, high intellect, literary repute, and bhakti of such saints exist. However, the focus of this paper is

Goddess Mahalakshmi and so we return to the study of Chatussloki.

Two principles: Purushakara Prapatti (Mahalakshmi's role as mediator when we surrender to Sriman Naryana) and Yeka Seshvitham (focusing on both Mahavishnu and Mahalakshmi together to liberate mortals) are focussed upon in this work. They literally emphasise that there is no duality or distinction in Goddess Mahalakshmi's role as arbitrator and as the ultimate refuge for moksha. She is attributed both.

Goddess Mahalakshmi is also known as Shadguna Sampoornai and Bhagavati. Infact several shlokas and compilations describe that Goddess Mahalakshmi surpasses her Lord in certain ways due to her motherly compassion. Her qualities: Daya (mercy), Shama (forgiveness), Vaatsalya (endearing affection) make her a compassionate, forgiving, arbitrating mother to Sriman Narayana, the repository of rules, laws, and who constantly checks the merit of every bhakti, who closely watches their every action and weighs their good and bad.

The Goddess in comparison is ever ready to forgive mortals of their failings and human weaknesses due to her udhara swabhava (magnanimity). She constantly intercedes on behalf of her devotees to the Lord. The Anjali mudra is often used to appease Goddess Mahalakshmi to seek her anugraham and boons such as: Aiswaryam, Kaivalyam, Moksham.

Sloka 1 describes Mahalakshmi as reclining on Adi Seshan just as her husband. It goes on to say that Garuda is the seat, carrying he holy vedas and that Garuda is the means of her transport as well, just as Mahavishnu.

It then says that the poet of Chatussloki can barely begin to eulogize the Goddess, who has Brahma, Siva, their wives, and all the Devas and their wives as her honoured assembly.

The poet says, with the sacred name, Sri, and several Vaibhavams defining her, the Prakruti or Maya is her mere shielding curtain. Maya is said to be cause of much delusion. Even Gods such as Brahma and Rudra become karma vasyars as a result of Maaya by Lord Mahavishnu. Though Maaya (Prakruti) gives the body and shape to Jeevatmas, it also makes them forget Bhagavan. And it makes them go through samsara. However, Mahalaksmi is not only immune to the effects of Maaya, she is also the Mistress of Maya.

Sloka 1 reinforces the status of Goddess of Mahalakshmi as equivalent of that of Sri Mahavishnu. She is described as the ruler of the physical and energetic universe. Alavandar says that Goddess Mahalakshmi is the repository of Swaroopam, Roopam, Gunam and Vaibhavam.

She is considered to have the same qualities as Mahavishnu, which are the six Gunas: Jnanam, Balam, Sakti, Aiswaryam, Veeryam and Tejam. She is described as Sarva Seshinee (mistress of all) similar to Lord Narayana who is considered as Sarva Seshan.

She is celebrated for being part of the much celebrated couple – who are very much in love in with each other. Here Mahavishnu is referred to as Lakshmi Kaantan, or the one who is very much in love with Mahalakshmi.

Sloka 1 concludes that Goddess Mahalakshmi's name alone is sufficient to take refuge and find an anchor in limitless samsara. The poet condescends himself as a dullard who cannot begin to fathom her powers and says that all Sruti, Smriti and Puranams celebrate her.

Sloka 2: Yamunacharya speaks here that Lord Narayana himself falls short of words and descriptions that do Mahalakshmi justice. So great are the Kalyana Gunas of his wife. The poet defends Sriman Narayana too as he uses this great metaphor. He says Lord Narayana cannot measure his own attributes for they are so great and multifaceted. Similarly, he cannot adequately describe Mahalakshmi's grace.

How then does Yamunacharya defend his eulogy? The saint here takes refuge as the Dasan of the divine Goddess, and says that as he is both her servant and as he has sought refuge at her feet, he can attempt the task. Moreover, he is assured that the Goddess's infinite mercy and affection, he can attempt the task to eulogize her.

Sloka 3: Here the poet after questioning his taking up the impossible task of describing the Goddess' powers and taking refuge in her compassion in case of his failings, goes on to describe her cool glances that offer immense relief, power and energy.

Mahalakshmi is indispensable to Mahavishnu and all of creation. Yamunacharya describes Mahalakshmi's attributes to bestow Aishwaryam, Kaivalyam and Moksha to her devotees. The poet says that Lord Narayana has no existence outside of her, that her grace is required for the Lord himself to function. The mere glances of her eyes are described Visva Sanjeevanam, or the life bestowing nectar.

Alavandar says that if those glances do not fall on earth and us, the world would be bereft of all things fertile, positive and auspicious (mangalams). He installs fear in the listener that if we are bereft of Mahalakshmi's glances, the earth would be bereft of its prosperity and even moksha would be unattainable. Only destruction and loss would remain.

The Goddess is described as Aravindalochani, the giver of nectarine glances, whose smallest drop of grace is sufficient for great prosperity including moksha. Her merciful glances bring back to life, those from near death and it protects them in a manner that is peerless.

Alavandar concludes that jeevatmas require the grace of Mahalakshmi whether it is for the most mundane of tasks, simple life experiences or attaining moksha.

Sloka 4: The concluding Sloka is emphatic in offering the Goddess of the Universe his ultimate salutations. He says that Lord Sriman Narayana is free of the six vikramas or urmis – Hunger, Thirst, Moham, Old Age, Sorrow and Death. He is the embodiment of matchless Aishwaryam (maha vibhuti) and that he is known by the Brahma Sabdham, that he is peerless (Paramam); He is known as Hari in this marvelous roopam. And the roopam that causes Hari such great delight is Goddess Mahalakshmi. In every earthly avatar he takes, Lord Narayana is accompanied by Godddess Mahalaksmi. She is his equal partner and takes part in the Lord's activities of creation, protection and dissolution. She sports a matching avatar and plays divine interventions.

SRI SUKTAM COMMENTARY:

This timeless and beautiful invocation is found in the Rig Veda in the fifth Mandala. The key character here is Goddess Mahalakshmi, however the invocation constantly calls upon the God of Fire, Agni, also referred to as Jataveda, to bring forth the blessings of Mahalakshmi to the bhakta.

This is quite in place with the early Vedic culture where fire rituals are very important. Infact during the Vedic times, Agni, Varuna and Indra are quite popular deities, who are frequently called upon in hymns, chants and religious texts.

The opening lines describe the physical aspects of Goddess Lakshmi, her golden hue, who is light and beautiful like the doe, and whose face is as resplendent as the full moon and who is enchanting in every way.

The Bija Mantra of this invocation is Shreem, the Shakti or energetic core of this hymn is Hrim and Kilaka of this mantra is Klim. In addition to Jataveda or Agni, Goddesses Durga and Mahalakshmi are also called upon.

Jaataveda is said to be the executor of the rituals and hence he is like the attorney who brings forth the merits of the prayers, prayer ritual. He grants the fruit of our action (Karma Phala – fruit of our work) and he is also called as Yagna Narayana, for the scriptures assign Lord Narayana as the ruler of all scriptures. Similarly certain texts ascribe the role of Yagna Purusha to Lord Rudra as well.

And with these introductions, Jataveda is called upon to invite Sri Mahalakshmi, the divine. The opening mantra is a prayer for all auspiciousness, virtues, desire for knowledge that inspires us into higher consciousness.

The association of Mahalakshmi with gold is called forth upon to signify purity, brilliance. The deer metaphor to denote her great beauty and also to signify that seeking Mahalakshmi's grace will be as elusive as chasing a fleet footed deer. Sri Mahalakshmi is described as Harini, the sheen of turmeric, which is also now known for its great medicinal properties.

In the tantric tradition, Sri is revered as Matruka, the mother, the supreme mother. She is also the power of sound and cosmic matrix manifest as the alphabets and language. The phrase Suvarna Rajata Srajaam signifies that Mahalakshmi is adorned with a garland (Matrika Mala) and it contains all the alphabets, consonants and vowels.

Chandraam, the aspect of the full moon, which spreads subtle joy, mellowness, and beauty is used to refer to Mahalakshmi. In several traditions, the worship of Goddess follows the cycles of the moon, which are the waxing and waning phases of roughly 15 days each. Hence the pancha dasi mantras (mantras of 15 syllables) are often used to worship Mother Goddess.

Sri is described carrying her various artefacts: throne, crown, ornaments, lotuses, golden hue, elephants nearby, pot of nectar and immensely radiant. With these invocations, Jataveda is requested to bring forth Sri Mahalakshmi, who is fleeting yet however who stays with Jataveda.

Both movable assets like cattle, horses, human resources are sought as well as immovable assets, for Mahalakshmi is the source of all wealth and riches. The second shloka refers to Rajalakshmi, who comes riding upon a horse and leading the traditional four divisioned army – Infantry, Cavalry, Elephants and Chariots.

The next shloka, numbered 3, refers to the arrival of Mahalakshmi, which has been sought by the first two verses. Here the devotee basks in the beauty, glory and grace of the Goddess who has descended. The inner meanings are ofcourse the chariot being the bhakta's body, and the deity on the chariot is Mahalakshmi who enters the devotee's sharira to bless him with her energy. The horses refer to the five senses that need to be focused upon the descending energy of the Goddess.

Next Shloka 4 is the invocation to Soubhagya Lakshmi, who is kindhearted and who is joyful consciousness. She is referred to as sitting in the lotus heart of all beings. While tantric texts regard lotus as a visual metaphor of the universe, in the Vaishnava tradition lotus is used as a metaphor for fertility, spiritual awakening.

The opening term Kam refers to the formless Brahman. It is the beginning syllable of the Pancha Dashi Mantra, the 16th syllable is Shrim, which represents Goddess Mahalakshmi herself. It is also called as the Saguna Brahman. Both Ardra (referring to wetness) and Jwalantim (blazing tongues of fire) are juxtaposed next to each other when describing Mahalakshmi.

It is said that her grace is like Ardra, which invokes consciousness to rise like Jwalantim. Mahalakshmi is described as sporting a soft smile, holding a parrot and a book. This is also used to invoke Saraswathi on certain occasions.

Shloka 5 is to invoke Mahalakshmi to drive away the darkness in our souls, minds and the physical world. Although Alakshmi is referred to as Jyeshta the elder sister of Lakshmi, she also represents misfortune, misery, cruelty and all things that make life unhappy. Lakshmi in contrast is the power to drive away the evil that has taken root in minds and hearts.

Shloka 6 says how the bilva plant was brought forth to humankind to cure them of several diseases due to Mahalakshmi's penance. She is called upon to remove internal and external impurities. This Indian Wood Apple Tree is referred to as Vanaspathi, which bear fruit but no flowers. It is described as always bearing fruit (sada phala), durarudha (difficulty to climb) and having leaves with three points (tridala).

The worship of Mahalakshmi is done with bilva leaves often and it is also dear to Lord Shiva. The connection between Lord Shiva and Mahalakshmi is also established through this. It is believed that one of the places where Lakshmi resides is in a Bilva tree, and that its leaves are very dear to Mahavishnu also.

Shloka 7 is an invocation to Lord Kubera, who is a yaksha, and the regent of the Yakshas who are in the northern direction. As the guardian of worldly treasures, Kubera is invoked upon along with his friend Manibhadra another yaksha. The deeper meaning of the term Mani in the shloka could refer to Chintamani, the priceless jewel, which emerged from the milky ocean. Kirti referring to fame and also a reference to one of the members of Lakshmi's entourage and daughter of Daksha Prajapati and who bestows fame upon oneself is also invoked in this shloka.

Shloka 8 and 9 invite Sri Mahalakshmi as Mother Earth, which has smells and odours and is therefore called Gandhavati, and just as Mahalakshmi who cannot be made to lose her patience, the earth too is very patient of all abuses that mankind heaps upon her. The reference of this shloka is show her immense unending patience and forbearance.

Shloka 10 and 11 refers to Mahalakshmi's rupam and beseeches her to come and reside in the households of devotees. Her rupam or appearance is visible in all living beings like cattle, horses, elephants and the devotee seeks those graces as well. The bhakta also asks Mahalakshmi to help him or her enjoy the desires of the mind in a noble way. May the intentions and speech be pure seeks this shloka. Then the verse beseeches Mahalakshmi as Kardama, who is referred to as the father of Mahalakshmi in some texts as well as her spiritual son. He is called as Prajabhuta, one who is both progenitor and progeny.

Shloka 12 refer to Chiklita, one of the sons of Mahalakshmi, the rishi who is associated with water and moistness. Water which is the primordial life giving force and key for all living beings is called upon. Water and rain is sought upon in this shloka through Chiklita.

Shloka 13 and 14 circle back to Jataveda, and calls upon him to beseech Mahalakshmi to enter their lives. Here Mahalakshmi is referred to as seated in a pushkarini, the pond of lotuses or also a female elephant. Later the 14th shloka refers to the all merciful Goddess, who wears gold and who is gold herself in hue and purity to enrich their lives.

The final 15 shloka referred to as Phalasruthi states that those desirous of prosperity must recite this incessantly for cleansing, devotion and leading a harmonious and blessed life.

SRI STHAVAM:

Kuresa, also popularly called as Koorathalwan, was one of the senior disciples of Sri Ramanuja, the great Vaishnava saint. He was born in the year, "Soumya", and on the nakshatra of Lord Ganesha, Hastha, and in the auspicious Tamil month of Thai, which signifies the birth of spring and Uttarayan.

Kuresa and his pious wife Andal were blessed with two illustrious sons. Parasara's family were devoted to the shrine of Sri Varadaraja Perumal of Kanchi, and this where he finally met Sri Ramanuja.

When Saint Ramanuja visited Kanchipuram, Kuresa became his disciple. Ramanuja ensured that Kuresa undertook rigorous Vedic studies. When Ramanuja returned to Srirangam, there was a break in Kuresa's training, who continued his charitable works in Kanchi. He became renowned for his great charitable works.

As Kuresa continued his charity and service at the Varadaraja temple in Kanchi, there was an incident of miraculous divine intervention. Usually Kuresa would close the temple doors after completing his daily works of charity, but one day he closed the doors in a hurry with a loud bang.

The following morning, the chief priest of the temple told Kuresa that he had a dream of the presiding diety Lord Varadaraja, who confided in him that he and his divine consort Perundevi were awakened with a loud thud when the doors were banged shut by Kuresa. Hearing this, Kuresa was humbled and he gave up all his material possessions and headed out to Srirangam to serve Sri Ramanuja. Here, Kuresa became one of the closest disciples of Ramanuja and his right hand.

The other account is that Perundevi Thayar, the consort of Lord Varadaraja of Kanchi sought to see Kuresa the great benefactor of the Kanchi shrine. Upon the Lord's intervention, Thirukachi Nambi set out to invite Kuresa to Kanchi. When an excited Kuresa and his wife Andal reach Kanchi, Kuresa is blessed with a sight where he sees Kanchi as a land covered with thousands of Saligramam stones. Unwiling to step upon the land, which was covered with the holy Saligramams, Kuresa then proceeds to Srirangam to surrender as a sanyasi and disciple to Ramanuja, giving up his material life.

Several accounts of Kuresa abound, one of the most interesting is this: when Ramanuja and Kuresa along with other disciples reached Kashmir to refer at the library there about the ancient Brahma Sutras.

Even though the scholars received the royal permission to refer to the Brahma Sutras, the enimosity of local scholars did not permit them to copy the works. So Kuresa memorized the entire treatise and then recited it back to Ramanuja on their journey back south. This commentary of the Brahma Sutras is called Sri Bashyam, which also gives the name Bashyakara to Sri Ramanuja.

The other more important story from Kuresa's life: The popularity of Sri Ramanuja made the close advisors of the Chola king quite anxious and insecure. Ramanuja was summoned to the royal Chola court, but as Ramanuja was headed to Melkote at that point, Kuresa went in his stead. Along with Kuresa, another great disciple of Ramanuja called Mahapoorna and a few others accompanied them.

Given their steadfast Vaishnavite devotion, the royal decree was

given to gorge the eyes out of Mahapoorna and Kuresa. Kuresa imme-
diately proclaimed that as his eyes had seen the tyrant king, he would
gorge them out themselves. And he plucked his own eyes out. The eyes
of Mahapoorna were also gorged out by soldiers.

Later on when they were returning to Srirangam, Mahapoorna
passed on attaining liberation. Ramanuja returned from Melkote to
Srirangam, and when finally Kuresa and Ramanuja met, it is believed
that Kuresa's eyesight was miraculously restored. Ramanuja always
referred to Kuresa as his "Pavithram", the makeshift ring of the holy
grass 'Darbha' sported during vedic rituals. The darbha is said to have
many miraculous properties including warding of infections and dis-
eases and negative vibrations.

Kuresa is considered the epitome of devotion to one's spiritual teach-
er. And it isbelieved that bhaktas who visit his shrine in the Kanchi
Adi Kesava Perumal temple of Tirukooram will be blessed with better
vision to see the world free of illusions and understand the teachings of
Ramanuja much better.

Kuresa himself is the author of five important works of great merit:
Sri Vaikunta Sthavam, Athimanushthavam, Varadarajasthavam, Sri
Sthavam and Sundara Bhausthavam. We now get into the beauty and
message in Sri Sthavam and its messages for the world.

SHLOK 1: The first shloka describes how Lord Narayana takes cues
(ingitham) from his divine consort Goddess Mahalakshmi in the cre-
ation and protection of the Universe. He rules over the worlds of Devas,
the Asuras, the world of Vaikunta or the Moksha Sthanam. However,
he operates them along with the influence of his consort Mahalakshmi.
The author says that if the grace of Mahalakshmi was not involved the
Lord would not enjoy his duties as much as the protector of the Uni-
verse (Jagat Srushti Rakshana Samhara Vyaparam).

Sriman Narayana is described as Sri Devi Paradheenan or the one
who wishes to please Goddess Mahalakshmi. Narayana undertakes all

tasks according to her wishes. This divine interplay is almost as if the Lord and his consort are indulging a loving chess game of the Universe. They are referred to as the Yeka Seshi Dampathi. If there is no matching enjoyment for them, then this play of creation would not produce any joy for them. And with these invocations Kuresa requests Sri Devi to confer upon him the blessings to undertake the task of composing the Sri Sthavam.

The extraordinary state of Interdependence:

While interdependence or codependence is often frowned upon in our modern society. However, Vishnu and Lakshmi the divine couple are often celebrated for their Eikarasyam – their unity, which is celebrated much by the Alwars. Infact Saint Ramanuja offered his saranagati or surrender on the day of Panguni Uttiram when he saw the divine couple seated together (Ekapeetam) at the Srirangam temple. This Ekaseshitvam is one of the central concepts of Sri Vaishnavism and is celebrated in the Vedas and Vedantham.

Being bound by their timeless love for each other, Sriman Narayana and Sri Mahalakshmi are introduced as Vishnu Patni and Sriya Pathi.

SHLOKAM 2: Here Kuresa after seeking the blessings of speech and intellect to compose the hymn also seeks that his devotion becomes ultimate bhakti. He prays for all mankind to be engulfed in waves of her compassion and to accept his vachika kainkaryam (service through verses).

SHLOK 3: Kuresa outlines how his Stotra Sabdhaarthams (meanings of the shlokas) are unique from others. While others may use similies and metaphors to describe something that which does not exist, Kuresa has no such limitations for his object of description is Mahalakshmi herself, who exemplifies all qualities to perfection.

He goes on to say that even that Lord Hayagreeva, the deity of speech, would feel insufficient to describe in full the kalyana gunas of Goddess Mahalakshmi.

SHLOK 4: Kuresa compares himself to the chakora bird, which despite its diminutive stature tries to gulp the cool rays of the magnificent full moon. Kuresa says his attempt is similar to the foolish bird.

SHLOK 5: Here, he says that the holy rivers Ganga does not become impure because a mongrel dog drinks from it. Similarly, he feels that even though he attempts to eulogize Mahalakshmi, it will not stain her greatness. Kuresa also informs the readers that he is not versed in the Sastras, and yet he makes the attempt.

SHLOK 6: Here, Kuresa beseeches Mahalakshmi as Ranganayaki. He says that there are two kinds of wealth, one that is enjoyed in vaikuntam by the Muktas and the Nitya Suris (Aamushmikam) and the wealth that is enjoyed in Earth (Eihikam).

SHLOK 7: Kuresa in this shloka defines the two sources of auspiciousness in this world: one that comes in association with the sabdha of Sri (referred to as Saakshat Lakshmi Vachaka Sabdham; and the other which is Vishista Vachika Sabdham.
For the former Kuresa gives the example of places and objects that have Sri or its Tamil equivalent 'Thiru' as the prefix. Like Srirangam, Thirupathi, Thiru Mangai, Thiru Mangalyam, Thiru Vilakku etc. For Vishistavachika Sabdhams, there are examples like Srimad Bhagavatam, Srimad Ramayanam and so on.

SHLOK 8: Kuresa gently chides the divine mother in this verse. He says that the Goddess herself does not know the extent of her kalyana gunaas, nor does Sriman Narayana. However, Kuresa then concedes that this does not in any way affect her title of Sarvajnai (the one who understands all aspects of knowledge).

SHLOK 9 & 10: Here in the 9th and 10th shlokas, Kuresa refers that Goddess Saraswathi is a kainkarya darini of Goddess Mahalakshmi, therefore she will bless the devotees of Mahalakshmi with her own unique blessing of divine speech and great scholarship (Vak Samrutti). Following this allusion, Kuresa refers to the time of the great deluge when all were famished and in a state of decay and death. However, the mere thought of Mahalakshmi upon them gave life. And life came back upon Earth. Into this embodiment of all goodness and Godliness, Kuresa seeks humble refuge.

SHLOK 11: Kuresa concludes his Sri Sthavam seeking the divine glance of Ranganayaki. He says the glance is sufficient for riches that can never perish and that are unparalleled. This riches that Kuresa refers to is the libreration (moksha) and residence in Sri Vaikuntam as a Muktha Jeevan. He finally prays for Kainkarya Sampath (the blessing to do service towards the divine couple) and concludes his prayer.

MAHALAKSHMI ASHTAKAM

Ashtakam is an eight couplet song, several popular ashtakams are sung very beautifully for Indian deities, Mahalakshmi Ashtakam being one of the most popular ones. However, the beauty of this prayer is that there are 11 verses, the first eight describe Mahalakshmi's grace, while the last three speak to the bhakta about the benefits of praying to the divine merciful mother.

The ashtakam is dateless, while the Padma Purana states that Lord Indira himself recited this in order to get the grace of Mahalakshmi.

The first shloka offers salutations to the Mother, who is Mahamaya (the primal cause and creation of illusion), who resides in Sri Pitha (sacred resting place) and who is worshipped by the Gods. She is described as having the conch (Shanka), he circular disc (Chakra), Mace (Gada).

The second shloka speaks about her who is seated on Lord Garuda and who is dreaded by the demon Kolasura, she is beseeched upon as the remover of sins.

Third shloka refers to her as all knowing, the one who known even our innermost thoughts, feelings and emotions) and yet despite our limitations she gives us all boons and removes our sinful characteristics; She is the one who is feared by the wicked tendencies and therefore worship to her will remove all negativity from the mind and surrounding.

The fourth shloka calls upon the mother to bestow exceptional ability and intelligence, to bestow both worldly riches as well as the spiritual riches of final liberation from the cycles of birth. She is referred to as seated in the subtle form of the mantra (cosmic divine sound).

Fifth shloka refers to her magnificence, the one who is without a beginning (Aadi) or an end (Anta) and who represents the primal energy (Shakti). She is called upon as the one who is born out of yogic consciousness and who is always in tandem with yoga, referring that she and the ultimate consciousness are but one and the same.

Sixth shloka calls upon the Devi who is present in both the mundane and apparent level and who is also in the subtle form, she is even the form of Mahalakshmi and the source of the fearful form of Rudrani. It is from her that ultimate power arises and is manifested.

Seventh Shloka calls upon the one who is seated on the lotus representing the kundalini and who with a graceful and peaceful face is the supreme Brahman behind the entire creation.

Eighth Shloka refers to her as the one sporting white garments representing inner purity and who is adorned with various other ornaments that represent inner beauty. She is the mother of the universe which resides inside her and she is also a inhabiter of the same universe.

Now begins the final 3 verses which speak of the merits of this composition: The three shlokas say that when one recites this composition with devotion and surrender to the divine Goddess, he or she is blessed with all accomplishments and prosperity (both inner and outer); and when we surrender to her to direct our energy, we shall accomplish everything.

When a bhakta recites this once a day, it will destroy great sins and inner purity will emerge; reading twice will bestow wealth and foodgrains and all abundance; reading it thrice will destroy mighty enemies, both inner and outer and remove the hinderances towards attaining liberation. The final line says we behold the Goddess in her infinite gracious form and her eternal boon giving nature and auspicious presence within us.

MAHALAKSHMI ASHTOTRAM

One of the most popular prayers in Indian households, recited by millions of men and women each day. It is believed that this prayer was mentioned by Lord Shiva to Goddess Parvati upon her request. She calls upon Lord Shiva to tell her the merits of Mahalakshmi and that is when this composition springs forth. It describes her various attributes, forms, functions, and all that she confer upon her devotees. Her devotees include not only great sages but the divine Gods themselves.

LAKSHMI SAHASRANAMA

This amazing thousand names composition is found in the Skanda Purana and taught by Sage Sanath Kumara to a set of 12 other sages. In this it is said that even if the Sahasranama is chanted without any belief by a person, still Goddess Mahalakshmi will reside in their lineage and in their progeny. Traditionally a Sahasranama has 1008 names, some modern variants of it has 1033 names.

There is another Mahalakshmi Sahasranama in the Brahma Purana in the chapter on Hiranya Garbha Hrudaya. This version from the Skanda Purana is more popular and commonly used in prayers and rituals. The greatness of this composition keeps telling that even those without bhakti, those who are non believers, those who have immense bad luck or downtrodden will still benefit immensely from reading this Sahasranama. It is auspicious to read this on the 8th, 9th and 14th days of the moon (Ashtami, Navami, Chaturdashi). Also on Ammavasya, Pournami, Fridays, and other festive occasions.

LAKSHMI HRIDAYAM

This was a secret prayer that is now coming to light to several people thanks to the Internet. Traditionally the Lakshmi Hridayam is read only after reading the Narayana Hridayam and it is again followed up by another reading of Narayana Hridayam. Literally it is read as if Lakshmi is in the heart centre of Narayana. This was a secretive composition handed down only to those worthy by a teacher. The instructions are that this should not be read or taught indiscriminately. It is said that when a Guru does not appear and bless you with initiation to this mantra, a person can visit the shrine of Lakshmi Hayagrivar and offer prayers and imagine that the Lord Hayagriva himself teaches this mantra to you. In short looking to God as the Guru. It is said that reading this prayer will make even very timid children intelligent and outspoken amidst thousands of other benefits. The sage who composed it is Bhargava, the meter is Anushtup. And the prayer pleases both Lord Narayana and Goddess Mahalakshmi.

SRI MAHALAKSHMI KAVACHAM

The Mahalakshmi Kavacham invokes the mercy of the divine Goddess to keep our bodies and minds pure, and to shield us and to give us energy to do lots of kainkaryam (seva) and make our bodies pure enough for their divine energies to flow. For the Armour of Maha Lakshmi, the sage is Brahma, meter is Gayathri, god addressed is Maha Lakshmi.

LAKSHMI GAYATRI MANTRA

This simple but most effective gayatri has immense benefits and when it is repeated several times, it creates an immense beneficial impact on the person chanting it. Literally translated, it states that: I meditate upon the great Goddess, who is the wife of Lord Vishnu and may she bestow me with higher intellect. The beautiful part is several Vishnu Gayatri mantras refer to Lord Vishnu as the husband of Mahalakshmi, such is the greatness of their unity.

THE 108 DIVYA DESAMS WHERE GODDESS MAHALAKSHMI IS CELEBRATED WITH HER CONSORT SRIMAN NARAYANA:

Divya Desams are particularly sacred to all Hindus, for they embody the 108 places where Lord Mahavishnu rests with his divine consort Goddess Mahalakshmi in all splendor and with great metaphysical, geographical, spiritual significance. These temples are referred to as Booloka Vaikuntams, literally meaning heaven on earth.

In modern India, they are located in the states of Tamil Nadu, Kerala, Uttar Pradesh, Uttarakhand, Andhra Pradesh, Gujarat, the country of Nepal, and two divya desams are believed to be beyond the earthly realm, in the realms of the divine.

The location of the Divya Desams are classified geographically into seven: 1. Thondai Naadu; 2. Chozha Naadu; 3. Nadu Naadu; 4. Pandya Naadu; 5. Malayala Naadu; 6. Vada Naadu; 7. Vinnulaga Divya Desams.

They are also classified based on the position of the presiding deity of Lord Maha Vishnu: 27 shrines with the Kindantha Thirukolam (reclining position); 21 shrines with the Veetrirundha Thirukolam (sitting position); and 60 shrines with the Nindra Thirukolam (standing position). The Divya Desams are also classified based on directions: 79 shrines facing the East; 19 shrines facing the West; 3 shrines facing the North; and 7 shrines facing the South.

Mahalakshmi in the works of Ramanuja and Madhavacharya

The great ascetic and yogi Swami Sivananda himself states the following based on his studies of Ramanuja and Madhavacharya's works.

The Vishishtadvaita system encapsulated by Bodhayana is not only ancient and dated by many to 400 BC, it was reenergized by Ramanuja, who followed Bodhayana in his interpretations of the Brahma Sutras.

This school of bhakti worships Narayana and followed the Pancharatra Agamas, which are considered equivalent to the Upanishads. The 12 Alwars strengthened the foundations in South India for Vaishnavism and their 4,000 verses (Nalayira Divya Prabandham in Tamil) consolidated the unchallenged importance of Mahavishnu and Mahalakshmi worship according to strict Vaishnava traditions.

Ramanuja's classification of souls and delineation of the nature of a soul and its existence bears a separate paper. Therefore, coming back to Goddess Mahalakshmi, Sri Ramanuja describes her as the ultimate grace, who intercedes on behalf of humankind to Sriman Narayana in order that he offers them salvation. Sri Ramanuja reinforces her pre-eminent position in liberation and Vaishnavism. Infact Vaishnavism is itself called Sri Vaishnavism to celebrate Goddess Mahalakshmi and seek her blessings.

Madhavacharya who evolved the Dvaita or the dualistic system of philosophy and whose school of Vaishnavism speaks of unqualified dualism. He makes absolute distinction between God and the rest. Madhava refers to Mahalakshmi as secondary to Mahavishnu, while many other philosophers give equal importance. He ofcourse reaffirms that there is no greater Shakti than Mahalakshmi and that she is the Lord's energy seat. He further describes Mahalakshmi as the co-eternal and as all pervasive. She is also called as Nitya Mukta, one who is free of samsara, sorrow, pain. Madhava preached that Mahavishnu energized Prakriti through Lakshmi.

Conclusion

The topic is inexhaustive as the subject matter, however to draw a conclusion, it would be fit to say this divine feminine energy has been sensed and celebrated all across the world in different names. From ancient Buddhist stupas to sects in Tibet, Nepal, Southeast Asia like Indonesia, Bali, worship of Lakshmi abound. In Chinese Buddhism, the Goddess of Fortune and Prosperity bears close resemblance. She is called as Jixiang Tiannu and Gongdeitan. She is regarded as the sister of Pishamentian or Vaisravana one of the four heavenly kings.

The Japanese Goddess Kishijoten is also a close resemblance. She is the goddess of good fortune, and just as Lakshmi has an older sister, Kishijoten also has an older sister Bishamon, who protects life from evil. In the Tibetan Buddhist school she has two forms, a peaceful and a wrathful form. In Bali, she is worshipped as Dewi Sri, the goddess of fertility and agriculture.

With the rise of the Yin culture across the world, the worship of a sattvic Goddess is much needed. For feminism when peaceful and nourishing can bring a happy balance between the sexes and spearhead creativity, innovation and a new world order with focus on peace, environment and care of the underprivileged. This is much required for the new world.

> Sarvesham Swastir Bhavatu
> Sarvesham Shantir Bhavatu
> Sarvesham Poornam Bhavatu
> Sarvesham Mangalam Bhavatu

May all beings be healthy; may all beings be peaceful; may all beings be fulfilled; may all beings attain bliss and liberation.

≡ REFERENCES ≡

- Books: Goddesses in Ancient India by PK Agrawala, Abhinav Publications, 1984.

- Sri Sukta by Prof. SK Ramachandra Rao, Saksi, 2009.

- JN Banerjee, Development of Hindu Iconography, Munshiram Manoharilal Publishers, New Delhi, 1974.

- Gopinatha Rao, TA, The History of Srivaishnavas, Sir Subrahmanya Ayyar Lectures, Govt. Press, Madras, 1923.

- Hindu Goddesses, Motilal Banarsidas, Delhi, 1987.

- Lakshmi Cult in Tamil Country, the unpublished PHD Thesis of Dr. R. Mohana Bai, 1999.

PAINTINGS
- Paintings by Artist Mr. GLN Simha
- Paintings from the Blog of Mr. Sreenivasa Rao.
- Paintings by Artist Keshav

SRI SUKTAM
- https://www.sadagopan.org/pdfuploads/Sri%20Suktam%20-%20VS.pdf
- https://greenmesg.org/stotras/lakshmi/sri_suktam.php
- https://sathvishayam.wordpress.com/2015/01/29/shree-suktam-and-its-philosophical-significance/
- https://sreenivasaraos.com/tag/sri-suktam/
- https://sanskritdocuments.org/sites/giirvaani/giirvaani/ss/ss.htm
- https://nios.ac.in/media/documents/OBE_indian_knowledge_tradition/Level_B/Veda_B/VBCh-8.pdf
- https://pdfcoffee.com/sri-suktam-pdf-free.html

SRI STHAVAM

- https://www.sadagopan.org/pdfuploads/Sri%20Stavam.pdf
- https://ramanuja.org/sri/BhaktiListArchives/Article?p=feb96%2F0043.html
- http://www.prapatti.com/stotras.php
- http://stotrarathna.blogspot.com/2016/10/sri-sthavam-of-koorathazhvar.html
- https://srivedanthasabhausa.wordpress.com/tag/sri-sthavam/

MAHALAKSHMI STHAVAM

- http://www.hindupedia.com/en/Maha_Lakshmi_Sthavam
- https://stotrarathna.blogspot.com/2019/12/maha-lakshmi-sthavam.html
- http://www.hindupedia.com/en/Maha_Lakshmi_Sthavam
- https://sthothramala.blogspot.com/2016/08/sri-mahalakshmi-sthavam-lyrics-and.html

MAHALAKSHMI ASHTAKAM

- https://poojabell.com/sri-mahalakshmi-ashtakam-composed-by-lord-indran/

LAKSHMI ASHTOTHRAM

- https://stotranidhi.com/en/stotras-list-english/sri-lakshmi-stotrani-english/

CATUSLOKI

- https://www.sadagopan.org/pdfuploads/Chatusloki%20-%20VS.pdf
- https://vaniquotes.org/wiki/Catuh-sloki_Bhagavatam

SRI STUTI

- https://anudinam.org/2012/02/21/sri-stuthi-1/

MAHALAKSHMI WORSHIP

- http://magazines.odisha.gov.in/Orissareview/2015/July/engpdf/143-145.pdf

- https://en.wikipedia.org/wiki/Lakshmi
- https://en.wikipedia.org/wiki/Ashta_Lakshmi#Additional_Forms
- https://sreenivasaraos.com/tag/bhamaha/
- https://www.bl.uk/sacred-texts/articles/the-hindu-sacred-image-and-its-iconography
- https://www.academia.edu/58943276/Hindu_Images_and_their_Worship_with_Special_Reference_to_Vaisnavism_A_Philosophical_Theological_Inquiry_by_Julius_J_Lipner
- file:///Users/macbookpro/Downloads/Pieruccini-Rossi_eds_A_World_of_Nourishment.pdf
- https://www.ibiblio.org/sripedia/oppiliappan/archives/dec06/msg00170.html
- https://ramanisblog.in/2014/02/09/lakshmi-with-six-toes-temple/
- https://www.dsource.in/resource/iconography-hinduism/lakshmi
- https://www.exoticindiaart.com/article/lakshmi-in-art/
- https://www.wisdomlib.org/definition/mahalakshmi
- SIDDHI LAKSHMI - https://kaulapedia.com/en/siddhi-lakshmi/
- LAKSHMI TANTRA - https://adishakti.com/lakshmi-tantra-art-by-gurucharan/
- https://en.wikipedia.org/wiki/Lakshmi
- https://www.academia.edu/43938452/Symbolism_n_Hinduism
- SACRED GODDESS GEOGRAPHY - https://www.academia.edu/26393375/05_PeCu_10_Singh_Rana_P_B_editor_2010_Sacred_Geography_of_Goddesses_in_South_Asia_Essays_in_Memory_of_David_Kinsley_xviii_396pp_34_tables_69_figures_ISBN_10_1_4438_1865_8_ISBN_13_978_1_4438_1865_0_Cambridge_Scholars_Publishing_Newcastle_upon_Tyne_U_K
- DAY OF BRAHMA - https://www.academia.edu/173416/The_Day_of_Brahma_Psychology_of_the_Indian_Mythology
- ICONOGRAPHY - https://www.hinduamerican.org/blog/ashta-lakshmi-

the-eight-forms-of-lakshmi

- THE 18 SONS OF GODDDESS LAKSHMI - https://www.hindu-blog.com/2019/09/18-sons-of-lakshmi-mantra-names-of-18.html

SAGES/POETS

- https://en.wikipedia.org/wiki/Yamunacharya
- https://en.wikipedia.org/wiki/Ramanuja
- http://guru-krupa.org/proj_desc/SAA/gkf_SAA_history.pdf

쿠메 쿠니타케의 일선동조론에 표상된 스사노오와 이자나미

- 스즈키 마토시 계보학과의 관계와 『고사기』 해석 -

후지노 나오타카

필자 약력

후지노 나오타카

리츠메이칸대학 대학원 일본사전공 박사과정 수료

전 일본학술진흥회 특별연구원

전 리츠메이칸 사료센터 조사연구원

현 동의대학교 인문사회과학대학 일본어학과 조교수

藤野真挙

立命館大学大学院 日本史専攻 博士課程 修了

前·日本学術振興会 特別研究員

前·立命館史資料センター 調査研究員

現·東義大学校 人文社会科学大学 日本語学科 助教授

代表論文

藤野真挙「天人関係の明治維新」『史創』9、2019

藤野真挙「明治ナショナリズムと中川小十郎のキャリア形成(二)—東北地方
小学校教員の統計調査経験—」『立命館 史資料センター紀要』創刊号、2018

藤野真挙「井上毅と教育勅語—文明の「親愛」ユートピアへ—」『日本近代学
研究』59、2018

藤野真挙「西周の法思想と教思想—「思慮」ある「激怒」が蠢く秩序—」『立命
館史学』38、2017

1 들어가며

　일본에서 가장 오래된 사서인『고사기古事記』가 편찬된 것은 712년 1월 28일로 지금으로부터 약 1,300년 전의 일이다. 이날 오오노 야스마로太安万侶는 이에다노 아레稗田阿礼의 기록인「제황일계帝皇日継」와「선대구사先代舊辭」를 선별 통합하고 상중하 3권으로 기록하여 원명천황元明天皇에게 바쳤다.『고사기』라는 제목은 옛일을 기록한 서적이라는 뜻으로『고사기』편찬의 유일한 해설인『고사기』서문에는 이 제목의 읽는 법은 기록하지 않았기 때문에 언제부터『고사기』를 '코지키'라고 읽게 되었는지는 확실하지 않다.[1]

　『고사기』상중하 3권 중 상권은『일본서기日本書紀』의「신대기神代記」에 해당하는 부분으로 아메노 미나카누시로부터 칸야마토 이와레비코(훗날의 신무천황) 탄생까지를 기록하였으며, 중권은 신무천황神武天皇으로부터 응신천황應神天皇까지, 하권은 인덕천황仁德天皇으로부터 추고천황推古天皇까지의 왕통 계보가 기록되어 있다. 즉『고사기』상권 대부분이「선대구사」에 기록된 '신화나 전설 설화에 대한 내용으로 국토의 기원, 왕실의 유래, 국가 경영, 천황 및 왕족에 관한 이야기, 여러 씨족의 유래에 관한 이야기 등'[2]으로 구성되어 있어 중·하권이 '천황일계天皇一系'를 기본으로 구성된 것과는 성격이 달랐다.

　본 논문에서는 메이지시대의 역사학자인 쿠메 쿠니타케久米邦武의 '일선동조론日鮮同祖論'의 핵심이었던 '스사노오 신라왕설'을 모토오리 노리나가本居宣長 이후의『고사기』해석 계보 선상에 올려, 쿠메의 고대 역사관 속 이

---

1) 倉野憲司「解説」倉野憲司校注『古事記』岩波文庫-黃-1-1, 岩波書店, 1963, p.350
2) 위의 논문 倉野憲司「解説」p.352

자나미 해석을 밝혀보려고 한다.

최근까지 근대 일본이 『고사기』를 어떻게 해석해 왔는가 하는 문제는 일제강점기 한국 지배의 정당성을 어떻게 구축해 나갈 지에 대한 관심으로 이루어졌다. 이 문제에서 특히 관심을 끌었던 것이 일선동조론과 그 핵심을 이루는 '스사노오 신라왕설'이었다. 히라타 아츠타네平田篤胤 등 에도 시대의 국학자들은 『고사기』나 『일본서기』의 신대 기록을 역사적 사실이 기록된 것이라고 생각하였고, '일본민족'과 '한국민족'이 국가 형성 단계부터 밀접한 관련이 있으며 그러한 관계 속에서 일본이 항상 지배적인 입장에 있었다는 일선동조론을 주창하였고, 아마테라스의 동생인 스사노오는 고대 신라의 왕이었다는 '스사노오 신라왕설'을 주장하였다. 1910년 한국 식민지화 이후의 일본은 이러한 일선동조론과 '스사노오 신라왕설'을 일본 국내와 한국에 적극적으로 전파시켜 한국지배의 역사적 정당성과 정통성을 만들어내었다.

데이비드 바이스는 『고사기』의 서사 구조에서 스사노오의 '경계성'이, 일본을 중심으로 할 경우 한반도의 '경계성=주변성'과 부합하며 '스사노오 신라왕설'이 일본이 지배자 자리에서는 식민지 지배 이데올로기로 계승되었던 것을 분석하여 근대 일본의 '스사노오 신라왕설'이 이데올로기 장치로서 기능하였다는 것을 밝혔다.[3]

한편 김광림은 데이비드 바이스의 분석을 바탕으로 일선동조론을 '사실적 명제'와 '당위적 명제'로 나누어 분석하는 방법을 제시하였다. 이것은 일선동조론이라는 학설을 식민지배나 침략 사상을 전제로 하는 '당위적 명제'와, 역사적 사실을 실증적으로 논술하는 '사실적 명제'로 분리하여 분석하는 방법이다. 이 방법으로 1945년 이전 일본 역사학계에서 주창되

---

3) ダーヴィット・ヴァイス「神国の境界－スサノオと日鮮同祖論について」『立教大学ドイツ文学論集』54号, 2020.

던, 일선동조론을 '명백한 악'으로 판단하던 평가를 재검토하려고 하였다.[4]

김광림은 이러한 방법론으로 에도시대 이후의 여러 연구자들의 일선동조론을 분석하여 요코야마 요시키요橫山吉淸(국학자)나 미야케 요네키치三宅米吉(인류학·고고학) 등의 일선동조론은, 일본인의 우위성을 나타내는 것이 아니라 오히려 일본인의 한반도 도래설을 전면에 내세운 '사실적 명제'를 따르는 것이었다고 평가하였다. 한편 쿠메 쿠니타케를 시게노 야스츠구重野安繹, 호시노 히사시星野恒 등과 함께 '관학 아카데미즘 사학자'로 규정하면서 그들은 루드비히 리스Ludwig Riess식 실증주의를 도입하여 『일본서기』의 「신대기」를 상대화하는 등 합리적인 입장에 서 있었다고 하면서도, 그 학설은 『고사기』의 기록을 역사적 사실로 파악하고 '임나일본부'나 '신공황후의 한반도 정벌'을 사실로 인식하여, '스사노오가 한국을 지배하였다'는 '일선동조론의 전형적인' '당위적 명제'를 채용하고 있으며, '한국병합 이전이었지만 정한론, 운양호 사건, 청일전쟁과 마찬가지로 일련의 정치적 움직임과 관련되어 구축'된 '당위적 명제'의 색채가 농후한 학설이었다고 비판적인 평가를 내렸다.

김광림의 이러한 방법은 지금까지 확실히 '명백한 악'이라고 평가해 왔던 일선동조론을 내용 분석의 장에 올렸다는 점에서 평가할 수 있을 것이다. 그러나 무엇을 사실적 명제로 무엇을 당위적 명제로 규정 할 것인가에 대한 분석 평가 기준이 모호하다. 또한 쿠메의 고대사 서술에 '스사노오 신라왕설'과 같은 '당위적 명제'가 있었던 것은 이 논문에서 언급하였지만 쿠메의 고대사연구가 메이지 정부의 대한국정책 관련되어 진행되었다고 평가한 것은 성급하다고 생각된다. 쿠메 쿠니타케가 1881년에 확정된 메

---

4) 金光林「日鮮同祖論―その実体と歴史的展開」東京大学博士論文, 1997.

이지 정부의 공식 신도 해석과는 다른 「신도는 제천의 옛 풍습神道は祭天の古俗」이라는 논문을 발표한 후 제국대학에서 추방당한 것은 잘 알려져 있는 사실로, 쿠메가 자신의 학설을 발표할 때 정부의 대한국정책을 의식하고 있었다고 납득하기는 쉽지 않다.

쿠메가 『고사기』의 신대를 어떻게 해석하였으며, 일선동조론을 포함하여 어떠한 고대 역사관을 구축하고 있었는지에 대해서는 '일선동조론=명백한 악'이라는 구도를 배제하고, 먼저 그 논리구조 자체를 내용적으로 분석해야 할 것이다. 또한 쿠메의 고대역사관에 대한 연구가 부족한 상황에서 어떤 경위를 거쳐 '스사노오 신라왕설'이라는 당위적 명제가 도입되었는지도 기초적인 연구로서 밝혀야 한다. 이러한 검토를 거친 후 비로소 사실적 명제와 당위적 명제라는 것이 한 역사학자의 학설 속에서 어떻게 배치되었으며, 당위적 명제의 채용이 역사적 사실 이해에 어떤 영향을 미쳤는가에 대한 문제분석이 가능해질 것이다.

따라서 본 논문에서는 한반도 식민지화 이전에 간행된 쿠메 쿠니타케의 『일본고대사日本古代史』[5]를 중심으로 앞에서 제시한 논점에 대해 밝혀 보려고 한다. 또한 본 논문에서는 쿠메의 고대사 인식 속의 이자나미의 역할에 대해서도 살펴보려고 한다. 근대 이후 '황천국黃泉国의 여신'인 이자나미는 아마테라스나 아메노 미나카누시 같은 존재에 비해 중요한 존재로 여겨지지 않았으며 이자나미에 대한 선행연구도 그리 많지 않다.[6] 본 논문에서는 '스사노오의 어머니'로서의 이자나미에 대하여 '스사노오 신라왕설'과 관련하여 어떤 해석 가능한 존재였는가 하는 점에 대해서도 이야기해 보려고 한다.

----

5) 久米邦武『日本古代史』早稲田大学出版会, 1903.
6) 이자나미와 관련된 선행연구는 비교신화의 입장이나 일본신화에 대한 한적漢籍의 영향력 같은 비교문학 연구, 또는 이자나미의 무덤의 위치 같은 신학론 등에서 활발히 이루어지고 있지만 역사학적 연구는 전무하다고 볼 수 있다.

2 『고사기』 해석의 계보

본장에서는 쿠메 쿠니타케의 일선동조론의 계보적 이해를 위해 『고사기』가 에도시대부터 메이지시대 초기까지 어떻게 해석되어 왔는지를 개관해 보려고 한다.

사실 『고사기』라는 책은 편찬 후 오랫동안 역사 속에서 '잊혀진 책'이었다.[7] 정사로는 『일본서기』가 있었으며 이 두 사서의 기록에는 차이가 존재했기 때문에 『고사기』는 『일본서기』의 그늘에 가려져 있었다. 카모노 마부치賀茂真淵는 '『고사기』는 후대에 쓰여진 위서'라는 학설을 내놓았으며 이 학설은 오랫동안 영향력을 가지고 있었다.[8]

『고사기』를 『일본서기』보다 뛰어난 사서로 빛을 보게 한 것은 모토오리 노리나가였다. 모토오리가 『고사기』를 '순수했던 고대의 일본어와 신화를 전하는' 사서로 평가하며 문헌고증학적 방법론의 주석서인 『고사기전古事記伝』(전44권)을 34년 동안 저술한 것은 매우 유명한 이야기이다.(1790년-1822년 동안 간행).[9]

또한 모토오리의 후계를 자임한 히라타 아쓰타네에 의해서도 『고사기』 해석이 이루어졌다. 다만 히라타의 『고사기』 해석은 모토오리의 『고사기』를 충실히 해석하려고 했던 고증학적 성격과는 상당한 차이가 있다. 히라

---

7) 斎藤英喜『古事記はいかに読まれてきたか―〈神話〉の変貌』吉川弘文館, 2012.
8) 앞의 논문 倉野憲司「解説」에서도 위서설은 대부분 잘못된 견해라고 하고 있지만 위서라고 생각하는 입장에서는 '정당한 의문'도 있기 때문에 여전히 검증은 필요하다고 해설하고 있어 고사기 위서설의 영향력을 알 수 있다.
9) 斎藤英喜『古事記はいかに読まれてきたか』吉川弘文館, 2012. 이 책은『고사기전』을 기록한 모토오리 노리나가의 혁신성을 높게 평가하면서 모토오리 이전에『고사기』는 누구에게 어떻게 읽혀 왔는지를 분석함으로써 모토오리가 왜『고사기』를 재평가하게 되었는가라는 문제에 접근하고 있다.

타는 『일본서기』와 『출운국풍토기出雲国風土記』와 같은 다양한 사료를 모아 『고사기』와 접목하고 히라타 자신만의 세계관을 반영시켜 완전히 새로운 '히라타파 일본신화'를 창출하였다.

모토오리와 히라타의 『고사기』 해석에 대한 차이점은 황천국과 스사노오에 대한 해석이 달랐던 것에 있다. 이는 두 인물의 세계관 및 우주관과 관련된 문제이기도 했다. 모토오리의 황천국 해석은 『고사기』 속의 이자나미의 '구더기가 우글우글 들끓고 있는'(『고사기』p.28)[10] 모습이나, '나는 정말 추하고 추악한 불결한 나라에 갔다'(『고사기』p.31)라고 기록되어 있듯이 '불결함이 예견되는 나라'[11]로 이해하였다. 또한 황천국이 있는 장소는 지하세계이며 한번 가게 되면 다시는 돌아올 수 없는 장소로 해석하고 있었다. 스사노오에 대한 이해도 『고사기』의 내용대로 아마테라스와 대비되는 '악신'으로 보았다.

한편 히라타는 이러한 『고사기』의 기록과는 전혀 다른 황천국과 스사노오에 대한 해석을 내어 놓았다. 히라타는 이자나미의 죽음을 부정하고 있다. 이자나미가 황천국에 간 것은 단순히 자신의 모습을 이자나기로부터 감추기 위해서였다고 해석하고 있다. 즉 '황천국'은 죽은 자의 세계가 아니라고 본 것이다. 사후에 가는 황천국이 아니라 지상세계와 공존하는 '유명계幽冥界'로 가는 것이라고 하는 독자적인 우주관을 나타내었다. 그리고 '유명계'를 주관하는 것은 스사노오의 자손인 오오쿠니누시이며, 오오쿠니누시가 생전의 행위를 재판 하고 생전에 선한 일을 한 사람은 그곳에서 영원한 평안을 얻는다고 주장하였다. 히라타는 이러한 생사관을 나타내기 위해 오오쿠니누시를 선악을 판결하는 '유명계'의 정통 지배권을 가진 신

10) 앞의 책 倉野憲司校注 『古事記』 p.28. 이후에는 번잡함을 피하기 위해 본 논문에서의 『고사기』 인용은 본문 중에 (『고사기』p.페이지숫자)로 기재한다.
11) 本居宣長 『古事記伝』 2巻 岩波文庫-黄-219-7, 岩波書店, 1941, p.6.

으로 만들어야만 했다. 오오쿠니누시는 『고사기』 기록으로는 스사노오의 6세손이며 출운국出雲国 계통의 신이다.[12] 오오쿠니누시가 아마테라스에게 나라를 양도한 후에도 사람들의 영혼을 심판하는 '유명계'를 주재할 수 있는 신이 되기 위해서는, 그의 조상인 스사노오를 모토오리가 이해한 것처럼 단순한 '악신'으로 해석해서는 안 되었다. 히라타는 『고사기』의 '타케야마 스사노오 미코토에게 우나바라(海原)를 다스리라고 위임했다'는 기록(『고사기』p.34), 또는 『일본서기』 신대상 일서의 '스사노오는 천하를 다스려야 한다'[13]라는 기록에서 스사노오가 이자나기로부터 정통성 있는 지배에 대한 위임을 받은 신으로 평가한 것이다.

정리하자면 같은 복고신도復古神道 계열에 있는 두 국학자의 『고사기』 신대에 대한 해석은

　　모토오리 : '황천국' = 죽은 자의 세계 = 불결함 / 스사노오 = '악신'
　　히라타 : '황천국' = 죽은자의 세계가 아님 / '유명계' = 죽은자의 세계 / 스사노오 = 이자나기로부터 정통적인 지배를 의탁 받은 신

이라고 하는 구도였다.[14]

또한 모토오리와 달리 『고사기』를 유일한 정통신화라고 생각하지 않았던 히라타는 스사노오의 출신을 『일본서기』와 『비후국풍토기備後国風土記』의 내용을 계승하여 '우두천왕牛頭天王'과 동체이며 '소민장래蘇民将来' 신앙과 결부된 신라 출신으로 해석하여 신라를 지배한 신으로 만들었다.[15] 히

---

12) 『일본서기』에서는 스사노오의 아들로 기록되었고 『출운국풍토기出雲国風土記』에서는 스사노오와 오오쿠니누시는 다른 계보의 신으로 기술되어 있다.
13) 『日本書紀』「神代」上.
14) 原武史「出雲神道と国家神道」『東洋学術研究』40卷1号, 2001.
15) 平田篤胤『牛頭天王歷神弁』1825.

라타는 자신의 저승관인 '유명계'를 담보하기 위하여 스사노오를 신라왕으로 만들고 그 정통성은 이자나기에 의해 보장되었다는, 한반도 지배를 역사적으로 정통화/정당화하려는 일선동조론의 한 형식을 만들어낸 것이었다.

에도시대 말기에 발흥한 다른 국학계통의 학문에서는 출운국 계통 신화를 배제하였고 스사노오나 오오쿠니누시의 존재에 무게를 둘 만한 것은 없었다. 미토학에서는 원래 정사의 시작을 신무천황 즉위 후로 설정하였기 때문에 후지타 도코藤田東湖는 『고사기』나 『일본서기』의 신대는 애초에 논증할 만한 가치가 없다고 보았다. 또한 히라타의 제자이지만 히라타를 통렬히 비판한 오오쿠니 다카마사大国隆正를 시조로 하는 츠와노파津和野派 국학에서는 '유명계'의 주재신을 오오쿠니누시라고 생각하지 않았기 때문에 스사노오의 존재도 중요하게 생각하지 않았다.[16] 따라서 스사노오와 한반도와의 관계성 그리고 그로 인해 도출된 일선동조론은 '국학적인 논리'라기보다는 히라타파 국학에 한정된 해석이었다고 이해해야 할 것이다.

히라타파 국학은 그 독자적인 세계관으로 인해 에도시대 말기에 유행하였고 메이지유신의 원동력이 되었다는 평가를 받고 있다.[17] 그러나 메이지 정부 수립 후 신도국교화 운동 속에서 제신祭神 논쟁이 격화되면서 아마테라스(피안의 지배자)로부터 이어지는 천황(현세의 지배자)의 계보와 위상을 중시하는 국가신도(신사신도)가 수립되었고 히라타파 국학은 국가신도의 하위에 부속된 일개 종교종파(교파신도)에 위치하게 되었다.(1881년 천황의 칙서에 따라 제신논쟁이 종결) 또한 국학이라는 학문도 메이지유신 이후의 서구화 흐름 속에서, 시대에 뒤떨어진 비과학적인 종교 교리로 평가되었으며

---

16) 『日本書紀』「神代」上.
17) 宮地正人『歴史のなかの『夜明け前』－平田派国学の幕末維新』吉川弘文館, 2015.

1886년 제국대학령 이후에 구축되어 진 서구적·과학적 학문 세계로부터 무시당하였다. 쿠메 쿠니타케는 이러한 새로운 시대의 학문을 역사학적 입장에서 담당하고 있었으며 국학이나 신도의 특이성이라는 해석에 대해서는 당연히 비판적인 입장에 서있었다. 다만 흥미 있는 것은 쿠메는 스즈키 마토시鈴木眞年라는 국학자의 학설에 영향을 받아 '스사노오 신라왕설'을 수용하고 있었다.

스즈키 마토시(1831-1894)는 에도시대 말기부터 메이지 시대에 걸친 기간에 살았던 국학자이며 계보학자이다. 스즈키는 에도의 칸다 지역 담배상을 하는 집안의 장남으로 태어났으며, 병약하여 가업을 잇지 못하였고, 17세 때 키슈 쿠마노본궁紀州熊野本宮으로 요양을 겸한 불교 수행에 들어갔다. 이 무렵 이미 「고대래조인고古代来朝人考」, 「어삼경계보御三卿系譜」의 초고를 작성하는 등 학문적 재능이 넘치는 인물이었다. 그 후 31세 때 쿠리하라 노부미츠栗原信充로부터 계보학을 배웠고 35세 때 키슈 와카야마번의 초청으로 키규번의 계보 편찬 사업에 종사하였다. 1871년에는 궁내성 내 사인이 되었으며 1878년에는 「메이지신찬성씨록明治新撰姓録」을 저술하였다. 그 후 1891년 제국대학을 퇴임할 때까지 계보편찬사업과 제국대학, 교순사交詢社 등에서 교편을 잡았다. 퇴임 후에는 쇠퇴하고 있던 국학의 부흥을 위한 국학교 설립 운동과 쿠마노대사熊野大社의 부흥에 힘을 쏟았다.[18] 『고사기』해석에 대해서는 1887년경에 야마가타 아리토모山縣有朋와 타나카 미츠아키田中光顕가 스즈키에게 의뢰하여 사저에서 매주 2회, 교순사에서는 월 2회 강의를 한 것으로 보이며 강의 내용은 『고사기정의』라는 형태로 정리되어 1887년부터 순차적으로 출판되고 있었다.[19]

스즈키 마토시의 『고사기정의』는 제목 그대로 스즈키의 『고사기』 고증

---

18) 鈴木防人『鈴木眞年伝』自家出版, 1943.
19) 본 논문에서 참조한 것은 후에 정리된 것이다. 鈴木眞年『古事記正義』明世堂, 1943.

의 성과를 기록한 것으로 그 특징은, 오노고로 섬의 생성과 신의 신체의 일부에서 다른 신들이 창조되었다고 한 신대의 초월적 서술에 대해서는 '수사적인 문장'이라고 이해하였으며, 신화를 기록대로 이해하려고 하였고, 신비적 해석을 하였던 모토오리와 히라타의 학설을 비판하였다. 그리고 문헌고증학적 방법을 이용하여 독자적인 해석을 덧붙이고 있었다. 스즈키 마토시에 대한 연구는 많지가 않은데 『고사기정의』에 보이는 스즈키 설과 모토오리 설/히라타 설에 대한 비교 분석 작업은 앞으로의 과제가 될 것이다. 스즈키는 모토오리가 스사노오를 '악신'이라고 해석한 것과 또한 히라타가 츠쿠요미와 스사노오를 동일체로 보았던 학설을 비판하였고, 스사노오는 타카마가하라高天之原에서 내려왔을 때 신라의 우두에 도착하여 군주가 없었던 신라를 평정하였다.[20] 그곳에서 소민장래蘇民将来와 함께 지내며 그의 딸인 사미라히메와 결혼 후 이타테노미키토와 하야스세리히메를 낳았고 우두백성들의 사랑을 받아 강군橿君이라고 불렸다. 또한 원래 스사노오라는 이름 자체도 한국어에서 온 것이라고 하여 모토오리와 히라타와는 다른 독자적인 견해를 제시하였다. 그리고 여기에서는 스사노오가 신라라고하는 '군장'이 존재하지 않던 '야만夷'이 만연한 세계를 평정했다고 하는 세계관이 나타나고 있으며 스사노오를 신라왕이라고 하는 일본 우위를 주장하는 일선동조론의 전형적인 역사 해석을 볼 수 있다. 쿠메는 이러한 스즈키의 '스사노오 신라왕설'을 역사적 사실로 수용해 나갔다.

----

20) 健速須佐之男命、此神ハ、高天之原ヨリ天降リ坐シテ、新羅ノ牛頭方（楽浪郡ノ郡県ニアリ）ニ致ル、彼地本ト君長ナク、只九種ノ夷アリ（中略）斯テ初メ須佐之男命、宿ヲ巨且将来（コシスラ）ニ乞ヒ玉フニ借シ奉ラズ、因リテ兄ノ蘇民氏（ソビシ）ニ乞ヒ玉ヒシム、借シ奉リテ、栗柄ヲ席トシ、栗飯ヲ献リテ饗シ上ル、時ニ其女佐美良姫（サミラヒメ）ヲ娶リテ、伊太氏命（イタテノミコト）、次妹速須勢理比売（ハヤスセリヒメ）ヲ生む、（中略）時ニ帝堯廿五年戊辰ナリ、国人追慕シテ橿君ト称ス、又須佐男（スサオ）トハ、元ト韓語ニテ奉称リシ御名ニシテ. 앞의 책 鈴木眞年『鈴木眞年伝』p.67.

쿠메는 '박람강기博覧強記'의 국학자라고 스즈키를 평가하였으며 고대 한일관계사에서 중요한 역할을 하였다고 평가하였다. 또한 쿠메가 한일민日韓閩 삼토연합을 주장할 때에는 스사노오를 염두에 두지 않았으나 스즈키의 설에 따라 '스사노오 신라왕설'을 받아들였다고 한다.[21]

쿠메는 『사학회잡지』 1호부터 「일본 폭원의 연혁日本幅員の沿革」이라는 제목의 '고증'을 연재하였고 한일민 삼토연합론을 전개하였다. 이 논문에는 『고사기』에서 스사노오가 말한 '어머니나라姆国'에 대한 해석이 실려 있다. 쿠메는 스즈키의 『메이지신찬성씨록明治新撰姓氏録』을 인용하여

어머니나라[姆国]는 성씨록에 신라新良貴를 좌경황별左京皇別에 기록하였고 (중략) 어머니나라는 신라이며 왕은 이나이노 미코토稲氷命의 자손이다.[22]

라고 썼다.

이 논문에서 쿠메는 '스사노오 신라왕설'을 채택하지 않지만, 이나이의 후손이 신라왕이라는 근거로 스즈키의 『성씨록』을 들었다. 이것으로 알 수 있는 것은 스즈키 자신에게도 신라왕의 계보에 대한 견해에 변화가 있었다는 점이다. 성씨록이 쓰여진 시점에는 스즈키도 '스사노오 신라왕설'을 채택하지 않았으나, 『고사기정의』 단계에서는 채택하고 있다는 것이

---

21) 古代日韓の関係は学界に著名になりたり、其端は鈴木翁の啓発に由る、今の史学者は国学の古老をなべて鎖国の陋見を株主するものと思ふならん(중략)十二年前なり、史学会雑誌の初号に日本幅員の沿革の題にて、古代日韓閩の聯合、及び新羅交通の由来久しきを脱し(中略)余は其時素戔鳥尊の新羅王なることを眼界より脱し居たり、適々鈴木翁出雲語部の事を論述して示されし(中略)素戔鳥尊は新羅の牛頭天王なること、及び香春神社(カハクジンジャ)の由来など諸書を引て証明され. 久米邦武『日本古代史』早稲田大学出版会, 1903年版, pp.125-126
22) 久米邦武「日本幅員の沿革」『史学会雑誌』1号, 1889, p.16.

다. 스즈키의 학설에 대한 이 이상의 자세한 분석은 하지 않을 것이지만 이로써 알 수 있는 것은 쿠메는 삼토연합론 발표 초기부터 스즈키의 『성씨록』을 인용하는 등 그의 성과를 수용하고 있었으며 그것이 『고사기정의』를 접하고 직접 의견 교류[23]를 하면서 스즈키의 신라왕설을 채용해 나간 것이었다.

물론 신라왕을 이나이의 자손으로 볼 것인가 스사노오로 할 것인가의 차이점은 있지만 일본신화 속의 신의 계보에 속한 자가 신라(한반도)를 지배했다는 견해가 확실하며 쿠메의 일선동조론을 논할 때에는 이러한 학설적인 전개를 염두에 둘 필요가 있을 것이다.

에도시대 후기부터 활발해진 『고사기』 해석은 모토오리에서 히라타로 나아가며 스사노오를 악신으로부터 신라왕이라고 이해하는 쪽으로 크게 변화하였다. 이로써 일본이 한국보다 우위에 있었다고 규정하는 일선동조론이 형성되어 갔지만 메이지 정권의 탄생에 의해 히라타파의 학설은 쇠퇴해 갔다. 그후 문헌고증·계보학적 연구의 스즈키가 히라타와는 다른 문헌해석과 신화해석을 수행하여 『성씨록』에서는, 『고사기』의 '이나이노 미코토가 어머니나라인 우나하라(海原)에 들어갔다'라는 기록으로부터 신라왕이 이나이의 후손이라는 계보를 만들었지만, 『고사기정의』에서는 이 주장을 버리고 스사노오라고 해석한 것이었다. 이러한 스즈키의 신라왕설은 일본의 한국보다 우위에 있었다고 한 것으로 야마가타 아리토모나 타나카 미츠아키 같은 정부 요인, 그리고 교순사의 민간 지식인들에게 전파되어 가게 되었다. 그리고 그것은 관학아카데미즘 사학의 대표자였던 쿠메 쿠니타케에게도 영향을 주어 쿠메의 일선동조론이 형성되어 간 것이다.

---

23) 쿠메는 스즈키에게 직접 '스사노오 신라왕설'의 근거에 대해 물어봤으며 스즈키의 답변을 들은 것으로 보인다. 앞의 책 久米邦武『日本古代史』p.126.

3 쿠메 쿠니타케의 『고사기』 해석과 고대 역사관

1)『고사기』 신화

쿠메 쿠니타케의 고대 역사관을 논하기에 앞서 우선 『고사기』 속의 이자나미부터 스사노오까지의 신화를 정리해 보려고 한다.

이자나기伊邪那岐와 여동생인 이자나미伊邪那美의 탄생은 최초의 신인 아메노미나카누시天之御中主로부터 5대 후에 출현한 쿠니노토코타치国之常立로부터 7대가 지난 후였다. 이자나기와 이자나미는 남녀 한 쌍의 신으로 이전의 신들과는 달랐다. 다른 신들은 두 신에 대해

국토가 아직 미숙하고 기름 같이 해파리처럼 떠돌고 있는 (중략) 나라를 정돈하고 완성하라.(『고사기』 pp.19-20)[24]

라고 명령했다.

하늘의 부교에 서서 그 옥창을 내려 휘저어 바닷물을 긁어 끌어올렸을 때, 그 창끝에서 떨어진 바닷물이 겹쳐 쌓여서 섬이 되었는데 이것이 오노고로섬이다.(『고사기』 p.20)[25]

---

24) 国稚く浮きし脂の如くして、海月なす漂へる

25) 天の浮橋に立たして、その沼矛を指し下ろして書きたまへば、鹽こをろこをろに書き鳴して引き上げたまふ時、その矛の先より垂り落つる鹽、累なり積もりて島と成りき・これ淤能碁呂島なり

細田富延『神代正語常盤草』3卷1827.(일본국회도서관 디지털 콜렉션)
이자나기와 이자나미가 '하늘의 창'으로 오노고로섬을 창조하고 있는 그림

그래서 두 신은 오노고로섬을 만들어 내었다. 그 후 두 신은 타카마가하라에서 이 섬에 내려와 '하늘의 신성한 기둥天の御柱'과 '팔심전八尋殿'을 만들어 국토창조를 준비했다. 국토창조는 두 신의 '교잡(미토노마구하이)'에 의해 이루어졌는데, 처음에는 이자나미(여성신)가 이자나기(남성신)에게 먼저 제안을 한 부정한 행위 때문에 이자나미는 히루코水蛭子와 아와시마淡島라는 불완전한 신을 출산했다. 두 신은 이들을 자식으로 인정하지 않고

다시 이자나기가 교잡을 위해 이자나미를 불러 '아와지노호노사와케섬淡
道の穂の狭別島과 이요노후타나섬伊豫の二名島'(『고사기』p.23)[26]을 낳았다. 이
두 섬은 아와지섬과 시코쿠로 비정되고 있다.

　이후 두 신은 차례로 국토를 창조해 나갔다. 현재의 지명으로는 아와지
→ 시코쿠 → 오키 → 규슈 → 이키 → 쓰시마 → 사도 → '오오야마토 토
요아키즈시마'(야마토를 중심으로 한 키나이 지역명) → 오카야마현 코지마 반
도 → 카가와현 쇼도섬 → 야마구치현 오오섬 → 오이타현 히메섬 → 나가
사키현 고토열도 → 나가사키현 단죠 군도 순이다. 국토창조 후 돌, 흙, 바
람, 나무, 물, 산, 음식 등 만물의 신들을 창조했다. 그리고 이자나미는 불
의 신인 히노카구츠치火之迦具土를 창조하던 중 '이 아이를 출산하던 중 음
부가 타버려 병져 누워 버렸고', '마침내 신격을 상실하게' 되어 버렸다.
(『고사기』 p.26).[27] 이자나기와 이자나미가 창조한 것은 14개 섬 35신으로
여기에는 히루코와 아와시마는 포함되지 않았다.

　이자나미가 '신격상실' 상태가 된 것을 이자나기는 몹시 슬퍼하며 자식
인 카구츠치의 목을 칼(아메노오하바리天之尾羽張)로 잘라 버렸다. 카구츠치의
목을 자른 칼에서 8신, 그리고 몸에서도 8신이 창조되었다. 이자나미는
'출운국과 백지국伯伎国의 경계에 있는 히바산에 묻혔다.' 그렇지만 그 뒤
이자나기는 죽은 아내를 그리워하며 '황천국으로 따라 가서'(『고사기』 p.28)
다음과 같이 말했다.

　이자나기가 '사랑스러운 내 아내여 나와 네가 만든 나라는 아직 완성
　되지 않았으니 돌아오길 바랍니다'라고 말을 했다. 이자나미는 '유감
　스럽지만 당신이 빨리 오지 않아서 저는 황천국의 음식을 먹어버렸

----
26) 淡道の穂の狭別島。次に伊豫の二名島を生
27) この子を生みしによりて、みほと炙かえて病み臥せり

습니다. 그렇지만 사랑스러운 나의 남편이 이 나라에 온 것은 황공한 일입니다. 그래서 돌아가려고 합니다. 잠시 황천신과 상의해 오겠으니 그동안 절대 저를 보지 마세요'라고 말했다. (중략) 불을 켜고 안으로 들어가 보니 이자나미의 몸에는 구더기가 들끓고 머리에는 큰 천둥이 있고 가슴에는 불천둥, 배에는 검은 천둥, 음부에는 찢어진 천둥, 왼손에는 어린 천둥, 오른손에는 흙천둥, 왼발에는 우는 천둥, 오른발에는 엎드린 천둥이 있었으며 합쳐서 8종의 천둥신이 만들어지고 있었다. (『고사기』 pp.28-29)[28]

이자나기가 이자나미를 데리러 황천에 갔을 때에는 이미 이자나미는 황천의 음식을 먹어 버려 돌아올 수 없었다. 이자나미는 황천의 신과 상의하여 이자나기의 품으로 돌아가기로 결심하지만 그때 이자나미의 모습을 보지 않겠다는 약속을 이자나기는 어겼고 이자나미의 '구더기가 들끓는' 몸에 여덟 천둥을 두른 모습을 보고 말아 이자나미는 이자나기의 품으로 돌아갈 수 없게 되어 버렸다.

자신을 모욕했다고 분노한 이자나미는 '8천둥신에게 황천의 군사를 거느리게 하여 이자나기를 쫓았다. 겨우 요모츠히라사카黄泉平坂(출운국의 이후야고개)'(『고사기』 p.30)까지 도달한 이자나기는 이자나미와 대화를 나누었다.

---

28) 伊邪那岐命、語らひ詔りたまひしく、「愛しき我が汝妹の命、吾と汝と作れる国、未だ作り竟へず。故、還るべし。」とのりたまひき。ここに伊邪那美命答へ白ししく、「悔ししきかも、速く来ずて。吾は黄泉戸喫しつ。然れども愛しき我が汝夫の命、入り来ませる事恐し。故、還らむと欲ふを、且つ黄泉神と相論はむ。我をな視たまひそ。」とまをしき。(中略)一つ火燭して入り見たまひし時、蛆たかれころろきて、頭には大雷居り、胸には火雷居り、腹には黒雷居り、陰には拆雷居り、左の手には若雷居り、右の手には土雷居り、左の足には鳴雷居り、右の足には伏雷居り、併せて八はしらの雷神成り居りき

이자나미는 '사랑스런 내 남편이여 당신이 이런 짓을 한다면 나는 당신 나라 사람을 하루에 천 명을 교살해 버리겠습니다' 라고 말했다. 그러자 이자나기는 '사랑스런 내 아내여 당신이 그런 짓을 한다면 나는 하루에 천오백 개의 산실産室을 세우겠다'고 말하였다.(『고사기』 pp.28-29)29

이자나미는 하루에 1,000명의 백성을 죽이려고 했고 반면 이자나기는 하루에 1,500명을 탄생시키겠다고 했다. 그리고 이자나미는 죽음의 신인 '황천진대신黃泉津大神'이 되었다. 『고사기』 속에 이자나미가 등장하는 기록은 여기까지이다.

이자나미와 헤어진 이자나기는 '나는 정말 추하고 추악한 더러운 나라에 갔다. 그래서 나는 몸에 있는 부정함을 깨끗이 씻어야겠다'며 '치쿠시 아와키하라(筑紫の日向の橘の小門の阿波岐原)'(『고사기』 p.31)에서 부정함을 씻었다. 이곳에서 이자나기가 왼쪽 눈을 씻었을 때 아마테라스가, 오른쪽 눈을 씻었을 때 쯔쿠요미가, 그리고 코를 씻었을 때에 스사노오가 창조되었다. 이자나기는 이 세신이 태어난 것을 매우 기뻐했고 아마테라스에게는 '타카마가하라'를 쯔쿠요미에게는 '요루노오스쿠니(夜の食国)'를, 그리고 스사노오에게는 '우나바라(海原)'를 통치할 것을 명령했다.

하지만 스사노오는 이자나기의 명을 따르지 않고 매일을 울면서 지냈다. 보다 못한 이자나기가 스사노오에게 이유를 물었더니 '나는 어머니 나라인 근지견주국根之堅州国에 가고 싶어 울고 있는 것입니다'라고 말했고, 이자나기는 '크게 분노하여 명령하기를 그렇다면 너는 이 나라에 살아서

---

29) 伊邪那美命言ひしく、「愛しき我が汝夫の命、かく為ば、汝の国の人草、一日に千頭絞り殺さむ。」といひき。ここに伊邪那岐命詔りたまひしく、「愛しき我が汝妹の命、汝然為ば、吾一日に千五百の産屋立てむ。」

는 안 된다'(『고사기』 p.34)라며 스사노오를 추방했다. 그래서 스사노오는 아마테라스에게 청원하기 위해 타카마가하라로 다시 올라가 아마테라스와 서약을 맺지만 스사노오의 행패로 인해 아마테라스는 '아마노이와토天の巖戸'에 틀어박혀 버렸다. 그 벌로 팔백만 신에 의해 타카마가하라에서 추방당한 스사노오는, 출운국의 '토리카미(鳥髪)'로 여덟 머리 구렁이를 퇴치하고 '쿠사나기의 검(草薙の大刀)'을 입수하여 아마테라스에 바치고 '스가땅須賀の地'에 궁을 짓고 살게 되었다. 여기까지가 이자나미와 스사노오에 대한 『고사기』의 신화의 내용이다. 다음 절에서는 신화로부터 역사적 사실을 읽어내고자 했던 쿠메는 이러한 신화를 어떻게 해석하였고 어떠한 고대 역사관을 형성하였는지, 또한 이자나미의 위상을 어떻게 세웠는지를 밝혀 볼 것이다.

2) 쿠메 쿠니타케의 고대 역사관

쿠메 쿠니타케(1839년 7월 11일 - 1931년 2월 24일)는 히젠 사가번에 태어난 역사학자이다. 사가번의 홍도관弘道館에서 수학하였으며 '의제동맹義祭同盟'에 참가하였고 25세 때 에도의 쇼헤이자카 학문소昌平坂学問所의 코가 산이치로古賀謹一郎의 문하생이 되었으며 메이지유신 후에는 태정관太政官에 들어갔다. 1871년에 이와쿠라사절단의 사절기편찬보좌使節紀行纂輯専務心得로 수행하였고 귀국 후 『특명전권대사 구미회람실기特命全権大使米欧回覧実記』를 편찬했다. 그 후 태정관 수사국修史局에 들어가 시게노 야스츠구重野安繹 등과 함께 『대일본편년사大日本編年史』를 편찬하였으며 1888년 제국대학 교수가 되었다. 같은 해 『사학회잡지史学会雑誌』에 「일본폭원의 연혁日本幅員の沿革」을 발표하고 '한일민삼토연합론日韓閩三土連合論'을 주창하였다. 1892년 타구치 우키치田口卯吉 추천으로 『사해史海』에 「신도는 제천의 고속神道は

祭天の古俗」이라는 논문을 게재하였고 이 논문이 큰 문제가 되어 제국대에서 퇴출되었다. 1894년부터 1896년까지 릿쿄 대학에서 교편을 잡았고 1899년부터는 도쿄전문학교(현 와세다대학)로 자리를 옮겼다. 쿠메는 인류학, 고고학, 문헌고증학적 성과를 기반으로 고대 일본은 민閩(중국 고대의 푸젠 지방에 있던 월족의 하나)·한韓과 조상이 같다고 하는 삼토연합론을 주창하였고 일본의 신도도 고대 동아시아에 있던 종교제사의 옛 습속과 같은 것으로 일본 만의 독자적인 것이 아니라는 논문 「신도는 제천의 고속」을 발표하였다.

> 12년 전 『사학회잡지』 창간호에 「일본폭원의 연혁」이라는 제목의 논문에서 고대 한일민연합 및 신라교통의 유래는 매우 오래되었으며 (중략) 나는 그때 스사노오가 신라왕이었다는 것은 안중에도 없었다.[30]

라고 쿠메가 회고했던 것처럼 쿠메의 초기 삼토연합론은 스즈키 마토시의 '스사노오 신라왕설' 수용 이전에 만들어진 것이었다. 또한 쿠메는「신도는 제천의 고속」이라는 학설도, 후에 남종북종론南種北種論을 발표하여 동아시아의 고속=종교습속이라는 학설로부터 민에서 유래한 조상제사의 옛 습속으로 변경하여 일선동조론을 보강하였다. 쿠메의 학설은 「신도는 제천의 고속」에 의한 제국대 퇴출의 충격이 강조되었기 때문에 초기 학설을 중심으로 분석하는 경우가 많지만 학설의 일반적인 전개를 고려하면 후기에 쓰여진 학설이 쿠메의 역사관의 본체를 보다 명확하게 보여줄 수 있다고 생각한다. 따라서 1905년 와세다대학 출판회에서 간행한 『일본고대사

---

30) 十二年前なり、史学会雑誌の初号に日本幅員の沿革の題にて、古代日韓閩の聯合、及び新羅交通の由来久しきを脱し(中略)余は其時素戔鳥尊の新羅王なることを眼界より脱し居たり. 앞의 책 久米邦武『日本古代史』pp.125-126.

日本古代史』를 저본으로 하여 쿠메의 고대 역사관을 분석해 보려고 한다.

『일본고대사』는 1903년도의 문학과의 강의를 위해 간행된 책으로 쿠메의 와세다대학 강의록이다. 이후 이 책은 와세다대학 출판부에서 기획한 일본시대사 시리즈 제1권으로 재출판되어 제1권 고대사부터 제10권 유신사까지를 망라한 개설서로서 당시 일본의 역사학 교양서였다. 이 시리즈의 집필자는 '때로는 수사국의 국사 편찬에 따라, 때로는 대일본 사료편찬 사무에서 그 전공시대 사료의 책임자가 되거나 때로는 관청의 기밀 고문서를 관리'[31]하던 사람들이 선정되었으며 쿠메는 제1권 『일본고대사』와 제2권 『나라조정사奈良朝史』, 제5권 『남북조시대사南北朝時代史』를 집필하였다. 저술 방법은

> 최근 과학의 진보는 이러한 진위불명의 사실을 모호하게 매장하는 것을 허용하지 않는다. 모두 긁어내어 그 진상을 포착하지 못하면 더욱 그만둘 수 없다. 지세를 생각하고, 지명을 참고하고, 옛글에 비추어 이를 고대 유물로 증명할 수 없을까, 문헌 이외의 것도 그 대강을 추측해야 하는데 하물며 엄연히 사료가 존재하는 중세 이후의 사실은 말해 무엇 하겠는가.[32]

라고 하여 청조 고증 사학의 문헌고증학적 방법뿐만 아니라 모든 학문 영역의 사료를 중시하는 과학적 실증사학적 방법론으로 집필함을 그 취지

---

31) 或は修史局の国史編纂に従ひ、或は大日本史料編纂の事務に於て其專攻時代史料の主査となり、或は官省の機密古文書を管위の 책 久米邦武『日本古代史』p.4.
32) 近時科学の進歩は、是等真贋不明の事実を模糊の間に葬るを許さず。爬羅剔抉して其真相を捉ふるに非ざれば、復、息まざらんとす。之を地勢に考へ、之を地名に参し、之を古言に照し、之を古遺物に徵せんか、書契以外の事と雖も尚其大要を推すべきなり。況や厳として史料の存在せる中古以後の史実をや

로 하였으며 편찬자의 자의식으로서는 메이지 이후의 제국대학에서 시작된 근대 실증주의 사학의 완성이라는 측면으로 간행되었다.

그러면 쿠메는 『일본고대사』에서 『고사기』의 신대 기술에 대해 어떻게 이야기를 하였을까. 단적으로 말하면 스사노오가 신라의 왕이었던 것은 역사적 사실로 중요시하고 이를 소급하는 형태로 『고사기』 신대 해석을 하였다.[33]

쿠메는 먼저 각지의 석굴에서 발굴된 곡옥·청동 등이 대륙 각처에서 유래했음을 밝히고 '일본에 도래한 인종의 복잡함을 이해한다'(p.12)고 하며 '후한서 동이전에 마한 변한은 왜에 가깝고 문신하는 자가 있으며 진한과 일본 및 오월은 같은 종족임을 알아야 한다(p.27)라는 후한서의 기록을 참고하여

고대 남방민족이 바다를 건너와 중국 연해안에 도착했다고 할 수 있다. 만이가 부락을 만들때에 반드시 일본과 한국에도 동일하게 도래했을 것이라는 것은 추상적이지만 단정할 수 있다. (p.26)[34]

라는 한일민동조설을 제시하였다. 그리고 한국의 연안부에 살았던 것은 남종이라는 인종이었고 산속에 살던 북종과는 다르다고 하였으며 한국 일본 민은 남종이라는 인종을 공통의 조상으로 하고 있다고 주장했다. 이러한 남종은

후한서 동이전에 '나라에서는 철이 나오는데, 예濊·왜倭·마한馬韓이

---

33) 이하 사료의 페이지는 다른 설명이 없을 경우 위의 책 久米邦武 『日本古代史』의 페이지이다.
34) 古代に南方の民族が海を渡り来りて支那の沿海岸へ徒遷し謂ゆる夷蛮の部落を植たる時に当り、必ず日本へも韓へも同しく徒遷したらんとは、推想にても断ぜらるゝ.

나란히 이를 좇아 사들인다. 무릇 모든 무역과 교역에 모두 철을 화폐로 삼는다'라고 기록되어 있는 것을 본다면 고대의 창칼은 카나야마히코金山彦가 지배한 내지산 철 외에 변한의 철을 수입했다는 것은 스사노오의 검을 오로치노카라사비蛇之韓鋤라고 하는 것에 해당한다.(p.36)[35]

라는 스사노오의 철검에 대한 기록을 들어 '한일민이 점거한 단발문신 민족은 인종경쟁 시대에 연합하여 번식을 도모했다'(p.36)[36]라고 주장하였으며

오오야시마는 일본의 옛 영역이 아니다. 스사노오는 신라에 있으며 삼한을 다스렸다. 그러므로 출운국신화의 국토 당기기国引 후에도 신라의 해안 땅을 끌고와 붙였다고 하는데 이것이 바로 한일연합을 증명한다'(p.37)[37]

라고 '스사노오 신라왕설'이 한일 연합의 증거라고 하였다.

스즈키의 『고사기정의』의 학설의 영향을 받았던 쿠메의 고대사에서 스사노오는 매우 중요한 존재였다. 스사노오를 실존했던 인물이라고 한다면 그의 어머니도 실존해야 한다. 『고사기』에서 스사노오는 이자나미의

---

35) 後漢書東夷伝に"辰韓出鉄黒倭馬韓並従市之、凡貿易皆以鉄為貨"とあるを見れば上古の劍矛は金山彦が支配せる内地産鉄の外に、辰韓の鉄を輸入したらんとは、素戔鳥尊の劍を蛇の韓鋤といふにて徴さるゝ.
36) 日韓間に占拠したる断髪文身の民族は、人種競争の時代に於て必ず相連合して繁息を謀.
37) 大八洲は日本の古領域に非ず、素戔鳥尊は新羅に在して三韓を兼領せられ、因て出雲の八島沼神の国引の後にも新良貴(シラキ)の崎より引来り縫ませりとある、是正しく日韓聯合を証明する.

코에서 태어났지만 쿠메는

> 스사노오가 이자나미를 어머니라 하고 아마테라스를 누이라고 한
> 것을 보면 모두 이자나기 이자나미의 친자인 것은 확실하다.(p.81)[38]

라고 하여 스사노오의 어머니는 이자나미라고 하였다. 스사노오를 이자나기 이자나미의 아들이라고 한 것은 『일본서기』의 기록이지만 쿠메는 이 기록을 인용한 것이 아니라 단순히 생물학적 상식의 관점에서 이야기 하였다. 스사노오가 '어머니나라인 근지견주국根之堅州国에 가고 싶다'(『고사기』 p.34)고 울었고 그 결과 그곳에 가서 신라왕이 되었다고 주장한 쿠메는

> 근지견주국의 견주는 신라의 동해안이며 금성 항구로부터 북으로는
> 원산까지 산암山巌의 바다로부터 이어진 곳을 견주국이라고 한다[39]

라고 하여 어머니 이자나미의 나라는 신라라고 주장하였던 것이다. 그렇다면 이자나미는 신라인이었다고 할 수 있지만 쿠메는 이 점에 대해서는 부정적이었다. 삼토연합을 이야기 했을 때에 '연합 각지의 경영에 그 노력의 정도를 상상하는 중에도 한반도는 이자나미의 영지'(p.105)라고 하였으며

> 한반도에 마한 진한 변한이라는 삼한으로 나누어진 것은 대체로 주
> 나라 시대부터였다. 풍속의 작은 차이는 있었어도 모두 같은 진인辰

---

38) 素戔嗚尊が伊弉冉尊を妣といひ、天照大神を姉といひ給ふを見れば、共に諾冉二尊の真子なること明かなり.

39) 堅洲とは新羅の韓の東海岸にて、金城の港より北は元山まで山巌の海より仄ちたるを以て堅洲国といひたるなり.

人이며 따라서 신라가 진국이라고 통칭하였다. 즉 이자나미 이전부터
출운국의 영지였다.(p.106)[40]

라고 한 것처럼 이자나미 이전부터 신라(진국)는 출운국의 지배를 받았다
고 쿠메는 말하였다. 그렇지만 이에 대한 근거는 제시하지 않았다.

일본열도와 한반도의 왕래는 고고학적 연구로 증명되었지만 그러나 출
운국이 신라를 지배했다는 어떠한 증거도 없다. 또한 중국 연안으로부터
한반도를 지나 일본에 들어온 남종을 동일 선조로 하는 각 지배 지역 중에
서 신라보다 후대에 생겼고 철기 생산 기술도 신라로부터 도입하였던 출
운국이 어떻게 신라를 지배할 수 있었는지에 대해서는 삼토연합론에서도
설명이 필요할 것이다. 그러나 쿠메는 이에 대한 언급은 없었다. 그것은
분명히 '스사노오 신라왕설'을 전제한 후 이야기의 앞뒤를 짜맞추기 위해
만들어진 이야기이기 때문이다. 또한 '어머니 나라 근지견주국'이 신라였
다면 이자나미는 신라로부터 일본에 온 도래계 인물이었다고 언급하는 것
도 논리적으로는 가능했을 것이다. 그러나 그 사실을 검증하지 않았던 것
은 일본이 한극보다 우위에 있음을 증명하는 것이 목적이었기 때문이다.
『일본고대사』에서는 언제나

스사노오는 신라를 어머니 나라라고 했다. 이자나미의 영지에 속한
나라인 이유이다.(p.45)[41]

라고 하여 이자나미가 도래계라고 구체적으로 해석되는 것을 피하기 위한

---

40) 朝鮮半島に馬韓辰韓弁韓の三韓分れたるは蓋し周代よりの事なるべし、其風俗は小異
あれど大同にて皆辰人種なり、因て新良貴より統轄して辰国と称じ、即ち伊弉冉尊以前よ
り出雲の兼領地となし.
41) 素戔嗚尊は新羅を妣国とのたまへり、伊弉冉尊兼領の国なる故なり.

기술이 이루어지고 있었다. 또한 쿠메는 기기신화의 기록을 '신대를 전설시대로 보고 신무천황 이후 즉 인황人皇 시대를 유사시대로 본다.'(p.69)[42]라고 하였으면서도 이자나미의 존명기存命期에 대한 연대를 추정하고 있다. 이 연대 추정은 '국사의 기년은 신뢰하기에는 부족한 점이 있다.'(p.103)[43]라고 하여 기기신화의 연대를 배제하고 『사기』를 기초로 해석하였다.

중애제가 붕어하고 응신천황이 탄생한 해는 신라 흘해이사금 37년, 백제 근초고왕 원년으로 동진의 목제 영화 2년, 예수기원 346년이 된다는 것을 고증할 수 있었다. (중략) 이를 기점으로 하고 국사의 사적을 함께 고찰하면 천황치세 평균으로 역추산해서 신무천황 탄생은 한의 선제 원강년 중기, 예수기원전 60년으로 비정된다. 그러면 니니기노미코토의 탄신은 이로부터 80년 정도 이전으로 무제 초기에 해당하며 스사노오는 문제와 동시기이며 이자나미는 고조와 동시기 예수기원전 200년에 비정된다.(p.103)[44]

그리고. '이자나미 시대는 중국 대륙에서 진나라와 초나라의 경쟁이 절정이었던 시대임을 안다면 그 여파는 반드시 일본에도 미쳤을 것이다.'[45]

---

42) 神代を以て伝説時代となし、神武帝以後即ち人皇の世を有史時代となさんとす.
43) 国史の紀年は信ずるに足らず
44) 仲哀帝崩し応神帝誕生の年は新羅の訖解尼師今卅七年、百済の肖古王元年丙午にて東晋の穆帝永和二年、耶蘇紀元三百四十六年なる証を考定し得たり(中略)此を起点となし、国史の事跡に精究し併せて天皇治世の平均率を以て逆推し、神武帝誕生は漢の宣帝元康年中、耶蘇紀元前六十年の比と定めたり、然れば瓊瓊杵尊の降誕は是より八十年許以前にて武帝の初めに当り、素尊は文帝と同時にて伊弉諾尊は高祖と同時、耶蘇紀元前二百年比に当る.
45) 伊弉諾尊の時代は支那大陸に秦楚競争の最中なるを知れば、其波動は必ず日本にも及びて.

라고 하여 이자나기 이자나미 시대에 중국 대륙에서의 전란의 영향이 있었다고 하였다. 이러한 전제에 의해서 두 신에 의한 국토창조와 이자나미의 죽음을 해석하였다. 한국의 역사서인 『삼국사기』 신화에는 탈해이사금은 왜국의 동북쪽 천 리[46]에서 태어났다고 하며[47] 재위 기간은 57년부터 80년까지이다. 그러나 앞의 쿠메의 연대추정에서 이 신화는 무시되고 있으며, 일선동조론에서 탈해이사금과 일본과의 관계는 고려되지 않았다. 스즈키의 『고사기정의』에서도 『삼국사기』의 기술은 채택되지 않았다. 일선동조론이 만들어 질 때에 한국의 기록이 의도적으로 무시되고 있다는 점도 주목할 필요가 있을 것이다.

그리고 『고사기』의 국토창조 신화는 다음과 같이 설명하고 있는데 천지개벽의 모습은 '『고사기』에 천지가 창조되는 것을 "나라가 아직 미숙하고 떠 있는 육지 같은 상태로 해파리처럼 떠돌 때"라고 기록한 것은 신비적 기술이며 역사적 사고라고 하기 어려운 허구이다.' 라고 해석을 피하고 있다. 또한 '다시 천신이 이나자기 이자나미 두 신에게 나라를 가다듬고 다져 완성하라고 하여 하늘의 옥창을 주어 위임하였다고 기록되어 있는 것을 인용하면 "떠돌았다"라는 것은 전쟁 같은 동란을 비유한 기록으로 해석할 수 있다.' 그리고 '한일민연합 초기부터 북인을 격퇴하는데 힘을 쏟으면서 점점더 개척을 진행하여 이자나기 이자나미 두 신의 시대에 이르러 대륙이 형성되어 북인 침입이 더욱 빈번해졌다.'(pp.42-43)[48]라고 하여 중

---

46) 중화권에서의 1리는 대략 500미터였으므로, 왜국에서 동북쪽으로 500km가 된다. 구마모토를 기점으로 동북쪽으로 500km는 오사카 부근이 된다. 上垣外憲一는 신화임을 전제로 하면서 탈해는 단바국에서 옥을 만들던 왕이라고 탈해 신화를 해석했다.

47) 脱解, 本多婆那國所生也, 其國在倭國東北一千里.

48) 古事記に天地初発を記して、国稚如浮脂而くらけなすたゝよへる之時、とあるは純ら神秘にして歴史的の考へを用ゐがたきに似たり…後文にまた天神より諸冉二尊神に修理固成是たゝよへる国と詔し給ひ、天沼矛を賜とあるに引合すれば「たゝよへる」といふは騒乱に喩へたる詞と解釈阿するを得…日韓聞聯合の初期より北人の撃退に力を尽しつゝ漸々

국 대륙에서 진나라와 초나라의 대립이 심해짐에 따라 사람의 이동이 이루어지고 그러한 동란의 영향이 일본에 미쳐서 북종의 침입이 활발해진 것을 두 신이 아와지섬을 기점으로 군사적으로 평정해 나갔다고 해석하고 있다. 그리고 그 평정의 순서가 국토창조 순서로 기록되어 있다고 보았다.[49] 또한 흙과 산 그리고 강과 같은 자연신의 탄생(신의 창조)에 대해서는 '먼저 바다, 강, 산, 나무, 풀, 흙 등의 신을 낳은 것은 의심의 여지없이 지역세력[50]이 강대해져 가던 것을 기록한 것이다.'[51]라고 하여 '산'은 '사츠마의 지배자(吾田[사츠마薩摩]の国主)', '나무'는 '키슈의 지배자(紀直なるべし)', '물'은 '츠노쿠니 나니와의 지배자(津国難波地方の津守ならん)', '풀'은 '아직 생각하지 않음(いまだ考へず)', '토신'은 '도공민을 지배하는 자(陶工の民を領ずる者)'라고 하여 이자나기 이자나미에 의한 일본 지배가 확립되어 가는 모습으로서 해석하였다. (p.76).

그리고 카구츠치(불의 신)에 의한 이자나미의 신격상실에 대해서는 카구츠치는 다른 신과 마찬가지로 지역세력 중 하나이며,(p.77)[52] '불의 신은 상진국上津国 북쪽에 존재했던 세력으로 하진국下津国과 밀접하게 관계된 대

拓殖を進められしに、諾冉二尊の時に至り、大陸の形成によりて北人の侵入また熾んになりたるならん」
49) 또한 '수리고성修理固成'은 아라이 하쿠세티新井白石의 해석('新井白石の古史通にたよへる国とあるは国乱れ争ひての義にて二尊の大八洲を生の一段は淡路に依りて国々を征されしと解したるは活眼と謂ふべし')도 참고하고 있다. 『日本古代史』p.72
50) 토모노미야츠코伴造, 쿠니노미야츠코国造
51) まづ海川山木草土等の神を生むとあるは疑ひもなく伴造国造の強大なる分を定められたるなり.
52) 火神の一段は其が原因となり上国下国の合和破裂となりたることは明らかなれど、之を事実となして解釈するには参考の料なきに苦しむ。火神はたゞ海川以下の例を推して亦伴造国造の一なるを知る。其処置に至り領分に不服の徒ありて、冉尊の本国たる出雲の急要地に変を生じたるによつて、耦神(ぐうしん:二人神)の位をすて遽に帰国ありたるを、神さり葬るに譬へたるものと見る。大方は違はじ.

호족'(p.77)[53]이었던 것을 『연희식延喜式』「진화제鎮火祭」의 축사를 근거로 추정하고 있다.[54]

즉 '아와지淡路＝지상국과 출운국上つ国と出雲＝지하국下つ国' 주변에 있던 지역세력으로 추정되는 불의 신이 반란을 일으켜 출운국에 영향을 주었기 때문에 출운국이 본국인 이자나미가 귀국하였고 이를 신격상실이라고 표현한 것이라고 했다. 그 후 이자나미가 '황천국'으로부터 돌아오는 것이 적합하지 않았던 것은 카구츠치 평정에 시간이 걸린 이자나기가 출운국에 갔을 때에는 이자나미는 이미 팔뢰신(한반도의 군장으로 추측)과 함께 출운국의 군사를 이끌게 되어 버린 것을 가리킨다고 하였다.(p.78)[55] 그리고 이자나미가 이끄는 출운국은 이자나기의 지상국과 대치하기로 결정하고 여기서 훗날 오오쿠니누시의 국가양도国讓り까지 이어지는 이야기의 전제가 만들어진 것이라고 해석했던 것이었다.(p.78)[56] 이것이 쿠메에 의한 이자나미-스사노오와 관련된 고대 역사관이다.

쿠메는 국토창조와 신격상실을 이렇게 해석함으로써 '스사노오 신라왕설' 사이에서 자기모순을 일으키고 말았다. 그것은 앞에서 쿠메가 해석한

---

53) 火神は上津国に在るものにて下津国に密接の関係ある大族なる.

54) 『연희식延喜式』「진화제鎮火祭」축사는 다음의 구절이라고 추측된다. 吾が名背能命は上津国を知食すべし。吾は下津国を知らむと白して、石隠り給ひて、与美津枚坂に至り坐して思食さく、吾が名背命の知食す上津国に、心悪しき子を生み置きて来ぬと宣りたまひて、返り坐して、更に子を生みたまふ.

55) 諾尊は火神の処分に時月を移し、兵を随へて出雲の鎮服に赴き給へば出雲の激当既に冉尊を要じて主張する事を決し、既に神に誓ひたる後なりしを以て、黄泉の饗を食ふとは謂なるべし。是までは猶元の如く合和に復する望みもありたれど、翌朝の会議に八雷神の列座するを見て事協せずと判断せられたり、八雷神は更に考ふべき緒なし、八岐蛇の替語にてはよもあるまじ、或は冉尊の兼領国たる新羅に関係したる韓地の君長にてはあらざるかと思ふことあり.

56) 此に両軍対峙して絶妻の誓を建られたるは、公衆の前にて破約の宣告ありたるなり。是より以来出雲を循服するには幾回も変化を重ねて、遂に大国主命が地を避て大和に遷るに到りたれは、此条は甚だ眼目となる事なり.

바와 같이 출운국이 이자나기의 지상국과 대치했다면 왜 어머니에게 가고 싶다고 호소했던 스사노오는 어머니인 이자나미가 있는 출운국이 아니라 일부러 신라까지 가서 그곳에서 지배권을 행사하였는가, 또한 왜 출운국의 종속국인 신라의 통치권을 출운국과 대치하고 있는 이자나기가를 결정하였는가라는 논리적인 문제가 발생하고 있는 것이다. 이 점에 대해서는 쿠메도 자각을 하고 있었던 것 같다. '대체로 한인은 뒤섞이는 것을 좋아하지 않는다'[57]라고 하여 신라인이 출운국으로부터 분리를 희망했다라는 해석과, 스사노오가 신라에 가서 지배권을 가지게 되어 '명백한 삼토연합 통치가 이루어'[58]졌기 때문이라는 해석을 하고 있었지만 결국 오오쿠니누시의 국토양도까지 이자나기 및 그 뒤를 이은 아마테라스와 대치하던 출운국이 어떻게 존재하며 오오쿠니누시에 의한 국토양도는 왜 평화롭게 이루어졌는가라는 것은 논리적 합리적으로 이해하기 어렵다. 쿠메는 이러한 것에 대해서는 '이것은 학문적으로 특별히 연구해야할 대목이다'(p.84)[59]라고 하였다.

쿠메는 '스사노오 신라왕설'을 전제로 그것을 삼토연합론에 접속시켜 『고사기』를 중심으로 한 기기 신화 해석을 하였는데 그 때문에 심각한 논리적 모순을 만들어 내었다. 분명히 '스사노오 신라왕설'은 쿠메의 고대 역사관 중에서는 논리적으로는 자리 잡을 수 없는 학설이었지만 이를 고수했기 때문에 쿠메의 고대 역사관은 이데올로기적이라고 할 수는 있지만 실증사학의 성과로서는 실패한 것이었다.

---

57) 蓋し韓人は混同を好まず.
58) 判然たる三土連合の治に定まる.
59) 此は学に於て殊に研究すべき要項とす.

4 나가며

김광림의 '사실적 명제', '당위적 명제'라는 분류로 본다면 쿠메의 학설 중 『사학회잡지』에 연재하던 삼토연합론은 아직도 '사실적 명제'적 논의에 가까운 것이었다고 평가할 수 있다. 삼토연합론 자체는 남종 북종이라는 근거가 빈약한 인종적 구분을 전제로 하고 있었기 때문에 현시점에서는 평가할 가치도 없는 것이지만 그러나 그 구상 속의 고대의 활발한 해양 교역과 정치, 군사상의 관계성을 신도라는 조상 숭배적 모습을 동아시아적인 관점에서 이해한 것은 큰 의미를 지니고 있었다고 할 수 있다. 이처럼 고대 세계를 넓은 시야로 보는 것은 현대 고고학에서도 새로운 유물의 발견이나 연구 정밀도의 향상에 의해 실증 연구가 진행되고 있는 것이기도 하다.

이러한 '사실적 명제'에 쿠메가 집착했다면 『고사기』 해석에서도 이자나미의 국토 창조(伴造国造 배치 우화)를 철기라는 관점에서 도래인의 이야기로 전개하고 철기의 상징인 스사노오를 신라와 연결시켜 어머니 이자나미를 신라로부터의 도래인으로 해석하는 것도 불가능하지는 않았을 것이다.

하지만 쿠메는 일본에서 건너가 신라를 평정한 신라왕 스사노오라는 '당위적 명제'를 전제로 했기 때문에 삼토연합론은 실증의 이름을 빌린 침략 이데올로기가 되고 말았다. 그리고 이것은 『고대사강의』 출간 후 발생한 일본의 한반도 식민지화를 신화세계로부터 정당화하는 일선동조론이 되었을 뿐만 아니라 츠쿠요미를 이자나기로부터 민의 지배를 명령 받은 신이라고도 해석하여(p.46)[60] 중국 동남부 지배(남진)도 정당화 할 수 있는 일본의 동아시아 침략 전체를 정당화하는 이데올로기적 주장이 되어버린

---

60) 月夜見尊、御毛沼命の知す、常世国即ち閭.

것이었다. 본 논문에서는 김광림의 쿠메 평가와 평가 방법을 참고하여 쿠메의 '사실적 명제'의 가능성과 '당위적 명제'에 의한 쿠메의 한계 그리고 그 '당위적 명제'의 계기가 된 스즈키 마토시와의 관계에 대해 지적했다. 마지막으로 스즈키의 '스사노오 신라왕설'의 구체적 검증과 그 영향력에 대한 연구는 앞으로의 과제로 삼으려고 한다.

≡ 참고문헌 ≡

• 倉野憲司「解説」倉野憲司校注『古事記』岩波文庫-黄-1-1, 岩波書店, 1963.
• ダーヴィット・ヴァイス「神国の境界 – スサノオと日鮮同祖論について」『立教大学ドイツ文学論集』54号, 2020.
• 金光林「日鮮同祖論 – その実体と歴史的展開」1997, 東京大学 博士論文
• 久米邦武『日本古代史』早稲田大学出版会, 1903.
• 斎藤英喜『古事記はいかに読まれてきたか – 〈神話〉の変貌』吉川弘文館, 2012.
• 本居宣長『古事記伝』2巻, 岩波文庫-黄-219-7, 岩波書店, 1941.
• 『日本書紀』「神代」上
• 原武史「出雲神道と国家神道」『東洋学術研究』40巻1号, 2001.
• 平田篤胤『牛頭天王歴神弁』1825.
• 宮地正人『歴史のなかの『夜明け前』– 平田派国学の幕末維新』吉川弘文館, 2015.
• 鈴木防人『鈴木眞年伝』自家出版, 1943.
• 鈴木眞年『古事記正義』明世堂、1943.
• 久米邦武『日本古代史』早稲田大学出版会, 1903.
• 久米邦武「日本幅員の沿革」『史学会雑誌』1号, 1889.

─── 번역 원문 ───

久米邦武の日鮮同祖論に
見るスサノオとイザナミ
─鈴木眞年系譜学との関係と『古事記』解釈 ─

藤野真挙

1 はじめに

　日本最古の古典籍である『古事記』が編纂されたのが、和銅5（712）年正月28日[1]、いまから約1300年前のことである。この日、太安万侶は、稗田阿礼が誦むところの「帝皇日継」と「先代旧辞」を選録・統一併合し、上中下の三巻に筆録したものを元明天皇に献上した。『古事記』という書名は、古の事を記した書物という意味で名付けられたものだが、『古事記』の編纂について唯一知ることができる『古事記』序文には、その読み方の由来は書かれておらず、いつからこの三巻を「コジキ」と読み慣わすようになったかは定かではない[2]。

　上中下三巻のうち、上巻は、『日本書紀』でいうところの「神代記」にあたる巻で、アメノミナカヌシ[3]からカンヤマトイワレビコ（後の神武

---

1) 本稿における年代表記は、本文中は和暦（西暦）年月日としている。煩雑さを避けるため註においては西暦のみを表記した。
2) 倉野憲司「解説」倉野憲司校注『古事記』（岩波文庫-黄-1-1、岩波書店、1963年）350頁。
3) 神名表記は、地の文では倉野憲司『古事記』の表記にならいミコトなどの尊称を排してカタカナで表記し、史料引用では史料上に表記された漢字名をそのまま表記している。

天皇)の誕生までの物語が、中巻は神武天皇から応神天皇まで、下巻は仁徳天皇から推古天皇までの皇統譜が記されている。つまり、『古事記』上巻のほとんどが、「先代旧辞」に伝わる「神話や伝説や歌物語を内容とするものであって、国土の起源、皇室の由来、国家の経営、天皇および皇族に関する物語、諸氏族の本縁譚等」[4]によって構成されていて、中巻・下巻が「天皇日継」をもとに構成されているのとは、性格を異にしていた。

　本稿は、明治の歴史学者である久米邦武の日鮮同祖論について、その核となっていたスサノオ新羅王説を本居宣長以後の『古事記』読みの系譜上に位置づけ、さらに久米の古代史観のなかでのイザナミ解釈について論じるものである。

　これまで近代日本において『古事記』がどのように読まれてきたのか、といった問題は、大日本帝国における朝鮮半島支配の正当性がどのように構築されてきたのか、といった関心のもとで行われてきた。ここで特に関心を集めてきたのが、日鮮同祖論と、その核をなしたスサノオ新羅王説についてだった。平田篤胤ら江戸期の国学者らは、『古事記』や『日本書紀』の神代を歴史的事実が書かれたものと措定し、〈日本民族〉と〈朝鮮民族〉が国家形成段階から密接に関係し、その関係において日本が常に支配的な立場にあったとする日鮮同祖論を唱え、そこではアマテラスの弟のスサノオは、古代新羅の王であったとするスサノオ新羅王説を展開していた。明治43(1910)年の朝鮮半島植民地化以後の日本は、こうした日鮮同祖論とスサノオ新羅王説を日本国内・半島内において盛んに喧伝し、その支配の歴史的正当性/正

---

4) 同註2、352頁。

統性を作り出していた。

　ダーヴィッド・ヴァイス氏によれば、『古事記』の物語構造における
スサノオの「境界性」が、日本を中心とした場合の朝鮮半島の「境界性」
＝「周縁性」と符合し、スサノオ新羅王説が、日本を支配の側に位置づ
ける植民地支配イデオロギーへと繋がっていたことを分析し、近代日
本におけるスサノオ新羅王説のイデオロギー装置としての機能を示
している[5]。

　一方で金光林氏は上記の理解を前提にしつつ、日鮮同祖論につい
て、その内容を「事実的命題」と「当為的命題」とに分けて分析する方法
を提示している。これは、日鮮同祖論の学説内容を、植民地支配や侵
略思想を前提とする「当為的命題」と、歴史的事実を実証的に論述し
ている「事実的命題」とに分けて理解するという方法である。このこと
で、戦前日本の歴史学界において唱えられていた日鮮同祖論を、「自明
の悪」として断じる評価を見直そうとしている[6]。

　金光林氏はこの方法を用いて、江戸期以降のさまざまな学者による
日鮮同祖論を分析し、横山吉清（国学者）や三宅米吉（人類学・考古学）
らの日鮮同祖論については、日本人種の優位性を示すようなものでな
く、むしろ日本人種の半島渡来説を全面に出した「事実的命題」による
ものだったと評価している。一方で久米邦武については、重野安繹（し
げのやすつぐ）、星野恒（ほしのひさし）らとともに「官学アカデミズム
史学者」と位置づけられ、彼らはルードヴィヒ・リース（Ludwig Riess）
流の実証主義を取り入れ『日本書紀』の「神代記」を相対化するなど、

5) ダーヴィット・ヴァイス「神国の境界—スサノオと日鮮同祖論について」（『立教大学ドイツ
文学論集』54号、2020年）。
6) 金光林「日鮮同祖論—その実体と歴史的展開」（1997年、東京大学（博士論文））

合理的な立場に立っていたとしながらも、その学説においては、『古事記』の記述を歴史的事実と捉え、「任那日本府」や「神功皇后の朝鮮半島征伐」を事実と認識し、「スサノオが韓国を支配した」といった「日鮮同祖論の典型的な」「当為的命題」を採っていて、「韓日併合の前であったにもかかわらず、征韓論、雲揚号事件、日清戦争と同様に一連の政治的動静と関連して構築され」た「当為的命題」の色濃い学説だったと、批判的な評価を下している。

　金光林氏のこの方法は、確かに、これまで「自明の悪」と位置づけられていた日鮮同祖論を、内容分析の遡上に載せることを可能にする点で、評価できるものである。しかし、何を「事実的命題」とし何を「当為的命題」とするか、といった分析の評価軸が曖昧である。また、久米の古代史叙述にスサノオ新羅王説といった「当為的命題」があったことは本稿でも論じることであるが、それをもって久米の古代史研究を「明治政府の対韓政策の関連のなかで進められた」と評価するのは早計だろう。久米邦武が、明治14（1881）年に確定した明治政府の公的神道解釈とは異なる「神道は祭天の古俗」という論説を発表し、帝大を追放されたことは周知のことで、久米が自身の学説発表において政府の対韓政策を意識していたとは容易には納得できない。

　久米が『古事記』の神代をどのように解釈し、日鮮同祖論を組み込んだどのような古代史像を構築していたのかは、日鮮同祖論＝「自明の悪」といった構図を排除して、まずはそれ自体の論理構造を内容的に分析すべきだろう。また、久米の古代史像についての研究が乏しい現状　では、どのような経緯を経て、スサノオ新羅王説という「当為的命題」が取り入れられたのかも、基礎研究として明らかにしなければならない。そうした検討を経たうえではじめて、「事実的命題」と「当為的

命題」といったものが、一人の歴史学者の学説のなかでどのように配置され、「当為的命題」の採用が、歴史的事実の理解にどのような影響を与えたのか、といった問題の分析が可能になる。

　そこで本稿では、朝鮮半島植民地化以前に刊行された久米邦武『日本古代史』[7]をテキストにして、上記の課題ついて論じていく。また本稿では特集のテーマにあわせ、久米の古代史像のなかでのイザナミの役割についても注目していくが、近代以降、〈黄泉国の女神〉であるイザナミは、アマテラスやアメノミナカヌシといった存在と比べて、重要な存在とはみなされていなかったため、イザナミについての先行研究も見当たらない[8]。本稿では、〈スサノオの母〉としてのイザナミについて、それがスサノオ新羅王説とかかわってどのように解釈可能な存在だったのか、といった点についても論じる。

2 『古事記』解釈の系譜

　本章では、久米邦武の日鮮同祖論の系譜的理解のために、『古事記』が江戸期から明治初期にかけてどのように解釈されてきたのかを、概説的に論じる。

　実は『古事記』という書物は、編纂後の長い歴史のなかでは〈忘れられた書物〉だった[9]。正史としては『日本書紀』があり、両者の神代の記述にはいくらかの差異があったために、『古事記』は『日本書紀』の陰に

7) 久米邦武『日本古代史』(早稲田大学出版会、1903年版)
8) イザナミにかかわる先行研究は、比較神話の立場や、日本神話への漢籍の影響力といった比較文学研究、または、イザナミの墓所はどこにあるのかといった神学論のようなものは盛んになされているが、歴史学の立場からの研究は皆無といってよい。
9) 斎藤英喜『古事記はいかに読まれてきたか―〈神話〉の変貌』(吉川弘文館、2012年)。

隠れ、読み継がれてこなかったのである。賀茂真淵は『古事記』は後年に書かれた偽書であるという説を出し、この説は長らく影響力をもっていた[10]。

　『古事記』を『日本書紀』に優る書物として光を当てたのは、本居宣長である。本居が『古事記』を純粋な古代日本語や神話を伝える書物と評価し、文献考証学の方法を用いた註釈書である『古事記伝』（全44巻）を34年の歳月をかけて著したことは、あまりにも有名である（寛政2〈1790〉年-文政5〈1822〉年にかけて刊行）[11]。

　また、本居の後継を自認する平田篤胤によっても『古事記』解釈が行われた。ただし平田による『古事記』解釈は、本居の『古事記』世界を忠実に解釈しようとする考証学の性格とは大きく異なり、『日本書紀』や『出雲国風土記』といった種々の史料を集めて『古事記』と突き合わせ、そこに平田自身の世界観を反映させることで、まったく新しい〈平田派日本神話〉を作り出す、といった性格のものだった。

　本稿とかかわる点で、本居と平田の『古事記』解釈で異なっていた点を指摘すれば、「黄泉国」そしてスサノオの解釈についてだった。これは両者の世界観・宇宙観にかかわる問題でもあった。本居の「黄泉国」解釈は、『古事記』におけるイザナミの「蛆たかれころろきて」（『古事記』28頁）[12]といった様子や、「吾はいなしこめしこめき穢き国に到り

----

10) 倉野憲司校注「解説」（『古事記』1963年）においても、偽書説はほとんど誤りであるといった見解が出されているが、その疑義には「正当と思われる疑義」もある、といまだその検証は必要であると解説されており、古事記偽書説の影響力の強さを見て取れる。

11) 斎藤英喜『古事記はいかに読まれてきたか』（吉川弘文館、2012年）。本書は『古事記伝』を記した本居宣長の革新性を評価しつつ、本居以前に『古事記』は誰にどう読まれてきたかを分析することで、本居がなぜ『古事記』を再評価するに至ったのかという問題に迫っている。

12) 倉野憲司校注『古事記』28頁。以下、煩雑さを避けるため本稿における『古事記』の引用

てありけり」(『古事記』31頁)のとの記述通り「穢き予見国」[13]といった理解だった。また「黄泉国」の場所は、地下の世界にあって、行けば二度と戻ることは出来ない場所と解釈されていた。スサノオについては、これも『古事記』の内容通り、アマテラスと対比される〈悪神〉と理解されていた。

　一方の平田は、こうした『古事記』の記述から全く離れた「黄泉国」とスサノオの解釈を提示していた。平田は端的に、イザナミの死を否定している。イザナミが「黄泉国」へ行ったのは、単に姿をイザナギから隠すためであったと解釈している。つまり「黄泉国」は死者の世界ではないとしたのである。人は死後「黄泉国」に行くのではなく、地上世界と並行に存在する「幽冥界」に行くのだとする、独自の宇宙観を示していた。そして「幽冥界」を主催しているのは、スサノオの子(孫)であるオオクニヌシであり、オオクニヌシによって生前の行為を裁かれ、生前に善い行いをしたものは、そこで永遠の平安を得るのだと主張した。平田は、このような死生観を示すために、オオクニヌシを人の善悪を判決できる「幽冥界」の正統な支配権をもった神に位置づけなければならなかった。オオクニヌシは『古事記』上ではスサノオの六世の孫であり、同じ出雲系の神である[14]。オオクニヌシがアマテラスへの国譲り後も、人の魂を裁く「幽冥界」を主宰できる神であるとするためには、その祖先にあたるスサノオを、本居が理解したような、単なる〈悪神〉と解釈しておいてはいけなかった。平田は、『古事記』の「健速須佐之男命に詔りたまひしく「汝命は、海原を知らせ」」(『古事記』34頁)、

箇所は、本文中に『古事記』○○頁と記載する。

13) 本居宣長『古事記伝』2巻(岩波文庫-黄-219-7、岩波書店、1941年)6頁。

14)『日本書紀』においてはスサノオの子とされ、『出雲国風土記』ではスサノオとオオクニヌシは別系譜の神となっている。

または『日本書紀』「神代」上の「一書」の説「素戔嗚尊は、天下を治すべし」[15]の記載通り、イザナギから正統に支配の依託を受けた神であると評価したのである。

　まとめると、同じ復古神道の系列にある両者の『古事記』神代の理解は、本居:「黄泉国」＝死者の世界＝穢・スサノオ＝〈悪神〉、に対して、平田:「黄泉国」＝死者の世界×・「幽冥界」＝死者の世界・スサノオ＝イザナギから正統な支配を依託された神、という構図になっていた[16]。

　また本居と違い、『古事記』を唯一の正しい神話としていなかった平田は、スサノオの出自については『日本書紀』や『備後国風土記』の内容にならい、「牛頭天王」と同体で「蘇民将来」の信仰と結びついた新羅を出自とし新羅を支配した神としたのだった[17]。平田は自身の「幽冥界」という異界思想を担保するためにスサノオを新羅王とし、その正統性はイザナギによって保証されているという、朝鮮半島支配を歴史的に正統化/正当化しようとする日鮮同祖論のひとつの形式を作り出したのだった。

　幕末期に勃興した他の国学系統の学問には、出雲系神学を除いて、スサノオやオオクニヌシの存在に重きを置くようなものはなかった。水戸学においては、そもそも正史を神武天皇即位後に設定していたため、藤田東湖は、『古事記』や『日本書紀』の神代はそもそも論じるに価する物ではないと見ていた。また、平田の弟子でありながら平田を痛烈に批判していた大国隆正を祖とする津和野派国学においては、「幽冥界」の主宰神をオオクニヌシだとは考えないため、スサノオの存

---

15)『日本書紀』「神代」上。
16) 原武史「出雲神道と国家神道」(『東洋学術研究』40巻1号、2001年)。
17) 平田篤胤『牛頭天王歴神弁』1825年。

在についても重視されなかった[18]。その意味ではスサノオと朝鮮半島
との関係性、そしてそのことによって導かれた日鮮同祖論は、〈国学的
なもの〉というよりは、平田派国学に限定されるような解釈だったと
理解すべきである。

　平田派国学は、その独自の世界観の魅力から、幕末期に非常に流行
し維新の原動力になっていったと評価されている[19]。しかし、明治政
府樹立後の神道国教化運動のなかで祭神論争が激化し、その結果と
して、アマテラス(彼世の支配者)と天皇(此世の支配者)との系譜と位
置付けとを重視する国家神道(神社神道)が樹立し、平田派国学は、国
家神道の下位に附属する一つの宗教宗派(教派神道)という位置づけ
になった(明治14(1881)年に天皇の勅旨によって祭神論争が結着)。
また国学という学問も、維新以後の西洋化の流れのなかで、時代遅れ
の非科学的な宗教教義という評価となり、明治19(1886)年の帝国大
学令以降に構築されていった、西洋的・科学的な諸科学のなかでは、
ほとんど無視されるものになっていったのだった。

　久米邦武は、こうした新時代の学問を歴史学の立場から担ってお
り、国学やそれが論じる神道の特異性といった解釈に対しては、当然、
批判的な立場にあった。ただ興味深いことに、久米は、鈴木眞年(すず
きまとし)という国学者の説に影響を受け、スサノオ新羅王説を受容
していたのだった。

　鈴木眞年(天保2〈1831〉年-明治27〈1894〉年)は、江戸末期から明治
にかけての国学者であり、系譜学者である。鈴木は、江戸神田の煙草
商の家に長男として生まれたが、病弱により家督は継がず、17才の時

---

19) 宮地正人『歴史のなかの『夜明け前』—平田派国学の幕末維新』(吉川弘文館、2015年)。

に紀州熊野本宮に療養兼仏教修行に入った。この頃すでに「古代来朝人考」「御三卿系譜」の草稿を書き上げるなど、学問的才能にあふれた人物だった。その後、31才の時に栗原信充から系譜学を学び、35才の折に紀州和歌山藩に招かれ、同藩の系譜編纂事業に従事した。明治4（1871）年には宮内省内舎人となり、明治11（1878）年には『明治新撰姓氏録』を著している。その後、明治24（1891）年に帝国大学を退官するまで、系譜編纂事業や帝国大学、または交詢社などで教鞭をとっていった。退官後に衰退していた国学の復興のための国学校の設立運動や熊野大社の復興に、力を注いでいた[20]。『古事記』解釈については、明治20年頃に山県有朋と田中光顕が鈴木に依頼し、その私邸において毎週2回、交詢社では月2回の講義を行っていたようで、その内容は『古事記正義』という形にまとめられ、明治20年から逐次出版されていた[21]。

　鈴木眞年『古事記正義』は、その名の通り鈴木による『古事記』考証の成果で、その特徴は、オノゴロ島の生成や神が神の身体の一部から生じるといった神代の超常的叙述については「文飾」だとし、それをそのまま捉える、またはさらに超常的解釈を加えようとする本居や平田の説を批判していた。そして、それらの内容に、文献考証的な方法を用いて独自の解釈を加えていっているものである。鈴木眞年についての研究は非常に少なく『古事記正義』のにおける鈴木説と本居説・平田説との比較といった内容分析は、今後の課題となってくるだろう。鈴木はスサノオについて、本居の〈悪神〉という解釈、また、平田のツクヨミ

----

20) 鈴木防人『鈴木眞年伝』（自家出版、1943年）。
21) 本稿において参照したものは後になってまとめられたものである。鈴木眞年『古事記正義』（明世堂、1943年）。

とスサノオを同体とする説を批判し、

　健速須佐之男命、此神ハ、高天之原ヨリ天降リ坐シテ、新羅ノ牛頭方
（楽浪郡ノ郡県ニアリ）ニ致ル、彼地本ト君長ナク、只九種ノ夷アリ（中
略）斯テ初メ須佐之男命、宿ヲ巨且将来（コシスラ）ニ乞ヒ玉フニ借シ
奉ラズ、因リテ兄ノ蘇民氏（ソビシ）ニ乞ヒ玉ヒシム、借シ奉リテ、栗柄
ヲ席トシ、栗飯ヲ献リテ饗シ上ル、時ニ其女佐美良姫（サミラヒメ）ヲ
娶リテ、伊太氏命（イタテノミコト）、次妹速須勢理比売（ハヤスセリヒ
メ）ヲ生む、（中略）時ニ帝堯廿五年戊辰ナリ、国人追慕シテ檀君ト称
ス、又須佐男（スサオ）トハ、元ト韓語ニテ奉称リシ御名ニシテ[22]

　スサノオは高天之原から降りた際に新羅の牛頭に到り、君主のいな
かったその場所を平定した。そこで蘇民将来とともに過ごし、その娘
であるサミラヒメと結婚後、イタテ、ハヤスセリをもうけ、牛頭の民か
ら慕われ檀君と呼ばれていた。また、そもそもスサノオという名前自
体も韓国語から来ているものだ、と本居とも平田とも異なる独自の理
解を提示していた。そしてここでは、スサノオが新羅という「君長」の
いない「夷」のはびこる世界を平定した、という世界観が展開されてお
り、スサノオを新羅王とし日本優位を説く日鮮同祖論の典型的な歴史
解釈が見られるのである。そして久米は、このような鈴木のスサノオ
新羅王説を、歴史的事実として受容していった。

　久米は、鈴木を「博覧強記」の国学者と評価しており、「古代日韓の関
係は学界に著名になりたり、其端は鈴木翁の啓発に由る、今の史学者
は国学の古老をなべて鎖国の陋見を株主するものと思ふならん」と、

----

22) 同上、67頁。

古代日韓関係史において重要な役割を果たしたという。また、「十二年前なり、史学会雑誌の初号に日本幅員の沿革の題にて、古代日韓閭の聯合、及び新羅交通の由来久しきを脱し(中略)余は其時素戔烏尊の新羅王なることを眼界より脱し居たり、適々鈴木翁出雲語部の事を論述して示されし(中略)素戔烏尊は新羅の牛頭天王なること、及び香春神社(カハクジンジャ)の由来など諸書を引て証明され」[23]た、と回顧しているように、久米が日韓閭の三土連合を論じた際には、スサノオの事は念頭においてなかったが、鈴木の説によってスサノオ新羅王説を摂取したと言う。

　久米は『史学会雑誌』1号から「日本幅員の沿革」と題した「考証」を連載し、日韓閭の三土連合論を説いていた。ここには『古事記』中にスサノオが述べた「妣国」についての解釈が掲載されている。ここで久米は、鈴木の『明治新撰姓氏録』を引き、「妣国は姓氏録に新良貴(シラキ)を左京皇別に載て(中略)妣国は新羅にて其王は稲氷命(イナイノミコト)の子孫なり」[24]と書いていた。確かに、ここでの久米は、スサノオ新羅王説を採用していなかったが、イナイの子孫が新羅王だとする根拠には、鈴木の『姓氏録』を挙げていたのだった。ここから分かるのは、鈴木自身にも新羅王の系譜についての見解に、変化があったということである。『姓氏録』の時点では鈴木もスサノオ新羅王説を採っていなかったが、『古事記正義』の段階ではそれを採用している、ということである。鈴木の学説展開についてここでこれ以上立ち入った分析は行わないが、ここで分かるのは、久米は、三土連合論の発表当初から鈴木の『姓氏録』を引用するなど彼の成果を受けており、それが『古事

23) 久米邦武『日本古代史』(早稲田大学出版会、1903年版)125−126頁。
24) 久米邦武「日本幅員の沿革」『史学会雑誌』1号、1889年、16頁。

記正義』に接し、また直接に意見交流[25]をしていくなかで鈴木の新羅
王説を採用していったのだった。

　もちろん、新羅王をイナイの子孫とするかスサノオとするかで、日
本神話の神の系譜にある者が新羅（朝鮮半島）を支配していたという
見解に違いはないのだが、久米の日鮮同祖論を論じる際には、この学
説的な展開は念頭に置いておく必要があるだろう。

　江戸後期から活性化した『古事記』解釈は、本居から平田へと展開
し、スサノオを〈悪神〉から新羅王とする理解へと大きく変化した。
このことで、日本を朝鮮半島に対する優位性を持つものだと規定す
る日鮮同祖論が形作られていったが、明治政権の誕生により平田派
学説は廃れていった。その後、文献考証・系譜学を方法とする鈴木
が、平田とは異なる文献と神話解釈を行い、『姓氏録』においては『古
事記』の「稲氷命は、妣の国として海原に入りましき」との記述から、
新羅王をイナイの子孫と系譜付け、しかし、『古事記正義』において
はそれを捨て、スサノオだと解釈したのだった。このような鈴木の
新羅王説は、日本の朝鮮半島に対する優位性を語るものとして、山
県有朋・田中光顕ら政府要人、そして交詢社の民間知識人らに伝播
していったのだった。そしてそれは、官学アカデミズム史学の代表
だった久米邦武にも影響を与え、久米の日鮮同祖論が形作られてい
ったのである。

---

25) 久米は鈴木に直接スサノオ新羅王説の根拠について質問し、そこで鈴木からの回答を
得ていたようである。『日本古代史』(1903年版)126頁。

3 久米邦武の『古事記』読みと古代史観

3-1 『古事記』神話

　久米邦武の古代史観を論じる前提として、まずは『古事記』における
イザナミからスサノオにいたる神話をまとめる。

　イザナギノミコト（伊邪那岐命・伊弉諾）と、その「妹」（イモ）である
イザナミノミコト（伊邪那美命・伊弉冉）の誕生は、初発の神アメノミ
ナカヌシ（天之御中主）から5代後に発したクニノトコタチ（国之常
立）から7代後とある。イザナギとイザナミは男女対偶の神として、そ
れまでの「独神」であった神々とは異なっていた。

　他の神々は両神に対して「国稚く浮きし脂の如くして、海月なす漂
へる」（『古事記』19頁）「国を修め理り固め成せ」（『古事記』20頁）と命
じた。そこで両神は、

　天の浮橋に立たして、その沼矛を指し下ろして畫きたまへば、鹽こ
をろこをろに畫き鳴して引き上げたまふ時、その矛の先より垂り落つる
鹽、累なり積もりて島と成りき・これ淤能碁呂島なり（『古事記』20頁）

とオノゴロ島を造化した。その後、両神は高天之原からこの島に降
り立ち、「天の御柱」と「八尋殿」を作り、国生みの準備を行った。

　国生みは両神の「みとのまぐはひ」（交雑）によって成していったが、
当初、イザナミ（女性神）からイザナギ（男性神）を招くという誤りがあ
ったために、イザナミはヒルコ（水蛭子）とアワシマ（淡島）という不具
の神を生んだ。両神はこれを子として認めず、再度、イザナギからイザ

ナミを「みとのまぐはひ」に招くことで、「淡道の穂の狭別島。次に伊豫
の二名島を生」(『古事記』23頁)んだ。この二つの島は、淡路島と四国
と比定されている。

　その後両神は次々と国土を造化していった。現在の場所で示すと、
淡路島→四国→隠岐→九州→壱岐→対馬→佐渡→「大倭豊秋津島」
(大和を中心とした機内の地域の名)→岡山県児島半島→香川県小豆
島→山口県大島→大分県姫島→長崎県五島列島→長崎県男女群島の
順序である。国土造化後、石、土、風、木、水、山、食物といった万物の神
々を造化した。そしてイザナミは火の神であるヒノカグツチ(火之迦
具土)を造化した際、「この子を生みしによりて、みほと炙かえて病み
臥せり」「遂に神避り」となってしまった(『古事記』26頁)。イザナギと
イザナミが造化したのは、14島35神で、ここにはヒルコとアワシマは
含まれていない。

　細田富延『神代正語常盤草』3巻1827年。(国会図書館デジタルコレ
クションより)イザナギとイザナミが「天の沼矛」でオノゴロ島を造化
している図。

　イザナミが「神避り」となったことをイザナギはひどく悲しみ、子で
あるカグツチの首を劒(アメノヲハバリ「天之尾羽張」)で切り落とし
た。カグツチの首を切った剣からは8神、そして体からも8柱の神が造
化している。

　イザナミは「出雲国と伯伎国との堺の比婆の山に葬」られた(同上)
が、のちにイザナギは亡き妻を慕い、「黄泉国に追い往」き(『古事記』
28頁)以下のように述べた。

　伊邪那岐命、語らひ詔りたまひしく、「愛しき我が汝妹の命、吾と汝
と作れる国、未だ作り竟へず。故、還るべし。」とのりたまひき。ここに

伊邪那美命答へ白ししく、「悔ししきかも、速く来ずて。吾は黄泉戸喫しつ。然れども愛しき我が汝夫の命、入り来ませる事恐し。故、還らむと欲ふを、且つ黄泉神と相論はむ。我をな視たまひそ。」とまをしき。(中略)一つ火燭して入り見たまひし時、蛆たかれころろきて、頭には大雷居り、胸には火雷居り、腹には黒雷居り、陰には拆雷居り、左の手には若雷居り、右の手には土雷居り、左の足には鳴雷居り、右の足には伏雷居り、併せて八はしらの雷神成り居りき(『古事記』28頁-29頁)

　イザナギがイザナミを連れ戻しに黄泉へ行った際には、すでにイザナミは黄泉の物を口にしてしまっておりすぐには帰ることができないと言う。イザナミは、黄泉の神と相談し、イザナギの元へ戻ることを決意するが、その際にイザナミの姿を見ないとの約束をイザナギは破り、イザナミの「蛆たか」る体に八雷をまとった姿を見てしまったことで、イザナミはイザナギの元へ戻ることが出来なくなってしまった。

　「吾に辱見せつ」(同上)と怒り狂ったイザナミは「八はしらの雷神」に黄泉の軍を従わせイザナギを追った。ようやくにしてヨモツヒラサカ(黄泉平坂:「今、出雲国の伊賦夜坂と謂ふ」(『古事記』30頁))にまでたどり着いたイザナギは、イザナミと言葉を交わした。

　伊邪那美命言ひしく、「愛しき我が汝夫の命、かく為ば、汝の国の人草、一日に千頭絞り殺さむ。」といひき。ここに伊邪那岐命詔りたまひしく、「愛しき我が汝妹の命、汝然為ば、吾一日に千五百の産屋立てむ。」(同上)

　イザナミは1日に1000人の民を殺すと良い、それに対してイザナギは1日に1500人を生もうと述べた。そしてイザナミは死の国の神である「黄泉津大神」となったのである。『古事記』中にイザナミが登場するのは、ここまでである。

　イザナミと別れたイザナギは「吾はいなしこめしこめき穢き国に到りてありけり。故、吾は御身の禊為む」と「筑紫の日向の橘の小門の阿波岐原」(『古事記』31頁)にて禊ぎを行った。ここでイザナギが左目を洗った際にアマテラス(天照大神)が、右目を洗った際にツクヨミ(月読命)、そして鼻を洗った際にスサノオ(健速須佐之男命)が造化した。イザナギはこの三神が生まれたことを非常に喜び、アマテラスには「高天の原」を、ツクヨミに「夜の食国」を、そしてスサノオに「海原」を統治することを命じた。

　しかし、スサノオはイザナギの命に従わず、毎日泣きながら暮らしていた。見かねたイザナギがスサノオに理由を問いただしたところ「僕は妣の国根の堅州国に罷らむと欲ふ。故、哭くなり」と述べ、イザナギは「大く忿怒りて詔りたまひしく、「然らば汝はこの国に住むべからず。」とのりたまひて、すなはち神逐らひ逐らひたまひき」(『古事記』34頁)と、スサノオを追放した。そこでスサノオはアマテラスに願い出ることとし、高天之原へ再度登り、アマテラスとの間に誓約をなすが、スサノオの狼藉により、アマテラスは「天の岩戸」に籠もってしまった。その罪によって八百万の神の手で高天之原を追放されたスサノオは、出雲の「鳥髪」にて八岐大蛇を退治し「草薙の大刀」を手に入れアマテラスへ献上し、「須賀の地」に宮を作り住むことになった。

　以上が、本稿とかかわるイザナミとスサノオについて『古事記』の神話をまとめたものである。神話から歴史的事実を読み解こうとした久米は、これをどのように解釈し、どのような古代史像を形成していたのか、また、そこにおけるイザナミの位置づけについてどのようなものだったのだろうか。

3-2 久米邦武の古代史観

　久米邦武（天保10（1839）年7月11日－昭和6（1931）年2月24日）は
肥前佐賀藩に生まれた歴史学者である。同藩の弘道館で学び「義祭同
盟」に参加、25才の時に江戸の昌平坂学問所で古賀謹一郎に学び、維
新後は太政官に出仕することになった。明治4（1871）年に岩倉使節団
に、使節紀行纂輯専務心得として随行し帰朝後に『特命全権大使米欧
回覧実記』を編纂した。その後、太政官修史局に入り、重野安繹らとと
もに『大日本編年史』を編纂し、明治21（1888）年に帝大教授となった。
同年『史学会雑誌』に「日本幅員の沿革」を発表し「日韓闔三土連合論」
を唱えた。明治25（1892）年に田口卯吉のすすめで『史海』に「神道は
祭天の古俗」を転載し、これが舌禍事件となり帝大を追われた。明治
27（1894）年から明治29（1896）年まで立教大学で教鞭をとり、明治
32（1899）年からは東京専門学校（早稲田大学）に籍を移した。久米は
人類学、考古学、文献考証学の成果から、古代日本は闔（中国古代の福
建地方にいた越族のひとつ）・韓と祖先を同一にしていたとする三土
連合論を唱え、日本の神道も古代東アジアにあった宗教祭祀の古俗
と同形態のもので日本に独自のものではないとする「神道は祭天の古
俗」論を展開していた。

　前に引用した久米の「十二年前なり、史学会雑誌の初号に日本幅員
の沿革の題にて、古代日韓闔の聯合、及び新羅交通の由来久しきを
脱し（中略）余は其時素戔烏尊の新羅王なることを眼界より脱し居た
り」[26]との回顧の通り、久米の初期の三土連合論は、鈴木眞年のスサノ

----

26) 久米邦武『日本古代史』（早稲田大学出版会、1903年版）125－126頁。

オ新羅王説の摂取以前に書かれたものだった。また「神道は祭天の古俗」の説についても、久米は後に南種北種論を展開するに到り、東アジアの古俗＝宗教習俗とする説から、閩に由来する祖先祭祀の古俗で、祭主と政治君主が同一であった祭政一致の古俗であると、日鮮同祖論を補強する説に変更していった。久米の学説は、「神道は祭天の古俗」による帝大追放のインパクトが強調されていたために、初期の学説を中心に分析されることが多いが、こうした学説の転回や収斂といったことを考慮すれば、後年に書かれたもののほうが、久米史学の本体を、より掴むことができるのではないだろうか。そのため本稿では、明治38（1905）年に早稲田大学出版会から刊行された『日本古代史』を久米古代史観を分析するためのテキストとする。

　『日本古代史』は、明治36年度文学科第一年講義録として刊行されたもので、久米の早稲田大学での講義録である。その後同書は、早稲田大学出版部が企画した日本時代史シリーズ第一巻として再刊行され、古代史（1巻）から維新史（10巻）までを網羅する概説書として、戦前日本における歴史学の教養書だった。同シリーズ執筆者は「或は修史局の国史編纂に従ひ、或は大日本史料編纂の事務に於て其専攻時代史料の主査となり、或は官省の機密古文書を管」[27]していた人々が選ばれており、久米は1巻『日本古代史』と2巻『奈良朝史』、5巻『南北朝時代史』を執筆している。その方法についても、「近時科学の進歩は、是等真贋不明の事実を模糊の間に葬るを許さず。爬羅剔抉して其真相を捉ふるに非ざれば、復、息まざらんとす。之を地勢に考へ、之を地名に参し、之を古言に照し、之を古遺物に徴せんか、書契以外の事と雖も尚其大要を

---

27) 久米邦武『日本古代史』（早稲田大学出版会、1907年版）4頁。

推すべきなり。況や厳として史料の存在せる中古以後の史実をや」と、清朝考証史学の手法による文献考証のみならず、あらゆる学域が示す史料を重視する科学的実証史学の方法をとることを旨としており、編纂者の自意識としては、明治以降の帝大で勃興した近代実証主義史学の一つの到達点になるものとして刊行されていた。

　では久米は『日本古代史』において、『古事記』の神代の記述についてどのようなことを論じていたのだろうか。端的に言えば、スサノオが新羅王であったことを歴史的事実として重視し、そこから遡及する形で『古事記』神代の解釈を行っている。(以下の史料引用後の頁数表記は、特に注記がない場合、『日本古代史』(早稲田大学出版会、1903年版)の頁数である。)

　久米はまず、各地の石窟から発掘される勾玉管玉・銅などが、大陸各所の由来であることは明らかで「日本へ渡遷したる人種の繁雑なるを知る」(12頁)とし「後漢書の東夷伝に、馬韓、弁韓は倭に近く文身のものありとあるにて、辰種族と日本及び呉越とは同し種族なるを知るべし」(27頁)と、後漢書の記述を参酌し「古代に南方の民族が海を渡り来りて支那の沿海岸へ徒遷し謂ゆる夷蛮の部落を植たる時に当り、必ず日本へも韓へも同しく徒遷したらんとは、推想にても断ぜらるゝ」(26頁)という日鮮閨が同祖であるとする説を提示した。そして、日鮮閨の沿岸部に住んでいたのは南種という人種であり、山中に住んでいた北種とは異なるとし、日鮮閨は、南種という人種を共通の祖先にしていると論じていた。このような南種は「後漢書東夷伝に“辰韓出鉄黒倭馬韓並従市之、凡貿易皆以鉄為貨”とあるを見れば上古の剣矛は金山彦が支配せる内地産鉄の外に、辰韓の鉄を輸入したらんとは、素戔鳥尊の剣を蛇の韓鋤といふにて徴さるゝ」(36頁)とスサノオの鉄

剣についての記述を挙げ、「日韓閭に占拠したる断髪文身の民族は、人種競争の時代に於て必ず相連合して繁息を謀」(36頁)と論じ「大八洲は日本の古領域に非ず、素戔鳥尊は新羅に在して三韓を兼領せられ、因て出雲の八島沼神の国引の後にも新良貴(シラキ)の崎より引来り縫ませりとある、是正しく日韓聯合を証明する」(37頁)と、スサノオ新羅王説を、日韓の連合を証明する事項として提示していた。

鈴木『古事記正義』の学説の影響下にあった久米古代史において、スサノオは非常に重要な存在だった。スサノオを実在の人物とするのなら、その母も実在しなければならない。『古事記』においてスサノオはイザナギ(男神)の鼻から生まれとあるが、久米は「素戔鳴尊が伊弉冉尊を妣といひ、天照大神を姉といひ給ふを見れば、共に諾冉二尊の真子なること明かなり」(81頁)と、スサノオの母はイザナミであるとした。スサノオをイザナギ、イザナミの子とするのは『日本書紀』の説であるが、久米はこれを採用しているのではなく、単に生物的常識の観点から論じている。

スサノオが「妣の国根の堅州国に罷らむ」(『古事記』34頁)と泣き、結果、そこに行くことで新羅王となった説をとる久米は、「根の堅州国」を「堅洲[28]とは新羅の韓の東海岸にて、金城の港より北は元山まで山巌の海より仄ちたるを以て堅洲国といひたるなり」と「妣」＝イザナミの国は新羅であるとの説をとったのである。

では、イザナミは新羅人であるか、といえば、この点について久米は否定的である。三土連合について述べた際に「聯合各土の経営に其勤労のほどを想望さるゝ中にも朝鮮半島は伊弉冉尊の兼領国にして」

----
28)「堅州」「堅洲」の表記については史料のままとしている。

（105頁）とあり、「朝鮮半島に馬韓辰韓弁韓の三韓分れたるは蓋し周代よりの事なるべし、其風俗は小異あれど大同にて皆辰人種なり、因て新良貴より統轄して辰国と称じ、即ち伊弉冉尊以前より出雲の兼領地となし」（106頁）とあるように、イザナミ以前から、新羅（辰国）は出雲の支配権にあったと久米は言うのである。このことに根拠は示されていない。

　日本列島と朝鮮半島との往来は考古学的成果から実証されることであるが、しかし、出雲が新羅を支配していた、ということは何からも証明されない。さらに、中国沿海岸から朝鮮半島を通り日本へ入った南種を同祖とする各支配地域のなかで、新羅よりも後発で、かつ鉄器生産技術も新羅から取り入れていた出雲の支配権に、新羅がなぜ服していたのかという点は、三土連合の説のなかでも説明が必要だろう。しかし、こうしたことを久米は論じない。それは、明らかに、スサノオ新羅王説を前提とし、それに辻褄を合わせるために作られた話だからである。また、「妣の国根の堅州国」が新羅であったのであれば、イザナミは新羅からの渡来系の人物だった、と論じることも論理上は可能だったはずである。しかし、そのことが検証されないのは、日本側が朝鮮半島よりも優位にあることを証明することが目的の議論だったためである。『日本古代史』においては常に「素戔嗚尊は新羅を妣国とのたまへり、伊弉冉尊兼領の国なる故なり」（45頁）と、注意深くイザナミが渡来系であると解釈されることを避けるための記述がなされていた。

　また久米は記紀神話の記述を「神代を以て伝説時代となし、神武帝以後即ち人皇の世を有史時代となさんとす」（69頁）としながらも、イザナミの存命期についての年代推定を行っている。この年代推定は「国史の紀年は信ずるに足らず」（103頁）と記紀の年代を排し『史記』

をもとに行われている。

　仲哀帝崩し応神帝誕生の年は新羅の訖解尼師今卅七年、百済の肖古王元年丙午にして東晋の穆帝永和二年、耶蘇紀元三百四十六年なる証を考定し得た（中略）此を起点となし、国史の事跡に精究し併せて天皇治世の平均率を以て逆推し、神武帝誕生は漢の宣帝元康年中、耶蘇紀元前六十年の比と定めたり、然れば瓊瓊杵尊の降誕は是より八十年許以前にて武帝の初めに当り、素尊は文帝と同時にて伊弉諾尊は高祖と同時、耶蘇紀元前二百年比に当る（103頁）

　そして「伊弉諾尊の時代は支那大陸に秦楚競争の最中なるを知れば、其波動は必ず日本にも及びて」と、中国大陸における戦乱の影響がイザナギ・イザナミの時代にあったとしている。こうした前提にたって、両神による国産みとイザナミの死は解釈されていった。

　ここで少し話がずれるが、朝鮮の歴史書である『三国史記』の神話によれば新羅王「脱解、本多婆那國所生也、其國在倭國東北一千里」と、脱解尼師今は倭国の東北一千里[29]のところで生まれたとあり、その在位期間は紀元57年から80年である。しかし前の久米の年代推定においてはこの神話は無視されており、日鮮同祖を論じる上で格好の脱解尼師今と日本との関係は考慮されていない。鈴木の『古事記正義』においても『三国史記』の記述は採用されていない。日鮮同祖論が作られる際にはこうした朝鮮半島の神話記述が意図的に無視されている

---

29) 中華圏における一里はおよそ500メートルであったことから計算すると、倭国から東北へ500キロということになる。熊本を起点に東北へ500キロとなると、大阪付近ということになる。上垣外憲一は神話であること前提にしつつ、脱解は丹波国で玉作りをしていた王だという脱解神話解釈を行っている。

という点にも注目する必要があるだろう。

　さて、『古事記』の国産みについては次のように説明を行っていた。天地開闢時の様子について「古事記に天地初発を記して、国稚如浮脂而くらげなすたゞよへる之時、とあるは純ら神秘にして歴史的の考へを用ゐがたきに似たり」と解釈を避けていた。「後文にまた天神より諾冉二尊神に修理固成是たゞよへる国と詔し給ひ、天沼矛を賜とあるに引合すれば「たゞよへる」といふは騒乱に喩へたる詞と解釈阿するを得」と、イザナギ、イザナミは、「日韓闔聯合の初期より北人の撃退に力を尽しつゝ漸々拓殖を進められしに、諾冉二尊の時に至り、大陸の形成によりて北人の侵入また熾んになりたるならん」と、中国大陸における秦楚の対立が激しくなるなかで、人の移動が活発化し、その騒乱の影響が日本に及び北種の侵入が活性化しているのを、両神が淡路島を起点として軍事的に平定していったと解釈している。そしてその平定の順序が国産みの順序として記されているのだとした（42頁-43頁）[30]。

　また、土や山や川としった自然神の誕生（神産み）については、「まづ海川山木草土等の神を生むとあるは疑ひもなく伴造国造の強大なる分を定められたるなり」とし「山」は「吾田（薩摩）の国主」、「木」は「紀直なるべし」、「水」は「津国難波地方の津守ならん」、「草」は「いまだ考へず」、「土神」は「陶工の民を領ずる者」と、イザナギ・イザナミによる日本支配が確立していく様子として解釈されていた（76頁）。

　そして、カグツチによるイザナミの神避については、

---

30)「修理固成」については、「新井白石の古史通にたゞよへる国とあるは国乱れ争ひての義にて二尊の大八洲を生の一段は淡路に依りて国々を征されしと解したるは活眼と謂ふべし」と新井白石の説も参考にしている。（『日本古代史』72頁）

　火神の一段は其が原因となり上国下国の合和破裂となりたること
は明らかなれど、之を事実となして解釈するには参考の料なきに苦し
む。火神はたゞ海川以下の例を推して亦伴造国造の一なるを知る。其
処置に至り領分に不服の徒ありて、冉尊の本国たる出雲の急要地に
変を生じたるによつて、耦神（ぐうしん：二人神）の位をすて遽に帰国
ありたるを、神さり葬るに譬へたるものと見る。大方は違はじ（77頁）

　と、カグツチ（火神）は他の神と同様に伴造国造の一つで、「火神は上
津国に在るものにて下津国に密接の関係ある大族なる」（77頁）ことを
『延喜式』「鎮火祭」の祝詞から推定している[31]。つまり、淡路＝上つ国と
出雲＝下つ国の周辺にいた伴造国造と推察される火神が、なんらかの
反乱を起こし、それが出雲に影響を与えたため、出雲を本国とするイ
ザナミが帰国した、これを神避りと表現しているのだと言う。その後、
イザナミが「黄泉国」から帰ることが適わなかったことについては、

　諸尊は火神の処分に時月を移し、兵を随へて出雲の鎮服に赴き給へ
ば出雲の激当既に冉尊を要じて主張する事を決し、既に神に誓ひた
る後なりしを以て、黄泉の饗を食ふとは謂なるべし。是までは猶元の
如く合和に復する望みもありたれど、翌朝の会議に八雷神の列座する
を見て事協せずと判断せられたり、八雷神は更に考ふべき緒なし、八
岐蛇の替語にてはよもあるまじ、或は冉尊の兼領国たる新羅に関係し
たる韓地の君長にてはあらざるかと思ふことあり（78頁）

31)『延喜式』「鎮火祭」の祝詞にある「吾が名背能命は上津国を知食すべし。吾は下津国を
知らむと白して、石隠り給ひて、与美津枚坂に至り坐して思食さく、吾が名背命の知食す上
津国に、心悪しき子を生み置きて来ぬと宣りたまひて、返り坐して、更に子を生みたまふ」と
の一節からの推察だろう。

とある。つまり、カグツチの平定に時間がかかってしまったイザナギが出雲に赴いた際には、イザナミは、すでに「八雷神」(「韓地の君長」と推察される)とともに出雲の軍を率いることになってしまったこと指しているのだと言う。そして、「此に両軍対峙して絶妻の誓を建られたるは、公衆の前にて破約の宣告ありたるなり。是より以来出雲を循服するには幾回も変化を重ねて、遂に大国主命が地を避て大和に遷るに到りたれは、此条は甚だ眼目となる事なり」(78頁)と、イザナミが率いる出雲は、イザナギの上つ国と対峙することを決し、ここに後のオオクニヌシの国譲りにまでつながる物語の前提が作られたのだと解釈したのだった。

　これが久米によるイザナミ-スサノオにかかわる古代史観であるが、久米は、国産みと神避をこのように解釈したことで、スサノオ新羅王説とのあいだに自家撞着を起こしてしまっていた。それは、上記で久米が解釈していたように、出雲がイザナギの上つ国と対峙したのであるならば、なぜ母のもとに行きたいと泣いたスサノオは、母イザナミのいる出雲でなく、わざわざその兼領地である新羅にまで行き、そこで支配権を行使する必要があったのか、また、なぜ出雲の兼領地である新羅の統治権を、出雲と対峙しているイザナギが決定できたのか、という物語の整合性に問題が発生しているのである。

　ここについては久米も自覚的であったようで、「蓋し韓人は混同を好まず」といった新羅人が出雲との分離を望んだ、といった解釈や、スサノオが新羅に行きそこで支配権を持ったことで「判然たる三土連合の治に定まる」ためといった解釈を行っていたが、結局のところオオクニヌシの国譲りまでイザナギとその跡を継いだアマテラスと対峙していた出雲がどのようにあり、オオクニヌシによる国譲りがなぜ

平和裏に行われたのかといったことは、論理合理的には理解できない。久米はこうした点については「此は学に於て殊に研究すべき要項とす」(84頁)としていた。

　久米はスサノオ新羅王説を前提に、それを三土連合論に接続し『古事記』を中心とした記紀神話解釈を行っていたが、そのために埋めがたい解釈の無理を生じさせていた。明らかにスサノオ新羅王説は、久米の古代史観のなかでは整合性をもって位置づけられない説だったが、これを固守したために、久米の古代史観は、イデオロギーたりえても実証史学の成果としては破綻していったのだった。

4 おわりに

　金光林氏の「事実的命題」「当為的命題」という分類で言えば、久米の学説において、『史学会雑誌』に連載していた三土連合論はまだ「事実的命題」の議論に近いものだったと評価できる。三土連合論自体は南種北種といった根拠薄弱な人種的区分けを前提としていたため、現代において見るべきものはないが、しかしその構想にあった古代における活発な海洋交易や、政治・軍事上の関係性を見て、神道という祖先崇拝の一形態を、東アジア的な視点から理解したことは、大きな意味をもっていたと言える。このように古代世界を広い視野から見ることは、現代考古学においても、新たな遺物の発見や研究精度の向上により実証研究が進められていることでもある。

　こうした「事実的命題」に久米がこだわったならば、『古事記』読みにおいても、イザナミの神産み(伴造国造の配置の寓話)を、鉄器という視点から渡来人系の話へと展開し、鉄器の象徴であるスサノオを新

羅との関係で結びつけ、母であるイザナミを新羅からの渡来人だと解釈することも読みとして不可能ではなかっただろう。しかし久米は、日本から渡り新羅を平定した新羅王スサノオ、という「当為的命題」を前提にしてしまったがために、三土連合論は実証に名を借りた侵略イデオロギーとなってしまった。そしてこれは、『古代史講義』出版後に起きた日本の朝鮮半島植民地化を神話世界から正当化する日鮮同祖論になったばかりか、「月夜見尊、御毛沼命の知す、常世国即ち闇」（46頁）とツクヨミをイザナギから闇の支配を命ぜられた神だとも読んでいたことで、中国東南部の支配（南進）をも正当化可能な、戦前日本の東アジア侵略全体を正当化するイデオロギーとして機能するような説になってしまったのだった。

　本稿においては、金光林氏の久米評価やその評価方法を参考にした上で、久米における「事実的命題」の可能性と「当為的命題」による久米の限界と、その「当為的命題」を持つきっかけとなった鈴木眞年との関係について指摘した。鈴木のスサノオ新羅王説の具体的検証やその影響力については、今後の課題としたい。